"十三五"国家重点出版物出版规划项目

经济科学译丛

国际贸易

（第十版）

International Economics

Theory and Policy (Tenth Edition)

保罗·R·克鲁格曼（Paul R. Krugman）
茅瑞斯·奥伯斯法尔德（Maurice Obstfeld）／著
马克·J·梅里兹（Marc J. Melitz）
丁 凯 黄 剑 汤学敏／等译
黄卫平／校

中国人民大学出版社
·北京·

《经济科学译丛》总序

中国是一个文明古国，有着几千年的辉煌历史。近百年来，中国由盛而衰，一度成为世界上最贫穷、落后的国家之一。1949 年中国共产党领导的革命，把中国从饥饿、贫困、被欺侮、被奴役的境地中解放出来。1978 年以来的改革开放，使中国真正走上了通向繁荣富强的道路。

中国改革开放的目标是建立一个有效的社会主义市场经济体制，加速发展经济，提高人民生活水平。但是，要完成这一历史使命绝非易事，我们不仅需要从自己的实践中总结教训，也要从别人的实践中获取经验，还要用理论来指导我们的改革。市场经济虽然对我们这个共和国来说是全新的，但市场经济的运行在发达国家已有几百年的历史，市场经济的理论亦在不断发展完善，并形成了一个现代经济学理论体系。虽然许多经济学名著出自西方学者之手，研究的是西方国家的经济问题，但他们归纳出来的许多经济学理论反映的是人类社会的普遍行为，这些理论是全人类的共同财富。要想迅速稳定地改革和发展我国的经济，我们必须学习和借鉴世界各国包括西方国家在内的先进经济学的理论与知识。

本着这一目的，我们组织翻译了这套经济学教科书系列。这套译丛的特点是：第一，全面系统。除了经济学、宏观经济学、微观经济学等基本原理之外，这套译丛还包括了产业组织理论、国际经济学、发展经济学、货币金融学、公共财政、劳动经济学、计量经济学等重要领域。第二，简明通俗。与经济学的经典名著不同，这套丛书都是国外大学通用的经济学教科书，大部分都已发行了几版或十几版。作者尽可能地用简明通俗的语言来阐述深奥的经济学原理，并附有案例与习题，对于初学者来说，更容易理解与掌握。

经济学是一门社会科学，许多基本原理的应用受各种不同的社会、政治或经济体制的影响，许多经济学理论是建立在一定的假设条件上的，假设条件不同，结论也就不一定成立。因此，正确理解掌握经济分析的方法而不是生搬硬套某些不同条件下产生的结论，才是我们学习当代经济学的正确方法。

本套译丛于 1995 年春由中国人民大学出版社发起筹备并成立了由许多经济学专家学者组织的编辑委员会。中国留美经济学会的许多学者参与了原著的推荐工作。中国人民大学出版社向所有原著的出版社购买了翻译版权。北京大学、中国人民大学、复旦大学以及中国社会科学院的许多专家教授参与了翻译工作。前任策划编辑梁晶女士为本套译丛的出版做出了重要贡献，在此表示衷心的感谢。在中国经济体制转轨的历史时期，我们把这套译丛献给读者，希望为中国经济的深入改革与发展作出贡献。

《经济科学译丛》编辑委员会

前　言

2007—2008年席卷全球的金融危机距今已有几年，但是工业国家的经济增长速度过于缓慢，依然无法重现全员就业的状态。尽管在许多领域收入增长可圈可点，新兴市场在全球资本的跌宕起伏中依然不堪一击。最终，自2009年以来，欧元区爆发了严重的经济危机，使得人们对欧洲通行货币的前景疑窦丛生。本书第十版正是诞生于这样一个时期：我们比以往任何时候都更加清晰地认识到世界经济中的重大事件是如何影响每个单一国家的经济命运、经济政策以及政治争议的。如果说第二次世界大战后世界各国间的贸易、金融和通信还存在限制，那么这种情景在21世纪的头10年发生了翻天覆地的变化，全球化来了。国际商品和服务贸易在过去60年中的稳步扩张要归因于运输和通信成本的下降、政府对贸易壁垒全球谈判的减少、生产活动的广泛外包以及对外国商品和文化的接纳。更新更好的通信工具，最显著的是网络，改变了人们获取和交换信息的方式。金融资产（比如货币、股票和债券）的国际贸易甚至比国际商品贸易发展得更快，在为财富所有者创造巨额利益的同时也增加了金融不稳定的传播风险。这些风险在近年来席卷各国并给世界经济带来巨大损失的全球金融危机中得以显现。但是，如果说最近最重大的变化，那必然是中国的崛起，中国的发展已经重新定义了21世纪国际经济和政治权力的平衡。

如果人们曾经历过20世纪30年代的大萧条，那么今天的世界经济格局的变化会让他们感到震惊！然而，一如既往地引起国际争论的经济事务却没有发生那么大的变化，与两个世纪以前经济学家首次分析这些经济事务时也并无二致。比如与贸易保护相比自由贸易具有哪些优势？国家拥有贸易盈余或赤字的原因何在？如何解决这种不平衡？开放经济中是什么导致了货币和银行危机？政府如何应对？政府如何避免失业和通货膨胀？汇率在其中可扮演什么样的角色？国家之间如何合作才能实现它们的经济目标？正如在国际经济学中经常发生的那样，事件和观念的相互影响会催生新的分析模式，不管这种分析最初看起来多么晦涩难懂，最终都会对政府的政策制定、国际磋商和人们的生活产生重要作用。全球化使世界各国人民比以往任何时候都更深切地体会到世界经济力量对他们财富的影响，全球化已经来了。

第十版增补

在本书第十版中，我们更新了内容，对一些章节进行了较大的改动，这些改动既源于读者的建议，也是为了反映当前国际经济学领域中理论与实践上的一些重要进展。下面分别列出各章中最显著的变动：

第 5 章：资源与贸易：赫克歇尔-俄林模型。在第十版中，我们针对南北贸易、技术交流和外包贸易中的工资不平等的影响进行了更深度的说明。同时，描述赫克歇尔-俄林模型实证证据的章节也进行了改写，重点突出了新的研究。这一部分还加入了一些新数据，展示了中国的出口模式是如何根据赫克歇尔-俄林模型的预期发生改变的。

第 6 章：标准贸易模型。本章添加了一些新数据，以此说明美国与中国经济中贸易条款的演变历程。

第 8 章：全球经济中的公司：出口决定、外购与跨国公司。企业在国际贸易中的角色这一部分内容有所更新。同时该章节也增添了一个新的案例，分析了美国就失业问题所采取的离岸政策的影响。

第 9 章：贸易的政策工具。本章对美国企业贸易限制的影响进行了更新。新的章节阐述了近来欧盟与中国的贸易政策争端，争端围绕太阳能电池板以及写进《2009 年美国复苏与再投资法案》中“购买美国货”限制的影响而展开。

第 12 章：贸易政策中的争议。本章增加了一个新的案例分析，探讨了 2013 年 4 月孟加拉国的服装厂倒塌事件，以及孟加拉国作为服装出口国经济快速发展带来的成本与收益之间的张力。

除了这些结构上的变动之外，我们还在其他方面对本书内容进行了更新，以保持与当前的相关性。比如，我们对美国国外出生工人的教育背景进行了考察，并探讨这一群体与整个人口的差异性（第 4 章）；回顾了近期中国的反倾销争端（第 8 章）。

关于本书

撰写本书的念头来自我们 20 世纪 70 年代末以来向大学本科生和商学院学生讲授国际经济学课程的经验。我们认识到教学过程中面临两项主要挑战：其一是向学生传授这一动态领域中令人兴奋的理论进展；其二是揭示国际经济理论的发展如何一直受到两个需要的推动，即如何理解变化中的世界经济和分析国际经济政策领域的实际问题。

我们发现，现有教材并不能很好地应对这些挑战。一般情况下，国际经济学教材中包含特殊的模型和假设，学生常感到迷惑，很难掌握其根本。由于许多特殊模型是过时的，学生不明白这些分析与现实究竟有何关系。结果，往往是课堂上使用的过时的教材与当前令人兴奋的研究重点和政策争论之间存在巨大鸿沟。随着国际经济问题越来越重要，学习国际经济学这门课程的学生越来越多，这一鸿沟也就越来越大。

本书中，我们试图为当前一些富有启发性的事件提供一个最新、最易于理解的分析框架，并把国际经济学中的热门话题带进课堂。在分析国际贸易和国际金融问题时，我们的方法都是，逐步建立一个简单、统一的框架以连接传统见解与最新的理论和方法。为了帮助学生掌握和巩固国际经济学的基本逻辑，在每一阶段我们都用相关数据或政策问题激发学生对理论发展进行思考。

本书在经济学课程中的位置

将国际经济学作为一种与世界经济现象密不可分的分析方法，而不是关于抽象模型的抽象理论时，学生们可以更容易地掌握它。因此，我们的目的是强调概念及其应用，而不是理论上的形式主义。相应地，本书并不要求学生具备广泛的经济学背景。学过经济学原理的学生会发现，本书很容易理解，而那些学过更多微观经济学和宏观经济学知识的学生会发现，本书提供了相当多的新材料。本书还有许多专门的附录，这是对优秀学生的挑战。

本书的一些显著特点

本书包含了国际经济学最重要的新进展，同时也没有忽视长期以来作为学科核心的传统理论与见解。我们通过强调，随着世界经济的不断变化，最新的理论是如何从早期的传统理论演化而来的，以使本书范围更全面、更深刻。本书先是注重理论的核心章节，接着是将这些理论运用于分析过去和现在的主要政策问题的章节。

在第 1 章中，我们详细介绍了本书是如何展开对国际经济学主要问题的讨论的。下面我们强调几个其他作者没能系统论述的新观点。

规模报酬递增与市场结构

在讨论比较优势原理对国际贸易和相关收益的推动作用之前，我们通过建立贸易引力模型来奠定理论和实证研究的基础（第 2 章）；在讨论了比较优势在促进贸易和贸易所得中的作用之后，我们转向研究的前沿（第 7 章和第 8 章）以解释收益递增和产品差异是如何影响贸易和福利的。我们在讨论时所用的模型涵盖了现实世界的许多重要方面，诸如行业内贸易、因动态规模经济引起的贸易方式的改变等等。这些模型也显示出，互利的贸易不一定要基于比较优势。

国际贸易中的企业

第 8 章同时总结了在国际贸易中企业所扮演的角色上令人激动的最新研究成果。本章强调，不同的企业在全球化面前可能表现有所不同。有一些企业不断扩张，而另外一些则缩小规模，因此在工业生产领域将总体的生产不断推向更有效的生产商，从而提高总体生产力，并从贸易中获利。那些在自由贸易的市场环境中扩张的企业可能会更有动力去外包它们的一些生产活动或采取跨国生产的模式，正如我们在本章中所描述的那样。

政治学与贸易政策理论

在第 4 章中，我们特别提出贸易对收入分配的影响是限制自由贸易的主要政治因素。这可以使学生清楚地了解为什么贸易政策的标准福利分析在实践中很少行得通。我们在第 12 章中重点讨论了当前流行的政府应当采纳“战略性”贸易政策以扶持被认为是至关重要的经济部门的观点。该章还用博弈论的基本原理对战略性贸易政策进行了讨论。

本书适合学生使用的特点

本书具有以下一些适合学生学习的特点，这样可以保持学生对本课程的兴趣，帮助他们掌握所学的内容。

案例分析

在阐述理论之后，我们经常会介绍一些案例分析。这些案例分析有三方面的作用：加深对已学过内容的理解；说明如何将理论运用于实际问题的分析；提供重要的历史资料。

专栏

专栏论述了一些相对不太重要但能非常生动地说明文中观点的问题。例如，美国总统托马斯·杰斐逊 1807—1809 年的贸易禁运（第 3 章）；为什么关于香蕉贸易的争论会导致许多国家——那些由于气候太冷而不能自己种植香蕉的国家——的关系出现紧张（第 10 章）。

图表

本书附有许多图表（我们给每个图表都加上了一个标题或一段说明文字），目的是强化文中的讨论，帮助学生复习文中内容。

学习目标

书中每章都列出了重要的核心概念，旨在帮助学生评价对书中内容的掌握程度。

提要及关键术语

我们在每章中都用一个提要概括本章的主要论点。本书中出现的关键术语或短语，用黑体表示并在每章后面列出。

习题

每章的后面都附有习题，用以测试和加深学生的理解。习题的范围很广，包括从一般的计算练习到适合课堂讨论的“大”问题。在许多习题中，我们都要求学生运用所学知识对现实世界或政策问题进行分析。

延伸阅读

有些教师希望补充一些课外阅读，有些学生希望课后自己做一些更深入的研究，针对这些教师和学生的要求，我们在每章后面列出了一个延伸阅读，涉及经典著作和对当前重要事件的最新讨论。

学生和教师资源库①

MyEconLab

MyEconLab 是主要的在线评估和辅导系统，提供了丰富的在线内容和学习工具。MyEconLab 包括全面的家庭作业、小测验、测试以及辅导选择，可以让教师在一个系统中管理所有的评分需求。本书设计的 MyEconLab 的主要创新点如下：

● 实时数据分析练习有助于教师和学生均使用 FRED 数据库中最新的数据。FRED 是圣路易斯联邦储备银行的在线宏观经济学数据库。通过完成练习，学生可对关键的数据来源更为熟悉，学习如何定位数据，并学习数据分析的技能。

● 在 MyEconLab 中的强化电子文档中，标志为 MyEconLab 实时数据的数字可让学生展示立体图表，并运用 FRED 中的实时数据进行更新。

● 时事练习这一部分是第十版学生和教师资源库中新增加的内容，可即时

① 中国人民大学出版社未购买该部分的版权，采用该书作教材的教师可填写书后的《教学支持申请表》向培生教育出版集团中国代表处申请获取这些材料。——出版者注

为学生分配不同等级的新闻类练习。每一周，培生浏览新闻，选择一篇适合经济学课程的时事新闻，并围绕这篇文章设计相应的练习，然后自动将之加入 MyEconLab。对最新的经济新闻进行分配并评分从未如此方便。

学生与 MyEconLab

在线家庭作业和辅导系统使学生可以通过选择学习和训练工具套装自己控制学习进度，这种工具提供了在线的互动教材和其他媒体工具。在 MyEconLab 系统里，学生可以练习他们所学到的知识，检测他们对知识的理解，并执行 MyEconLab根据他们的训练结果为他们打造的学习计划。

教师与 MyEconLab

MyEconLab 为教师提供了灵活的工具，使教师能够简单而有效地在线定制课程材料来满足教学需要。教师可以创建和指定考试、测验或者家庭作业。MyEconLab 可以自动为问题评分并跟踪在线评估结果，甚至可以为学生的家庭作业中涉及的画图作业打分，从而节约了教师的宝贵时间。

教师在 MyEconLab 注册后就可以获得丰富的可供下载的补充材料，比如教师手册、PPT 讲义和题库。题库也可以在 MyEconLab 系统内使用，这样教师就有足够的材料布置作业了；或者系统中的客户练习创建部分可使得教师很容易地设计他们自己的问题。

每周更新的新闻文章、视频和 RSS 可帮助学生及时了解最新的时事，并帮助教师更容易地将相关的新闻加入课堂讲座和课后作业中。

如果想更多地了解 MyEconLab 或者获取教师登录码，可以访问网站 www. myeconlab. com。

补充资料

本书还有一整套补充材料，可用来支持教师的教学和学生的学习：

● 教师在线手册——由圣迭戈州立大学的 Hisham Foad 负责更新，包括每一章的概述、习题答案。

● 在线测试题库提供了内容丰富的多选和篇章问答题，另外还附加了数学推导和画图问题。问题的格式有 Word，PDF 和 TestGen。本测试题库由加努恩大学（Gannon University）的罗伯特·F·布鲁克（Robert F. Brooker）负责修订并更新。

● 计算机化试题库。安装有 Windows 和 Macintosh 操作系统的计算机可以重现 TestGen 格式的题库内容。教师使用 TestGen 软件可以轻松地编辑问题、添加问题、形成考试题并以多种格式打印考试题。

● 在线 PPT 讲稿。由得克萨斯州 A&M 大学的 Amy Glass 负责修订。该资源包括了教材中所有的图形、表格，可以用作课堂展示或者幻灯片母板。

● 配套网站 www. pearsonhighered. com/krugman 提供了相关内容的附录

(参见在线附录中目录的第xxi页)。

教师可从我们的教师资源中心下载课外阅读材料,网址是:www.pearsonhighered.com/irc。

保罗·R·克鲁格曼
茅瑞斯·奥伯斯法尔德
马克·J·梅里兹

目　录

第1章 绪 论

可以说，对国际贸易和国际金融的研究是经济学作为一门学科的标志。经济思想史专家通常把苏格兰哲学家大卫·休谟的《贸易平衡论》（Of the Balance of Trade）视为第一篇真正阐述经济模型的论文。休谟的这篇文章发表于1758年，这比他的朋友亚当·斯密出版《国富论》要早大约20年。19世纪早期，英国国内对其贸易政策进行了广泛的讨论，这些讨论在很大程度上促使经济学从一个散漫的非正式的领域转变成一个以模型为导向的学科。

但是，国际经济学研究从来不像现在这样意义重大。在21世纪的今天，随着国际商品和服务贸易的发展、国际资金流动，以及跨国投资的发展，各个国家之间的经济联系变得比以往任何时候都更加紧密。同时，这些联系也给全球经济增加了不稳定因素：包括美国在内，各个国家的政策制定者和商业领袖在做决策的时候都必须考虑到地球另一端的国家正在发生的经济变化。

一些基本的贸易统计数据即可反映跨国经济联系史无前例的重要意义。图1—1显示的是1960—2012年美国进出口额在国内生产总值中所占比重的变化。这些数据所体现的最明显特征是，进出口比例都有大幅度上升的趋势：与经济整体相比，国际贸易的重要性大约增长了3倍。

说明：进出口在美国国民收入中的比重持续增长，但进口增长得更多。

资料来源：U. S. Bureau of Economic Analysis. 2013 research. stlouisfed. org.

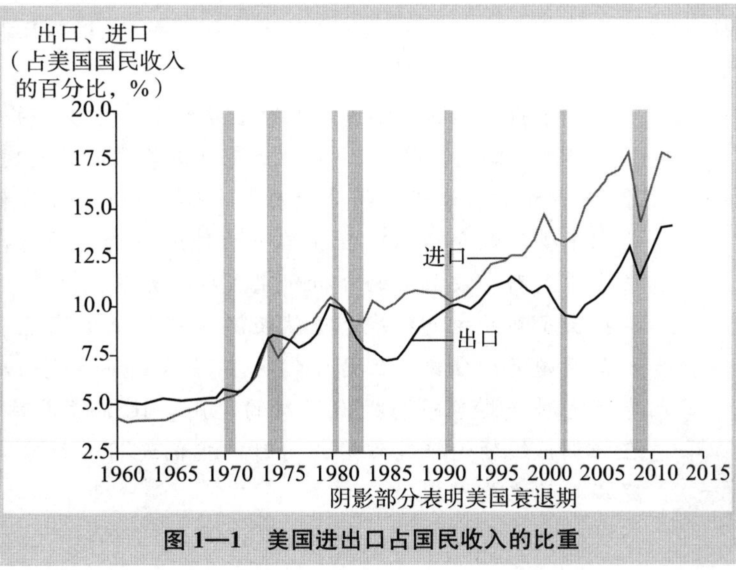

图1—1 美国进出口占国民收入的比重

同样明显的是，尽管进出口额都有所增长，但进口增长得更加迅速，因此导致了大额贸易逆差。那么美国如何能够偿付所有这些进口物品呢？答案是，这些所需资金是由流入美国境内的大量资本所提供的——渴望从繁荣的美国经济中分得一杯羹的外国人把资金投入美国市场。如此大规模的资本流入曾经是不可想象的，现在则已经是司空见惯的了。因此，贸易赤字也体现了国际联系日益紧密的另外一个方面——国与国之间资本市场日益紧密的联系。

但最终值得注意的是，在 2009 年，进口和出口都出现大幅下跌。这一下跌趋势反映了 2008 年开始的全球经济危机，也说明了世界贸易与世界经济总体状态之间的紧密联系。

跨国经济联系非但对美国至关重要，对其他国家来说更是举足轻重。图 1—2 显示了一组国家进出口额占国内生产总值的比重。由于幅员辽阔、资源丰富，美国对国际贸易的依赖程度几乎比其他所有国家都要低得多。

说明：国际贸易对其他大部分国家的重要程度甚至超过了美国。

资料来源：经济合作与发展组织。

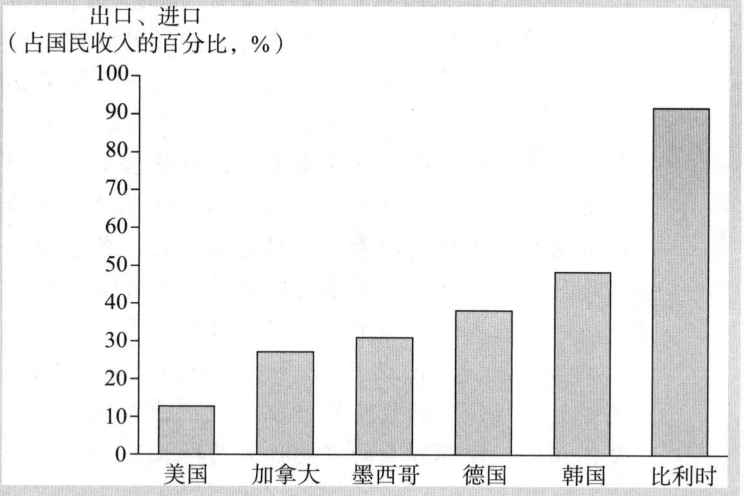

图 1—2　2011 年不同国家进出口在国民收入中的比重

本书将介绍国际经济学中的主要概念和方法，并结合它们在现实生活中的应用对其加以阐述。鉴于 19 世纪大卫·李嘉图的贸易理论，甚至更早的大卫·休谟于 18 世纪对货币进行的分析对 21 世纪的世界经济仍有相当重要的意义，本书将用不少篇幅介绍国际经济学中的传统理论。同时，我们也将尽力介绍国际经济学中最新、最前沿的分析研究成果。尤其是 2007 年开始的经济危机向全球经济提出了新的主要挑战。虽然经济学家能够运用已有的理论和分析框架对其中一些问题进行分析，但是他们也不得不重新审视一些重要的概念。同时，经济学家也对一些老问题提出了新的见解，比如货币政策和财政政策变动的影响。在强调传统理论持续作用的同时，我们还将向读者介绍国际经济学领域最新研究成果的主要思想。

学习目标

学完本章，你应该能够：

- 区别国际和国内经济问题。
- 解释国际经济学中的七个主题，并讨论其意义。
- 区分国际经济学中的贸易和金融部分。

国际经济学的主要内容

在国际贸易中，个人的动机及行为与在国内贸易中是相同的，因此，国际经济学使用的是与其他经济学分支相同的基本分析方法。佛罗里达州的食品店同时销售来自墨西哥和夏威夷州的咖啡豆。把这些咖啡豆运到店里经历的过程没有什么明显的不同，而且，从墨西哥进口的咖啡豆的运输距离还要更短一些！但是，因为国际贸易和投资的参与者是独立的国家，所以国际经济学还要考虑很多其他因素。美国和墨西哥是独立的主权国家，佛罗里达州和夏威夷州则不是。如果美国政府实行进口配额限制，墨西哥对佛罗里达州的咖啡出口就有可能中断；如果比索对美元贬值，那么墨西哥的咖啡对于美国购买者来说就可能突然变得便宜。上述两种情况在美国内部根本不可能发生，因为联邦宪法禁止对州际贸易进行限制，而且美国国内也只有一种货币。

可见，主权国家之间的经济交往所引发的种种问题构成了国际经济学研究的主体。贯穿国际经济学研究的是七大主题：贸易所得、贸易模式、贸易保护、国际收支平衡、汇率决定、国际政策协调，以及国际资本市场。

贸易所得

有一些国际贸易的好处是众所周知的，例如，没有人认为挪威应该自己生产柑橘。但是，对于一国进口本国能生产的产品是否会带来好处，很多人则表示怀疑。美国人是否应该尽可能购买美国产的商品来促进美国工人的就业？

国际经济学理论认为，贸易总能带来收益，即国与国之间互相销售自己的产品和服务通常总是对双方都有利，这可能是国际经济学中最重要的一个观点。能够为双方都带来收益的国际贸易范围远比人们想象的要大得多。有人认为，在劳动生产率或工资存在巨大国别差异的情况下进行贸易是有害的，这是一个普遍存在的误解。一方面，在印度等技术不那么发达的国家，它们的商人经常担心开放国际贸易会给本国经济带来灾难性后果，因为这些国家的工业竞争力比较低下。另一方面，技术发达国家的工人工资较高，那里的人们经常担心与低工资的发展中国家进行贸易会降低他们的生活水平——一位总统候选人就曾经提出过一个令人印象深刻的警告。他说，如果美国和墨西哥达成自由贸易协定，美国的福利就会被吸食。

然而，本书的第一个贸易模型（第 3 章）却说明，即使一方在生产任何产品上都比另一方缺乏效率，只能以支付低工资作为竞争手段，国际贸易也能给双方都带来收益。我们还可以看到，出口相对密集使用本国充裕资源的产品，进口相对密集使用本国稀缺资源的产品，也能使贸易双方各得所需、共同获利（第 5 章）。国际贸易还能促使各国在较小的产品范围内进行专业化生产，从而产生规模经济效应。

贸易所得不仅仅局限于有形产品。国际移民和国际借贷也都是互利贸易的形式——前者是以劳动力交换商品和服务（第 4 章），后者是以当前的商品交换未来的商品（第 6 章）。最后，各国可以通过股票、债券等风险资产的国际交易将其资产多样化，从而减少收入波动，从中获益。这些无形产品的贸易所带来的收益就如同在 2 月份从拉丁美洲进口新鲜水果并在多伦多的市场上出售的贸易所得一样真实。

总的来说，国家作为一个整体可以从国际贸易中获益。但是，国际贸易也极有可能使得国家内部的某些特殊团体利益受损。换句话说，国际贸易会显著影响收入分配。贸易对收入分配的影响长期以来一直是国际贸易理论家们关心的问题。他们指出：

> 国际贸易会对那些只在进口竞争行业中使用“特定”资源的所有者产生不良影响，因为这些资源没法用于其他行业的生产。比如在专业机械领域，动力织布机由于纺织品的进口而贬值；而具有专业技能的工人，如渔夫，也会因为海产品的进口而不再有优势。
>
> 国际贸易还会改变一些利益集团之间的收入分配，比如在工人和资本所有者之间。

这些问题原来只是教室里的关注点，现在已成为政策讨论的热点。因为尽管美国整个国家的财富在继续增长，但那些非熟练工人的实际工资却在日益下降。许多评论家将之归咎于国际贸易的发展，特别是低工资国家制造业商品出口的迅速增长。对这些论断进行评估已经成为国际经济学家的一项重要任务，这也是第 4 章到第 6 章的主要议题。

贸易模式

经济学家在确信他们的理论已足以解释所观察到的国际贸易现象以前，是无法胸有成竹地讨论国际贸易的影响或对政府的贸易政策提出建议的。因此，解释国际贸易的模式，即谁把什么卖给了谁，是国际经济学家的当务之急。

有些贸易模式是很容易理解的，例如，巴西出口咖啡是由于巴西的气候适宜咖啡树的生长，沙特阿拉伯出口石油是因为沙特阿拉伯盛产石油。但是，许多贸易模式却极其微妙：为什么日本出口汽车而美国出口飞机？19 世纪早期的英国经济学家大卫·李嘉图提出了一个至今仍具有说服力的观点：国家之间劳动生产率的差异是影响贸易模式的重要因素（第 3 章）。但到了 20 世纪，又有人提出了新的见解。其中虽有争议但最具影响力的观点之一是把资本、劳动力及土地等资源供应的相对充裕程度和生产各种产品时使用这些要素的相对密集程度这两者之间的关系与贸易模式联系起来。这一理论我们将在第 5 章中进行介绍。我们将会讨论如何将这种基本模型进行延伸，从而对贸易量和贸易模式作出更为精确的实证预期。同时，一些国际经济学家提出了更新的理论：国际贸易模式和规模经济一样，有时是由相当随机的因素决定的。我们将在第 7 章和第 8 章中介绍这些内容。

贸易保护

如果说贸易所得是国际经济学中最重要的理论概念，那么关于应该进行多少贸易的永无休止的争论则是国际经济学中最重要的政策主题。自从 16 世纪出现现代意义上的国家以来，各国政府就一直非常担心国际竞争会影响国内产业的繁荣。它们要么对进口施加限制来保护本国工业，避免与外国竞争；要么补贴出口来帮助本国产业参与国际竞争。国际经济学的一个最长久不变的任务就是分析这些所谓的保护政策的效应。在大多数情况下，国际经济学会批评保护主义，并说明自由贸易的诸多好处。

20 世纪 90 年代，关于应该进行多少贸易的讨论有了新的进展。自第二次世界大战以来，以美国为代表的发达民主国家采取了一系列消除国际贸易壁垒的政策。这些政策反映出了这样一个观点：自由贸易不仅能够促进世界繁荣，而且是促进世界和平的一股力量。20 世纪 90 年代前半期，在自由贸易方面取得了较大进展，其中最引人注目的就是美国、加拿大和墨西哥 1993 年签署的《北美自由贸易协定》（North American Free Trade Agreement，NAFTA），以及作为《乌拉圭回合协议》（Uruguay Round Agreement）成果的 1994 年世界贸易组织（WTO）的建立。

但是在这以后，一场反对全球化的国际性政治运动吸引了很多追随者。1999 年，代表传统的保护主义者和新意识形态的示威者破坏了在西雅图举行的一次重大的国际贸易会议，这项运动也因此而臭名昭著。排除其他影响，这场反全球化运动迫使自由贸易的提倡者们开始寻求解释他们观点的新方式。

有关贸易保护问题的研究具有重要的历史意义和现实意义。近年来，国际经济学家们建立了一个简单有效的分析框架来测定政府贸易政策的影响。这个框架不仅能预测贸易政策的影响，还能进行成本—收益分析，并确立了判断政府干预在什么情况下会对经济有利的标准。我们将在第 9 章和第 10 章中介绍该框架，并运用这一框架在这两章和随后的两章中讨论一系列政策问题。

在现实世界中，政府不一定要依据经济学家通过成本—收益分析所得出的结果来行事，但这并不意味着这种分析没有用处。国际经济学分析是通过揭示谁将从政府行为（如进口配额和出口补贴）中受益、谁又将遭受损失来解释国际贸易政策的政治内涵的。这种分析最关键的一个见解是，与国家间的利益分歧相比，国内各种利益的冲突在贸易政策的制定过程中通常所起的作用更大。第 4 章和第 5 章将说明国际贸易通常会对国内的收入分配产生重大影响；

第 10～12 章将说明国内不同利益集团之间的力量对比——而不是对国家整体利益的考量——通常是决定政府贸易政策的主要因素。

国际收支平衡

1998 年，中国和韩国都有大约 400 亿美元的巨额贸易顺差。就中国而言，这个贸易顺差并不是什么特殊情况———该国存在巨额贸易顺差已经好几年了，使得包括美国在内的其他一些国家抱怨不断，认为中国没有遵守规则。那么，有贸易顺差是否一定就是好事，有贸易逆差是否一定就是坏事呢？韩国的情况就是一个反例：韩国因为先前的经济危机和金融危机而被迫保持贸易顺差，虽然保持顺差并非韩国所愿。

上述比较强调了这样一个事实：为了真正理解一国的国际收支平衡情况到底意味着什么，我们必须结合该国的整体经济背景来加以分析。国际收支平衡涉及国际经济学研究的很多领域：跨国公司的外商直接投资（第 8 章）；国际交易和国民收入核算的关系，以及国际货币政策的各个方面。像贸易保护主义一样，国际收支平衡也是美国社会的一个中心话题，因为自 1982 年以来，美国一直存在着巨额贸易逆差。

汇率决定

2010 年 9 月，巴西财长吉多·曼特加（Guido Mantegna）称，全球“正处于汇率战争中”，一时将他推到舆论的风口浪尖。时值巴西货币雷亚尔迅速升值，2009 年初，1 雷亚尔约等于 45 美分，但到 9 月份曼特加发表这一言论时，已经升至 60 美分（而且会在接下来的几个月升至 65 美分）。曼特加将这一升值归咎于富裕国家，尤其是美国，因为货币升值对巴西的出口是一场灾难。但是雷亚尔的升值也仅维持了较短时间，从 2011 年中期起又开始下跌，到 2013 年夏季已经回归到 45 美分。

国际经济学与其他经济学分支的一个重要区别就是，它的分析对象通常拥有它们自己的货币，但是，许多欧洲国家共同使用的货币欧元是个反例。正像上述雷亚尔对美元汇率变动的例子所反映的那样：货币的相对价值会随时间推移而发生变化，而且这种变化有时是非常剧烈的。

由于一些历史原因，对汇率决定的研究仍是国际经济学中相当新的一个课题。在现代经济史的绝大部分时间里，汇率并不是由市场行情决定的，而是被政府人为固定的。在第一次世界大战前，世界上主要货币的价值均与黄金形成固定比值。第二次世界大战后，大部分货币的价值则与美元形成固定比值。对固定汇率制下国际货币体系的分析现在仍然是一个重要的课题。

国际政策协调

主权国家构成国际经济活动的主体，各国可以自由选择自己的经济政策。遗憾的是，在一个融于一体的世界经济中，任何一国的经济政策通常也会影响到其他国家的政策。例如，1990年德国统一之后，为了防止可能发生的通货膨胀，德意志联邦银行（Germany's Bundesbank）提高了利率，其结果是加速了西欧其他各国的经济衰退。各国政策目标的不同经常使得各国间发生利益冲突。即使一些国家的政策目标相似，如果政策协调失败，也会因此而蒙受损失。国际经济学的一个基本问题就是：在没有一个能指令各国行为的“世界政府”的情况下，如何在各国不同的贸易政策和货币政策之间建立起某种程度的协调及一致？

过去70年来，国际贸易政策一直受《关税和贸易总协定》（GATT）的限制。自1994年世界贸易组织成立后，贸易规则得到强制实施，以纠正各国（包括美国在内）违反贸易规则的情形。我们在第9章中将讨论该体系产生、发展的原因，并且将探讨当前的国际贸易准则在世界经济中能否或是否应该存在下去。

虽然各国在国际贸易政策的协调合作方面有着良好的传统，但是国际宏观经济政策的协调合作还是一个比较新的、不太确定的课题。从20世纪80年代和90年代开始，一些经济学家便尝试制定宏观经济政策的原则，但至今仍有争议。尽管如此，在现实生活中，对国际宏观经济政策合作的尝试正在各种情况下越来越频繁地进行着。

国际资本市场

2007年，购买美国按揭证券——住房抵押的收入的投资者遭受了重击，因为房产价格开始下跌，而拖欠银行抵押贷款的数额飙升，本来承诺安全的投资变得岌岌可危。由于许多索赔都是由金融机构负责的，因此这场房产泡沫也随之演变成了银行危机。可问题是：这场危机不仅仅涉及美国的银行，其他国家的银行，尤其是欧洲银行，也购买了许多此类债券。

问题在此并未结束：欧洲紧接着也开始出现房地产泡沫。虽然主要出现在欧洲南部，但是显然欧洲北部的许多银行如曾借贷给西班牙银行的德国银行等也面临一系列金融风险。

在任何一个复杂的经济中都存在一个广阔的资本市场：通过一整套协定，个人和公司在当期进行资金交换并保证在将来偿还。20世纪60年代以来国际贸易重要性的日益提高是与国际资本市场的发展紧密相关的，国际资本市场把各国的国内资本市场连接在了一起。70年代，盛产石油的中东国家把它们的收入存放在伦敦以及纽约的银行里，这些银行转手又把钱借给亚洲及拉美的政府和公司。80年代，日本企业将它们从巨额出口中获取的大量收入转投到美国，包括在美国建立自己的分公司。如今，中国也将其外汇收入分散成各类外国资产，比如政府持有的作为国际储备金的美元。

但国际资本市场与国内资本市场有着显著的差别。国际资本必须应对各国针对外来投资制定的特别法规；有时候，国际资本市场也为资本躲避国内市场的法规提供了机会。自20世纪60年代以来，一些巨大的国际资本市场不断出现，最引人注目的是伦敦欧洲美元市场。在该市场中，每天有几十亿美元被兑换成其他货币，而这些美元的兑换根本不经过美国本土。

国际资本市场中也有一些特殊风险。其中之一是币值波动：若欧元对美元的比价突然下跌，那么购买欧元债券的美国投资者就会蒙受资本损失。另一风险是国家违约：一个国家可能拒绝偿还债务（也许是因为无力偿还），而债权人却无法用有效的办法将这个国家告上法庭。而高负债的欧洲国家对国家违约的担心已成为近年来主要的隐忧。

国际资本市场不断增长的重要性以及其中出现的新问题必然要求人们比以往更多地关注它。

国际经济学：贸易和金融

国际经济学可以分成两个次一级的研究领域：国际贸易和国际金融。国际贸易主要分析国际经济中的实际交易，即经济资源实体的流动；国际金融主要分析国际经济的货币方面，也就是金融行为，如美元的购买等交易。欧盟对农产品出口进行补贴引发的欧美之间的冲突是国际贸易问题的一个实例；关于美元的汇率——到底是应任其自由浮动，还是应该通过政府行为保持其稳定的争论则是国际金融问题的一个例子。

在现实社会中，贸易问题和金融问题之间并没有简单的分界线。大部分国际贸易中必然包含金融行为。同时，如本章中已举过的例子，很多金融事件对贸易也会产生重大影响。尽管如此，对国际贸易与国际金融进行适当区分还是很有必要的。

第2章 世界贸易概览

按照当年价格计算，全世界在2013年生产了大约74万亿美元的产品与服务。其中，超过30%是由国际贸易完成的，即产品和服务的世界贸易额超过了23万亿美元，这就是进出口的总体情况。

国家大量出口它们所生产的产品，同时它们所消费的产品又大量依靠进口。产生这种现象的原因将在下面的章节中加以分析。此外，国际贸易的利益和成本以及各国政府鼓励或者限制贸易的政策动机也将是要阐述的问题。

在阐述这些问题之前，我们先从谁和谁贸易的问题开始。引力模型不仅能够解释两国间贸易量的大小，而且能够说明在当今经济全球化中仍然制约国际贸易发展的障碍因素。

正在演变的世界贸易结构是接下来要探讨的问题。近几十年来，世界经济发生了以下变化：世界贸易额占全球总产出的比例大幅增加；世界经济的引力中心移向了亚洲；世界贸易的产品构成日新月异。

学习目标

学完本章，你应该能够：

- 阐释两国间的贸易量如何依赖于它们的经济规模并说明这种依赖关系的原因。
- 论述两国间距离和边界是怎样导致贸易减少的。
- 阐释国际产出中的贸易份额是怎样变动的，以及为什么出现了两个全球化的时期。
- 解释国际贸易中商品和服务的构成是如何变动的。

谁和谁贸易?

图2—1显示的是美国与其前十五大贸易对象在2012年的商品进出口总额。(各贸易对象的服务贸易数据不全，在随后的章节中将讨论服务贸易的日益重要

性及出现的问题。）这 15 个贸易对象占美国当年贸易总额的 69%。

为什么美国与这些国家（地区）进行大量的贸易？在实践中，哪些因素决定了谁和谁贸易的问题？

说明：美国与主要的 15 个贸易伙伴的贸易额——以进出口总额计算。

资料来源：美国商务部。

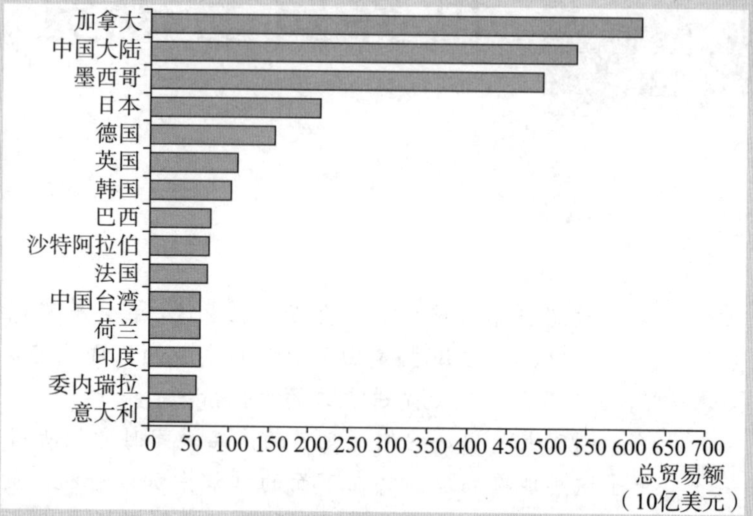

图 2—1 2012 年美国与主要贸易伙伴的贸易额

规模问题：引力模型

美国前十五大贸易伙伴中的三个是欧洲国家：德国、英国和法国。美国为何只与这三个国家而不是其他欧洲国家进行大量的贸易呢？答案是它们是欧洲经济规模最大的国家，即它们拥有欧洲最大的**国内生产总值**（gross domestic product，GDP）——全部最终产品和服务的市场价值之和。现实充分说明一国的经济规模与其进出口总额息息相关。

图 2—2 验证了欧洲不同国家的经济规模及其与美国的贸易规模之间的相关性，图中列出的是欧盟 15 国在 2012 年的经济规模及贸易规模。横轴表示各国的国内生产总值占整个欧盟生产总值的比例。纵轴表示各国与美国的贸易总额占整个欧盟与美国的贸易总额的比例。如图所示，这些散点分布在 45°对角线的两边。45°对角线表示，一国在美欧贸易中所占的比例和该国在欧盟全部生产总值中所占的比例应该近似相等。德国的经济规模很大，占全部欧盟 GDP 的 20%，相应地，德国在全部美欧贸易中占有 24%的份额。瑞典的经济规模偏小，占整个欧盟 GDP 的 3.2%，相应地，它在美欧贸易中所占比例是 2.3%。

把整个世界贸易看成整体，经济学家得出了下面的方程，并且以此方程可以相对准确地预测任何两国间的贸易规模。

$$T_{ij}=A\times Y_i\times Y_j/D_{ij} \qquad (2—1)$$

其中，A 是常量，T_{ij} 是 i 国与 j 国间的贸易额，Y_i 是 i 国的国内生产总值，Y_j 是 j 国的国内生产总值，D_{ij} 是两国间的距离。这个方程表明，在其他条件不变的情况下，两国间的贸易规模和两国的 GDP 成正比，与两国间的距离成反比。

资料来源：美国商务部，欧盟委员会。

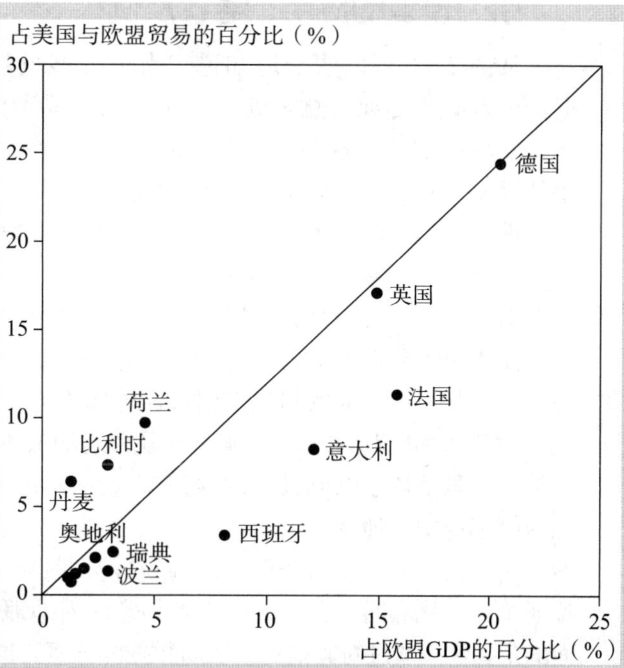

图 2—2　欧洲经济体的规模及其与美国贸易的价值

方程（2—1）就是国际贸易的**引力模型**（gravity model）。由于和牛顿的万有引力定理相类似，故而取名为引力模型。万有引力定理表明，两个物体间引力的大小与物体的质量成正比，与物体间的距离成反比。与此类似，在其他条件不变的情况下，两个国家间的贸易与两国的国内生产总值成正比，与两国间的距离成反比。

经济学家导出了以下更具一般性的引力方程：

$$T_{ij}=A\times Y_i^a\times Y_j^b/D_{ij}^c \tag{2—2}$$

这个方程表明三个方面同时决定了两国间的贸易额，即两国的国内生产总值规模和两国间的距离，并放松了这样的假设：两国贸易与国内生产总值成正比，与两国距离成反比。取而代之，是选择合适的 a、b、c 以拟合实际的经济数据。如果 a、b、c 的取值都为 1，那么该方程其实就是方程（2—1）。实际上，结果表明，方程（2—1）是一个非常好的近似估计。

为什么引力模型有效呢？广义地讲，大的经济体由于收入高，因而大量进口产品。同时，由于大的经济体可以生产更多品种的系列产品，因而更能满足其他国家的需求，进而大量出口产品。在两国贸易中，在其他条件相同的条件下，任一方的经济规模越大，则双方的贸易量就越大。

但是如果其他条件不同呢？我们已经注意到，实际上，国家的消费大部分还是在国内。美国和欧盟的 GDP 占到世界的 25%，但是各自只占到对方支出的 2%。为了理解实际贸易流，我们需要考虑制约国际贸易的因素。但是先让我们了解为什么引力模型如此重要。

引力模型的应用：寻找反例

从图 2—2 可以清楚地知道，引力模型虽然较好地拟合了美欧间的贸易数据，但是有不尽如人意之处。其实，引力模型的重要用途之一就是有助于明确国际贸易中的异常现象。在两国间的贸易量不是大量超过就是大量少于引力模型的预测结果时，经济学家就得设法予以解释。

图 2—2 表明，荷兰、比利时及爱尔兰与美国的贸易量大大超出根据引力模型所计算出的结果。事情为何会这样？

对爱尔兰来说，部分原因就是文化的亲和性。这种亲和性不仅源于两国的语言，而且源于数百万美国人是爱尔兰移民的后裔。除亲和性之外，爱尔兰对美国公司而言起了主人翁的归属作用，这种作用将在第 8 章的跨国公司中予以分析。

对荷兰和比利时来说，地理位置和运输成本或许可以解释它们与美国的大量贸易。两国都位于欧洲最长的河流莱茵河的出口处。莱茵河途经鲁尔地区，这是德国的工业中心地带。因此，荷兰及比利时一直以来是进入欧洲西北大部分地区的枢纽。荷兰的鹿特丹按照装船吨位计算是欧洲最大的港口，比利时的安特卫普位居第二。比利时和荷兰的巨额贸易意味着地理位置和运输成本在决定贸易规模方面的重要性。通过对其他更多贸易数据的分析，这种结论得到越来越多的支持。

贸易障碍：距离、壁垒和疆界

图 2—3 是在保持图 2—2 的纵轴和横轴都不变，只是在图中增加加拿大和墨西哥的情况下绘出的。图 2—3 显示，美国的这两个邻国与美国的贸易量远超过欧盟同等经济规模国家与美国的贸易量。其实，加拿大的经济规模和西班牙相当，但是加拿大与美国的贸易量和整个欧盟与美国的贸易量相当。

说明：美国与其邻国的贸易量明显大于其和相同大小的欧洲经济体的贸易量。

资料来源：美国商务部，欧盟委员会。

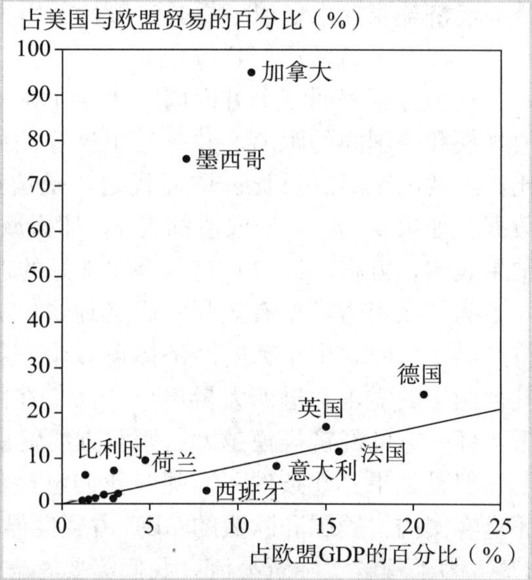

图 2—3 经济体的规模及其与美国的贸易量

为什么美国的邻国与美国的贸易量远胜过美国的欧洲贸易伙伴与美国的贸易量呢？理由很简单，就是加拿大和墨西哥是美国的邻居。

所有估计出来的引力模型都表明两国距离对贸易有负的效应。典型的估计是两国距离每增加1%，则两国的贸易量要降低0.7%～1%。下降幅度部分地体现为产品和服务运输成本增加的幅度。经济学家认为起关键作用的是一些非具体的因素：当两国的关系密切时，贸易就大量增加，而且两国的距离变长会使得双方关系的密切程度降低。美国公司的贸易代表能够轻松地拜访它在多伦多的客户，但是要拜访巴黎的客户就不那么容易了。不在西海岸的美国公司，如果要去拜访它在东京的客户，就更是难上加难。

加拿大和墨西哥不仅是美国的邻居，而且与美国签署了**贸易协定**（trade agreement），即《北美自由贸易协定》（NAFTA）。这一协定扫清了存在于三国间的贸易关税和其他壁垒。第8章和第9章将分析贸易壁垒对国际贸易的效应，第10章将分析各类贸易协定（如NAFTA）的作用。接下来，我们可以通过引力模型来分析贸易协定对国际贸易的影响。在各国GDP和距离给定的情况下，有效的贸易协定比无效的贸易协定更能显著增加成员国的贸易量。

贸易协定虽然可以消除成员间的贸易壁垒，但是对各国国界几乎没有任何影响。最近的经济学研究成果表明，即便产品和服务可以免关税和无限制地进入疆界，在一个国家内部各地区之间产生的贸易量也要比在同样条件下国家之间产生的贸易量大。美加国界很能说明这一点。两国是贸易协定的成员国（在《北美自由贸易协定》签署以前，双方就已经签订过贸易协定），绝大部分加拿大人讲英语，两国居民几乎可以无限制地通过国境。但数据表明，在其他条件同等的条件下，加拿大内部各省间的贸易规模要远大于各省与美国的贸易规模。

表2—1验证了这种差异的程度。该表显示的是华盛顿北面加拿大的英属哥伦比亚省的贸易数据。为了比较，选择了加拿大内部的其他省份和美国的部分州作为哥伦比亚省的贸易对象，贸易规模用各省（州）与哥伦比亚省的贸易额占各省（州）GDP的比例衡量。图2—4标示出了有关省和州的地理位置。加拿大的各个省对应着与哥伦比亚省距离相当的美国的各州。华盛顿州与阿尔伯塔都与哥伦比亚相邻，安大略省和俄亥俄州都是中西部地区，其他也都如此。除了加拿大的远东新不伦瑞克省之外，加拿大的各省间的贸易随着距离的增加，贸易额逐渐降低。结果表明英属哥伦比亚与国内各省的贸易都远大于它同美国距离相当的州的贸易额。

表2—1　2009年各省（州）与英属哥伦比亚的贸易占各省（州）GDP的比例

加拿大的省份	占各省GDP的比例(%)	占各州GDP的比例(%)	与哥伦比亚距离相当的美国的州
阿尔伯塔	6.9	2.6	华盛顿州
萨斯喀彻温	2.4	1.0	蒙大拿州
马尼托巴	2.0	0.3	加利福尼亚州
安大略	1.9	0.2	俄亥俄州
魁北克	1.4	0.1	纽约州
新不伦瑞克	2.3	0.2	缅因州

资料来源：加拿大数据，美国商务部。

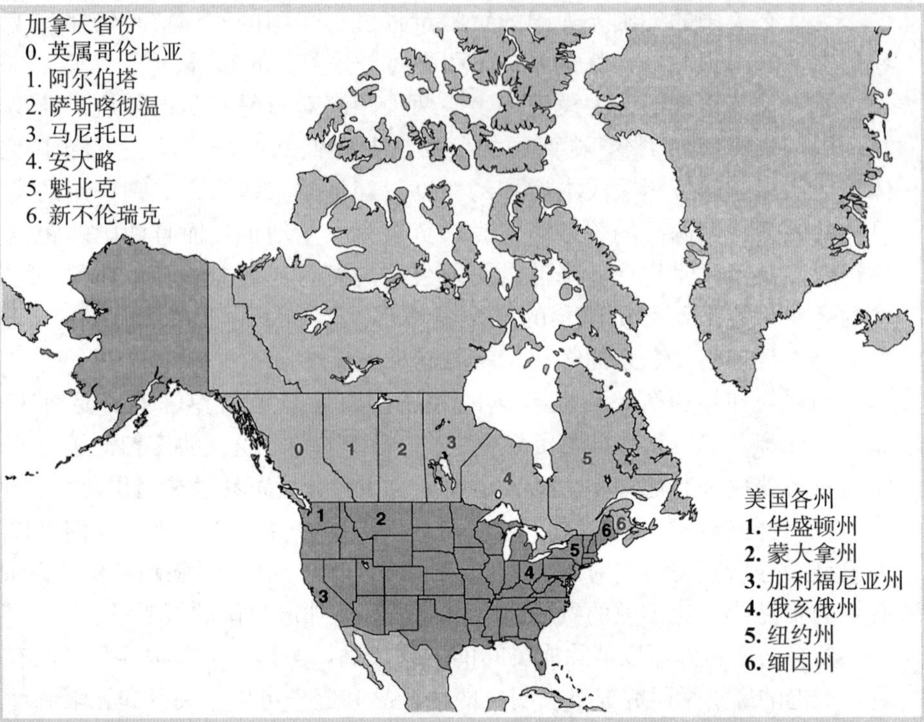

图 2—4 加拿大的省及美国的州与英属哥伦比亚的贸易

资料来源：加拿大数据，美国商务部。

经济学家利用表 2—1 的数据以及引力模型中距离的影响，得出以下结论：虽然英属哥伦比亚省与美国间的疆界是全球最开放的边界之一，但是这一疆界对贸易产生了重大的影响，似乎美加两国相距 1 500 英里～2 500 英里之遥。

为何疆界对国际贸易有如此强大的负面影响呢？这是一个仍在进行的研究课题。后文将描述这方面研究的焦点问题：设法确定各国相对独立的国家货币对商品和服务贸易的影响到底有多大。

正在演变的世界贸易模式

世界贸易是一个不断变动的目标。世界贸易的方向和构成与前一代的状况不一样，与一个世纪前更加不一样。下面我们考察国际贸易的一些主要变化趋势。

世界变小了吗?

在对世界经济的普遍讨论中，时常可以听到这样的观点：现代化的运输和通信可以超越空间距离的束缚，世界因此成了小“村落”。这些观点有其成立的依据：互联网可以使相距数千英里的人们实现即时、自由的通信，喷气式飞机可以使物资运往地球的任何一个地方。然而，引力模型仍然认为距离对国际贸易产生了强烈的负面影响。这些负面效应是否已经变弱了呢？运输和通信的进步使地球变小了吗？

答案是肯定的，但是历史表明政治的力量可以超过技术进步的作用。世界在 1840—1914 年间变小了，但是随后在 20 世纪的大部分时间里又变大了。

经济史学家告诉我们，经济全球化使得甚至相距遥远的国家间发生密切的经济联系，不是什么新生事物。其实，早已发生过两次巨大的经济全球化浪潮。其中的第一浪潮是借助于铁路、汽船及电报等而形成的。在 1919 年，伟大的经济学家梅纳德·凯恩斯（Maynard Keynes）对这次全球化的结果做了以下描述：

> 人类经济发展过程中多么绚丽的一幕在 1914 年 8 月结束了——伦敦的市民可以一边在床上品着早茶，一边通过电话在全球范围内订购他所需要的任何数量的各式产品，并且希望产品在合理的时间内较早地送到手中。

请注意，凯恩斯在其描述中认为那个年代在 1914 年已结束。随后的两次世界大战、20 世纪 30 年代的大萧条及全世界范围内的贸易保护主义都严重制约着国际贸易的发展。图 2—5 显示的是国际贸易的一个衡量指标：世界工业制成品出口指数与世界工业制成品生产量指数之间的比例。世界贸易在第一次世界大战之前的数十年增长迅速，但是之后迅猛下跌。可以看到，全球经济在 20 世纪 70 年代前都没有恢复到第一次世界大战前的水平。

但是，自从那时起，世界贸易占实际生产总量的比例攀升至最高点。世界贸易价值的这种攀升在很大程度上反映了所谓的生产“垂直非一体化”：在产品到达消费者手中之前，需要经过许多国家的多种生产程序。比如电子产品如手机、iPod 等经常在工资低的国家如中国进行组装，而原件则在工资相对较高的日本等国家生产。由于原件的大规模跨国运输，每价值 100 美元的产品可以产生 200 或 300 美元的国际贸易流动金额。

说明：世界工业制成品出口指数与世界工业制成品生产量指数之间的比例，1953 年是 1，在第一次世界大战之前的数十年增长迅速，但是之后由于战争和贸易保护主义则迅猛下跌，在 20 世纪 70 年代年前都没有恢复到第一次世界大战前的水平，但此后已经达到新的高点。

资料来源：联合国月度数据简讯，世界贸易组织。

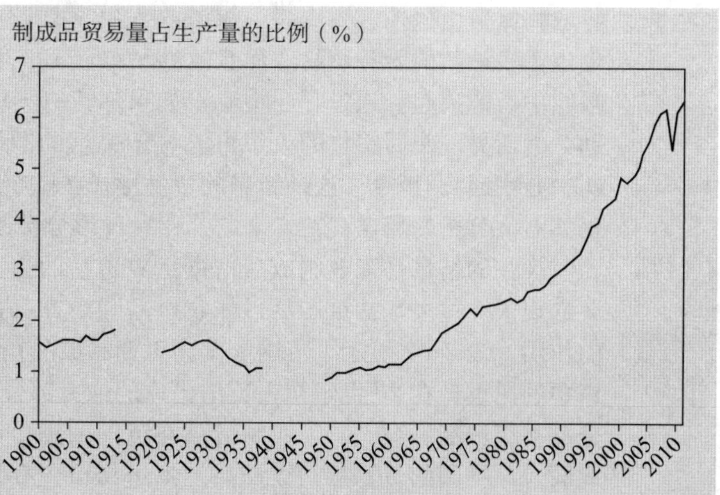

图 2—5　世界贸易的下降和上升

人们交换什么产品?

国家在开展对外贸易时，交换什么产品呢？从全世界范围来看，国家间主要相互交换工业制成品，如汽车、计算机、服装等。然而，矿产品——包括从铜矿砂到煤炭等各种产品，其中为这个现代世界不可或缺的就是石油——依旧是世界贸易的主要部分。诸如小麦、大豆和棉花等农产品也是世界贸易的关键内容。各种各样的服务在国际贸易中凸显其重要性，并且在可预见的将来会变得更加重要。

图 2—6 是 2011 年世界出口产品按百分比划分的示意图。工业制成品占据世界贸易中最大的份额，矿产品中主要包含了石油和其他燃料。农产品贸易虽然对很多国家人们的生活至关重要，但是在整个当代贸易总额中所占比例很小。

说明：世界贸易的大部分是制成品，但矿产品——主要是石油——仍然很重要。

资料来源：世界贸易组织。

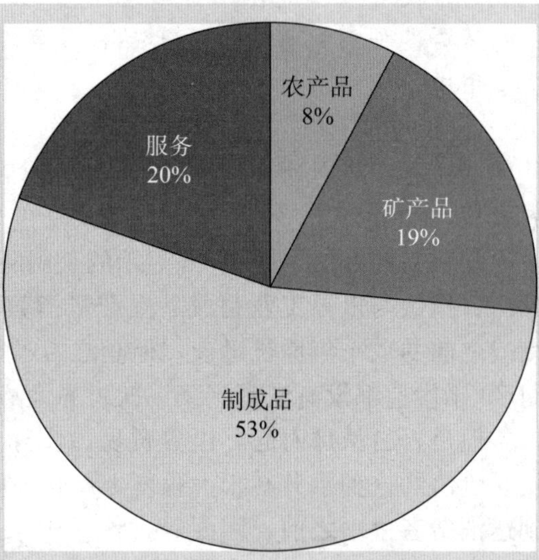

图 2—6　2011 年世界贸易构成

服务出口包括传统的运费、保费和旅游收入。运费由航空公司和船舶公司收取，保费由国外客商支付，旅游收入由国外游客提供。近年来，现代通信业催生了多种新的服务贸易，而且这些贸易受到广泛的关注。最有名的要数海外呼叫中心的兴起。通过呼叫中心，如果你拨打 800 电话希望得到信息和技术帮助，电话另一头回答你的人很可能位于遥远的国外（印度城市班加罗尔广受呼叫中心欢迎）。至今，这种新奇的贸易形式在整个贸易中所占比例还很小，但是正如下文分析的那样，在未来的几年这种形势会改变。

现在的情景是工业制成品占据世界贸易的主要地位，这是一种出现没有多久的现象。过去，初级产品，如农产品和矿产品，在国际贸易中起着更为重要的作用。表 2—2 显示了英国和美国工业制成品在 1910 年和 2011 年的进口和出口中的比重。在 20 世纪初，英国出口的绝大部分是工业制成品，而进口的大部分是初级产品。今天，工业制成品在英国的进口和出口中都占据重要地位。与此同时，美国的贸易从初级产品占据进出口主要地位的模式，转变成了工业制成品在进出口中占绝对份额的模式。

表 2—2 工业制成品占出口和进口的份额（%）	英国		美国	
	出口	进口	出口	进口
1910	75.4	24.5	47.5	40.7
2011	71.1	69.1	65.3	67.2

资料来源：1910 年数据来自 Simon Kuznets，*Modern Economic Growth*：*Rate*，*Structure and Speed*. New Haven：Yale Univ. Press，1996。2011 年数据来自世界贸易组织。

世界贸易最近的演变是第三世界工业制成品出口的崛起。这里所谓的**第三世界**（third world）和**发展中国家**（developing countries）都是指较贫穷的国家，它们大部分是第二次世界大战前的欧洲殖民地。直到 20 世纪 70 年代，这些国家还主要出口初级产品。从那以后，它们开始迅速增加工业制成品的出口。图 2—7 是发展中国家自 1960 年以来农产品和工业制成品出口份额走势图。这两种产品的走势几乎完全相反。中国出口产品的 90%是工业制成品，中国是世界上最大的发展中国家，并且在世界贸易中的力量迅速增强。

说明：在过去 50 年里，发展中国家的出口已经转向了制造业。

资料来源：联合国贸易和发展理事会。

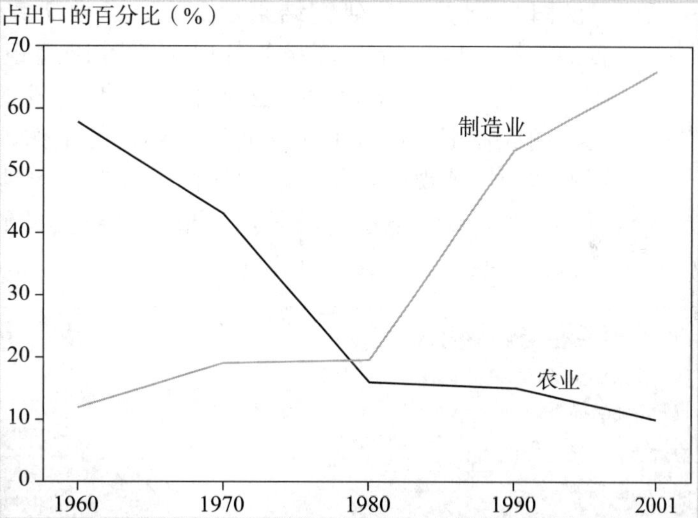

图 2—7　发展中国家出口构成的变化

服务外包

国际经济学中最热的争议焦点之一是，现代信息技术是否导致一些新的贸易形式急剧增长，因为从长远来看，信息技术承载一些经济功能是可能的。如上文所提到的，通过呼叫中心，一个远在 8 000 英里之外的专业人士可以回答你的信息咨询。多种其他同类的服务都能够远距离实现。曾经必须在一国国内实现的服务现在可以在国外实现，这种变化就是**服务外包**（service outsourcing）（有时候称之为离岸服务）。此外，生产商必须决定是否需要建立国外分支机构以提供那些服务（像跨国公司那样运转）或将那些服务外包给其他公司。在第 8 章中，我们将会具体阐述公司如何作出这些重要的决策。

普林斯顿大学的经济学家艾伦·布林德（Alan Blinder）2006 年在《国外事务》（*Foreign Affairs*）上发表的一篇文章认为，“在将来，其实就在眼前，国际贸易的关键区别不再是商品能否装入箱子里，相反，关键的区别在于服务能否以电子的方式实现远距离的传输，并且没有或几乎没有质量的损耗”。例如，杂货店的上货工人当然必须在现场，但是会计人员可以在另外一个国家通过网络为这家店进行会计管理。医生必须在病人身旁才能把脉，但是诊断 X 光照片的放射科医生可以在任何一个能高速联网的地方对电子影像进行分析。

在这一点上，正是因为目前还应用得较少，服务外包才受到了很大的关注。问题是：服务外包会有多大空间，有多少现在还无须面对国际竞争的工人将在未来感受到这种变化？经济学家设法回答这一问题的方法是考察在美国境内有哪些服务可以实现远距离贸易。例如，很多金融服务是从美国金融资本中心纽约向国家提供的；很多美国软件是在微软总部的西雅图发行的；很多美国及全世界的网络搜索服务是由在加利福尼亚山景城的谷歌提供的；诸如此类还有很多。

图 2—8 是一项研究结果示意图。这项研究通过系统地应用美国产业位置的数据，以分析哪些服务可以和不可以远距离贸易。研究结果表明，美国 60%的职业由于包含了必须联合顾客完成的工作，因而是不可贸易的，40%的职业由于包含了服务而不是制造的工作，因此是可贸易的。这意味着图2—6中所体现的由制造品主导的世界贸易可能仅仅是短暂的现象。长远来看，服务贸易、电子传输等可能成为世界贸易的主要内容。我们将会在第 8 章探讨这些趋势对美国就业的影响。

说明：根据美国国内的贸易估计，服务业贸易有可能最终超过制造业贸易。

资料来源：J. Bradford Jensen and Lori G. Kletzer，“Tradable Services：Understanding the Scope and Impact of Services Outsourcing，” Peterson Institute of Economics Working Paper 5 - 09，May 2005.

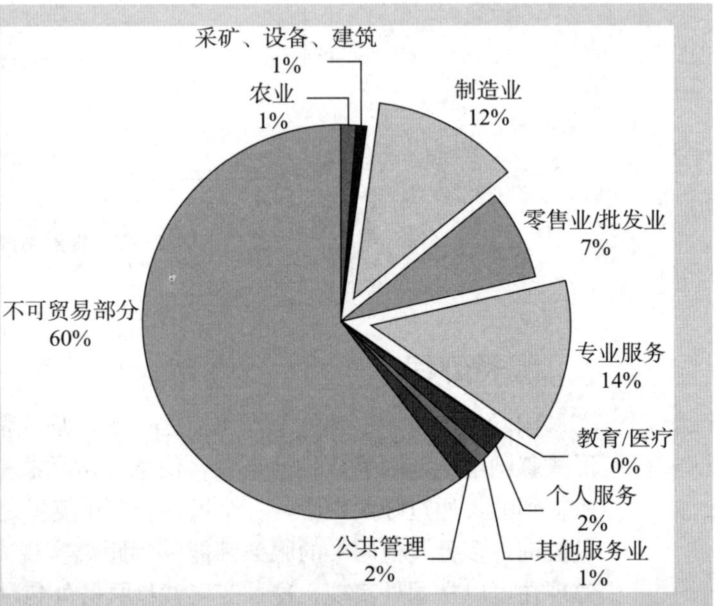

图 2—8 可贸易产业的就业比重

旧规则依然可行吗?

通过分析一个最初由英国经济学家李嘉图在 1819 年提出的模型，我们将在第 3 章讨论国际贸易产生的原因。考虑到自李嘉图时代以来世界贸易所发生的变化，那些旧的贸易思想还可行吗？答案是不容置疑的。即便国际贸易发生了巨大变化，那些由经济学家在经济全球化之初所发现的基本原理依然可行。

的确难以用简单的术语来概括世界贸易的特征。一个世纪以前，每个国家的出口产品很大程度上囿于它的气候和自然资源状况。热带地区的国家出口诸如咖啡和棉花等热带产品；美国、澳大利亚等土地丰裕的国家向人口密集的欧洲国家出口粮食。那时发生的贸易争议也容易从下面的角度加以解释清楚，即从政治冲突的角度解释贸易争议。自由贸易和保护贸易的争议集中体现在英国地主和产业资本家间的古典政治冲突中，因为地主希望通过保护贸易阻止国外便宜粮食的进口，而产业资本家想通过自由贸易大量出口他们生产的产品。

当代国际贸易的源泉更加让人难以捉摸。人力资源和人造资源（表现为机器或其他资本形式）比自然资源更重要。基于贸易的典型政治冲突牵涉到因进口而利益受损的工人，例如，服装工人要面对进口服装的竞争，技术工人现在要面临来自班加罗尔的竞争。

不管怎样，在随后的章节中，我们将看到国际贸易潜在的逻辑并未改变。在喷气式飞机和互联网发明以前的很长时间里就已经发展起来的经济模型，仍将是理解 21 世纪国际贸易实质的关键所在。

提要

1. 引力模型将任何两国间的贸易与它们的经济规模联系起来。同时，引力模型还揭示了两国距离和疆界在制约贸易发展方面的重大作用，即便像美加间那么畅通的疆界也莫不如此。

2. 由于不断降低的通信和运输成本，国际贸易相对世界经济规模而言已是创纪录的高水平。不管怎样，国际贸易并没有一帆风顺地发展，虽然在 1914 年世界一体化程度很高，但是大萧条、贸易保护主义和世界大战等使得国际贸易大幅萎缩，并且用了几十年才得以恢复。

3. 今天工业制成品主宰着世界贸易，但是，在历史上，初级产品在国际贸易中的地位比今天更为重要，这几年，服务贸易日益显得重要。

4. 引人注目的是发展中国家已经从初级产品出口国转变为主要的制成品出口国。

关键术语

发展中国家	引力模型	国内生产总值
服务外包	第三世界	贸易协定

习题

1. 加拿大和澳大利亚都是英语国家，两国的　　人口规模也相当（加拿大多 60%），但是相对各自 GDP 而言，加拿大的贸易额是澳大利亚的两倍。为什么会如此？

2. 墨西哥和巴西各自的贸易伙伴不同。墨西哥主要与美国贸易，巴西与美国和欧盟的贸易量大致相当。墨西哥的贸易量相对其 GDP 而言很大。用引力模型解释这种现象。

3. 方程（2—1）说明任何两国的贸易量与其国内 GDP 成正比。如果这两个国家的 GDP 都增加一倍，这是否意味着贸易要增加四倍？

4. 在过去几十年里，东亚国家增加了它们在世界 GDP 中的份额。同样，不仅东亚国家整体的贸易在世界贸易中的份额增加了，而且东亚国家内相互间的贸易也增加了。应用引力模型解释这一现象。

5. 一个世纪以前，英国的进口产品来自相对遥远的地区：北美、拉美、亚洲。今天，英国绝大部分进口产品来自其他欧洲国家。这种变化是如何迎合不断变化的世界贸易产品结构的？

延伸阅读

Paul Bairoch. *Economics and World History*. London：Harvester，1993. A grand survey of the world economy over time.

Alan S. Blinder. “Offshoring：The Next Industrial Revolution?” *Foreign Affairs*，March/April 2006. An influential article by a well-known economist warning that the growth of trade in services may expose tens of millions of previously “safe” jobs to international competition. The article created a huge stir when it was published.

Frances Cairncross. *The Death of Distance*. London：Orion，1997. A look at how technology has made the world smaller.

Keith Head. “Gravity for Beginners.” A useful guide to the gravity model，available at http：//pacific. commerce. ubc. ca/keith/gravity. pdf.

Harold James. *The End of Globalization*：*Lessons from the Great Depression*. Cambridge. Harvard University Press，2001. A survey of how the first great wave of globalization ended.

J. Bradford Jensen and Lori G. Kletzer. “Tradable Services：Understanding the Scope and Impact of Services Outsourcing.” Peterson Institute Working Paper 5 - 09，May 2005. A systematic look at which services are traded within the United States，with implications about the future of international trade in services.

World Bank. *World Development Report 1995*. Each year the World Bank spotlights an important global issue；the 1995 report focused on the effects of growing world trade.

World Trade Organization. *World Trade Report*. An annual report on the state of world trade. Each year's report has a theme；for example，the 2004 report focused on the effects on world trade of domestic policies such as spending on infrastructure.

第3章 劳动生产率与比较优势：李嘉图模型

各国参与国际贸易的基本原因有两个，这两个原因都有助于各国从贸易中获益。第一，各国之间之所以进行国际贸易，就是因为它们之间存在着千差万别。国家就像个人一样，当它们各自从事自己相对擅长的事情时，就能取长补短，从这种千差万别中获益。第二，国家之间通过贸易来达到生产的规模经济。也就是说，如果每一个国家只生产一种或少数几种产品，就能进行大规模生产，达到规模经济。这时候的生产效率将比该国每种产品都生产时要高得多。在现实世界中，各种国际贸易模式就是上述两种贸易动机相互作用的反映。然而，在了解贸易的原因及其影响之初，我们先研究只包含其中一种动机的简单化模型。

随后的四章将进一步论述国家之间的差异是怎样导致贸易，以及为什么这种贸易是互利的。这些分析中最基本的概念是比较优势。

尽管比较优势是一个简单的概念，但经验表明，对许多人来说，它依然难以理解（或接受）。诺贝尔经济学奖获得者保罗·萨缪尔森（Paul Samuelson）认为，经济学中有许多不可否认的正确原理，但对许多人来说却并非显而易见，而比较优势就是一个最好的例子。萨缪尔森本人在建立国际贸易模型方面也颇有建树，本书第 4～5 章将对此进行讨论。

在本章中，我们先概括性地介绍一下比较优势的概念，随后介绍一个具体模型以解释比较优势是如何决定国际贸易模式的。

学习目标

学完本章，你应该能够：

- 解释李嘉图模型作为最基本的国际贸易模型的有效性，以及这一模型是怎样论述比较优势原理的。
- 论证国际贸易的利益，同时对有关国际贸易的常见谬论进行辩驳。
- 用经验证据说明：工资体现了生产率，贸易模式体现了相对生产率。

比较优势的概念

1996 年的情人节，恰好与关键的新罕布什尔州初选日期 2 月 20 日相隔不到一周。这一天，共和党候选人帕特里克·布坎南（Patrick Buchanan）在一个花圃为他的妻子买了一打玫瑰。他趁此机会发表了一次演说，谴责美国日益增长的鲜花进口将美国鲜花种植者挤出了该行业。确实，美国的冬季玫瑰有一部分是从南美国家进口的，尤其是哥伦比亚，而且南美玫瑰所占的市场份额正逐渐上升。但这是一件坏事吗?

冬季玫瑰对解释国际贸易为什么有利可图提供了绝佳的例子。首先我们考虑一下，要在 2 月份给美国的情侣们提供新鲜的玫瑰谈何容易。这些花必须种植在加热的温室里，在能源、资本投入以及其他稀缺资源方面开销都很大。这些资源本可以用来生产其他商品。由于不能兼顾，就不可避免地出现了产品间的替代。为了生产冬季玫瑰，美国就不得不少生产其他产品，比如计算机。经济学家用**机会成本**（opportunity cost）这一概念来描述这种产品之间的替代。玫瑰的机会成本若用计算机来表示，就是生产一定数量玫瑰的资源所能生产的计算机的数量。

例如，假设美国为情人节的销售种植了 1 000 万枝玫瑰，而如果将种植这些玫瑰的资源用来生产计算机，则可生产 10 万台。于是，这 1 000 万枝玫瑰的机会成本就是 10 万台计算机。(相反地，如果生产的是计算机，则这 10 万台计算机的机会成本就是 1 000 万枝玫瑰。)

这 1 000 万枝情人节玫瑰也可以在哥伦比亚种植。这样的话，用计算机来衡量的这些玫瑰的机会成本则很可能比在美国的要低。一则，在南半球种植 2 月玫瑰要容易得多，因为南半球的 2 月是夏季而非冬季。再则，相对于美国工人来说，哥伦比亚工人在生产复杂产品如计算机时的效率要低一些。也就是说，如果用给定数量的资源来生产计算机，在哥伦比亚生产的数量将比在美国生产的少。于是，这种替代在哥伦比亚则可能变成 1 000 万枝玫瑰相当于 3 万台计算机。

这种机会成本上的差异给世界生产提供了一个进行互利性重新组合的可能。让美国停止种植冬季玫瑰，将释放出来的资源转而用来生产计算机；与此同时，让哥伦比亚把制造计算机所必需的资源转移出来，用于种植玫瑰。这样，生产上所产生的变化将如表 3—1 所示。

表 3—1 假定的生产变化

	万枝玫瑰	万台计算机
美国	−1 000	+10
哥伦比亚	+1 000	−3
合计	0	+7

请看发生的变化：世界上种植的玫瑰还是跟以前一样多，但现在生产了更多的计算机。所以，当美国集中生产计算机、哥伦比亚集中种植玫瑰时，这种生产上的重组将增加整个世界经济的规模。由于世界作为一个整体生产了比以前更多的产品，因此在理论上可以提高每个人的生活水平。

国际贸易能够增加世界产出的原因在于：它允许每个国家专业化生产自己具有比较优势的产品。如果一个国家在本国生产一种产品的机会成本（用其他产品来衡量）低于在其他国家生产该种产品的机会成本，则这个国家在生产该种产品上就具有**比较优势**（comparative advantage）。

在本例中，哥伦比亚具有种植冬季玫瑰的比较优势，而美国具有生产计算机的比较优势。如果哥伦比亚为美国市场生产玫瑰，而美国同时也为哥伦比亚市场生产计算机，则两地的生活水平都会提高。我们因此可以领悟到比较优势和国际贸易的基本原理：如果每个国家都出口本国具有比较优势的商品，则两国之间的贸易能使两国都受益。

以上陈述只是可能发生的情况，并非确实要发生。在现实世界中，并没有一个中央权威机构来决定哪个国家该生产玫瑰，哪个国家该生产计算机，也没有谁会向两地的消费者分派玫瑰和计算机。事实上，国际生产和贸易是由受供需调节的市场决定的。我们是否有理由假设贸易的潜在共同利益一定能够实现？美国和哥伦比亚真的会生产自己具有比较优势的商品吗？它们两国之间的贸易真的能够改善两国的福利吗？

要回答这些问题，我们的分析还需更加详尽。我们将在本章中介绍一个由英国经济学家大卫·李嘉图提出的国际贸易模型，他早在 19 世纪初就引入了比较优势的概念。[①] 大卫·李嘉图指出，国际劳动生产率的不同是国际贸易的唯一决定因素。该理论被称为**李嘉图模型**（Ricardian model）。

单一要素经济

为了论述比较优势对国际贸易模式的决定作用，我们首先假定存在一个只有一种生产要素的经济体，称之为“本国”（在第 4 章，我们将扩展至多要素模型）。我们假定本国只生产两种产品——葡萄酒和奶酪。每个产业的劳动生产率表明了本国的技术水平。我们用**单位产品劳动投入**（unit labor requirement）来表示劳动生产率，即生产 1 磅奶酪或 1 加仑葡萄酒所需要投入的劳动小时数。例如，一个劳动者生产 1 磅奶酪可能需要 1 小时劳动，而生产 1 加仑葡萄酒可能需要 2 小时劳动。需要注意的是，我们此处所定义的单位产品劳动投入是生产率的倒数，即一名工人 1 小时内能够生产的奶酪或葡萄酒越多，单位产品的劳动投入就越少。我们令 a_{LW} 和 a_{LC} 分别为生产葡萄酒和奶酪的单位产品劳动投入，令 L 为本国的全部资源，即劳动总供给。

---

① 参见大卫·李嘉图的经典著作 *The Principles of Political Economy and Taxation*（first published in 1817）。

生产可能性

一个国家的资源是有限的，它所能生产的产品也有限，因此就存在着产品替代的问题：多生产一种产品就意味着要牺牲另一种产品的产量。我们可以在图上用**生产可能性边界**（production possibility frontier）（图 3—1 中的直线 *PF*）来表示产品替代的情况。直线 *PF* 表示在奶酪产量给定时葡萄酒的最大可能产量，同时也表示在葡萄酒产量给定时奶酪的最大可能产量。

说明：直线 *PF* 表示在葡萄酒产量给定时奶酪的最大可能产量，同时也表示在奶酪产量给定时葡萄酒的最大可能产量。

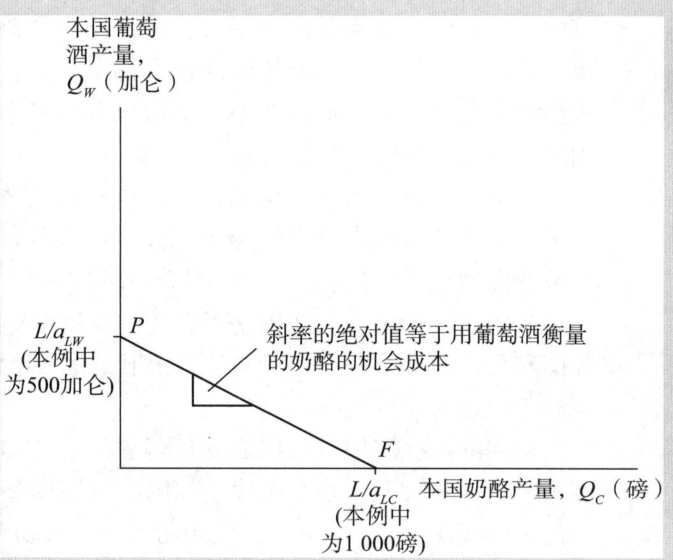

图 3—1 本国的生产可能性边界

单一生产要素国家的生产可能性边界是一条直线。下面我们来推导这条直线。令 Q_W 为本国的葡萄酒产量，Q_C 为本国的奶酪产量，那么，本国用于生产葡萄酒的劳动为 $a_{LW}Q_W$，用于生产奶酪的劳动为 $a_{LC}Q_C$。生产可能性边界是由一个国家的资源限制所决定的——在本例中资源即劳动。本国的劳动总供给为 L，所以本国资源对产出的限制可以用下面的不等式表示：

$$a_{LC}Q_C + a_{LW}Q_W \leqslant L \qquad (3—1)$$

例如，假定该国的劳动总供给是 1 000 小时，并且 1 小时劳动可以生产 1 磅奶酪，2 小时劳动可以生产 1 加仑葡萄酒。那么，生产中所使用的总的劳动量即为(1×所生产的奶酪的磅数)+(2×所生产的葡萄酒的加仑数)，这一总量必须小于等于该国 1 000 小时的劳动总供给。如果该国将全部的劳动都用于奶酪的生产，那么它将能够生产 L/a_{LC} 磅的奶酪（1 000 磅），如图 3—1 所示。如果该国将全部的劳动都用于葡萄酒的生产，那么它将能够生产 L/a_{LW} 即 1 000/2=500 加仑的葡萄酒。当然，它也可以在连接这两个截距点的直线上的任何位置从事生产，这样的生产将体现为一定数量的葡萄酒和一定数量的奶酪的生产组合。

当生产可能性边界是一条直线时，用葡萄酒衡量的 1 磅奶酪的机会成本是固定的。正如我们在前一节中所看到的，该机会成本被定义为多生产 1 磅奶酪所必须放弃的葡萄酒的加仑数。这样的话，多生产 1 磅奶酪需要投入 a_{LC}人·时（person-hours）的劳动，而每单位人·时的劳动能生产 $1/a_{LW}$加仑的葡萄酒。因此，用葡萄酒衡量的奶酪的机会成本就是 a_{LC}/a_{LW}。比如说，如果一个劳动者生产 1 磅奶酪需要投入 1 小时的劳动，生产 1 加仑葡萄酒需要投入 2 小时的劳动，则用葡萄酒衡量的每磅奶酪的机会成本就是 0.5 加仑葡萄酒。如图 3—1 所示，该机会成本等于生产可能性边界斜率的绝对值。

相对价格与供给

生产可能性边界表示一个国家能够生产的不同产品组合。然而，要确定一个国家究竟生产什么、生产多少，我们还需要知道产品的价格，尤其是两种产品的相对价格，即一种产品的价格与另一种产品的价格之比。

在一个竞争的经济中，供给取决于生产者为实现收益最大化所作的努力。在我们简化了的模型里，由于劳动是唯一的生产要素，奶酪和葡萄酒的供给就是由劳动力的流向决定的，而劳动力总会流向工资比较高的部门。

我们再次假定，1 小时劳动可以生产 1 磅奶酪，2 小时劳动可以生产 1 加仑葡萄酒。现在进一步假定奶酪的售价为每磅 4 美元，葡萄酒的售价为每加仑 7 美元。工人们会生产什么呢？如果他们生产奶酪，则 1 小时能赚 4 美元（别忘了劳动是该国唯一的生产投入，不存在利润，因此工人们可以得到他们产出的全部价值）。另一方面，如果工人们生产葡萄酒，他们 1 小时将只能赚 3.5 美元，因为每加仑 7 美元的葡萄酒需要 2 小时才能生产出来。所以，如果奶酪售价为每磅 4 美元，而葡萄酒售价为每加仑 7 美元，工人们生产奶酪会更好，因此该国整体上都会从事奶酪的专业化生产。

但是如果奶酪的售价降至每磅 3 美元呢？那样的话，工人们生产葡萄酒就会赚得更多，该国整体上就会从事葡萄酒的专业化生产。

更一般地，令 P_C和 P_W分别为奶酪和葡萄酒的价格。生产 1 磅奶酪需要 a_{LC}人·时的劳动。在单一要素模型中不存在利润，因此奶酪部门每小时的工资率等于 1 个工人在 1 小时内创造的价值 P_C/a_{LC}。生产 1 加仑葡萄酒需要 a_{LW}人·时的劳动，所以葡萄酒部门每小时的工资率等于 P_W/a_{LW}。当 $P_C/P_W>a_{LC}/a_{LW}$时，奶酪部门的工资率就比较高；当 $P_C/P_W<a_{LC}/a_{LW}$时，葡萄酒部门的工资率就比较高。人们都愿意在工资率比较高的部门工作，所以如果 $P_C/P_W>a_{LC}/a_{LW}$，该国就会专业化生产奶酪；如果 $P_C/P_W<a_{LC}/a_{LW}$，该国就会专业化生产葡萄酒。只有当 $P_C/P_W=a_{LC}/a_{LW}$时，该国才会生产奶酪和葡萄酒两种产品。

a_{LC}/a_{LW}这一比值有什么意义呢？这一比值是用葡萄酒衡量的奶酪的机会成本。因此，我们得出了关于价格与生产之间关系的关键命题：**当一个国家的奶酪的相对价格高于它的机会成本时，该国就专门生产奶酪；当奶酪的相对价格低于它的机会成本时，该国就专门生产葡萄酒。**

在没有国际贸易的情况下，本国可能不得不为自己生产这两种产品。但是，只有在奶酪的相对价格与机会成本相等时，该国才会同时生产奶酪和葡萄酒。由于机会成本等于奶酪和葡萄酒的单位产品劳动投入之比，综上所述，我们可以用简单的劳动价值论来总结出没有国际贸易的情况下价格的决定：**在没有国际贸易时，产品的相对价格等于它们的相对单位产品劳动投入。**

单一要素世界中的贸易

分析两个只有单一生产要素的国家之间的贸易模式与贸易影响是很简单的，但是这一分析的内涵却非常惊人，尤其对那些从未认真考虑过国际贸易的人来说似乎是与常识相悖的。然而，即使这个最简单的贸易模型也能对现实问题起到一定的指导作用，例如用来说明什么是公平的国际竞争和公平的国际交换。

在我们探讨现实问题之前，有必要先描述一下这个模型。我们假设有两个国家：本国和外国。两个国家都只有一种生产要素（劳动），都能生产两种产品，即葡萄酒和奶酪。与前面一样，我们令 L 为本国的劳动总供给，令 a_{LW} 和 a_{LC} 分别为本国葡萄酒和奶酪生产中的单位产品劳动投入。为了简便起见，本书在表示外国的指标时，使用与本国相同但带有星号的符号。因此，L^* 表示外国的劳动总供给，外国葡萄酒和奶酪的单位产品劳动投入分别用 a^*_{LW} 和 a^*_{LC} 表示，依此类推。

一般来讲，单位产品劳动投入可以有多种情况。例如，本国葡萄酒部门的劳动生产率比外国低，但奶酪部门的劳动生产率比外国高，或者相反。在此，我们仅作出一个任意的假设，即

$$a_{LC}/a_{LW} < a^*_{LC}/a^*_{LW} \tag{3—2}$$

或相应地

$$a_{LC}/a^*_{LC} < a_{LW}/a^*_{LW} \tag{3—3}$$

也就是说，我们假定本国生产 1 磅奶酪所需的劳动投入与生产 1 加仑葡萄酒所需的劳动投入之比小于外国的该比值。更简单地说，也就是本国奶酪部门的相对劳动生产率高于葡萄酒部门的相对劳动生产率。

但请记住，单位产品劳动投入的比值与用葡萄酒衡量的奶酪的机会成本相等，而且，我们根据该机会成本精确地定义了比较优势。于是，不等式（3—2）和不等式（3—3）所体现的关于相对生产率的假设就是：**本国在生产奶酪上具有比较优势**。

要注意的是，确定本国是否有比较优势涉及所有的四项单位产品劳动投入，而不只是两个。人们也许认为，只要比较两国奶酪生产的单位产品劳动投入 a_{LC} 和 a^*_{LC} 就能决定出谁生产奶酪。如果 $a_{LC} < a^*_{LC}$，本国就比外国在奶酪生产上效率更高。当一个国家能够以少于其他国家的劳动投入生产出同样单位的商品时，我们说该国在生产这种商品上具有**绝对优势**（absolute advantage）。在上述例子中，本国有生产奶酪的绝对优势。

然而，我们马上会看到，单凭绝对优势是无法确定贸易模式的。在国际贸

易研究中，最重要的错误根源之一就是混淆了绝对优势和比较优势。

根据两国的劳动总供给和单位产品劳动投入，我们可以分别画出两国的生产可能性边界。我们已经在图 3—1 中画出了本国的生产可能性边界 PF。图 3—2 中的 P^*F^* 表示外国的生产可能性边界。由于生产可能性边界的斜率①等于用葡萄酒衡量的奶酪的机会成本，外国的生产可能性边界比本国的要陡。

如果没有国际贸易，各国的奶酪对葡萄酒的相对价格由它们的相对单位产品劳动投入来确定，因此，本国奶酪的相对价格为 a_{LC}/a_{LW}，外国奶酪的相对价格为 a^*_{LC}/a^*_{LW}。

然而，一旦进行国际贸易，产品价格就不再单纯由国内的因素决定。如果外国奶酪的相对价格比本国高，将奶酪从本国运到外国或将葡萄酒从外国运到本国就是有利可图的生意。但这种流动并不是无限的。最终，本国将出口足够的奶酪，外国将出口足够的葡萄酒，从而使得两国商品的相对价格相等。但是，是什么决定了这一价格水平呢？

说明：外国奶酪的相对单位产品劳动投入比本国的高（为多生产 1 单位奶酪需要放弃更多单位的葡萄酒），所以外国的生产可能性边界比本国的要陡。

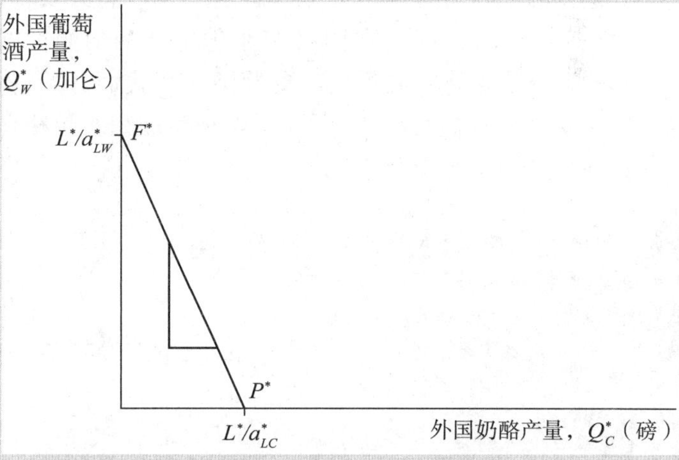

图 3—2 外国的生产可能性边界

国际贸易发生后相对价格的确定

国际贸易中的商品价格，与其他商品一样，是由供给和需求决定的。但在讨论比较优势时，我们必须非常小心地运用供求分析。在某些问题上，我们可以集中分析一个单一市场上的供给与需求，例如在第 9～12 章中讨论一些贸易政策时。又比如，在讨论美国食糖进口配额的影响时，使用**局部均衡分析**（partial equilibrium analysis）是比较合理的，即只研究一个单一的市场——食糖市场。然而，在我们研究比较优势时，就必须注意两个市场（即本例中的葡萄酒市场和奶酪市场）之间的关系。本国出口奶酪只是为了进口葡萄酒，外国出口葡萄酒是为了进口奶酪，如果将奶酪市场和葡萄酒市场孤立分析就会产生

① 严格来说，应为斜率的绝对值。——译者注

误导。在此情况下，需要运用**一般均衡分析**（general equilibrium analysis）来考察两个市场间的联系。

同时研究两个市场时，一种有效的方法是：不仅要看奶酪和葡萄酒的供给量和需求量，还要注意它们的相对供求，即用奶酪供给或需求的磅数除以葡萄酒供给或需求的加仑数。

图 3—3 表明，奶酪对葡萄酒的世界相对供给和相对需求是奶酪对葡萄酒的世界相对价格的函数。*RD* 是**相对需求曲线**（relative demand curve），*RS* 是**相对供给曲线**（relative supply curve）。世界市场的一般均衡要求相对供给等于相对需求，因此世界相对价格由曲线 *RD* 和 *RS* 的交点确定。

图 3—3 有一个非常醒目的特征，即相对供给曲线 *RS* 的形状很有趣：像一个由垂直线连着两个平台的"阶梯"。一旦我们理解了 *RS* 曲线的推导，就能轻而易举地理解整个模型。

首先，图中的 *RS* 曲线表明，如果奶酪的世界相对价格跌至 a_{LC}/a_{LW} 之下，奶酪的供给就为零。为了理解这一点，有必要回顾一下前面所分析的：当 $P_C/P_W < a_{LC}/a_{LW}$ 时，本国将专业化生产葡萄酒；同样地，当 $P_C/P_W < a_{LC}^*/a_{LW}^*$ 时，外国也将专业化生产葡萄酒。在我们开始讨论方程（3—2）时，已经假定 $a_{LC}/a_{LW} < a_{LC}^*/a_{LW}^*$，所以，当奶酪的相对价格低于 a_{LC}/a_{LW} 时，世界上将不存在奶酪的生产。

说明：*RD* 曲线与 *RD'* 曲线表明，奶酪对葡萄酒的相对需求是奶酪对葡萄酒的相对价格的减函数；*RS* 曲线表明，奶酪对葡萄酒的相对供给则是其相对价格的增函数。

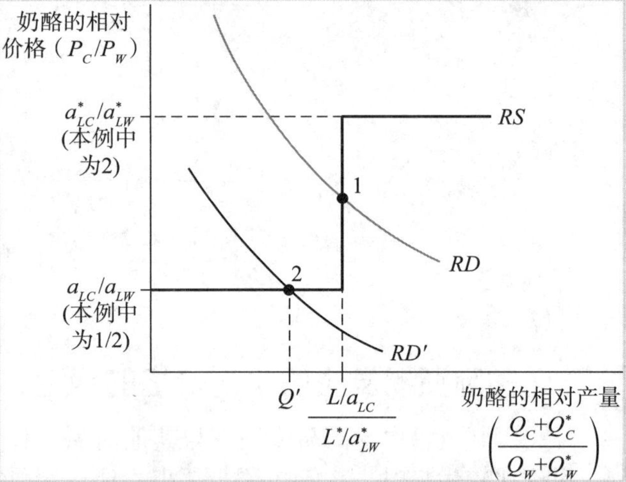

图 3—3 世界相对供给和相对需求

其次，当奶酪的相对价格 P_C/P_W 正好等于 a_{LC}/a_{LW} 时，本国的工人无论生产葡萄酒还是生产奶酪，所获得的报酬都是一样的。因此，本国乐于供给任意相对数量的两种产品，从而出现了供给曲线 *RS* 在 a_{LC}/a_{LW} 上的水平段。

我们已经知道，如果 $P_C/P_W > a_{LC}/a_{LW}$，本国将专业化生产奶酪。同时，只要 $P_C/P_W < a_{LC}^*/a_{LW}^*$，外国将一直都只生产葡萄酒。如果本国只生产奶酪，总共能生产 L/a_{LC} 磅；同样，如果外国只生产葡萄酒，总共能生产 L^*/a_{LW}^* 加仑。因此，只要

奶酪的相对价格位于 a_{LC}/a_{LW} 和 $a^*_{LC}\ /\ a^*_{LW}$ 之间，奶酪的相对供给量就是：

$$\frac{L/a_{LC}}{L^*\ /\ a^*_{LW}} \tag{3—4}$$

当 $P_C/P_W = a^*_{LC}\ /\ a^*_{LW}$ 时，我们知道外国的工人无论是生产葡萄酒还是生产奶酪都无所谓。这样，供给曲线又出现了一个水平段。

最后，当 $P_C/P_W > a^*_{LC}\ /\ a^*_{LW}$ 时，本国和外国都将只生产奶酪。葡萄酒的生产量为零，奶酪的相对供给就变成了无穷大。

在此，举一个数字的例子可以帮助我们理解。我们还是像前文一样假定，本国生产 1 磅奶酪需要 1 小时的劳动，生产 1 加仑葡萄酒需要 2 小时的劳动。同时，我们假定外国工人在奶酪制作上的生产率比本国工人低得多，他们生产 1 磅奶酪需要 6 小时的劳动，但生产 1 加仑葡萄酒仅需要 3 小时的劳动。

在此情况下，本国用葡萄酒衡量的奶酪生产的机会成本就是 1/2，即用于生产 1 磅奶酪的劳动原本可以用来生产 1/2 加仑葡萄酒。因此，RS 曲线较低的水平段所对应的相对价格是 1/2。

同时，外国用葡萄酒衡量的奶酪生产的机会成本是 2，即用于生产 1 磅奶酪的 6 小时劳动原本可以用来生产 2 加仑葡萄酒。因此，RS 曲线较高的水平段所对应的相对价格是 2。

相对需求曲线 RD 不需要如此复杂的分析。RD 曲线呈现出下降的趋势反映了替代效应。当奶酪的相对价格上升时，消费者会减少奶酪的购买量，增加葡萄酒的购买量，因此奶酪的相对需求就减少了。

奶酪的均衡相对价格由相对供给曲线和相对需求曲线的交点决定。图 3—3 表明，相对需求曲线 RD 与相对供给曲线 RS 相交于点 1，与点 1 对应的奶酪相对价格位于两国贸易前的奶酪相对价格之间——比方说，这一点的相对价格可能是 1，处于贸易前的价格 1/2 和 2 之间。在这种情况下，各国都只生产自己具有比较优势的产品：本国只生产奶酪，外国只生产葡萄酒。

不过，这并不是唯一可能的情况。例如，如果相对需求曲线是 RD' 而不是 RD，那么，相对供给曲线和相对需求曲线就会相交于 RS 曲线的一个水平段上。在点 2 处，贸易后奶酪的世界相对价格为 a_{LC}/a_{LW}，即本国用葡萄酒衡量的生产奶酪的机会成本。

这个结果的意义是什么呢？如果奶酪的世界相对价格等于本国奶酪的机会成本，本国就不需要从事任何一种产品的专业化生产。事实上，在点 2，本国一定是既生产一些葡萄酒也生产一些奶酪。作出这一推论是因为，此时的相对供给量即水平轴上的点 Q' 小于本国完全专业化生产奶酪时的水平。不过，由于 P_C/P_W 低于外国用葡萄酒衡量的奶酪的机会成本，外国仍会完全专业化生产葡萄酒。这进一步说明：如果一个国家真的专门生产一种产品，那么它生产的一定是其具有比较优势的产品。

让我们暂时不考虑两国中可能有一国的生产不是完全专业化的情况。除了这种情况之外，一般来说，国际贸易的结果是，一种贸易产品（如奶酪）对另一种产品（如葡萄酒）的相对价格停留在贸易前两国的相对价格之间。

相对价格趋于聚敛的效应是各国都只专业化生产单位产品劳动投入相对较低的产品。本国奶酪相对价格的上升会使本国专门生产奶酪，如图 3—4（a）所示，即在点 F 进行生产；外国奶酪相对价格的下降会使外国只生产葡萄酒，如图 3—4（b）所示，即在点 F^* 进行生产。

说明：国际贸易使得本国消费者和外国消费者可以分别在直线 TF 和 T^*F^* 下方的任何一点进行消费，而直线 TF 和 T^*F^* 都位于两国生产可能性边界之外。

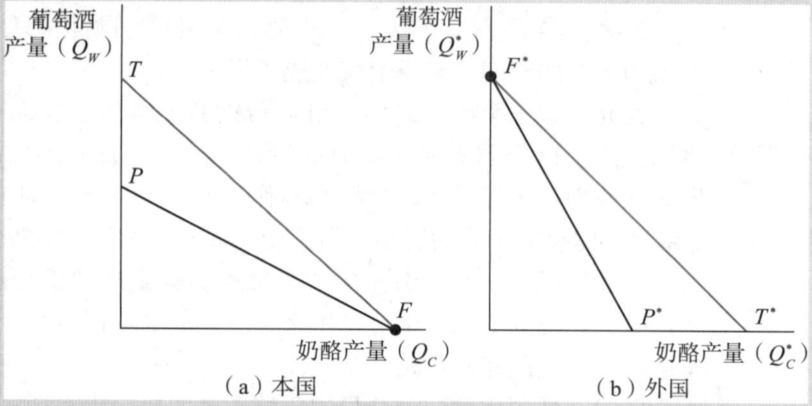

图 3—4　贸易使得消费可能性扩张

专栏　现实中的比较优势：巴伯·鲁思的例子

每个人都知道巴伯·鲁思（Babe Ruth）是棒球运动史上最伟大的击球手。不过，只有这项运动的真正球迷才知道，鲁思还是有史以来最伟大的投球手之一。因为鲁思在 1918 年之后就停止了其投球手生涯，此后一直是在打外场的过程中创造了自己卓越的击球纪录，所以大多数人甚至不知道他还会投球。为什么大多数人都只把鲁思视为一个击球手呢？比较优势原理提供了答案。

在其职业生涯初期，作为波士顿红袜队（Boston Red Sox）的选手，鲁思在投球方面的确占有绝对优势。历史学家杰弗里·C·沃德（Geoffrey C. Ward）和电影制片人肯·伯恩斯（Ken Burns）说：

> 在波士顿红袜队最伟大的岁月里，他是队中最伟大的选手，美国联盟最棒的左手投球手，在 6 个赛季中赢得了 89 场比赛。1916 年，当他第一次有机会在世界职业棒球大赛中进行投球时，他淋漓尽致地发挥了自己的才能。在双方打平的情况下他加入了激烈的比赛，使得布鲁克林·道奇队（Brooklyn Dodgers）在 11 次击球中一分未得，直到他的队友获得胜利……在 1918 年的世界职业棒球大赛中，他再次证明了自己的实力，将他的纪录扩展到 29 $\frac{2}{3}$ 局无失分，这一纪录一直保持了 43 年。[①]

① 参见 Geoffrey C. Ward and Ken Burns，*Baseball：An Illustrated History*（New York：Knopf，1994），p. 155。鲁思的运动生涯引领了棒球场上的指定击球规则，美国联盟的投球手，例如如今的国家联盟投球手，都采用轮击球。关于巴伯·鲁思与比较优势原理之间关系的更深入探讨，参考 Edward Scahill，“Did Babe Ruth Have a Comparative Advantage as a Pitcher?” *Journal of Economic Education* 21（4），Fall 1990，pp. 402 - 410。

1961 年，鲁思的世界职业棒球大赛投球纪录被纽约扬基·白色浅滩队（New York Yankee Whitey Ford）打破。同一年，鲁思的队友罗杰·马里斯（Roger Maris）打破了他 1927 年创造的在一个赛季中有 60 个本垒打的纪录。

尽管鲁思在投球方面具有绝对优势，但是相对于他的队友来说，他在击球技术上的优势要更大一些：他的比较优势在于击球方面。作为投球手，鲁思在两次出场中间必须休息双手，所以不能每一场比赛都出场。为了充分发掘鲁思的比较优势，1919 年，红袜队将其移至中外场，使得他能够更加频繁地击球。

让鲁思集中进行击球，这个决策的收益是巨大的。1919 年他有 29 次本垒打，“比任何一个选手在一个赛季中击中过的都要多”，沃德和伯恩斯如是说。扬基队 1920 年签约鲁思后让他继续留在外场（并继续击球）。事实证明这是一个英明的决定。在那一年鲁思击中了 54 个本垒打，创造了惊人的纪录（击中数除以击球数），这个纪录到现在还无人能破，这使得扬基队成为棒球界最负盛名的球队。

贸易所得

我们已经知道，行业间相对劳动生产率不同的国家会在不同的产品生产中进行专业化分工。下面我们要说明的是，每个国家的**贸易所得**（gains from trade）正是通过这种专业化分工而获得的。我们将用两种方法来论证贸易的互利性。

一种论证专业化分工和贸易益处的方法是，将贸易看作一种间接的生产方式。本国可以直接生产葡萄酒，但是，与外国之间的贸易使得本国可以通过另一种方法来“生产”葡萄酒，即生产并出口奶酪来换取葡萄酒。这种间接的“生产”葡萄酒的方式比直接生产的效率还高。

再回到我们前面举过的数字例子。在本国，我们假定生产 1 磅奶酪需要投入 1 小时劳动，生产 1 加仑葡萄酒需要 2 小时。这意味着用葡萄酒衡量的奶酪的机会成本是 1/2。但是我们知道贸易后奶酪的相对价格会比这个值高，比方说是 1。所以，这就是观察到本国贸易所得的一种方法：不用投入 2 小时的劳动去生产 1 加仑葡萄酒，本国可以用等量的劳动去生产 2 磅奶酪，然后用这些奶酪去交换 2 加仑葡萄酒。

下面考虑更一般的情况，我们来看两种不同的使用 1 小时劳动的方法。一方面，本国可以用 1 小时劳动生产 $1/a_{LW}$加仑葡萄酒；另一方面，本国可以用 1 小时劳动生产 $1/a_{LC}$磅奶酪，并出口这些奶酪来换取葡萄酒，交换条件是 1 磅奶酪交换 P_C/P_W加仑葡萄酒，这样，1 小时劳动就可以生产$(1/a_{LC})\times(P_C/P_W)$加仑葡萄酒。只要以下条件成立，通过出口奶酪间接生产的葡萄酒就比 1 小时劳动直接生产的葡萄酒要多，即

$$(1/a_{LC})(P_C/P_W) > 1/a_{LW} \qquad (3—5)$$

或

$$P_C/P_W > a_{LC}/a_{LW}$$

但是我们知道，在世界市场均衡时，如果没有一个国家同时生产两种产品，就

一定有 $P_C/P_W > a_{LC}/a_{LW}$。这说明，本国通过生产并出口奶酪来换取葡萄酒的间接“生产”方式，比自己直接生产葡萄酒的效率更高；同样地，外国也可以通过生产并出口葡萄酒来换取奶酪的方式更高效地“生产”奶酪。这是论证两国均可从贸易中获利的一种方法。

另一种考察两个国家贸易所得的方法是，研究贸易如何影响两国的消费可能性。在贸易前，消费可能性边界与生产可能性边界是一致的（图 3—4 中的直线 PF 和直线 $P^* F^*$）。而一旦国际贸易发生，各国便可以消费与其产出不同的产品组合。图 3—4（a）中的直线 TF 表示本国新的消费可能性边界，图 3—4（b）中的直线 $T^* F^*$ 表示外国新的消费可能性边界。在两国，贸易都扩大了消费选择的范围，因此也必将提高各国居民的福利水平。

相对工资

国际贸易的政治讨论常常着眼于不同国家之间工资率的比较。例如，反对美国与墨西哥进行贸易的人总是强调：墨西哥工人的工资是 6.5 美元/小时，而美国具有代表性的工人的工资却高于 35 美元/小时。我们关于国际贸易的讨论虽然还没有明确地比较两国的工资，但在前面的数字例子中，我们是可以确定比较两国工资的方法的。

在我们的例子中，两国一旦进行专门化生产，则本国所有的工人都会被雇用于生产奶酪。既然生产 1 磅奶酪在本国需要投入 1 小时劳动，本国工人每劳动 1 小时就赚得 1 磅奶酪的价值。类似地，外国工人只生产葡萄酒。既然外国工人每生产 1 加仑葡萄酒需要投入 3 小时，外国工人每劳动 1 小时就赚得 1/3 加仑葡萄酒的价值。

如果将这些数字转换成美元数，我们需要知道奶酪和葡萄酒的价格。假定 1 磅奶酪和 1 加仑葡萄酒的售价都是 12 美元，则本国工人每小时赚 12 美元，而外国工人每小时赚 4 美元。一国工人的**相对工资**（relative wage）是指该国工人每小时的工资与外国工人每小时工资的比值。因此，本国工人的相对工资是 3。

显然，只要每磅奶酪与每加仑葡萄酒的售价一样，相对工资的高低并不取决于每磅奶酪的价格是 12 美元还是 20 美元。只要奶酪的相对价格（1 磅奶酪的价格除以 1 加仑葡萄酒的价格）是 1，本国工人的工资就会是外国工人工资的 3 倍。

请注意，该工资率位于两国的两个工业部门的相对劳动生产率之间。本国奶酪的生产率是外国的 6 倍，但葡萄酒的生产率仅为外国的 1.5 倍，而本国的工资率是外国工资率的 3 倍。正是因为相对工资率位于相对生产率之间，两国才各自在一种产品上拥有成本优势。尽管外国葡萄酒的生产率较低，但由于其工资率较低，外国仍具有生产葡萄酒的成本优势。尽管本国的工资率较高，但本国仍具有生产奶酪的成本优势，因为它的高劳动生产率远远抵消了高工资的影响。

至此，我们已经介绍了国际贸易中最简单的模型。显然李嘉图的单一要素模型过于简单，不能用于全面地分析国际贸易的起因或影响。然而，该模型对相对劳动生产率的探讨却是国际贸易研究中非常有用的工具。具体来说，简单的单一要素模型有助于纠正对比较优势意义和对自由贸易利得性质的一些常见误解。这些误解频频出现在有关国际经济政策的公开讨论中，甚至出现在那些自诩专家者的论述中。因此，我们接下来将依据我们的模型，探讨一些关于比较优势的最常见的误解。

专栏 不进行贸易的损失

我们对贸易所得的讨论是一种“思想试验”。在这个试验中，我们比较了两种情形：一种情形是国家之间根本不进行贸易，另外一种情形是国家之间进行自由贸易。这些假设是为了帮助我们理解国际经济学的原理，但它们与实际情形并没有多大的关系。毕竟，一个国家不会突然从无贸易状态进入到自由贸易状态，或是反之。有什么特例吗？

正如经济史学家道格拉斯·欧文[①]（Douglas Irwin）所指出的：在美国历史的早期，这个国家的确近乎于进行了一场从自由贸易到无贸易的“思想试验”。当时的历史背景是这样的：在19世纪早期，英国和法国正在进行一场大规模的军事斗争——拿破仑战争。两个国家在经济方面相互施加压力：法国试图阻止欧洲各国与英国进行贸易，英国也对法国进行了经济封锁。年轻的美国在这场争斗中处于中立地位，但也蒙受了巨大的损失。特别是，英国的海军经常扣押美国的商船，有时候还强制性地招募船员为英国服务。

为了使英国停止这种行为，托马斯·杰斐逊（Thomas Jefferson）总统下令完全禁止海外运输。禁海令使得美国和英国都无法从贸易中获益，但是杰斐逊希望英国受到的损害会更多一些，从而同意停止其掠夺行为。

欧文提出的证据表明，禁海令很奏效：尽管存在一些走私行为，美国和世界其他国家之间的贸易仍然大幅度减少了。事实上，美国暂时性地放弃了国际贸易。

成本是巨大的。尽管在很大程度上只是猜测，欧文认为，美国的实际收入由于禁运而减少了大概8%。如果你记得美国19世纪早期的产出中只有一小部分可以用来贸易的话——当时运输成本仍然非常高，因此小麦之类的商品无法进行横跨大西洋的大规模运输——那么，你就会发现这的确是个很大的数目。

对杰斐逊的计划来说遗憾的是，英国似乎并没有因为禁海令而受到同样的损失，也没有对美国的要求作出任何妥协。禁海令实施14个月后被废止。英国继续掠夺美国的货物和船员，三年后两国开战了。

对比较优势的误解

在经济学中，混淆是非的观点并不少见——政治家、商界领袖，甚至经济学家常常不作仔细认真的经济学分析就妄下论断。由于某些原因，在国际经济学领

---

① Douglas Irwin, “The Welfare Cost of Autarky: Evidence from the Jeffersonian Trade Embargo, 1807—1809,” *Review of International Economics* 13 (September 2005), pp. 631－645.

域，这一情况显得尤为突出。打开任何一种周末报纸或者新闻周刊的商业版面，你或许都能发现关于国际贸易的荒谬论述。特别是有三个错误观点尤其易被顽固地坚持。我们将用比较优势的简单模型来阐述这三个观点为什么是错误的。

生产率和竞争力

错误见解一：只有当一个国家的生产率达到足以在国际竞争中立足的水平时，它才能从自由贸易中获益。这一论点极受许多人欢迎。例如，一位知名历史学家曾经在批判自由贸易时认为自由贸易在现实中往往不存在。“要是一国除了不断降低劳动成本以外，没有什么产品能够生产得比别国更便宜或更高效，该国怎样从自由贸易中获益?”他对此表示担心。[①]

该学者观点存在的问题在于，他未能理解李嘉图模型的实质：贸易的利得取决于比较优势而非绝对优势。他担心一个国家可能在生产任何产品上都不如别国的效率高，即该国在任何产品上都没有绝对优势。可是，这为什么就一定是件可怕的事呢？在我们分析贸易时所举的简单数字例子中，本国奶酪部门和葡萄酒部门的单位产品劳动投入都比外国低，也就是说，两个部门的劳动生产率都比外国高。然而，正如我们论述过的，两个国家都可以从贸易中获益。

人们往往容易错误地假定，一国出口某种产品的能力来自该国在生产率上具有的绝对优势。但是，生产一种产品的绝对生产率优势既不是在这一产品上具有比较优势的必要条件，也不是充分条件。单一要素模型清楚地说明了为什么一个产业的绝对生产率优势既不是产生竞争优势的必要条件，也不是充分条件：**一个产业的竞争优势不仅取决于该部门相对于别国同一部门的生产率，也取决于本国相对于外国的工资率。**一个国家的工资率又取决于其他产业部门的相对生产率。在我们的数字例子中，外国生产葡萄酒的效率比本国低，但奶酪部门生产率的相对劣势更大。由于外国各部门的生产率都较低，其工资率必然比本国低，低到足以使葡萄酒的生产成本也比本国低。同样地，在现实世界中，葡萄牙生产服装的生产率相对于美国来说比较低，但是，葡萄牙其他产业部门生产率的劣势更大，因此葡萄牙的工资率会非常低，低到足以使其在服装生产上相对于美国来说拥有比较优势。

然而，这种基于低工资的竞争优势是否不公平呢？许多人正是这样认为的。我们将在分析第二个错误见解时讨论他们的这些认识。

专栏　工资反映生产率吗？

在我们用来说明对比较优势普遍误解的数字例子中，我们假定两国的相对工资反映

① Paul Kennedy, “The Threat of Modernization,” *New Perspectives Quarterly* (Winter 1995), pp. 31－33. 经 John Wiley & Sons, Ltd. 许可引用。

了它们的相对生产率——具体地说，本国与外国工资的比率处于一个范围之内，其大小应使得每个国家在两种产品中的一种上具有成本优势。这是我们理论模型的一个题中应有之义。但是许多人认为，这个模型不具说服力。特别地，中国等新兴经济体生产率的快速上升让一些西方观察家深感忧虑。他们论证说：即使这些国家的生产率提高了，它们仍会继续支付低工资，使得高工资国家在成本上始终处于劣势。他们同时也认为，正统经济学家相反的预言只是不现实的理论投机。先不管这一立场的逻辑如何，其证据是什么？

答案是现实世界中各国的工资率的确反映了生产率的差异。下面的附图对 2011 年所选的部分国家的生产率和工资率进行了估计（只有中国采用的是 2009 年的数据）。这两者都以美国水平的百分比来体现。生产率是用以美元计量的单个劳动力的生产总值来估计的，本书的后半部分也是如此，这样就可以表示可贸易品的生产率。工资率用制造业的工资来测算。

说明：一个国家的工资率大致与该国的生产率成比例。

资料来源：International Monetary Fund, Bureau of Labor Statistics, and the Conference Board.

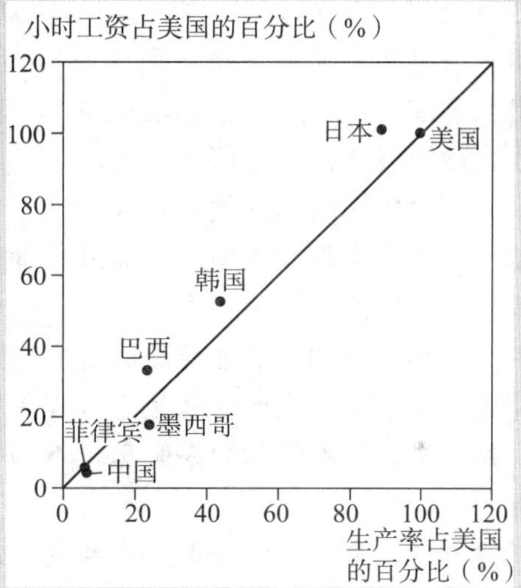

生产率与工资

如果工资率严格正比于生产率，图中所有的点就应该沿 45°线分布。实际上，图中的拟合度还是不错的。尤其是低工资的印度和中国反映了低的生产率。

中国总体生产率的较低估计值也许让人吃惊，因为我们听到了不少关于美国公司和中国出口产品竞争的故事。生产出口产品的中国工人的生产率似乎并不是特别低。正如比较优势理论所述：一国会出口相对生产率高的产品。因此，我们只能预期，中国整体的相对劳动生产率要远低于出口行业的水平。

上图表明，传统经济学家所认为的国家工资率反映生产率的观点可以被某一时期的现实数据所证明。回顾历史也可以看到，相对劳动生产率的提高已经导致了工资率的增加。以韩国为例，2011 年其劳动生产率比美国的一半略低，而同时其工资率已比美国的一半略高。但并不是历来如此：在不久前的过去，韩国是一个低生产率和低工资的国家。在 1975 年，韩国的工资水平仅为美国的 5%，但当韩国的生产率提高时，它的工资也提高了。

总之，这一证据有力地支持了一个基于经济模型的观点：生产率的提高会反映在工资的增长中。

贫民劳动论

错误见解二：如果来自外国的竞争建立在低工资的基础上，那么这种竞争就是不公平的，而且会损害其他参与竞争的国家。这个论断有时也被称为**贫民劳动论**（pauper labor argument），它深受面临外来竞争而寻求保护的工会的拥护。坚持这一观点的人认为，国内产业没有必要与那些低效率、低工资的外国产业打交道。这个观点传播非常广泛并具有相当大的政治影响。1993 年，罗斯·佩罗特（Ross Perot）——一位白手起家的亿万富翁及前总统候选人警告说，由于墨西哥低得多的工资率，美国和墨西哥之间的自由贸易会导致美国工业南移，墨西哥会“大吸一口气”，将美国的资源一下吸走。同年，另一位白手起家的亿万富翁詹姆斯·戈德史密斯爵士（Sir James Goldsmith）——也是一位资深的欧洲议会成员，在一本畅销法国的书《陷阱》（*The Trap*）中也表达了类似的观点，尽管表达得不是那么生动。

我们再次用简单的例子来揭示这个见解的错误。在前面的例子中，本国两个部门的生产率都比外国高，而外国葡萄酒的生产成本之所以比本国低，依靠的完全是超低的工资率。不过，外国的低工资率与本国是否从贸易中获利的问题并无关系。外国生产葡萄酒的成本较低是因为外国的生产率高，还是因为工资率低，对于本国生产什么是一件无关紧要的事。对本国来说，关键的事实只是：**用本国自己的劳动力来衡量**，本国生产奶酪换取葡萄酒比直接生产葡萄酒更便宜。

这样的贸易对本国来说是有益的，那么对外国呢？将出口建立在低工资的基础上有何不妥之处？诚然，以低工资来获得比较优势并不是人们所情愿的，但是只有拥有了高工资贸易才有益的思想也是错误的。下面我们就来评述最后一个错误见解。

剥削

错误见解三：如果一个国家的工人比其他国家工人的工资低很多，那么贸易就会使得这个国家受到剥削并使其福利恶化。经常有人用感情化的语言来表述这一观点。例如，一位报刊专栏作者将盖普（The Gap）这个服装连锁企业首席执行官几百万美元的收入与为其生产一些商品的中美洲工人每小时不到 1 美元的工资相比较。[①] 的确，世界上许多工人的工资低得可怕，要说这是合情合理的似乎有些残酷。

---

① Bob Herbert, “Sweatshop Beneficiaries: How to Get Rich on 56 Cents an Hour,” *New York Times* (July 24, 1995), p. A13.

但是，如果有人问自由贸易的好处在哪里，其要旨不在于问是否应该付给低工资工人更高的工资，而在于问他们和他们国家的福利水平在进行基于低工资的商品出口时，是否比拒绝参与这种“丧失身份”的贸易时下降了。在问这个问题时，还得问一句：**其他的选择方案是什么？**

尽管有点抽象，但我们的数字例子说明，除非有更好的选择方案，否则就不能说低工资下的贸易意味着剥削。在该例中，外国工人的工资比本国工人的工资低得多，报刊专栏作者一定会对工人被剥削表示愤怒。但是，如果外国通过拒绝与本国进行贸易（或者通过坚持付给其出口部门工人超高的工资，其效果一样）来拒绝被“剥削”，那么，其实际工资将会更低：每个工人每小时工资的购买力可能会从 1/3 磅奶酪降至 1/6 磅奶酪。

专栏作者将盖普首席执行官的收入与为其生产服装的工人的收入相比较，是出于对中美洲地区工人贫困状况的愤慨，对此我们能够理解。但是，拒绝出口和贸易的机会恰恰会使其陷入更加贫困的境地。

多种产品的比较优势模型

我们的讨论到目前为止，都是建立在一个只生产和消费两种产品的模型基础之上的。这种简化分析不仅能使我们方便地抓住比较优势和贸易的许多要点，而且正如我们在上一节所看到的，还能为我们探讨政策问题提供工具。然而，为了使我们的研究更加切合实际，有必要了解比较优势在多种产品模型中是如何发挥作用的。

建立模型

我们再次假定世界上只有两个国家——本国和外国。与前面一样，每个国家只有一种生产要素——劳动。然而与前面的模型不同的是，每个国家都消费并能生产许多种产品——假定一共有 N 种不同的产品，我们给每种产品从 1 到 N 进行编号。

每个国家的技术水平可以用每种产品的单位产品劳动投入来表示，即生产 1 单位每种产品所需要的劳动时间。我们假设本国某种产品的单位产品劳动投入为 a_{Li}，其中 i 为该种产品的编号。如果奶酪是第 7 号产品，a_{L7} 就是奶酪的单位产品劳动投入。按惯例，我们用 a_{Li}^* 表示相应的外国产品的单位产品劳动投入。

为了分析贸易，我们还要做一件事，就是将每种产品的本国和外国的单位产品劳动投入之比 a_{Li}/a_{Li}^* 计算出来，并按这一比值的大小重新编号。比值越小，产品的编号就越小。也就是说，我们将产品按下面的不等式重新编排：

$$a_{L1}/a_{L1}^* < a_{L2}/a_{L2}^* < a_{L3}/a_{L3}^* < \cdots < a_{LN}/a_{LN}^* \qquad (3—6)$$

相对工资和专业化分工

下面我们就可以来看一下贸易模式。这一贸易模式只取决于一个因素：本国与外国的工资比率。只要知道这一比率，我们就能确定哪个国家生产哪种产品。

令 w 为本国的小时工资率，w^* 为外国的小时工资率，则两国的工资率之比就是 w/w^*。这样一来，确定世界生产布局就变得非常简单：商品总是在生产成本最低的地方进行生产。生产某种产品比如产品 i 的成本，就等于 i 的单位产品劳动投入乘以工资率。在本国生产产品 i 的成本是 wa_{Li}；在外国生产产品 i 的成本是 $w^*a_{Li}^*$。如果满足下述条件，在本国生产产品 i 的成本就更低。

$$wa_{Li} < w^*a_{Li}^*$$

或改写为

$$a_{Li}^*/a_{Li} > w/w^*$$

另一方面，如果满足下述条件，在外国生产产品 i 的成本就更低。

$$wa_{Li} > w^*a_{Li}^*$$

或改写为

$$a_{Li}^*/a_{Li} < w/w^*$$

这样，我们就可以重述生产布局的规则：任何符合 $a_{Li}^*/a_{Li} > w/w^*$ 条件的产品都将在本国生产，而任何符合 $a_{Li}^*/a_{Li} < w/w^*$ 条件的产品都将在外国生产。

我们已经将产品按照 a_{Li}/a_{Li}^* 的值从小到大的顺序进行编号［方程（3—6)］。上述专业化分工的法则告诉我们，根据两国的工资率之比 w/w^* 可以将按编号排好序的产品从中“断开”。断开之后，断点左边的所有产品就由本国来生产，断点右边的所有产品就由外国来生产。（下面我们会谈到，工资率之比也可能恰好等于某一产品的单位产品劳动投入。在这种情况下，两个国家都可以生产这种产品。）

表 3—2 给出了一个具体的数字例子。在本例中，本国和外国都消费并都能生产五种产品：苹果、香蕉、鱼子酱、枣和烤饼。

表 3—2　本国和外国的单位产品劳动投入

产品	本国单位产品劳动投入（a_{Li}）	外国单位产品劳动投入（a_{Li}^*）	本国生产率的相对优势（a_{Li}^*/a_{Li}）
苹果	1	10	10
香蕉	5	40	8
鱼子酱	3	12	4
枣	6	12	2
烤饼	12	9	0.75

表 3—2 前两列的意思很明确。第三列是每种产品外国与本国的单位产品劳动投入之比，即本国每种产品劳动生产率的相对优势。我们根据本国的生产率优势为产品排了序，本国优势最大的产品是苹果，最没有优势的产品是烤饼。

哪个国家生产哪种产品取决于两国的工资率之比。对本国来说，相对生产率高于相对工资率的产品具有成本优势，外国则在剩下的其他产品上具有成本优势。例如，如果本国的工资率是外国的 5 倍（本国工资与外国工资的比率为 5∶1），则苹果和香蕉由本国生产，鱼子酱、枣和烤饼由外国生产。如果本国的工资率只有外国的 3 倍，则苹果、香蕉和鱼子酱由本国生产，枣和烤饼由外国生产。

这种专业化分工模式是否对双方都有利呢？我们可以用前文所述的方法来进行验证：把一个国家直接生产某种产品的劳动成本与通过生产另一种产品来换取这种产品即“间接”生产所需花费的劳动成本进行比较。如果本国的工资率是外国的 3 倍（换言之，外国的工资率是本国的 1/3），则本国会进口枣和烤饼。在外国，生产 1 单位枣需要 12 单位劳动，假定两国工资率之比为 3∶1，则换算成本国的劳动成本就是 4 人・时[＝(12÷3)]。该 4 人・时的成本低于在本国直接生产 1 单位枣所需投入的 6 人・时。再看烤饼，外国生产这一产品的生产率较高，而外国的工资率又较低。通过贸易，本国只需花费 3 人・时的劳动就能得到 1 单位烤饼，而自行生产却需投入 12 人・时的本国劳动。通过类似的计算还可说明，外国也可以在贸易中获利——外国进口的每一种产品折算成自己国内的劳动都比它自己生产所需花费的国内劳动要少。例如，外国要花费 10 小时的劳动生产 1 单位苹果：尽管外国的工资率仅为本国工人的 1/3，外国工人也只需要 3 小时的劳动就可以挣得足够的收入用于从本国购买这 1 单位苹果。

然而在以上的计算中，我们只是简单地假设相对工资率是 3。在实际中，这一相对工资率是如何确定的呢？

多种产品模型中相对工资的确定

在两种产品的模型中，我们先计算用奶酪衡量的本国工资和以葡萄酒衡量的外国工资，然后用奶酪对葡萄酒的相对价格来推算两国的工资率之比。我们之所以可以这么做，是因为我们已知本国生产奶酪，外国生产葡萄酒。在多种产品模型中，谁生产什么必须在相对工资率已知的情况下才能确定，所以两种产品模型中的方法在这里行不通。要确定在多种产品经济中的相对工资，我们必须根据对产品的相对需求来推知隐含的对劳动的相对需求。劳动的相对需求不是消费者的直接需求，而是根据对各国劳动力所生产的产品的需求推算出来的**派生需求**（derived demand）。

当本国对外国的工资率之比上升时，对本国劳动的相对派生需求就会减少。原因有两个：第一，由于本国劳动相对于外国劳动的价格升高，本国所生产的产品的价格也会相对更贵，世界市场对这些产品的需求就会减少；第二，本国的工资上升后，本国生产的产品种类就会减少，外国生产的产品种类就会增多，这进一步减少了对本国劳动的需求。

我们可以用表 3—2 中的数字例子来说明这两种效应。假设最初本国工资是外国工资的 3.5 倍。在这一工资水平上，本国将生产苹果、香蕉和鱼子酱，外国将生产枣和烤饼。如果本国的相对工资从 3.5 一直上升到 3.99，专业化分工的布局将不会改变。但是，随着本国生产产品相对价格的提高，对这些产品的相对需求就会减少，对本国劳动的需求也会随之减少。

假设本国相对工资从 3.99 微幅上升至 4.01，这个小小的上升幅度会改变整个专业化分工的布局。因为此时外国生产鱼子酱的成本比本国低了，所以鱼子酱的生产会从本国转移到外国。这对本国劳动的相对需求意味着什么呢？显然，相对工资率从略小于 4 上升到略大于 4 意味着对本国劳动的相对需求会有一个陡然的下降，这是因为本国停止了鱼子酱的生产，而外国获得了一个新的产业生机。如果相对工资继续上升，对本国劳动的需求就会继续下降。当相对工资为 8 时，又会出现一个陡然的下降。此时，香蕉的生产也会转移到外国。

我们可以用图 3—5 来说明相对工资的确定。与图 3—3 不同，图 3—5 的数轴并不表示产品的相对产量或相对价格，而代之以相对劳动量和相对工资率。曲线 *RD* 表示世界市场对本国劳动的相对需求，曲线 *RS* 表示世界市场上本国劳动的相对供给。

说明：在多种产品的李嘉图模型中，相对工资由派生的劳动相对需求曲线 *RD* 和相对供给曲线 *RS* 的交点确定。

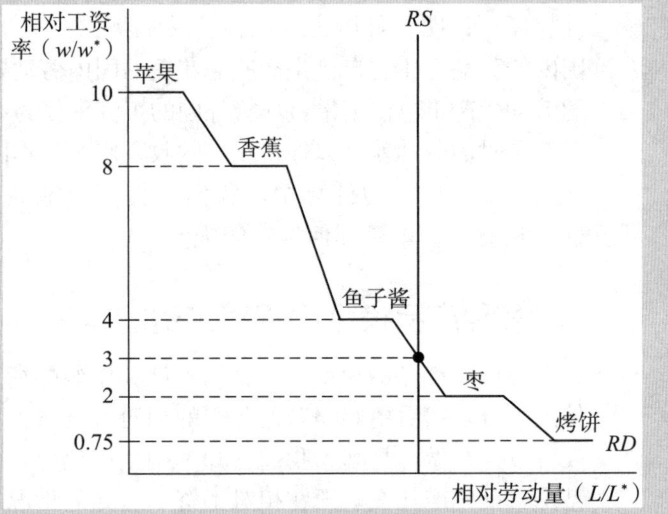

图 3—5 相对工资的确定

劳动的相对供给就是本国和外国可供给的劳动之比。假定劳动的供给不随工资的变化而变化，相对工资对相对劳动供给没有影响，因此 *RS* 曲线是一条垂直于横轴的直线。

我们关于劳动相对需求的讨论解释了为什么曲线 *RD* 是“阶梯形”的。只要本国工人对外国工人的相对工资率提高，对本国产品的相对需求就会减少，对本国劳动的需求也随之减少。此外，每当本国的相对工资上升到使得某种产品的生产在外国成本更低从而转移到外国时，对本国劳动的相对需求就会陡然下跌。所以，RD 曲线在两种形态之间进行切换：在专业化生产布局不变时，曲线就会平缓地向下倾斜；在生产布局发生变化导致相对需求突然下跌时，曲线就是一条水平线。如图 3—5 所示，这五段水平线分别对应着等同于五种产品本国对外国生产率之比的相对工资率。

曲线 RD 和 RS 的交点确定了均衡相对工资。在图 3—5 中，均衡的相对工资是 3，在这个工资水平上本国生产苹果、香蕉和鱼子酱，外国生产枣和烤饼。这一结果取决于两国的相对规模（决定了曲线 RS 的位置）和对产品的相对需求（决定了曲线 RD 的形状和位置）。

如果曲线 RS 和曲线 RD 的交点正好在其中的某一段水平线上，则两个国家都能生产这段水平线所对应的产品。

运输费用与非贸易品

现在我们考虑运输费用的影响以使我们的模型更进一步地接近现实。运输费用不会改变比较优势和贸易所得的根本原则。然而，由于运输费用会给产品和服务的流动造成障碍，它对其他诸多因素——例如国外援助、国际投资，以及国际收支平衡等——怎样影响贸易中的世界经济有着很重要的意义。在我们尚未研究上述因素的作用的时候，多种产品的单一要素模型正是介绍运输费用影响的适宜之处。

首先，我们注意到上节中的模型所描述的世界经济是以极端的国际专业化分工为标志的。两个国家可以同时生产的产品至多只有一种，所有其他产品要么只由本国生产，要么只由外国生产。

在实际的国际经济中，专业化分工不会这样极端，原因有三个：

（1）生产中多种要素的存在会减弱专业化分工的趋势（我们将在随后两章中看到）。

（2）有时，国家要针对外来竞争保护民族产业（第 9～12 章将详细讨论）。

（3）由于产品和服务的运输费用昂贵，以至有时运输费用过高，使得一些国家不得不在某些产业部门实行自给自足。

在上面的多产品例子中，我们发现当本国的相对工资率为 3 时，本国生产苹果、香蕉和鱼子酱的成本比外国低，而外国生产枣、烤饼的成本比本国低。**在不计运输费用时**，本国会出口前三种产品，进口后两种产品。

现在假定产品运输会产生费用，并假定运输费用是生产成本的一个统一的百分比，如 100%，这笔运输费用就会阻碍贸易。以枣为例，生产 1 单位枣需要 6 小时的本国劳动或者 12 小时的外国劳动，在相对工资为 3 的水平上，12 小时的外国劳动与 4 小时的本国劳动成本相同。所以，在忽略运输费用时，本国应当进口枣。然而，当需要计入 100%的运输费用时，进口枣的成本相当于 8 小时的本国劳动（4 小时的劳动加上相当于 4 小时劳动的运输费用），所以本国不如自己生产枣。

类似的费用比较还可以表明，外国此时自己生产鱼子酱的成本比进口的费用要小。生产 1 单位鱼子酱需要 3 小时的本国劳动。就算本国的相对工资是 3，从而 3 小时的本国劳动等于 9 小时的外国劳动，这仍比外国自己直接生产鱼子酱所需的成本即 12 小时的劳动要低。所以，如果不计运输费用，外国从本国进口鱼子酱会更便宜，自己不去生产。可有了 100%的运输费用后，外国进口鱼子酱的成本相当于 18 小时的本地劳动，所以，它宁愿自己生产。

这样，本例中运输费用的引入使得本国仍然出口苹果和香蕉，并进口烤饼。而鱼子酱和枣则变成了**非贸易品**（nontraded goods），即各国自给自足的产品。

在本例中，我们假设了各部门运输费用占生产成本的比例是统一的。实际上，运输费用的变化范围很大。在某些情况下，运输基本上是不可能的——理发、汽车修理等服务行业不可能进行国际贸易［国境边界的繁华地区除外，如密歇根州的底特律与加拿大安大略省的温莎（Windsor）边界］。此外，一些重量—价值比（weight-to-value ratios）很高的产品也很少进行国际贸易，例如水泥（即便国外生产水泥的成本比本国低得多，也不值得花大笔的运输费用去进口）。许多产品成为非贸易品，有的是因为本国的成本优势不够大，有的是因为运输费用太高。

重要的一点是各国收入的很大一部分都被花费在了非贸易品上。这个事实对我们以后要讨论的国际货币经济学极其重要。

对李嘉图模型的实证分析

对于研究贸易产生的原因及国际贸易对国家福利的影响而言，李嘉图的国际贸易模型是一个极其有用的工具。但是，这个模型是否反映了现实世界的情形？李嘉图模型对于实际国际贸易流向的预见是否准确？

我们很难对这两个问题作出肯定的回答。很清楚，在许多方面，李嘉图模型会导致错误的预测。首先，如我们讨论非贸易品时所提到的，简单的李嘉图模型预测了极端的专业化分工，而这种专业化分工在现实世界中根本不存在。其次，李嘉图模型忽略了国际贸易对国内收入分配的影响，并据此认为国家作为一个整体始终能够从贸易中获利。但在实际中，国际贸易对收入分配会产生强烈的影响。再次，李嘉图模型忽略了各国资源的不同也是贸易产生的一个原因，因此漏掉了贸易体系的一个重要方面（第 4～5 章的重点）。最后，李嘉图模型忽视了规模经济也可能是国际贸易的起因，这使它无法解释明显相似的国家之间大量的贸易往来（将在第 7～8 章中讨论）。

尽管存在许多不足，但李嘉图模型的基本预见——国家应当趋向于出口劳动生产率相对高的产品——已经被多年以来的许多研究所证实。

不少对李嘉图模型的实证检验都使用第二次世界大战后初期的数据来比

较美英两国的生产率和贸易。[1] 这是一项具有不同寻常的启发意义的比较，因为它揭示了这样一个事实：几乎在所有的部门，英国的劳动生产率都低于美国。因此，美国在各方面都具有绝对优势。然而，英国当时的总出口量与美国的几乎一样大。毫无疑问，一定是英国的一些部门虽然绝对生产率低下但却拥有比较优势。根据李嘉图模型，这些部门应该是美国与英国相比生产率优势较小的部门。

图 3—6 显示了支持李嘉图模型的证据，使用的数据来自匈牙利经济学家贝拉·巴拉萨（Bela Balassa）1963 年发表的一篇论文。该图比较了 1951 年 26 个制造业部门中美国与英国出口的比率以及美国与英国劳动生产率的比率。横轴表示劳动生产率比率，纵轴表示出口比率。两条轴上用的都是对数值——主要是因为用对数值显示的图像更为清晰。

根据李嘉图理论，美国某个产业的相对生产率越高，美国公司就比英国公司更有可能出口那个产业的产品。图 3—6 就表明了这一点。实际上，如图中所显示的那样，散点的分布非常接近于一条向上倾斜的直线。正如所有的经济数据一样，用于比较的这些数据也一定存在着不少测算误差，但这些点的拟合还是相当不错的。

说明：比较研究表明，美国的相对劳动生产率较高的产业，其出口相对于英国的出口来说也较高。每一个小黑点代表着一个不同的产业。

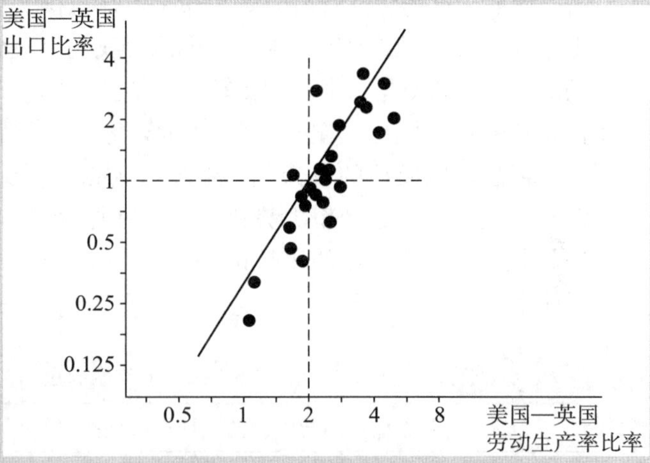

图 3—6 生产率和出口

正如所预期的，图 3—6 所显示的情况证实了李嘉图的基本判断：贸易取决于**比较**优势而不是**绝对**优势。在这些数据所涉及的年代，美国各部门的劳动生产率都比英国高得多，平均大约为英国的 2 倍。我们在前面曾提到一个普遍存在的错误见解，即认为只有在生产率能与其他国家一争高低时，一个国家的产品才有竞争力。这个误解会让我们认为，美国在所有产品上都具有出口优势。

---

① 这方面的研究最早是由 G. D. A. 麦克杜格尔（G. D. A. MacDougall）完成的。他的文章列在本章的延伸阅读中。我们在这里提到的是贝拉·巴拉萨所做的一项知名的跟进研究，"An Empirical Demonstration of Classical Comparative Cost Theory," *Review of Economics and Statistics* 45 (August 1963), pp. 231 - 238；在此，我们利用巴拉萨的数据进行分析。

然而，李嘉图模型告诉我们：某个产业的生产率比外国高并不足以确保一国会出口这个产业的产品。只有当这个产业的相对生产率比其他部门都高时，我们才能下此定论。图 3—6 表明，当时的情况是美国所有 26 个制造业部门的生产率都比英国高（由小黑点的位置可以看出），高出 11%～366%不等。但是，英国有 12 个部门的产品出口却大于美国。图 3—6 还表明，总的来说，只是在美国的生产率优势基本超过 2∶1 的那些产业部门，美国的出口才大于英国的出口。

最近，我们发现，验证李嘉图模型的证据不那么明确清晰了。部分原因是，世界贸易的增长以及随之带来的国家间的专业化生产意味着我们几乎没有机会看到各个国家的弱项！在 21 世纪的世界经济中，各国一般不生产自身具有比较劣势的商品，所以无法衡量这些部门的生产率。例如，大多数国家不生产飞机，因此就没有相关的单位产品劳动投入的数据。但尽管如此，仍有许多证据表明，劳动生产率的差异在决定世界贸易模式中继续扮演着重要的角色。

李嘉图比较优势理论时至今日仍然有效，也许关于这一点的最有力证据是它可以解释一些生产率整体很低的新兴国家成为一些产业的重要出口国的原因。比如，我们考虑孟加拉国服装出口的例子。2013 年 4 月，一幢容纳有五家服装工厂的建筑倒塌，造成一千余人死亡，孟加拉国的服装产业因此遭受了舆论的猛烈抨击。然而，这场悲剧背后的原因却是孟加拉国服装出口的迅猛增长，其势头正在迅速赶超先前的最大供应国——中国。我们已经看到，中国的生产率与美国相比仍旧较低。即便是与中国相比较，孟加拉国的生产率也是极度低下的，孟加拉国仍是一个非常贫困的国家。尽管如此，孟加拉国服装出口的增长依然发生了。

孟加拉国成功的秘诀何在呢？在服装生产上，孟加拉国的生产率相当低，但与其他产业的生产率劣势相比，它在服装产业的生产率劣势要小得多，这才造就了它在服装产业的比较优势。表 3—3 基于 2011 年的数据，用一些估计值说明了这一点。

表 3—3　2011 年孟加拉国与中国的比较

	孟加拉国与中国的人均产出比率（%）	孟加拉国与中国的出口比率（%）
所有制造业	28.5	1.0
服装业	77	15.5

资料来源：McKinsey and Company，"Bangladesh's ready-made garments industry：The challenge of growth，" 2012；UN Monthly Bulletin of Statistics.

与中国相比，孟加拉国服装产业的生产率仍显著低下，服装生产仍具有绝对劣势。但是，由于其服装产业的相对生产率比其他产业高得多，孟加拉国在服装上仍具有很强的比较优势，乃至让中国也不能轻松取胜。

总之，尽管很少有经济学家认为李嘉图模型对世界贸易的起因和结果作了完全充分的描述，但是，该模型的两个主要含义——生产率差异在国际贸易中扮演着重要角色以及重要的是比较优势而非绝对优势——似乎确实得到了事实根据的支持。

提要

1. 我们研究了李嘉图模型，在所有表明国家之间的差异是如何导致贸易及贸易所得的模型中，它是最简单的一个。在这个模型里，劳动是唯一的生产要素，劳动生产率的差异是各个国家产业部门之间唯一的不同点。

2. 在李嘉图模型中，一个国家将出口劳动生产率相对高的产品，并进口劳动生产率相对低的产品。换言之，一国的生产模式由比较优势来确定。

3. 可以用两种方法来说明国际贸易对国家有利。第一，我们可以把贸易看成是一种间接的生产方法，这种方法可以通过生产别的产品换取所需要的产品来代替自己直接生产。我们的简单模型表明，只要是进口某种产品，就意味着这种间接的"生产"所需要投入的劳动比直接生产要少。第二，模型还表明，贸易扩大了一国的消费可能性，这也是贸易所得的体现。

4. 贸易所得的分配取决于各国产品的相对价格。为了确定相对价格，我们需要研究产品在世界市场上的相对供给和相对需求。相对价格也隐含了相对工资率。

5. 贸易的利益性是绝对的，既不需要国家有"竞争实力"，也不要求贸易"公平"。为说明这一点，我们特地分析了三个常见的有关贸易的错误观点。第一，即使一个国家所有产业的劳动生产率都比它的贸易伙伴低，它也能从贸易中获利。第二，即使外来竞争的优势是建立在低工资的基础上，一国也能从贸易中获利。第三，即使一个国家的出口产品所包含的劳动投入大于它的进口产品的劳动投入，贸易对它也是有益的。

6. 将两种产品的单一要素模型扩展到多种产品也不会改变上述结论。唯一的区别是，后者需要通过直接关注劳动的相对需求来确定相对工资率，而前者是通过对产品的相对需求来确定相对工资率的。此外，多种产品模型也可用于说明另一个重要结论，即运输费用可以导致非贸易品的产生。

7. 虽然李嘉图模型中的一些预见明显不切合实际，但是它的基本理论，即国家倾向于出口劳动生产率相对较高的产品，已经被许多研究所证实。

关键术语

绝对优势	比较优势	派生需求	贸易所得
一般均衡分析	非贸易品	机会成本	局部均衡分析
贫民劳动论	生产可能性边界	相对需求曲线	相对供给曲线
相对工资	李嘉图模型	单位产品劳动投入	

习题

1. 本国共有 1 200 单位劳动，能生产两种产品：苹果和香蕉。苹果的单位产品劳动投入是 3，香蕉的单位产品劳动投入是 2。

a. 画出本国的生产可能性边界。

b. 用香蕉衡量的苹果的机会成本是多少？

c. 贸易前，苹果对香蕉的相对价格是多少？为什么？

2. 本国的情况与第 1 题相同。外国拥有 800 单位劳动。外国苹果的单位产品劳动投入是 5，香蕉的单位产品劳动投入是 1。

a. 画出外国的生产可能性边界。

b. 画出世界相对供给曲线。

3. 假定世界相对需求的表示如下：对苹果的需求/对香蕉的需求＝香蕉价格/苹果价格。

a. 在相对供给曲线的同一幅图上画出世界相对需求曲线。

b. 苹果的均衡相对价格是多少？

c. 描述本题的贸易模式。

d. 说明本国和外国都可以从贸易中获利。

4. 假定本国现有 2 400 名工人而不是 1 200

名，求新的均衡相对价格。请分析在这种情况下世界的生产效率和两国之间贸易所得的分配。

5. 假定本国有 2 400 名工人，但是他们的生产效率只有前述习题中假设的一半。画出世界相对供给曲线，并确定均衡的相对价格。比较本题和第 4 题中的贸易所得。

6. “中国工人每小时工资仅为 0.75 美元，如果允许中国无限制地向美国出口，美国工人的工资也会降到这个水平。你不可能只进口 10 美元一件的 T 恤衫，而不进口 0.75 美元的工资率。”分析这段话。

7. 在制造品部门，日本的劳动生产率与美国大致相同（有的产业比较高，有的产业比较低），而在服务业方面，美国的劳动生产率比日本还是明显要高。但大部分服务是非贸易品。一些分析家认为这给美国经济带来了问题，因为美国具有比较优势的产品无法在世界市场上出售。这个结论错在什么地方？

8. 去过日本的人都知道日本的物价极高。尽管日本工人的工资和他们的美国同行差不多，但他们收入的购买力却只有美国的 1/3。扩展第 7 题的分析来解释这个现象。（提示：考虑工资率及隐含的非贸易品的价格。）

9. 许多产品不能进行贸易的事实对贸易所得的多少会产生什么影响？

10. 我们重点讨论了只包含两个国家的例子。假定有许多国家都能生产两种产品，并且每个国家都只有劳动这一种生产要素。在这种情况下，生产模式和贸易模式会怎样？（提示：画出世界相对供给曲线。）

延伸阅读

Donald Davis. “Intraindustry Trade: A Heckscher-Ohlin-Ricardo Approach.” *Journal of International Economics* 39 (November 1995), pp. 201 – 226. A recent revival of the Ricardian approach to explain trade between countries with similar resources.

Rudiger Dornbusch, Stanley Fischer, and Paul Samuelson. “Comparative Advantage, Trade and Payments in a Ricardian Model with a Continuum of Goods.” *American Economic Review* 67 (December 1977), pp. 823 – 839. More recent theoretical modeling in the Ricardian mode, developing the idea of simplifying the many-good Ricardian model by assuming that the number of goods is so large as to form a smooth continuum.

Giovanni Dosi, Keith Pavitt, and Luc Soete. *The Economics of Technical Change and International Trade*. Brighton: Wheatsheaf, 1988. An empirical examination that suggests that international trade in manufactured goods is largely driven by differences in national technological competencies.

Stephen Golub and Chang-Tai Hsieh. “Classical Ricardian Theory of Comparative Advantage Revisited.” *Review of International Economics* 8 (2), 2000, pp. 221 – 234. A modern statistical analysis of the relationship between relative productivity and trade patterns, which finds reasonably strong correlations.

G. D. A. MacDougall. “British and American Exports: A Study Suggested by the Theory of Comparative Costs.” *Economic Journal* 61 (December 1951), pp. 697 – 724; 62 (September 1952), pp. 487 – 521. In this famous study, MacDougall used comparative data on U. S. and U. K. productivity to test the predictions of the Ricardian model.

John Stuart Mill. *Principles of Political Economy*. London: Longmans, Green, 1917. Mill's 1848 treatise extended Ricardo's work into a full-fledged model of international trade.

David Ricardo. *The Principles of Political Economy and Taxation*. Homewood, IL: Irwin, 1963. The basic source for the Ricardian model is Ricardo himself in this book, first published in 1817.

第4章 特定要素与收入分配

通过第3章的学习我们知道，参与国际贸易的国家都能从贸易中受益。然而，有史以来，面对进口产品的竞争，各国政府都对本国的产业部门进行了保护。例如，美国作为签约遵守自由贸易原则的国家，却对服装、纺织品、糖、乙醇、奶制品以及其他许多商品的进口施加限制。在总统改选时期，常常会针对关键的政治摇摆州所生产的产品的进口征收惩罚性关税。[①]既然贸易能利国兴邦，为什么还要反对贸易呢？为了理解贸易政策，我们在分析贸易的影响时，不仅需要着眼于整个国家，还有必要分析收入在一国内部的分配。

第3章中的李嘉图模型说明了贸易的潜在利益。在这一模型中，贸易可以使得各国的劳动从劳动生产率相对低的部门转向劳动生产率相对高的部门，从而形成了专业化分工。由于劳动是唯一的生产要素，并且可以从一个产业部门向另一个产业部门自由转移，所以单个工人不会因为贸易而受到损失。因此，李嘉图模型提出，不仅所有的国家可以从贸易中获利，而且由于贸易并不影响收入分配，因而每个个体的福利也都可以得到改善。然而，在现实世界中，贸易对每个参与贸易的国家内部的收入分配有着很大的影响，因此在实践中贸易收益的分配常常很不均等。

国际贸易对收入分配有着巨大的影响，其原因有两个：第一，作为贸易的短期结果，资源从一个部门向另一个部门的转移不可能立刻实现，也不可能毫无成本地进行；第二，各产业对生产要素的需求有所不同。一国所生产的产品结构的转换将自然而然地减少对某些生产要素的需求，同时增加对另外一些生产要素的需求，即贸易的长期影响。由于上述原因，国际贸易并不像第3章所论述的那样会不容置疑地带来益处。尽管贸易也许对一个国家整体有利，但是它通常也会损害一些重要利益集团的短期利益，甚至在长期也会构成潜在的损

① 最近的例子是，在贝拉克·奥巴马（Barack Obama）的第一任期，曾对自中国进口的轮胎征收35%的关税，以及在乔治·W·布什（George W. Bush）的第一任期，曾对进口钢铁征收30%的关税。钢铁和轮胎的生产都集中于俄亥俄州，而该州正是过去几次美国总统选举中的关键摇摆州。

害，只不过程度略轻一些。

我们来考虑一下日本大米政策的影响。尽管日本土地资源极其匮乏，生产大米的成本比任何其他国家（包括美国）都要高，但日本只允许进口很少量的大米。毫无疑问，如果允许自由进口大米，日本整体的生活水平将会提高。然而，日本种植稻谷的农民就会因自由贸易而受损。就算被进口大米挤垮的农民很可能在制造业或服务业找到工作，他们也会觉得另觅职业代价高昂并且不太方便。比方说，他们在稻谷种植上所积累的特殊技能可能在其他职业中根本用不上，甚至农民们所拥有的土地的价值也会随着大米价格一同下降。因此，日本种植稻谷的农民强烈反对大米的自由贸易就不足为奇。而且，他们有组织的政治对抗所带来的效应比国家整体上从贸易中获得的潜在利益还要更胜一筹。

要现实地分析国际贸易，我们必须超越李嘉图模型，关注贸易对收入分配的影响。在本章，我们集中分析在生产要素不能无成本地在部门之间流动时，贸易对收入分配的短期影响。为了使模型更简单，我们假定，一些要素转换部门的成本高到足以使转换部门在短期内不可能完成要素转换。对于某一特定部门来说，这样的要素就是特定要素。

学习目标

学完本章，你应该能够：

- 理解一种流动要素是如何通过在部门之间的流动对价格变化作出反应的。
- 解释为什么贸易在短期内会使有些人受益，而使另一些人受损。
- 理解在有人利益受损的情况下国际贸易利益的含义。
- 阐释为什么贸易是一个政治敏感性的问题。
- 说明尽管有人利益受损，但仍然存在对自由贸易的辩护。

特定要素模型

特定要素模型（specific factors model）是由保罗·萨缪尔森（Paul Samuelson）和罗纳德·琼斯（Ronald Jones）创建发展的。[①] 与简单的李嘉图模型一样，特定要素模型假定一个国家生产两种产品，劳动供给可以在两个部门之间进行分配。然而，与李嘉图模型不同的是，特定要素模型允许劳动以外的其他生产要素的存在。劳动可以在部门之间进行流动，是一种**流动要素**

① Paul Samuelson, "Ohlin Was Right," *Swedish Journal of Economics* 73 (1971), pp. 365 – 384; and Ronald W. Jones, "A Three-Factor Model in Theory, Trade, and History," in Jagdish Bhagwati et al., eds., *Trade, Balance of Payments, and Growth* (Amsterdam: North-Holland, 1971), pp. 3 – 21.

(mobile factor)，其他要素则是**特定的** (specific)，即只能被用于生产某些特定产品。

专栏 什么是特定要素？

在本章所介绍的模型中，我们假定，土地和资本这两种生产要素与经济中的某些特定部门保持着永久的联系。然而，在发达经济体中，农用土地所得仅占国民收入的一小部分。当经济学家将特定要素模型运用于诸如美国或法国这样的经济体时，他们一般不把要素的特定性看作是永久存在的条件，而只看成是一个时间问题。例如，酿酒桶是用来酿造啤酒的，模压机是用来制造汽车车身的，它们之间无法相互替代，因此，这些不同种类的设备是产业特定型的。不过，如果时间足够长，则有可能将投资从汽车厂撤出而投向酿酒厂，或反之。从长期意义来看，酿酒桶和模压机都可以被看作是同一种流动要素即资本的两种表现形式。

因此，现实中特定要素与流动要素之间并无明显的界限。或者说，这只是一个调整速度的问题，即越是特定的要素，在产业之间调配它们所需的时间就越长。所以，有必要讨论一下，在现实经济中，生产要素的特定性究竟有多强。

工人（例如年龄）和工种（需要一般的还是特别的技能）的特点不同，工人的流动性就不同。不过，人们可以通过观察一名工人离职后处于失业状态的时间长度来估测流动性的平均值。在美国，一名离职工人在四年后就具有与未离职的类似工人相同的被雇用的几率。[①] 与这个四年的时间段相比，一台典型的专用机械的寿命是15～20年，建筑物（一家购物中心、一栋办公楼或一间生产工厂）的寿命更长达30～50年。因此，劳动的特定性肯定不如大多数资本要素。然而，即便大多数工人可以在四年的时间内在其他部门找到新的工作，转行还是需要额外的成本的：一名离职工人在其他行业重新被雇用后，工资往往会下降18%（平均水平）。与之形成对比的是，如果另寻雇主但不改行，工资会下降6%。[②] 因此，仅仅在投资于任何具有职业特定性的技能之前，劳动才真正具有灵活性。

模型的假设

假设一个国家能够生产两种产品，即棉布和粮食。不过，这个国家有三种而不是一种生产要素：劳动（L）、资本（K）和土地（用T表示，取地面即terrain一词的首字母）。生产棉布需要投入资本和劳动（但不需要土地），生产粮食需要投入土地和劳动（但不需要资本）。因此，劳动是一种流动要素，哪个部门都需要使用，而土地和资本都是特定要素，各自只能用于一种产品的生产。

---

① 参见Bruce Fallick, "The Industrial Mobility of Displaced Workers," *Journal of Labor Economics* 11 (April 1993), pp. 302－323。

② 参见Gueorgui Kambourov and Iourii Manovskii, "Occupational Specificity of Human Capital," *International Economic Review* 50 (February 2009), pp. 63－115。

劳动也可以被看作是一种特殊类型的资本，对粮食部门来说是特定要素（参阅前面的专栏）。

如何确定每种产品的产量呢？棉布的产量取决于在这一部门中所投入的资本和劳动的多少。这种关系可以用**生产函数**（production function）来归纳，它表示的是在资本和劳动的投入量一定时棉布的产量。棉布的生产函数的代数形式为

$$Q_C = Q_C(K, L_C) \tag{4—1}$$

式中，Q_C表示棉布的产出，K 表示资本存量，L_C表示在棉布生产中所雇用的劳动。同样地，粮食的生产函数可以表示为

$$Q_F = Q_F(T, L_F) \tag{4—2}$$

式中，Q_F表示粮食的产出，T 表示土地的供给量，L_F表示粮食生产中投入的劳动。对于国家整体来说，各部门投入的劳动之和一定等于总的劳动供给量 L，即

$$L_C + L_F = L \tag{4—3}$$

生产可能性

特定要素模型假设，每种特定要素只能用于一个生产部门：资本只能用来生产棉布，土地只能用来生产粮食。只有劳动可以用于两个部门的生产。因此，要分析这个国家的生产可能性，我们只需知道当劳动从一个部门转移到另一个部门时，该国棉布和粮食的产出组合是如何变化的。这个问题可以用画图的方法解决，首先画出生产函数（4—1）和（4—2），然后将这两条曲线组合起来以推导出**生产可能性边界**（production possibility frontier）。

图 4—1 表明了劳动的投入量与棉布的产量之间的关系。给定一个资本投入量，所投入的劳动越多，棉布的产量就越大。在图 4—1 中，曲线 $Q_C(K, L_C)$的斜率表示**劳动的边际产量**（marginal product of labor），即多投入 1 人・时的劳动所增加的棉布产量。然而，如果只增加劳动投入而不增加资本投入，就会产生**边际收益递减**（diminishing returns）效应：增加一个工人就意味着减少每个工人所操作的资本量，因此每一单位相继增加的劳动所带来的产量增加都比前一单位要少。边际收益递减可以从生产函数的形状上反映出来，随着劳动投入的增加，曲线 $Q_C(K, L_C)$变得越来越平缓，这表明投入的劳动越多，劳动的边际产量就越少。[①] 图 4—2 以不同的方式展现了相同的内容。在这幅图中，我们直接将劳动的边际产量表示为劳动投入量的函数（在本章附录中，我们将说明棉布的总产量可以用边际产量曲线下方区域的面积来表示）。

可以用类似的两幅图来表示粮食的生产函数。将这一系列图形结合起来，

---

① 单一要素的边际收益递减效应并不意味着调整所有生产要素时会出现规模收益递减。因此，劳动的边际收益递减与劳动和资本的规模收益不变完全可以相容。

就可以推导出该国的生产可能性边界（见图 4—3）。正如我们在第 3 章论述过的，生产可能性边界体现了该国能够生产什么；在本例中，生产可能性边界说明的是，给定棉布的产量时该国能生产多少粮食，以及给定粮食的产量时该国能生产多少棉布。

图 4—3 是一幅四象限图。第Ⅳ象限中的曲线就是图 4—1 中棉布的生产函数曲线。但是在这里，我们将图 4—1 颠倒了：沿纵轴向下表示在棉布的生产中所投入的劳动增加，沿横轴向右表示棉布的产出增加。第Ⅱ象限中的曲线是相应的粮食的生产函数曲线，这幅图也是翻转的：沿横轴向左表示在粮食的生产中所投入的劳动增加，沿纵轴向上表示粮食的产出增加。

说明：在棉布的生产中，所投入的劳动越多，棉布的产量就越大。然而，由于边际收益递减效应，每一人·时连续增加的劳动投入所增加的产量都会比前一人·时要少。这在图中表现为，将劳动投入和产出联系起来的生产函数曲线会随着劳动投入的增加而变得越来越平缓。

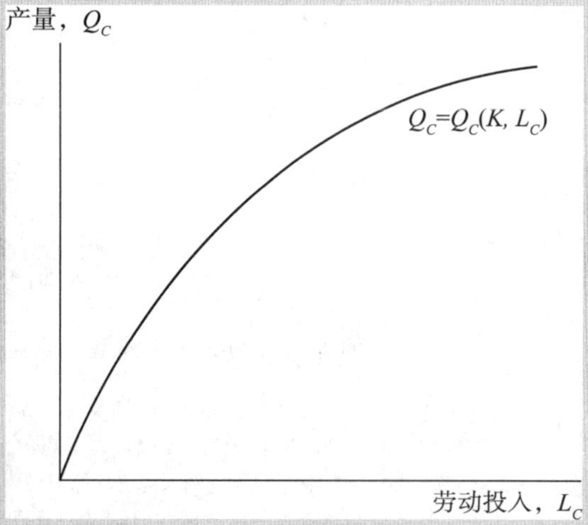

图 4—1　棉布的生产函数

说明：在棉布这一生产部门中，劳动的边际产量即图4—1中生产函数的斜率，会随着劳动投入的增加而减少。

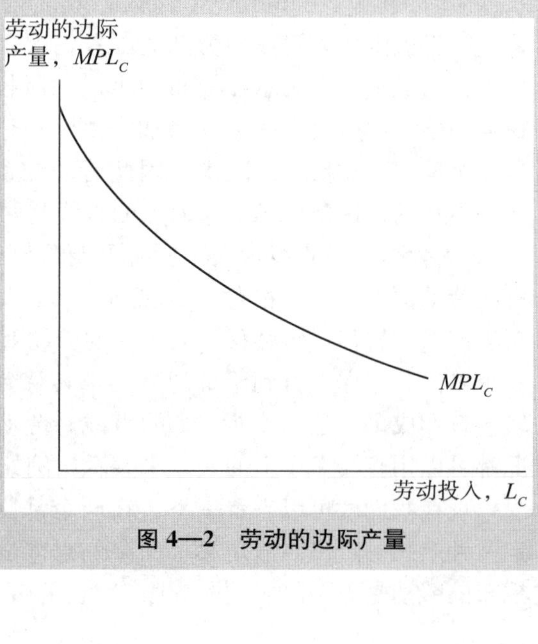

图 4—2　劳动的边际产量

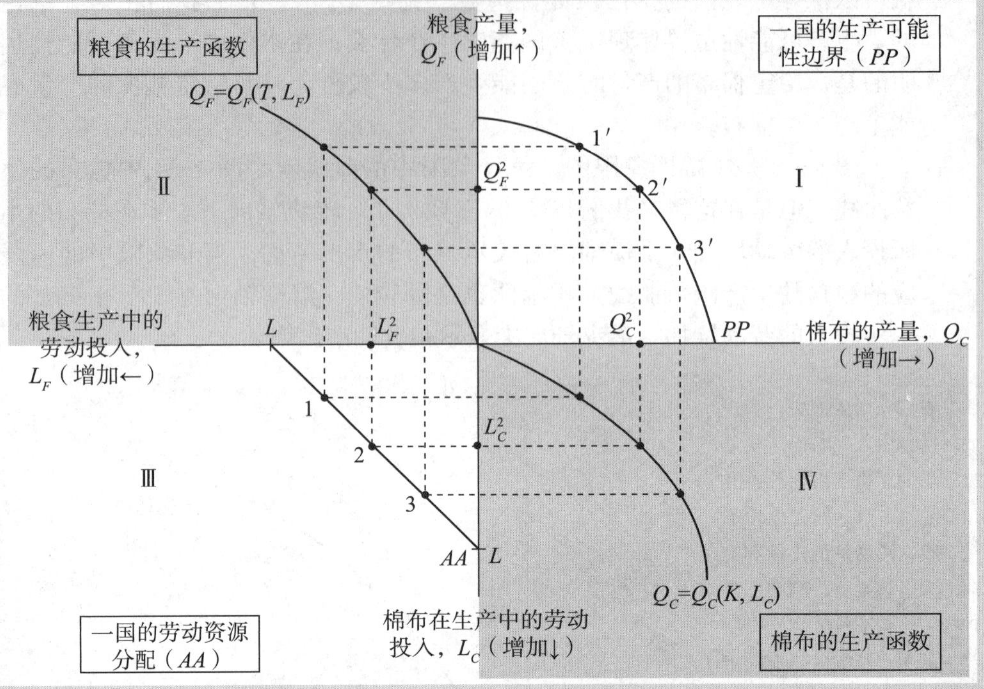

图 4—3　特定要素模型中的生产可能性边界

说明：棉布和粮食的生产取决于劳动在两个部门之间的配置。在第Ⅲ象限中，直线 AA 上的任何一点均表示劳动在两个部门之间配置的一种情况，整条直线 AA 则代表了总量为 L 的劳动供给在棉布和粮食两个部门之间配置的所有可能情况。直线 AA 上的任何一点，例如点 2，都对应着一个棉布的劳动投入量（L_C^2）和一个粮食的劳动投入量（L_F^2）。第Ⅱ象限和第Ⅳ象限中的曲线分别是粮食和棉布的生产函数曲线。这样，给定劳动投入，棉布和粮食的产出（Q_C^2,Q_F^2）就可以确定。然后在第Ⅰ象限，曲线 PP 表示在劳动从粮食生产向棉布生产不断转移的过程中，两种产品的产量是如何变化的。产量点 1′、2′、3′分别对应着劳动分配曲线上的点 1、2、3。由于边际收益递减，曲线 PP 不是一条直线，而是一条向上凸起的曲线。

第Ⅲ象限代表着该国劳动的配置情况。劳动投入量的衡量均与平常的方向相反：沿纵轴向下表示在棉布的生产中所投入的劳动增加，沿横轴向左表示在粮食的生产中所投入的劳动增加。由于一个部门劳动投入的增加就一定意味着另一个部门劳动投入的减少，因此劳动配置的可能情况是用一条向下倾斜的直线来表示的。这条以 AA 来命名的直线与两轴成 45°角向下倾斜，即它的斜率是 -1。为什么这条直线代表了所有可能的劳动配置情况呢？我们注意到，如果所有的劳动都用于生产粮食，L_F就等于 L，L_C就等于 0。如果将劳动逐渐地向棉布生产部门转移，每转移 1 人·时的劳动就会使 L_C增加一个单位，而使 L_F减少一个单位。这样一直到所有的劳动都转移到棉布生产部门，转移所形成的点的轨迹就形成了一条斜率为 -1 的直线。劳动在两个部门之间的任何一种配置情况都可以用直线 AA 上的一点来表示，例如点 2。

现在我们就可以来看一下，在两个部门中的劳动配置情况一定时，如何确定两种产品的产出。假定第Ⅲ象限的点 2 表示了劳动的配置情况，即投入生产棉布的劳动是 L_C^2 小时，投入生产粮食的劳动是 L_F^2 小时。然后我们就可以用每个部门的生产函数来确定产出：棉布的产出为 Q_C^2 ，粮食的产出为 Q_F^2 。Q_C^2 和 Q_F^2 所共同确定的第Ⅰ象限的点 $2'$ 就表明了棉布和粮食的产出情况。

要描绘出整个生产可能性边界，只需在各种其他的劳动配置情况下重复上述过程。我们可以从第Ⅲ象限的点 1 开始，即在粮食的生产中投入绝大部分的劳动，然后逐渐增加在棉布生产中所投入的劳动，直至用于生产粮食的劳动变得非常少，如点 3 所示。相应地，在第Ⅰ象限中即可确定点 $1'$ 和点 $3'$，连接点 $1'$ 到点 $3'$，即可勾画出一条曲线。因此，第Ⅰ象限的曲线 PP 就表明了给定土地、劳动和资本的总量时一国的生产可能性。

在李嘉图模型中，劳动是唯一的生产要素，生产可能性边界是一条直线，因为用粮食来衡量的棉布的机会成本是不变的。然而，在特定要素模型中，其他生产要素的加入使得生产可能性边界 PP 变成了一条曲线。曲线 PP 的弯曲反映了在各部门中都存在着劳动的边际收益递减规律，边际收益递减是特定要素模型和李嘉图模型的关键区别。

在绘制曲线 PP 时，我们是把劳动从粮食部门转移至棉布部门。如果将 1 人·时的劳动从粮食部门转向棉布部门，这一新增的投入就会增加棉布的产出，增加的量就是棉布部门劳动的边际产量 MPL_C。因此，要使棉布的产量增加 1 单位，就必须多投入 $1/MPL_C$ 人·时的劳动。同时，每一单位从粮食部门转移出去的劳动都会减少粮食的产出，减少的量就是粮食部门劳动的边际产量 MPL_F。因此，要增加 1 单位棉布的产量，该国就必须减少 MPL_F/MPL_C 单位粮食的产量。所以，曲线 PP 的斜率即用粮食衡量的棉布的机会成本，也就是为了增加 1 单位棉布的产量所必须牺牲的粮食产量为：

$$\text{生产可能性曲线的斜率} = -MPL_F/MPL_C$$

我们现在就可以明白为什么曲线 PP 是弓形的。当我们从点 $1'$ 向点 $3'$ 移动时，L_C 增加而 L_F 减少。然而如图 4—2 所示，随着 L_C 的增加，棉布生产中劳动的边际产量会减少；相应地，随着 L_F 的减少，粮食生产中劳动的边际产量会增加。随着越来越多的劳动向棉布生产部门转移，棉布生产中每一新增单位的劳动的价值都会越来越少，即每新增一单位棉布（放弃粮食生产）的机会成本都会上升。因此，曲线 PP 从左至右会变得越来越陡。

我们已经说明了在给定劳动的配置情况下产出是如何确定的。下一步就要讨论市场经济是如何确定劳动配置的。

价格、工资与劳动配置

各部门分别会投入多少劳动呢？要回答这一问题，我们必须看一下劳动市场的供给和需求情况。每个部门对劳动的需求都取决于该部门产品的价格和工资率，而工资率又取决于粮食和棉布厂商对劳动的总体需求。给定棉布和粮食的价格以及工资率，我们就可以确定每个部门的劳动投入量与产出。

首先，我们来看劳动的需求。遵循利润最大化原则的厂商对劳动的需求会越来越大，但大到某一点时就会停止。在这一点处，再新增 1 人·时劳动所生产的价值与雇用这 1 人·时的成本相等。例如，在棉布部门，新增 1 人·时劳动所生产的价值就是棉布部门劳动的边际产量与棉布单位价格的乘积：$MPL_C \times P_C$。若用 w 来表示劳动的工资率，则雇主会一直雇用劳动，直至满足下述条件为止：

$$MPL_C \times P_C = w \tag{4—4}$$

但如图 4—2 所示，由于边际收益递减，棉布部门劳动的边际产量曲线斜率为负。所以，对于任何给定的棉布价格 P_C，边际产量的价值 $MPL_C \times P_C$ 也应该是一条斜率为负的曲线。我们因此可以将等式（4—4）定义为棉布部门的劳动需求曲线。在其他条件相同的情况下，如果工资率下降，棉布部门的雇主会雇用更多的工人。

类似地，粮食部门新增 1 人・时劳动所生产的价值是 $MPL_F \times P_F$。粮食部门的劳动需求曲线因此可以表示为：

$$MPL_F \times P_F = w \tag{4—5}$$

由于模型假定劳动力可以在部门之间自由流动，所以两个部门的工资率 w 必然相等。也就是说，由于劳动是流动要素，它将从低工资率部门向高工资率部门流动，直至两个部门的工资率相等为止。而工资率又是由劳动的总需求（总就业量）等于劳动的总供给这一条件决定的。这一劳动的均衡条件可以由方程（4—3）表述。

通过在同一幅图形中绘制这两条劳动需求曲线（见图 4—4），我们可以理解在给定粮食和棉布的价格时，两个部门的工资率和劳动雇佣量是如何决定的。图 4—4 的横轴表示劳动总供给 L。图左侧的纵轴表示棉布部门劳动的边际产量价值，即图 4—2 中的 MPL_C 曲线与 P_C 的乘积。这就是棉布部门的劳动需求曲线。图右侧的纵轴表示粮食部门劳动的边际产量价值，也就是粮食部门的劳动需求曲线。点 1 代表均衡工资率和劳动在两个部门之间的配置情况。在工资率为 w^1 时，棉布部门的劳动需求 L_C^1 与粮食部门的劳动需求 L_F^1 之和正好等于劳动总供给 L。

说明：劳动在棉布和粮食两个部门的配置应使得两个部门劳动的边际产量价值（$P \times MPL$）相等。实现均衡时，工资率应与劳动的边际产量价值相等。

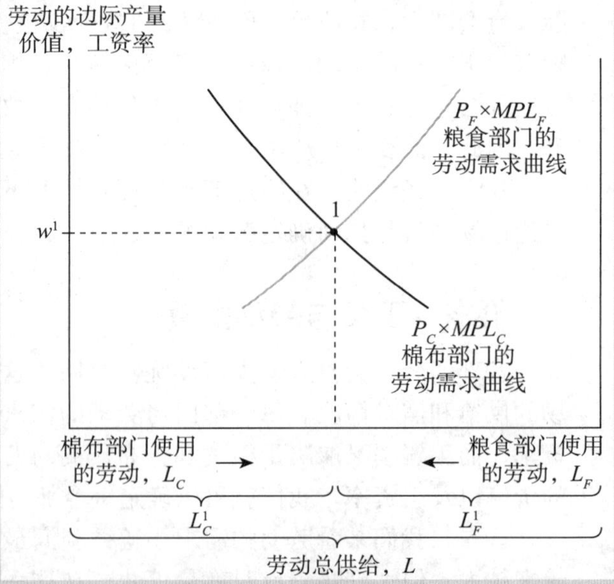

图 4—4　劳动的配置

在对劳动配置的分析中，我们可以清楚地看到相对价格与产出之间存在的一个有用的关联。这一关联可以被广泛地应用于特定要素模型以外的更一般的情况。方程（4—4）和方程（4—5）可以联立成以下方程：

$$MPL_C \times P_C = MPL_F \times P_F = w$$

或改写为

$$-MPL_F/MPL_C = -P_C/P_F \qquad (4—6)$$

方程（4—6）的左边是生产可能性边界在真实生产点上的斜率，右边是负的棉布相对价格。这一结果告诉我们，**在生产点上，生产可能性边界一定与一条斜率为负的棉布价格与粮食价格之商的直线相切**。我们在接下来的章节里将会看到，这是一个非常具有一般意义的结果，它描述了生产沿着生产可能性边界对相对价格的变化所作出的反应。图 4—5 表明，如果棉布的相对价格是 $(P_C/P_F)^1$，该国就会在点 1 处进行生产。

说明：一国会在生产可能性边界（*PP*）的某一点上进行生产，生产可能性边界在该点的斜率等于负的棉布相对价格。

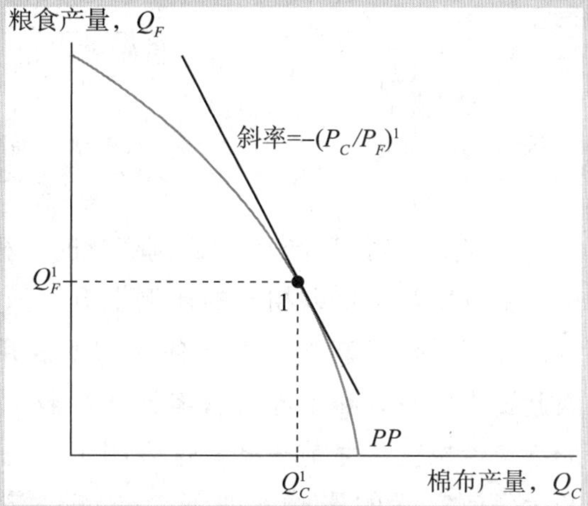

图 4—5 特定要素模型中的生产

如果粮食和棉布的价格发生变化，劳动的配置及收入的分配会怎样呢？我们注意到任何价格变化都可以归结为下面两种情况之一：P_C和 P_F同比例变化，或者两者中只有一者发生变化。例如，假定棉布的价格上涨了 17%，粮食的价格上涨了 10%。我们可以这样分析上述价格变化的影响：先考虑如果棉布和粮食的价格都上涨了 10%，会有什么影响，然后再分析如果棉布的价格单独上涨 7%，会有什么影响。这样，我们就可以将总价格水平的变化所带来的影响与相对价格的变化所带来的影响区分开来。

价格的同比例变化 图 4—6 说明了 P_C和 P_F同比例变化的影响。P_C从 P_C^1 上升至 P_C^2，P_F从 P_F^1 上升至 P_F^2。如果两种产品的价格都上升 10%，两条劳动需求曲线也都会向上移动 10%。从图中可以看出，这样的移动也使工资率上升了 10%，从 w^1（点 1）上升至 w^2（点 2）。然而，劳动在两个部门之间的配置以及两种产品的产出没有发生变化。

说明：当 P_C 从 P_C^1 上升至 P_C^2、P_F 从 P_F^1 同比例上升至 P_F^2 时，棉布和粮食部门的劳动需求曲线会以相同的比例向上移动。工资率也以相同的比例上升，从 w^1 上升至 w^2，但劳动在两个部门之间的配置并不发生变化。

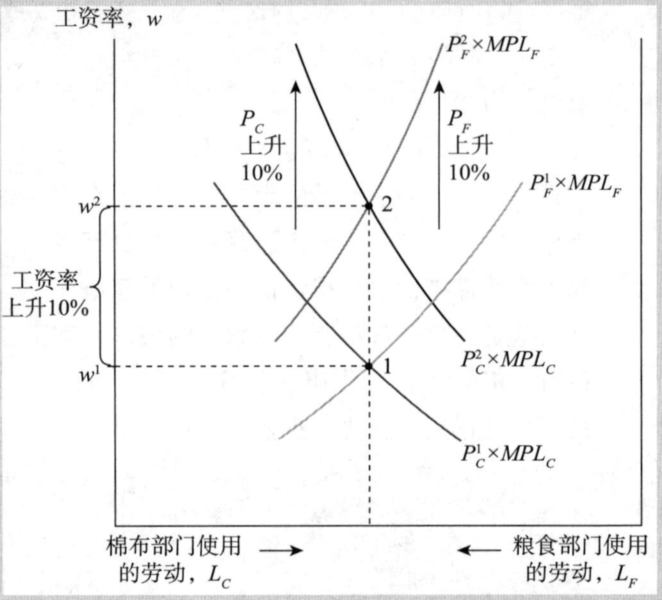

图 4—6　棉布和粮食价格的同比例上升

事实上，当 P_C 和 P_F 同比例变化时，模型中的其他因素并不发生实际的变化。工资率与价格以相同的比例上升，所以实际工资率即工资率与产品价格之比并不受任何影响。**由于各部门所雇用的劳动量不变，实际工资率不变，因此资本所有者和土地所有者的实际收入也没有变化。总之，各方所处的情形都与价格变化之前一样。**这表明了一条基本原理：总价格水平的变化不会产生任何实际的影响，即不会改变经济中的任何实物数量。只有相对价格——在此即指棉布价格相对于粮食的价格 P_C/P_F——的变化，才会影响福利水平及资源的配置。

相对价格的变化　让我们设想一下产品价格变化确实影响到相对价格变化的情况。图 4—7 说明了一种产品的价格单独发生变化所产生的影响，此处我们假定从 P_C^1 上升至 P_C^2，上升了 7%。P_C 的上升使棉布部门的劳动需求曲线以相同的比例上移，并使均衡点从点 1 移至点 2。这一移动产生了两个重要结果：第一，尽管工资率上升了，但它上升的幅度比棉布价格上升的幅度要小。如果工资率上升的幅度与棉布价格的上升一样（上升 7%），那么工资率应该从 w^1 上升至 $w^{2'}$。但工资率的真实上升幅度要小一些，从 w^1 上升到了 w^2。

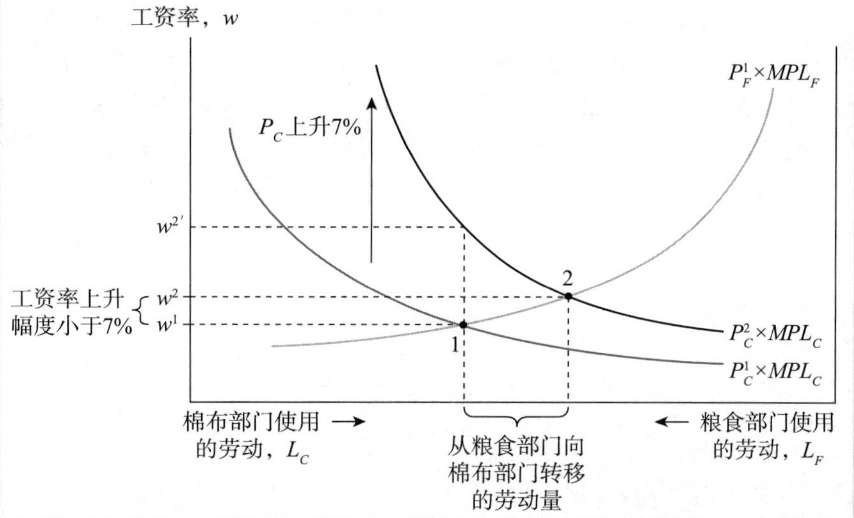

图 4—7　棉布价格的上升

说明：棉布部门劳动需求曲线的上移幅度与 P_C的上升幅度相同，均为 7%，但工资率的上升幅度要小一些。劳动从粮食部门转移至棉布部门。棉布的产出增加，粮食的产出减少。

第二，与 P_C和 P_F同时上升的结果不同，当 P_C单独上升时，劳动会从粮食部门向棉布部门转移，因而棉布的产出会增加，粮食的产出会减少。（这就是 w 的上升幅度小于 P_C的原因：因为随着棉布部门就业人数的增加，该部门劳动的边际产量会下降。）

棉布的相对价格上升所带来的影响还可以通过观察生产可能性曲线来直接地观察到。在图 4—8 中，我们可以看到棉布的价格上升相同幅度的影响，这一上升使得棉布的相对价格从（P_C/P_F）^{1}上升至（P_C/P_F）^{2}。由于生产点总是位于曲线 PP 上斜率等于负的棉布相对价格的点上，在棉布的相对价格上升后，生产点就从点 1 移动到点 2。棉布相对价格上升的结果是，粮食的产出减少，而棉布的产出增加。

说明：一国的生产点总是位于它的生产可能性边界 PP 上的某一点，在该点处 PP 的斜率等于负的棉布相对价格。因此，P_C/P_F的增加会使得生产点沿着生产可能性边界向右下方移动，即棉布的产出更多了，粮食的产出更少了。

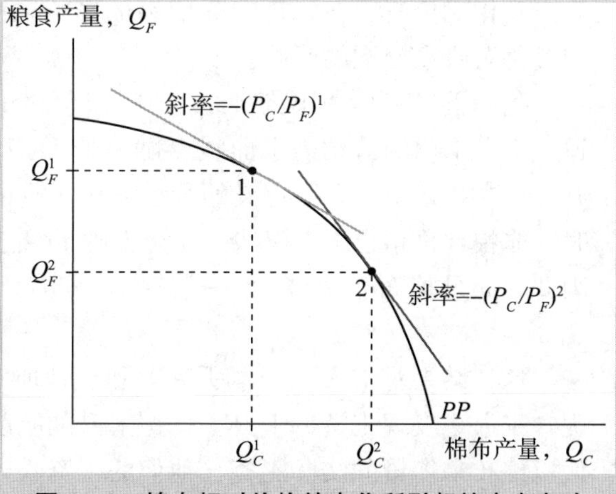

图 4—8　棉布相对价格的变化所引起的产出变动

既然棉布相对价格的上升会导致棉布对粮食的相对产出增加，我们就可以画出一条相对供给曲线来体现 Q_C/Q_F 与 P_C/P_F 的函数关系。图 4—9 中的曲线 RS 就是相对供给曲线。运用我们在第 3 章中学习过的知识，我们还可以画出一条相对需求曲线，即向下倾斜的 RD 曲线。在不存在国际贸易的情况下，相对供给曲线和相对需求曲线的交点就确定了均衡的相对价格 $(P_C/P_F)^1$ 和相对产量 $(Q_C/Q_F)^1$。

说明：在特定要素模型中，棉布的相对价格上升会导致棉布对粮食的相对产出增加。因此，相对供给曲线 RS 是向上倾斜的。曲线 RS 与相对需求曲线 RD 的交点决定了均衡的相对产出和相对价格。

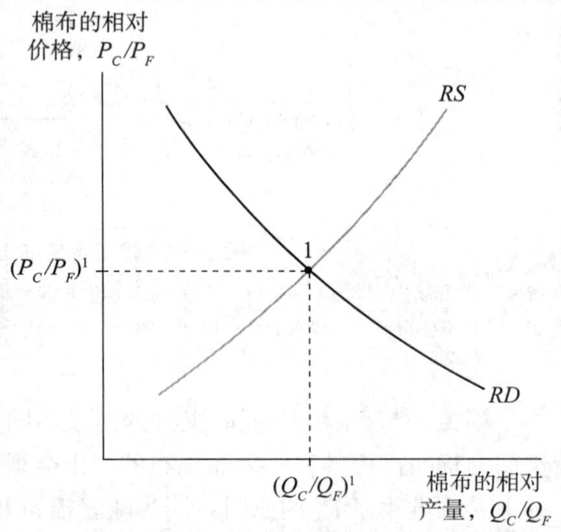

图 4—9 相对价格的确定

相对价格和收入分配

至此，我们已经讨论了特定要素模型以下两个方面的内容：(1) 在给定资源和技术条件时确定一国的生产可能性；(2) 在市场经济条件下确定资源配置、生产及相对价格。在讨论国际贸易的影响之前，我们必须先研究一下相对价格的变化对收入分配的影响。

我们再来回顾一下图 4—7 中棉布价格的上升所带来的影响。我们已经知道，棉布部门的劳动需求曲线会随着 P_C 的上升以同比例向上移动。如果 P_C 上升 7%，由 $P_C \times MPL_C$ 定义的劳动需求曲线也会上移 7%。我们也可以看到，这时除非粮食价格也上升至少 7%，否则 w 上升的幅度就会小于 P_C 上升的幅度。因此，如果棉布价格单独上升 7%，工资率上升的幅度将会小于 7%，比方说 3%。

这个结果对工人、资本所有者和土地所有者这三个集团的收入意味着什么呢？工人会发现工资率上升了，但上升的幅度比 P_C 上升的幅度要小。这样，他们以棉布来衡量的实际工资（他们的工资收入所能购买到的棉布数量）w/P_C 下降了，而以粮食来衡量的实际工资 w/P_F 却上升了。如此看来，我们无法判断工人是受益了还是受损了，这取决于棉布和粮食在工人消费中的相对重要性（由工人的消费偏好决定），对此问题我们不加以深究。

不过，资本所有者毫无疑问会受益。以棉布衡量的实际工资率下降了，因此资本所有者以他们所生产的棉布来衡量的利润就会增加。也就是说，资本所有者收益上升的幅度比 P_C上升的幅度要大。又由于 P_C相对于 P_F也是上升了，以两种产品衡量的资本所有者的收益都增加了。相反地，土地所有者毫无疑问会受损。他们的损失来自两个原因：以他们所生产的产品即粮食来衡量的实际工资上升了，挤出了他们的一部分收益；棉布价格的上升降低了他们收入的购买力。（本章的附录将进一步详细说明资本所有者和土地所有者的福利变化。）

如果相对价格变化的方向相反，即棉布的相对价格下降，则上述情况会相反：资本所有者会受损，土地所有者会受益。工人福利的变化仍然不能一概而论，因为他们以棉布衡量的实际工资会上升，但以粮食衡量的实际工资会下降。相对价格的变化对收入分配的影响可以概括如下：

- 对相对价格上升的部门来说特定的要素一定会受益。
- 对相对价格下降的部门来说特定的要素一定会受损。
- 流动要素的福利变化不能一概而论。

特定要素模型中的国际贸易

我们已经分析了相对价格的变化是如何显著影响收入分配，使得一些人受益，而另一些人受损的。我们现在要做的是将相对价格的变化与国际贸易一并考虑，进而将上述关于受益者与受损者的判断与一个部门的贸易导向联系起来。

只有当一国所面临的世界相对价格与不存在国际贸易时的相对价格存在差异时，贸易才会发生。图 4—9 显示了在特定要素经济中相对价格是如何决定的。在图 4—10 中，我们又增加了一条世界相对供给曲线。

为什么世界相对供给曲线与原来的特定要素经济中的不同呢？这是因为世界其他国家的技术条件不同，就如李嘉图模型一样。然而，既然我们的特定要素模型中的生产要素不止一种，那么各国在土地、资本和劳动力总数量上的资源差异也可能导致相对供给的不同。重要的一点是当开放国际贸易时，该国所面临的相对价格不同了。

图 4—10 显示了相对价格的变化。当该国开放贸易时，棉布的相对价格是由世界相对供给和世界相对需求决定的，即相对价格 $(P_C/P_F)^2$。如果该国不能够参与贸易，则相对价格会低一些，为 $(P_C/P_F)^1$。[①] 相对价格从 $(P_C/P_F)^1$

① 图中我们假定各国的偏好没有差异，因此每个国家及世界整体的相对需求曲线相同。

增加至 $(P_C/P_F)^2$ 会促使该国生产相对更多的棉布。（这一过程也在图 4—8 中得以体现，即生产点沿着该国的生产可能性边界从点 1 移动至点 2。）同时，由于棉布相对价格的上升，该国消费者对粮食的相对需求会增加。因此，在更高的相对价格 $(P_C/P_F)^2$，该国会出口棉布并进口粮食。

说明：图形显示了特定要素经济的相对供给曲线和世界相对供给曲线。两条相对供给曲线之所以不同，是因为国家之间的技术不同或资源不同。各国的相对需求曲线不存在差别。参与贸易使得棉布的相对价格从 $(P_C/P_F)^1$ 增加至 $(P_C/P_F)^2$。

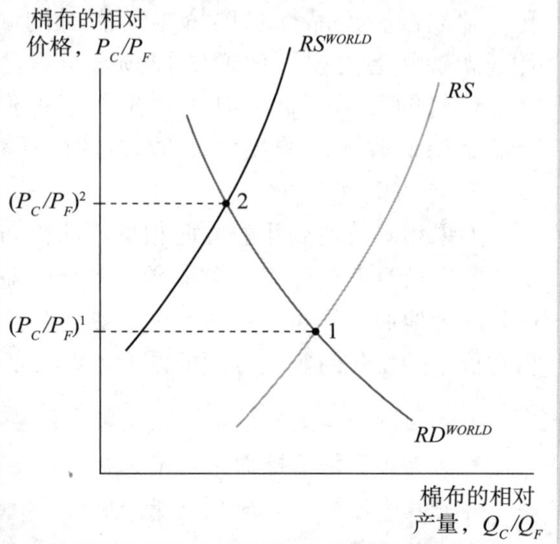

图 4—10　贸易和相对价格

如果参与贸易后棉布的相对价格下降了，那么相对供求的变化情况就会相反，该国则会成为粮食的出口国和棉布的进口国。我们可以用直觉判断来概括上述两种情况：当开放贸易时，一国会出口相对价格上升的产品，并进口相对价格下降的产品。①

收入分配和贸易所得

我们已经研究了资源和技术如何确定生产可能性，棉布的相对价格如何确定产出，棉布相对价格的变化如何影响不同生产要素的实际收入，贸易如何影响相对价格以及一国对相对价格变化的反应。现在我们就可以提出一个关键问题：究竟是哪些人从国际贸易中获利，又是哪些人从中受损？我们先来看贸易是如何影响各特定集团的福利的，然后再讨论贸易对整个国家福利的影响。

国际贸易会使得贸易品的相对价格发生变化，这是评估贸易对特定集团影响的关键。我们在前面刚刚讨论过，开放贸易会使新的出口部门的产品相对价格上升。我们可以把这一判断与相对价格变化对收入分配的影响联系起来。具体来讲，我们已经看到：相对价格上升的部门的特定要素会受益，其他部门

① 第 6 章将更为详细地讨论相对价格的变化对一国贸易模式的影响。

（相对价格下降的部门）的特定要素会受损，流动要素的福利变化不能一概而论。

综上所述，贸易产生的结果非常简单明了：**贸易会使一国出口部门的特定要素受益，但使进口竞争部门的特定要素受损，而对流动要素的影响是不确定的。**

贸易的收益是否会大于贸易所带来的损失呢？要回答这个问题，可以把贸易受益者的总收益与受损者的总损失作一比较。但这一方法的局限性在于，我们比较的是福利，而福利本身就带有主观性。判断总的贸易所得还有一个更好的方法，就是考虑一个不同的问题：贸易的受益者在补偿了贸易的受损者之后，还能否维持自己受益的状况？如果回答是肯定的，那么贸易对任何一个人来说就都是潜在的获益源泉。

为了说明贸易的总收益，我们需要明确价格、生产和消费之间的一些基本关系。对于一个不能进行贸易的国家来说，一种产品的产出必然等于它的消费。如果用 D_C 表示棉布的消费，用 D_F 表示粮食的消费，那么在封闭经济中，有 $D_C = Q_C$，$D_F = Q_F$。国际贸易可以使得棉布与粮食的消费组合不同于两种产品的生产组合。然而，虽然一个国家每种产品的消费量和生产量可能不同，一国在此情况下却必须量入为出：它消费的价值必须等于它生产的价值，即

$$P_C \times D_C + P_F \times D_F = P_C \times Q_C + P_F \times Q_F \qquad (4—7)$$

等式（4—7）可以改写为：

$$D_F - Q_F = (P_C/P_F) \times (Q_C - D_C) \qquad (4—8)$$

$D_F - Q_F$ 是该国粮食的进口量，即粮食消费超过产出的部分。等式右边是该国棉布的出口量（即棉布产出超过消费的部分）与棉布相对价格的乘积。这样，上述等式表明，粮食的进口量等于棉布的出口量乘以棉布的相对价格。虽然这个等式不能明确该国会进口多少或出口多少，但它的确能够表明，一国能够承担得起的进口是有限的，或者说是受到它所出口的产品数量的约束的。等式（4—8）可以称为**预算约束**（budget constraint）。①

图 4—11 体现了一个开放国家预算约束线的两个特点。第一，预算约束线的斜率是负的 P_C/P_F，即棉布的相对价格。这是因为少消费 1 单位棉布就可以省下 P_C，从而就可以多购买 P_C/P_F 单位粮食。换句话说，在世界市场上 1 单位棉布可以换得 P_C/P_F 单位粮食。第二，预算约束线与生产可能性边界相切于所选择的生产点（本图及图 4—5 中的点 1）。这样，该国总能消费得起自己所生产的产品。

---

① 当国家之间可以相互借贷时，消费的价值必须等于生产的价值（或者说相应地，进口的价值必须等于出口的价值）这一约束就不存在了。但现在，我们假定不存在国际借贷的可能性，因此等式（4—8）所述的预算约束成立。第 6 章将讨论国际借贷的内容，那时我们会看到，一国在长期中的消费仍然受到必须向外国债权人还债这一条件的约束。

说明：点 1 代表了该国的生产点。该国可以沿着它的预算约束线（一条经过点 1，斜率为负的棉布相对价格的直线）选择消费点。在贸易之前，该国必须消费它的产出，例如生产可能性边界（PP）上的点 2。在预算约束线处于阴影中的部分，是由贸易后可行的消费选择组成的，在这一区域中，两种产品的消费量都比贸易前的点 2 处要高。

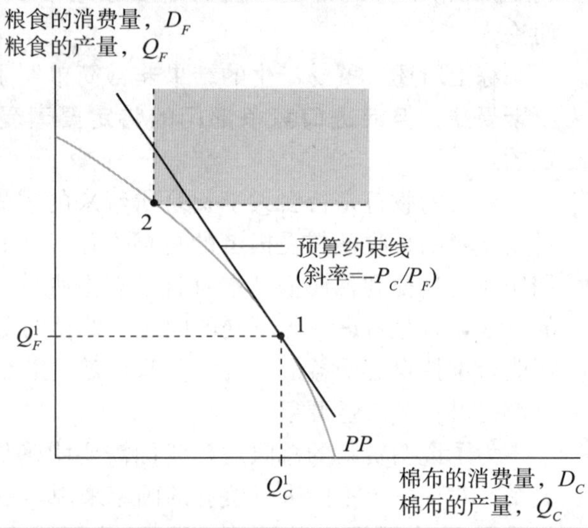

图 4—11　开放经济的预算约束线及贸易所得

我们分以下三个步骤来说明，贸易对每一个人都是潜在利益的源泉：

首先，我们注意到在贸易之前，一国不得不生产它所要消费的产品，也不得不消费它所生产的产品。这样，一国在贸易前的消费必然是位于其生产可能性边界上的一点。在图 4—11 中，点 2 代表贸易前的消费点。

其次，我们注意到对于一个开放经济，两种产品的消费量均大于参与贸易之前的水平是可能的。图 4—11 中的预算约束线代表了给定世界棉布相对价格时，该国所有可能的粮食与棉布的消费组合。在预算约束线处于阴影中的部分，该国可以消费的棉布和粮食比参与贸易之前都要更多。这一结果并不要求假定贸易前的生产和消费位于点 2。只有当贸易前的生产就位于点 1 时，贸易才不会对生产产生任何影响，除此情况之外，总会存在部分预算约束使得贸易后两种产品的消费量达到更高的水平。

最后，可以观察到该国整体对两种产品的消费量都提高了，那么原则上给每一个人更多的两种产品是可能的。这就会使每个国民都从中受益。因此，有理由确认，贸易的结果是使每个人的福利都提高。当然，如果一个人少消费了一种产品，但多消费了另一种产品，他仍有可能改善福利。这更加强了这一结论，即每个人都能从贸易中获得潜在的收益。

一国能从国际贸易中获益，其根本原因是贸易**扩大了一国的选择范围**。选择范围的扩大意味着，总能找到一种收入再分配的方法来使得每个人都能从贸易中获利。①

但是，每个人都能从贸易中受益并不意味着每个人都会确实从中受益。在

① 贸易由于扩大了一国的选择范围而使一国获益的论断远比本例中的情况更具有一般意义。更深入的讨论参考 Paul Samuelson，"The Gains from International Trade Once Again，" *Economic Journal* 72 (1962)，pp. 820 - 829。

现实世界中，贸易的受损者和受益者同时存在，这也是贸易自由化不能实现的最重要的原因之一。

贸易中的政治经济学：初步介绍

贸易中有赢家，也有输家。这一见解对于理解当代世界经济中贸易政策的指导思想是至关重要的。特定要素模型告诉我们，那些能够忍受贸易所造成的利益损失的（至少是在短期），都是进口竞争部门中的固定要素。在现实世界中，这既包括资本所有者，也包括进口竞争部门的部分劳动力。进口竞争部门的一些就业人员（尤其是低技能的工人）在从进口竞争部门（贸易引致了就业下降的部门）向出口部门（贸易引致了就业增加的部门）过渡的过程中，都要经历一个艰难的时期。一些人饱受失业之苦。在美国，进口竞争部门就业人员的工资明显低于平均工资水平，并且面临从现有工作中失业的最高风险的人正是那些工资最低的人。（例如，2012 年服装部门生产工人的平均工资比所有生产工人的平均工资就低 35%。）工资水平的差异使得人们对身处困境的就业人员普遍存在同情心，因此针对服装进口的限制就自然产生了。相比而言，无论是允许更多进口时较为富裕的消费者将可获得的利益，还是出口部门的就业（将会雇用平均技能水平较高的人员）相应的上升，都显得不那么重要了。

这是否意味着，只有不伤害低收入群体的贸易才是可行的呢？估计鲜有国际经济学家会同意这一观点。尽管收入分配十分重要，绝大多数经济学家仍然或多或少地赞同自由贸易。为什么经济学家一般不强调贸易的收入分配效应呢？主要原因有如下三点：

（1）收入分配并不是国际经济学的专题。国民经济中发生的任何变化，包括技术进步、消费者偏好的转换、旧资源的枯竭和新资源的发现等等，都会影响收入分配。由于互联网新闻供应商所带来的竞争，报业老板的关张歇业会迫使印刷机的操作工人失业，房地产市场的暴跌也会迫使建筑工人失业，那么，为什么由于进口增加所带来的竞争导致服装行业的工人失业一段时间就不可以呢？

（2）在贸易后补偿受损者总比禁止贸易要更合理。所有现代工业国家都建立了某种维持收入的“安全网络”项目（例如失业救济、再培训补助及重新安置项目），这些项目都可以缓冲贸易受损者的损失。经济学家认为，这些缓冲如果不足以解决问题，政府就应当提供更多类似的支持项目，而不能靠阻碍自由贸易来解决问题。（这种支持也可以延伸至所有弱势群体，而不仅仅局限于间接帮助那些受到贸易冲击的人。）[①]

① 下述署名评论阐述了这一观点：Robert Z. Lawrence and Matthew J. Slaughter in the *New York Times*，“More Trade and More Aid”（June 8，2011）。

（3）随着贸易的增加，受损者一般比受益者要更有组织（由于受损者在地域和产业方面都更加集中）。这种不平衡就使得政治决策过程产生了倾斜，因为这个过程需要权衡各方利益，尤其是要考虑到贸易的总收益。许多贸易限制往往有利于最有组织的集团，而这些集团常常并不是最需要收入支持的集团（在很多情况下，恰恰相反）。

在认识到国际贸易对收入分配的影响的同时，绝大多数经济学家认为，应当更加强调贸易的整体潜在收益，而不是一味强调贸易可能对一国某些集团所造成的损失。然而，经济学家通常不是经济政策制定中的决定性力量，尤其是集团之间存在利益冲突时。要切实理解贸易政策的制定过程，就必须了解贸易政策的真正动机。

收入分配和贸易政策

不难理解贸易中的受损集团为什么会游说政府限制贸易以保护他们的收入。人们一定以为，在贸易中受益的集团会同样尽力地说服政府放宽贸易限制，但事实并非如此。在美国和其他大多数国家，那些想要限制贸易的人比想要放宽贸易的人更具有政治影响力。一般来说，任何产业中贸易受益者的集中程度、对情况的掌握程度以及组织程度都不如那些贸易受损者。

∴案例研究　贸易和就业

开放贸易会使得就业机会从进口竞争部门转移至出口部门。正如我们所讨论过的，这一过程并不是瞬间就自然完成的，而要经受一些非常现实的成本：进口竞争部门的一些工人失业后，难以在处于增长中的出口部门找到新的工作。我们在本章中已经论述过，对此问题的最后的政策应对是为失业工人提供一个充分的安全网，并且这样的安全保障不应因导致非自愿性失业的经济因素不同（无论是贸易，还是技术变化）而有所歧视。在此，我们将能够归咎于贸易的失业程度进行量化。因进口竞争或因海外工厂转移安置而造成的工厂停工总会得到广泛的舆论宣传，但是它们仅是造成工人非自愿性失业的一个很小的因素。美国劳工部将时间达 30 天以上、影响同一雇主下属的 50 名工人以上的失业定义为长期大规模失业（extended mass layoffs），并追踪了所有长期大规模失业的主要原因。在 2001—2010 年期间，由进口竞争或海外转移安置而造成的长期大规模失业仅占总非自愿性失业的 2%。

图 4—12 表明，美国过去 50 年中，并没有证据可以证明在失业率与进口（占 GDP 的比率）之间存在着正相关的关系。（事实上，失业率的变化与进口呈现出显著的负相关。）另一方面，图形清楚地表明，失业是一个受到整体经济形势影响的宏观经济现象：失业在阴影处的经济衰退时期达到高峰。因此，经济学家建议用宏观经济政策而非贸易政策来解决失业问题。

尽管如此，由于贸易政策的变化——而不是其他影响收入分配的因素——是由政治决定来驱动的，在制定政策时仍然存在着巨大的压力来考虑那些支持贸易受损者的特殊项目。进口竞争或者向接受了美国优惠性市场准入的国家进行海外转移安置可能会导致工厂关闭，从而造成工人失业。对于这样的工人，**美国贸易调整援助计划**（U. S. Trade Adjustment Assistance program）提供延长期限的失业保险项目（额外增加一年）。这一计划能够影响关于贸易的政治决策，因而固然非常重要，但对于那些由于贸易之外的经济因素而失业的工人们来说，它也不公正地构成了歧视。[①]

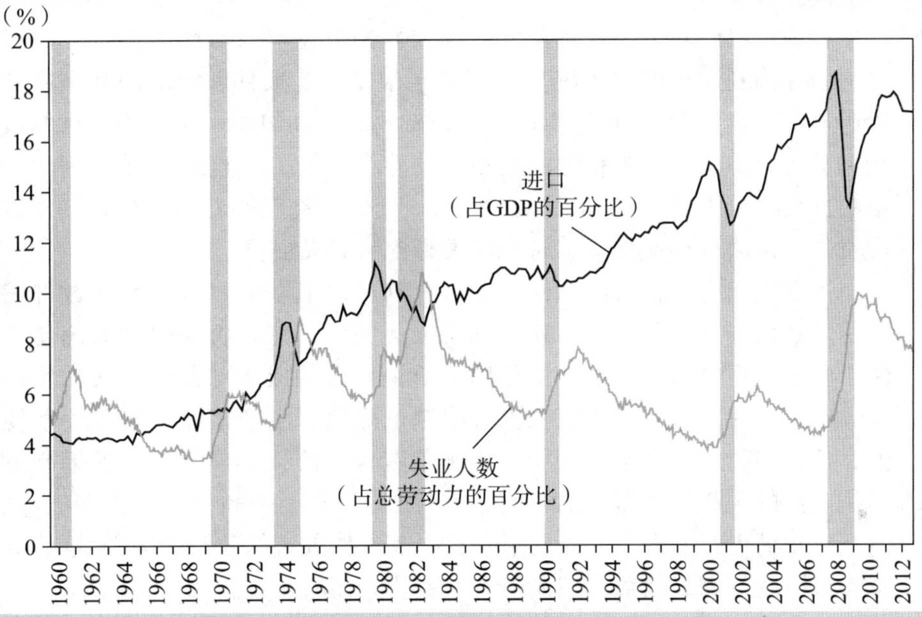

图 4—12　美国的失业与进口渗透

说明：根据美国国家经济研究局，阴影中的年份是经济衰退时期。

资料来源：进口：U. S. Bureau of Economic Analysis；失业人数：U. S. Bureau of Labor Studies。

关于贸易受益者与受损者的对比，美国糖产业是一个很好的例子。多年以来，美国一直限制食糖的进口。在过去 25 年中，美国市场上食糖的平均价格一直是世界市场平均价格的大约两倍。美国审计总署 2000 年的一项研究估计，进口限制及其带来的食糖的高价使得美国消费者每年损失 20 亿美元。2013 年，美国审计总署更新了这项研究，这一损失已增至 30 亿美元以上，

① 关于美国贸易调整援助计划以及将同种类型的保险项目延伸至所有工人的提议，参见 Lori G. Kletzer, "Trade-related Job Loss and Wage Insurance: A Synthetic Review," *Review of International Economics* 12 (November 2004), pp. 724 - 748; and Grant D. Aldonas, Robert Z. Lawrence, and Matthew J. Slaughter, *Succeeding in the Global Economy: A New Policy Agenda for the American Worker* (Washington, D. C.: Financial Services Forum, 2007)。

这意味着每人每年要为食糖的进口限制付出 10 美元。食糖生产厂商的获益要远比这份损失小，因为进口限制也导致了食糖市场的扭曲，那些获准向美国售糖的外国厂商会维持美国市场的糖价高于世界市场。

如果生产者和消费者都能同等地将自己的损益情况表达出来，那么美国也许就从不会实施限制进口的措施了。然而，就绝对量而言，每个消费者的损失是非常小的。每年 10 美元并不多；更何况，这些损失大多是看不见的，因为食糖主要是作为其他食物的原料被消费，人们一般并不直接购买。因此，大多数消费者根本察觉不到进口配额的存在，更不用说配额降低了他们的生活水平。即便是他们察觉到了，10 美元的损失也着实不多，不足以煽动他们组织起来进行抗议或者给众议院写信。

食糖生产厂商（那些贸易的受损者）的处境可就截然不同了。进口配额所带来的高额利润高度集中于少数厂商手中。（17 家甘蔗农场的利润占到整个蔗糖产业的一半以上。）食糖生产厂商以贸易联盟为组织，积极为实现其成员的政治利益四处游说，并为相关的大型运动建言献策。（在 2013 年美国国会针对农场法进行投票之前的 12 个月的时间内，美国食糖联盟花费了将近 300 万美元游说费用，该法令再次批准了对美国进口食糖的限制。）

正如人们可以预料的那样，来自食糖进口限制的收益绝大多数都归于少部分甘蔗农场主，而与他们所雇用的工人无关。当然，贸易限制的确使这些工人免于受损，但每保留住一个工作岗位所消费掉的成本却是个天文数字：每个岗位 300 万美元。此外，食糖的进口限制也降低了生产工序中需要大量使用食糖的其他部门的就业水平。例如，苦于美国食糖价格居高不下，糖果制造公司已经把它们的生产厂址搬至加拿大，因为加拿大的食糖价格要低得多。（加拿大没有从事食糖生产的农民，因此不存在限制食糖进口的政治压力。）这么看来，食糖进口限制反倒是给美国工人带来了就业方面的损失。

我们将在第 9～12 章中看到，糖业进口限制的政治行为是国际贸易中常见的政治过程中一个较为极端的例子。在第 10 章中我们将会论述，1945—1980 年间世界贸易之所以在总体上变得越来越自由，是因为当时的一些特殊形势制约了反对国际贸易的固有的政治倾向。

国际劳动力流动

在本节，我们来看看如何应用特定要素模型来分析劳动力流动的效应。在当代社会，存在着大量对劳动力流动的限制——几乎每个国家都对移民施加了限制。所以，现实中劳动力的流动不如资本流动普遍。然而，对人力资本流动的分析更为复杂，因为它是在海外投资决策中与其他要素一同流动的（见第 8 章）。尽管如此，了解驱动工人自愿跨国流动的国际经济因素以及现实中国际流动的短期影响仍是很重要的。在下一章中，我们还会探究一国劳动力和资本禀赋变化的长期影响。

我们已经在前面看到了，工人是如何在一国之内的棉布部门和粮食部门之间流动，直至两部门间的工资率相等的。同理，一旦劳动力的国际流动成为可能，工人也会从低工资国家流动至高工资国家。① 为了简单起见以及为了专门研究劳动力的国际流动，我们假定，两个国家均使用劳动力和一种固定要素即土地生产一种产品。既然两国均只生产一种产品，那么就不可能发生贸易。但是，在劳动服务部门会发生“贸易”，因为工人总会追逐较高的工资。在不存在劳动力的国际流动时，技术差异可以导致国家之间的工资差别，或者土地相对于劳动的禀赋差异也可以导致工资差别。

图 4—13 显示了国际劳动力流动的原因及其影响。该图与图 4—4 非常类似，只存在一点差别，即横轴现在代表的是全世界的劳动总供给（而不是某个国家的劳动总供给）。两条边际产量曲线现在代表的是不同国家同一种产品的生产状况（而不是同一个国家两种产品的生产状况）。我们并不用这两条曲线与产品价格相乘，取而代之的做法是，我们假定纵轴上所衡量的工资代表着实际工资（工资除以每个国家这种单一产品的价格）。我们假定起初本国的工人数为 OL^1，外国的工人数为 L^1O^*。在这样的就业分布情况下，技术和土地的禀赋差异使得外国的实际工资（点 B）比本国的实际工资（点 C）要高。

说明：起初，本国雇用了 OL^1 的工人，外国雇用了 L^1O^* 的工人。劳动力会从本国向外国流动，直到本国所雇用的工人数为 OL^2，外国所雇用的工人数为 L^2O^*，此时两国工资相等。

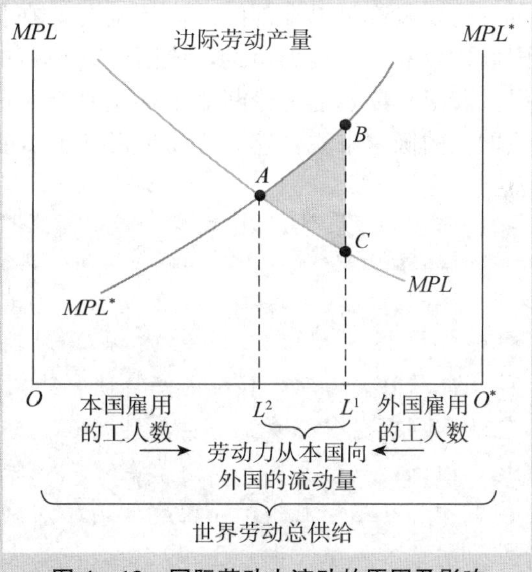

图 4—13　国际劳动力流动的原因及影响

现在我们假定工人可以在两国之间进行流动。工人会从本国流动到外国。这样的流动会减少本国的劳动供给，从而提高本国的实际工资，同时会增加外国的劳动供给，从而降低外国的实际工资。如果劳动力的流动没有障碍，这个

① 我们假定工人的偏好都是相似的，因而地址的选择就仅取决于工资差异。国家之间的实际工资差异非常之大，乃至于对许多工人来说，实际工资差异在决策中的作用大于对特定国家的个人喜好。

过程会一直持续到两国的实际工资相等。世界劳动总供给的最终分配状况将是：本国雇用 OL^2 的工人，外国雇用 L^2O^* 的工人（点 A）。

关于世界劳动力的上述再分配，我们还需注意三点：

（1）它会导致实际工资的趋同。本国实际工资上升，外国实际工资下降。

（2）它增加了世界的总产出。外国的总产出会从其边际产量曲线下方 L^1 所对应的面积增加到 L^2 所对应的面积，而本国的产出则减少了其边际产量曲线下方从 L^1 到 L^2 所对应的面积（详情见附录）。从图中可以看出，外国产量增加的部分要大于本国产量减少的部分，其净值等于图中阴影区域 ABC 的面积。

（3）尽管存在着上述净收益，仍有一些人会因劳动力的国际流动而受到损害。那些原本在本国工作的工人流动至外国后，获取了更高的实际工资，而那些原本就在外国工作的工人由于本国工人的流入，获得的实际工资却下降了。外国的土地所有者会从扩大了的劳动总供给中获益，但本国土地所有者的境况却会恶化。

与讨论国际贸易的所得一样，国际劳动力流动虽然在理论上可以使得每个人的福利都得以改善，但却会使得部分群体的利益遭受现实的损失。只要存在着在短期固定不变的生产要素，即使模型更复杂一些，假定各国都生产并进出口不同产品，这一主要结论也不会变化。不过，我们在下一章中将会看到，当所有的要素都可以在部门之间流动时，在长期就不必固守这一结论了。只要一国通过贸易融入世界市场，该国劳动禀赋的变化就不会改变所有要素的福利状况。着眼长期，上述论断对于移民具有十分重要的意义，对于经历了大规模移民增长的国家来说，这一论断也得到了实证经验的证实。

❖案例研究　大规模移民时期的工资趋同

尽管在现代国家之间也存在大规模的人口流动，但劳动力流动真正壮观的时代是 19 世纪末 20 世纪初。那个时期，一些国家的入境移民是人口增长的主要源泉，而对外移民则使其他一些国家的人口出现了下降。当时，铁路、轮船和电报电缆正开始把世界连接在一起，而对移民严加限制的法律尚未出现。因此，数千万的人们为了谋求更好的生活进行长途迁移。中国人迁居东南亚和加利福尼亚州，而印度人则移居到非洲和加勒比海地区。此外，相当数量的日本人移民去了巴西。然而，最大规模的移民潮牵涉的是斯堪的纳维亚、爱尔兰、意大利和东欧等欧洲外围国家和地区的人们，他们移居到了土地充裕、工资丰厚的美国、加拿大、阿根廷和澳大利亚。

那么，上述移民过程是否如我们的模型预计的那样带来了各国实际工资的趋同呢？的确如此。表 4—1 显示了四个主要“目的地国”和四个主要“来源国”1870 年的实际工资及由此直到第一次世界大战前实际工资的变化情况。如表所示，在初期，目的地国的实际工资远远高于来源国。在接下来的 40 年中，所有国家的实际工资都上升了，但是来源国的工资上升得比目的地国要快得多（加拿大的实际工资出人意料的大幅上升除外）。这意味着移民的确使世界朝着工资均等化的方向发展（尽管这种变化并不是绝对一帆风顺的）。

表 4—1

	1870 年的真实工资（美国＝100）	1870—1913 年间真实工资上升的百分比（%）
目的地国		
阿根廷	53	51
澳大利亚	110	1
加拿大	86	121
美国	100	47
来源国		
爱尔兰	43	84
意大利	23	112
挪威	24	193
瑞典	24	250

资料来源：Jeffrey G. Williamson，“The Evolution of Global Labor Markets Since 1830：Background Evidence and Hypotheses，” *Explorations in Economic History* 32（1995），pp. 141 - 196.

对美国经济所进行的专门研究有案可查，第一次世界大战后实施的限制性法律宣告了大规模移民时代的终结。由于法律原因及其他原因（世界贸易的显著下降及两次世界大战的直接影响），实际工资均等化趋于停滞，甚至一度逆转了几十年，直至第二次世界大战结束后，才得以恢复。

❖案例研究　移民与美国经济

图 4—14 表明，两个世纪以来，移民在美国人口中所占比例的变化很大。在 19 世纪末 20 世纪初，由于来自东欧和南欧的大量移民，出生于国外的美国居民的数量大幅增长。20 世纪 20 年代对移民施加的严格限制结束了这一移民时代，截至 20 世纪 60 年代，美国人口中外来移民所占的比例已经微乎其微。新一轮的移民潮大抵始于 1970 年，这次移民潮的来源地主要是拉丁美洲和亚洲。尽管移民的人口占比从那以后持续上升，但仍不及第一次移民浪潮中的水平。

这次新的移民潮对美国经济有何影响呢？最直接的影响就是扩大了劳动力供给。到 2012 年，外国出生的就业者占美国劳动力供给的 16.1%，也就是说，如果没有移民，美国的就业人员就要少 16%。

在其他情况相同的前提下，我们可能会预期劳动力供给的增加会降低工资。

说明：由于20世纪20年代的移民限制，20世纪中叶移民至美国的人口急剧下降，但近年来移民数再次急剧上升。

资料来源：U. S. Census Bureau.

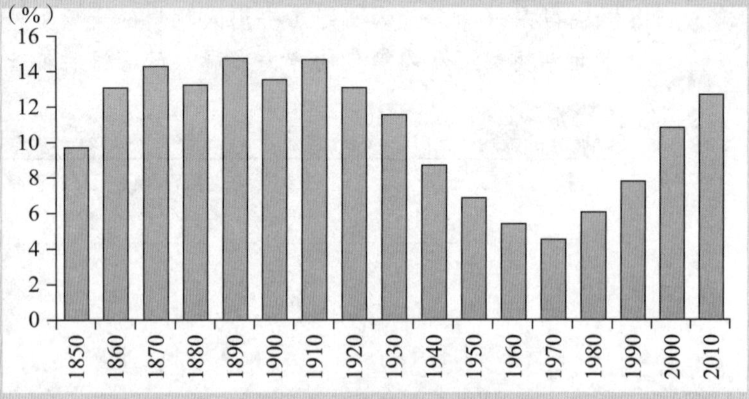

图4—14　移民占美国人口的百分比

一个广为引用的数据估计是，美国的平均工资比移民前的水平低3%。[①] 然而，这种平均工资的比较可能具有误导性，因为移民至美国的人与整个美国人口的教育背景存在差别。

图4—15体现了这种差别。该图基于2010年的数据，依据25岁以上人口中所受教育程度的不同，对移民和美国总人口进行了柱状分类（图左侧的纵轴）。图中的直线代表着两类人的比率（对于每个特定的教育人群来说，移民所占的比例）。这一比率体现了移民工人相对于本地工人而言，在所受教育水平最低和最高的人群中的集中程度。在教育水平最高即拥有专业博士学位的群体一端，移民为美国经济供应了大量具备所需技能的人才，尤其是在科学、技术、工程和数学领域（STEM）。在STEM领域具有博士学位的从业人员中，60%的人是移民。

说明：与本土工人相比较而言，移民在所受教育水平最高和最低的群体中都很集中。

资料来源：U. S. Census Bureau.

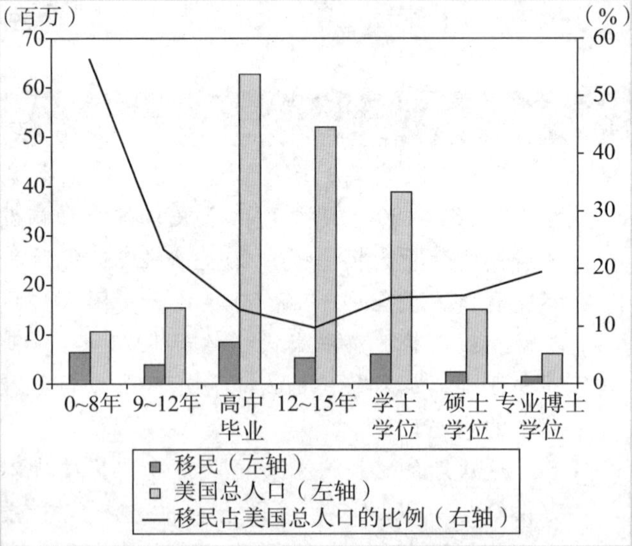

图4—15　25岁以上的移民与美国总人口的教育背景

① George Borjas, "The Labor Demand Curve Is Downward Sloping: Reexamining the Impact of Immigration on the Labor Market," *Quarterly Journal of Economics* 118 (November 2003), pp. 1335 - 1374.

在教育水平最低的群体一端，移民同样十分集中。2012 年，移民所增加的劳动力中 28%的人没有完成高中或同等学业，而本土工人中具有这种教育背景的人仅占 5%。由于具有不同教育背景的工人意味着向生产中投入截然不同的要素（彼此之间不能相互替代），大多数数据统计认为，移民实际上提升了绝大多数美国本土工人的工资。任何工资上的下降都落在了受教育水平较低的美国人身上。不过，围绕着工资下降的幅度到底有多大，经济学家中存在着不小的争议，估计值的范围从 8%到更小的幅度不等。

移民对美国收入的整体影响又如何呢？很显然，美国的国内生产总值——在此指所生产的所有产品及服务的总价值——由于移民来的工人而增加了。然而，绝大部分所增加的产值都用于向移民自身支付工资了。总体上估计，"移民盈余"即 GDP 的增加值与向移民支付工资的成本之差是很小的，约为 GDP 的 0.1%。①

对移民经济影响的评估还需要一个方面的考虑：对税收收入和政府支出的影响。一方面，移民支付税收，有助于抵消政府的成本。另一方面，他们也增加了政府的成本，因为他们的车需要道路去行驶，他们的孩子需要学校去学习，等等。由于许多移民工资较低，因此纳税也较低。一些研究表明，移民所带来的额外开支成本比他们所缴纳的收入要高。不过，与净经济影响一样，移民的净财政成本的估计值也非常小，约占 GDP 的 0.1%。

当然，移民在政治上是一个极具争议的话题。然而，移民经济学很可能无法解释这一争议。不如我们回顾一下瑞士作者马克斯·弗里施（Max Frisch）在谈及移民对瑞士的影响时曾说过的一句话："我们需要的是劳动，但是，人来了。"这或许有助于我们对移民的理解。的确，正是因为移民是人，才使得移民问题如此复杂。

提要

1. 国际贸易常常会影响各国国内的收入分配，因此贸易中有受益者，也有受损者。产生收入分配效应的原因有两个：生产要素不能即刻地、无成本地从一个产业转移到另一个产业；一国产品组合的变化对不同生产要素需求的影响不同。

2. 特定要素模型是分析国际贸易收入分配效应的一个有用模型。在此模型中，要素被划分为两种：一种是能够在部门之间流动的通用要素，另一种是仅限定在特定部门使用的要素。资源的差异使得各国的相对供给曲线不同，因而产生了国际贸易。

3. 在特定要素模型中，每个国家出口部门的特定要素会从贸易中获利，而进口竞争部门的特定要素会从中受损。能够在两个部门中使用的流动要素可能受益，也可能受损。

4. 然而在整体上，可以认为贸易是能够产生收益的，因为受益者原则上可以补偿受损者，并且与贸易前相比，仍能提升福利水平。

---

① 参见 Gordon Hanson，"Challenges for Immigration Policy，" in C. Fred Bergsten，ed.，*The United States and the World Economy：Foreign Economic Policy for the Next Decade*，Washington，D. C.：Institute for International Economics，2005，pp. 343 - 372。

5. 多数经济学家认为，不能将国际贸易对收入分配的影响当作限制贸易的理由。就对分配的影响而言，贸易与其他种种不受管制的经济因素的变化并无二致。进一步来说，经济学家更倾向于直接解决收入分配问题，而不是通过干涉贸易的自由流动来解决。

6. 尽管如此，在实际的贸易政策制定中，收入分配所起的作用是非常重要的。这主要是因为，与贸易的受益者相比，贸易的受损者常常是一个更知情、更团结、更有组织的集团。

7. 国际要素流动优势可以与贸易相互替代。因此，国际劳动力流动在原因上与影响上均与国际贸易类似也就不足为奇了。劳动会从充裕的国家流向稀缺的国家。这种流动会增加世界的总产出，但也会对收入分配产生强烈的影响，因而总有一些人会受到损害。

关键术语

预算约束	边际收益递减	劳动的边际产量
流动要素	生产函数	生产可能性边界
特定要素	特定要素模型	美国贸易调整援助计划

习题

1. 1986 年，世界石油市场的价格猛跌。由于美国是一个石油进口国，人们都认为这对美国是件好事。然而在 1986 年，得克萨斯州和路易斯安那州的经济却下滑了，这是为什么？

2. 一个国家用劳动和资本生产产品 1，用劳动和土地生产产品 2。总劳动供给量是 100 个单位。在资本供给量给定时，两种产品的产出随劳动投入的变化如下表所示：

投入产品 1 的劳动	产品 1 的产出	投入产品 2 的劳动	产品 2 的产出
0	0.0	0	0.0
10	25.1	10	39.8
20	38.1	20	52.5
30	48.6	30	61.8
40	57.7	40	69.3
50	66.0	50	75.8
60	73.6	60	81.5
70	80.7	70	86.7
80	87.4	80	91.4
90	93.9	90	95.9
100	100	100	100

a. 画出产品 1 和产品 2 的生产函数。

b. 画出生产可能性边界。为什么生产可能性边界是弯曲的？

3. 根据第 2 题中的生产函数，劳动的边际产量曲线如下：

雇用的劳动	部门 1 的 *MPL*	部门 2 的 *MPL*
10	1.51	1.59
20	1.14	1.05
30	1.00	0.82
40	0.87	0.69
50	0.78	0.60
60	0.74	0.54
70	0.69	0.50
80	0.66	0.46
90	0.63	0.43
100	0.60	0.40

a. 假定产品 2 相对于产品 1 的价格为 2。画图确定工资率和劳动在两个部门之间的配置。

b. 利用第 2 题中画出的图，确定每个部门的产出。然后画图说明生产可能性边界在该点的斜率等于相对价格。

c. 假定产品 2 的相对价格下跌到 1.3，重做 a 和 b。

d. 计算价格从 2 到 1.3 的变化对部门 1 和部门 2 中特定要素收入的影响。

4. 假定两个国家（本国和外国）根据第 2 题和第 3 题中的生产函数生产产品 1（使用劳动和资本）与产品 2（使用劳动和土地）。起初，两国的劳动供给量（每个国家 100 单位）、资本供给量和土地供给量都相同。然后，本国的资本存量增加了。由于这一变化，描述劳动与产量函数关系的产品 1 的生产函数曲线（如第 2 题所述）向外移动，与之相关的劳动的边际产量曲线（如第 3 题所述）也向外移动。产品 2 的生产函数曲线和边际产量曲线都不变。

a. 说明本国资本供给的增加对其生产可能性边界的影响。

b. 在同一幅图上画出本国和外国的相对供给曲线。

c. 如果这两个国家开放贸易，贸易模式是怎样的？（即哪个国家出口哪种产品？）

d. 说明贸易对两个国家三种要素（劳动、资本和土地）的影响。

5. 本国和外国都有两种生产要素，即土地和劳动，但只生产一种产品。两国的土地供给和生产技术完全相同。每个国家劳动的边际产量取决于所雇用的工人数量，具体如下：

新雇用的工人数量	最后一位工人的边际产量
1	20
2	19
3	18
4	17

续前表

新雇用的工人数量	最后一位工人的边际产量
5	16
6	15
7	14
8	13
9	12
10	11
11	10

起初，本国雇用了 11 名工人，而外国只雇用了 3 名。分析劳动力从本国向外国自由流动对两国的就业、生产、实际工资和土地所有者收入的影响。

6. 使用第 5 题中的数字，现在假定外国对移民实施限制政策，只允许本国的 2 名工人进行移民。计算这 2 名工人的流动对以下 5 个群体收入的影响：

a. 本来就在外国工作的工人。

b. 外国的土地所有者。

c. 留守本国的工人。

d. 本国的土地所有者。

e. 进行移民的 2 名工人。

7. 针对墨西哥人向美国移民的影响的研究往往发现，移民的最大受益者正是移民者自己。用上一题中的例子分析这一结论。如果边界完全开放，不对移民施加任何限制，上述结论会如何变化？

延伸阅读

Avinash Dixit and Victor Norman. *Theory of International Trade*. Cambridge: Cambridge University Press, 1980. The problem of establishing gains from trade when some people may be made worse off has been the subject of a long debate. Dixit and Norman show it is always possible in principle for a country's government to use taxes and subsidies to redistribute income in such a way that everyone is better off with free trade than with no trade.

Lawrence Edwards and Robert Z. Lawrence. 2013. *Rising Tide: Is Growth in Emerging Economies Good for the United States?* Peterson Institute for International Economics. An accessible book that examines how increased trade with emerging economies (such as China and India) has affected the United States and its workers.

Hanson, Gordon H. 2009. "The Economic Consequences of the International Migration of Labor." *Annual Review of Economics* 1 (1): 179 - 208. A survey paper reviewing how increased migration has affected both sending and recipient countries.

Douglas A. Irwin, *Free Trade under Fire*, 3rd edition. Princeton, NJ: Princeton University Press, 2009. An accessible book that provides numerous details and supporting data for the argument that freer trade generates overall welfare gains. Chapter 4 discusses the connection between trade and unemployment in detail (an issue that was briefly discussed in this chapter).

Charles P. Kindleberger. *Europe's Postwar Growth: The Role of Labor Supply*: Cambridge: Harvard University Press, 1967. A good account of the role of labor migration during its height in Europe.

Robert A. Mundell. "International Trade and Factor Mobility." *American Economic Review* 47 (1957), pp. 321 - 335. The paper that first laid out the argument that trade and factor movement can substitute for each other.

Michael Mussa. "Tariffs and the Distribution of Income: The Importance of Factor Specificity, Substitutability, and Intensity in the Short and Long Run." *Journal of Political Economy* 82 (1974), pp. 1191 - 1204. An extension of the specific factors model that relates it to the factor proportions model of Chapter 5.

J. Peter Neary. "Short-Run Capital Specificity and the Pure Theory of International Trade." *Economic Journal* 88 (1978), pp. 488 - 510. A further treatment of the specific factors model that stresses how differing assumptions about mobility of factors between sectors affect the model's conclusions.

Mancur Olson. *The Logic of Collective Action*. Cambridge: Harvard University Press, 1965. A highly influential book that argues the proposition that in practice, government policies favor small, concentrated groups over large ones.

David Ricardo. *The Principles of Political Economy and Taxation*. Homewood, IL: Irwin, 1963. While Ricardo's *Principles* emphasizes the national gains from trade at one point, elsewhere in his book the conflict of interest between landowners and capitalists is a central issue.

第 4 章附录　对特定要素的进一步分析

本章所讲述的特定要素模型实在是非常便利的分析工具，所以我们才可以在附录中进一步阐述它的一些细节。我们还要深入讨论两个相关的问题：（1）每个部门内边际产量和总产量之间的关系；（2）相对价格变化引起的收入分配效应。

边际产量和总产量

在本章中，我们用两种不同的方法说明了棉布的生产函数。在图 4—1 中，资本量不变，总产出是劳动投入量的函数。然后我们观察到，生产函数曲线的斜率就是劳动的边际产量，并用图 4—2 说明了这一边际产量。我们现在要论证的是，总产出可以由劳动的边际产量曲线下方区域的面积来衡量。（熟悉微积分的学生会轻松发现：边际产量是总产量的导数，所以总产量是边际产量的积分。

不过，即便对于这些学生，用直观的方法进行分析也是很有帮助的。）

在图 4A—1 中，我们再次画出棉布生产的边际产量曲线。假定我们雇用了 L_C人・时的劳动。怎样表示棉布的总产量呢？我们要利用边际产量曲线来估计总产量。首先，如果我们减少一点点劳动投入，即减少 dL_C的劳动，那么产出就会下降一点，下降的量近似为

$$dL_C \times MPL_C$$

即用所减少的劳动量乘以原来劳动投入水平下的边际产量。图 4A—1 中的阴影长方形代表了减少的产量。现在我们继续压缩另一单位的劳动投入量，下一个长方形就是再次减少的产量。这个长方形更高，因为随着劳动投入量的减少，劳动的边际产量会增加。如果我们反复进行这一过程，直至劳动投入为零，那么总产出的减少量就近似地等于图中所有长方形的面积之和。在不雇用任何劳动时，总产量就会降为零。因此，我们可以用劳动的边际产量曲线下方所有长方形的面积之和粗略地估算棉布部门的总产量。

然而，这只是一个粗略的估算，因为我们在计算中使用的都是每次压缩劳动投入量之前那一单位的劳动所对应的边际产量。如果将劳动投入划分得更精细，估算就会更准确。当劳动投入量被无限细分时，长方形就会变得越来越窄，对边际产量曲线下方总面积的估算也就会越来越准确。最后，我们会发现，投入 L_C的劳动所能生产的棉布总产量 Q_C，就等于劳动的边际产量曲线 MPL_C下方、L_C单位劳动左边区域的面积。

说明：通过将边际产量曲线下方的区域细分为一系列窄长方形，我们可以看出，曲线下方的面积就是棉布的总产量。

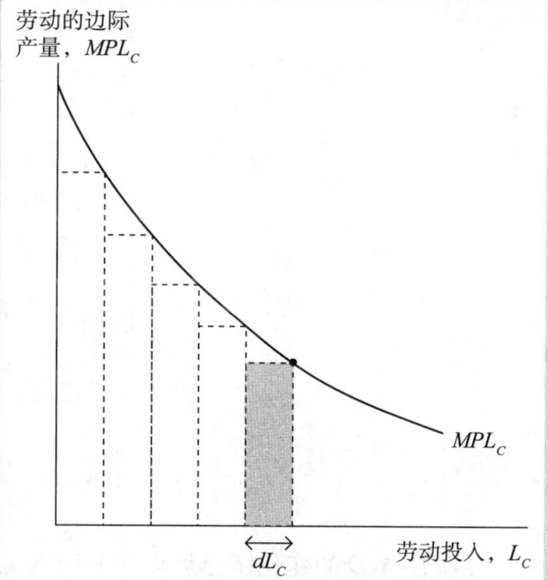

图 4A—1 总产出等于边际产量曲线下方的面积

相对价格和收入分配

图 4A—2 利用我们上面刚刚得到的结论说明了棉布部门内部的收入分配。

我们知道，棉布部门的生产厂商会雇用L_C的劳动力，直至工人的边际产量价值$P_C \times MPL_C$与工资w相等。我们可以重写这一条件以体现用棉布价格衡量的实际工资，即$MPL_C = w/P_C$。这样，给定一个实际工资水平，比方说$(w/P_C)^1$，从图4A—2中的边际产量曲线可以看出，将有L_C^1的劳动会被雇用。而这些工人所生产出的总产量等于边际产量曲线下方、L_C^1左侧区域的面积。这一产出可以被划分为两部分，即用棉布价格衡量的工人的实际工资及资本所有者的实际收入。支付给工人的部分即实际工资$(w/P_C)^1$与就业水平L_C^1的乘积，也就是图中矩形的面积。余下的部分就是资本所有者的实际收入。我们可以用同样的方法，即根据用粮食价格来衡量的实际工资w/P_F而体现的函数关系，来确定粮食部门的收入在劳动和土地所有者之间的分配。

现在我们假定劳动的相对价格上升。在图4—7中，P_C/P_F的上升会导致用棉布价格衡量的实际工资下降（因为工资的上升幅度不如P_C），而用粮食价格衡量的实际工资上升。图4A—3和图4A—4说明了棉布相对价格上升对资本所有者和土地所有者收入的影响。在棉布部门，实际工资从$(w/P_C)^1$下降至$(w/P_C)^2$，因而资本所有者的实际收入会增加。在粮食部门，实际工资从$(w/P_F)^1$上升至$(w/P_F)^2$，因而土地所有者的实际收入会减少。

说明：实际工资乘以劳动投入量就是劳动要素的收入。总产出减去劳动要素收入的剩余部分就是资本所有者的收入。

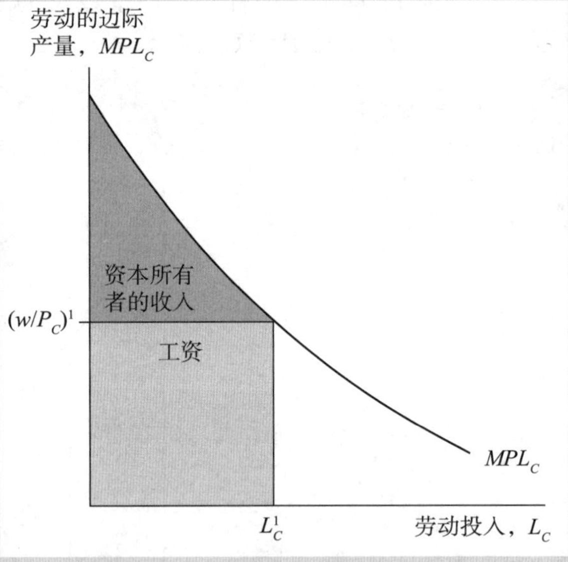

图4A—2　棉布部门内部的收入分配

P_C/P_F本身的变化还会强化对实际收入的影响。相比以棉布价格来衡量的资本所有者的实际收入，以粮食价格来衡量的资本所有者的实际收入增加的幅度更大，因为现在粮食相对于棉布来说更便宜。另一方面，相比以粮食价格来衡量的土地所有者的实际收入，以棉布价格来衡量的土地所有者的实际收入减少的幅度更大，因为现在棉布相对于粮食来说更贵。

说明：以棉布价格衡量的实际工资下降会增加资本所有者的收入。

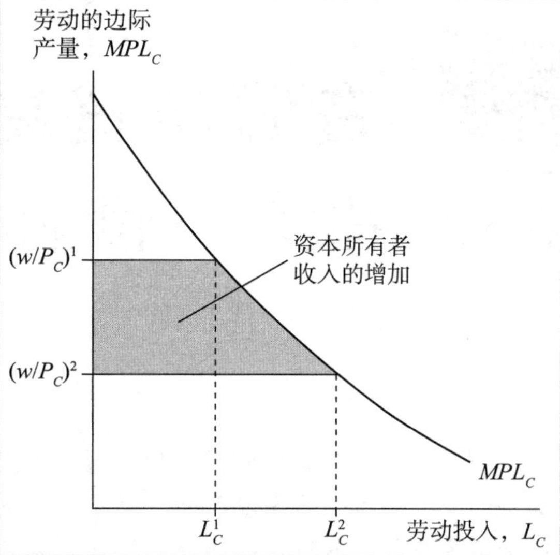

图 4A—3　棉布价格 P_C 上升会使资本所有者受益

说明：以粮食价格衡量的实际工资上升会减少土地所有者的收入。

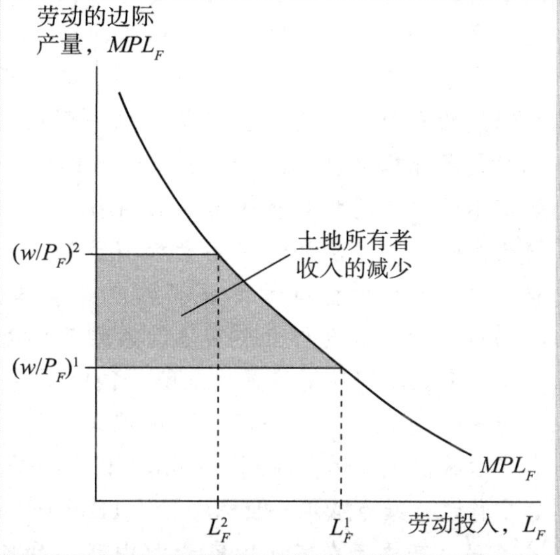

图 4A—4　棉布价格 P_C 上升会使土地所有者受损

第5章 资源与贸易：赫克歇尔-俄林模型

如果像李嘉图模型所假设的那样，劳动是唯一的生产要素，那么产生比较优势的唯一原因就是各国之间劳动生产率的不同。然而，在现实世界中，各国间劳动生产率的不同只能部分地解释贸易产生的原因，贸易还反映了各国之间资源的差异。加拿大向美国出口林木产品并不是因为加拿大林木业工人的劳动生产率比美国同行要高，而是因为在人口稀少的加拿大，人均森林面积占有量高于美国。因此，契合现实的贸易理论不仅要强调劳动的重要性，也要承认土地、资本和矿产资源等其他生产要素的重要性。

为了分析资源差异在贸易中所起的作用，在本章讨论的模型中，我们假设各国间的资源差异是产生贸易的唯一原因。模型表明，国内各种资源［生产的相对**要素充裕度**（abundance of factors）］和生产技术［影响不同产品的生产中使用不同要素的相对**密集度**（intensity）］之间的相互作用会对一国的比较优势产生影响。第 4 章的特定要素模型已经部分地阐述了上面的观点，但我们在本章所要学习的模型将考察全部生产要素都能在部门间流动所带来的长期影响，从而将要素充裕度与生产密集度的相互作用进一步地推向现实。

用各国之间的资源差异来解释国际贸易原因的学说，是国际经济学中最具影响力的理论之一。这一理论是由瑞典经济学家伊莱·赫克歇尔（Eli Heckscher）和伯尔蒂尔·俄林（Bertil Ohlin，1977 年诺贝尔经济学奖获得者）提出的，因此通常称之为**赫克歇尔-俄林理论**（Heckscher-Ohlin theory）。由于这一理论强调了不同生产要素在不同国家资源中所占的比例与它们在不同产品的生产投入中所占的比例二者之间的相互作用，它又被称为**要素比例理论**（factor-proportions theory）。

为了阐明要素比例理论，我们先来分析国家在没有贸易往来时的状况，然后再讨论两个国家互通贸易之后的情形。我们会看到，与仅有一种生产要素的李嘉图模型不同，即使是在长期，贸易也会影响各种要素的收入分配。我们还会讨论可以将发达国家的工资不均等性归咎于贸易的程度。在本章的最后我们将讨论一些支持（和反对）要素比例理论观点的实证研究。

学习目标

学完本章，你应该能够：

● 解释各国的资源差异是怎样确定一个特定的贸易模式的。

● 分析贸易所得即使在长期也不会平均分布的原因，并判断可能的受益者和受损者。

● 理解发达国家中贸易增长与工资不均等性加强之间的可能关联。

● 理解贸易的经验模式及要素价格对要素比例理论部分（但不是全部）观点的支撑。

两要素经济模型

在这一章，我们将分析最简单的要素比例模型，有时称之为“2×2×2”模型，即两个国家、两种产品及两种生产要素。在下面的例子中，两国指本国和外国，两种产品仍沿用第4章学习特定要素模型时所采用的产品，即棉布（单位：码）和粮食（单位：卡路里）。关键的不同在于，在本章，我们假定原来不能流动的每个部门的特定要素（棉布部门的资本、粮食部门的土地）在长期中都可以流动。这样，原来的农业用地现在可以被用来建设纺织工厂，而原来被用来购买动力织布机的资本现在也可以用来购买拖拉机。为简单起见，我们在模型中认定，只增加了一种被称为资本的要素①，它可以与劳动一同被用于生产棉布或粮食两种产品。在长期，资本和劳动力都可以在部门之间进行流动，并使两者在两个部门中的报酬（租借利率和工资）都达到均等。

价格与生产

棉布和粮食现在都是用资本和劳动生产出来的。给定每个部门所雇用的资本和劳动的数量，每种产品的产量由其生产函数来确定：

$$Q_C = Q_C(K_C, L_C)$$

$$Q_F = Q_F(K_F, L_F)$$

式中，Q_C和Q_F表示棉布和粮食的产出，K_C和L_C表示棉布生产中所雇用的资本和劳动的数量，K_F和L_F表示粮食生产中所雇用的资本和劳动的数量。整体上，一国资本存量K和劳动供给L都是固定的，并被分配于两个部门的生产当中。

为了理解两种产品的生产技术，我们定义下面的表达式：

a_{KC}＝生产1码棉布所需要投入的资本

a_{LC}＝生产1码棉布所需要投入的劳动

① 此处所指的资本要素实际上包含了特定要素模型中的两种特定要素，即棉布部门的特定要素资本以及粮食部门的特定要素土地。——译者注

a_{KF} =生产 1 卡路里粮食所需要投入的资本

a_{LF} =生产 1 卡路里粮食所需要投入的劳动

上述单位产品的投入需求与李嘉图模型中的定义（只定义了单位产品的劳动投入）非常类似。然而，存在一个重要差别：当我们谈及这些定义时，是指用来生产给定数量的粮食或棉布所使用的土地或劳动的数量，而不是指生产这些粮食或棉布所要求的要素数量。相比李嘉图模型，作出这一变化的原因是，当经济中有两种生产要素时，对投入要素的使用可以有一定的选择空间。

总体而言，对投入要素的选择取决于劳动和资本的要素价格。不过，我们先来看看每种产品只有一种生产方法的特殊情况。考虑下面的数字例子：生产 1 码棉布需要 2 工时的劳动和 2 机时的资本。粮食的生产更加自动化，生产 1 卡路里粮食仅需要 1 工时的劳动和 3 机时的资本。这样，所有的单位产品的投入需求都固定在：$a_{KC}=2$；$a_{LC}=2$；$a_{KF}=3$；$a_{LF}=1$。并且，劳动不可能代替资本，反之亦然。假定一国的禀赋是 3 000 机时加上 2 000 工时。在生产要素不能互相替代的特殊情况下，可以用资本和劳动这两种资源的约束推导出该国的生产可能性边界。生产 Q_C 码棉布需要投入 $2Q_C=a_{KC}\times Q_C$ 的机时加上 $2Q_C=a_{LC}\times Q_C$ 的工时。同理，生产 Q_F 卡路里粮食需要投入 $3Q_F=a_{KF}\times Q_F$ 的机时加上 $1Q_F=a_{LF}\times Q_F$ 的工时。棉布和粮食生产所使用的总机时不能超出资本总供给：

$$a_{KC}\times Q_C+a_{KF}\times Q_F\leqslant K\text{，或 } 2Q_C+3Q_F\leqslant 3\,000 \tag{5—1}$$

这是资本方面的资源约束。同理，劳动方面的资源约束即生产中所使用的总工时不能超出劳动总供给：

$$a_{LC}\times Q_C+a_{LF}\times Q_F\leqslant L\text{，或 } 2Q_C+Q_F\leqslant 2\,000 \tag{5—2}$$

图 5—1 说明了不等式（5—1）及（5—2）对本例中生产可能性的意义。根据图 3—1 为李嘉图模型绘制生产可能性边界的方法，我们可以画出这两条资源约束线。在这种情况下，生产必然受到两种资源的约束。因此，生产可能性边界由图中所标注的折线组成。如果该国专业化生产粮食（点 1），那么它能够生产 1 000 卡路里粮食。在该点处，存在着剩余的劳动储备：2 000 工时的劳动中只有1 000工时投入生产。再看另一个端点，如果该国专业化生产棉布（点 2），那么它能够生产1 000码棉布。在该点处，也存在着剩余的资本储备：3 000 机时的资本中只有2 000机时投入生产。在生产点 3，该国雇用了全部的劳动和资本资源（1 500 机时和 1 500 工时投入棉布生产；1 500 机时和 500 工时投入粮食生产）。①

此生产可能性边界的一个重要特点是：用粮食衡量的每多生产 1 码棉布的机会成本是可变的。当该国生产更多的粮食时（点 3 的左侧部分），存在着剩余的劳动储备。少生产 2 卡路里粮食所释放的 6 机时可以用来生产 3 码棉布，

---

① 不存在要素替代的情况是一种特例，在这种情况下，能充分使用两种要素的生产点只有一个；在生产可能性边界上的所有其他点上，总有一些要素未被使用。在下面存在要素替代的更一般化的例子中，这种特殊的情形就不复存在了，沿着整个生产可能性边界进行生产时，两种要素总能得到充分的使用。

说明：如果资本与劳动不能相互替代，那么要素比例模型中的生产可能性边界就由两条资源约束线组成：该国所能使用的劳动和资本分别以可得的供给量（2 000 工时和 3 000 机时）为限。因此，本图中所标注的折线就是生产可能性边界。在点 1 处，该国专业化生产粮食，存在着一些工时未被雇用。在点 2 处，该国专业化生产棉布，存在着一些机时未被雇用。在点 3 处，该国雇用了所有的劳动和资本资源。此生产可能性边界的一个重要特点是，用粮食衡量的棉布的机会成本是可变的：它随着该国的生产组合向棉布倾斜，从 2/3 上升至 2。

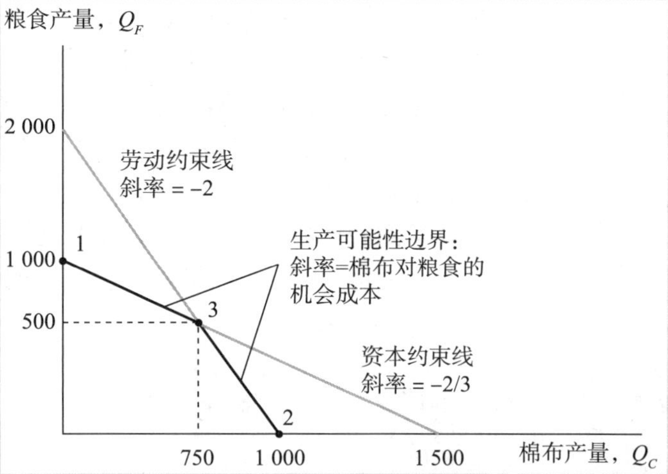

图 5—1 要素不可替代时的生产可能性边界：数字例子

即棉布的机会成本是 2/3。当该国生产更多的棉布时（点 3 的右侧部分），存在着剩余的资本储备。少生产 2 卡路里粮食所释放的 2 工时可以用来生产 1 码棉布，即机会成本是 2。因此，该国生产的棉布越多，生产棉布的机会成本越大。

现在我们允许生产中资本与劳动的相互替代，从而使模型更接近现实。这种替代使得生产可能性边界由图 5—1 中的折线变为图 5—2 中的弓形曲线 PP。弓形的生产可能性边界表明，随着该国生产更多的棉布及更少的粮食，以粮食衡量的多生产 1 码棉布的机会成本会逐渐增加。也就是说，我们关于机会成本随着生产组合变化而如何变化的基本判断仍然成立。

说明：如果资本与劳动可以相互替代，那么生产可能性边界就不再是折线。但是，随着棉布产量的增加和粮食产量的减少，以粮食衡量的棉布的机会成本不断上升，这一点仍然成立。

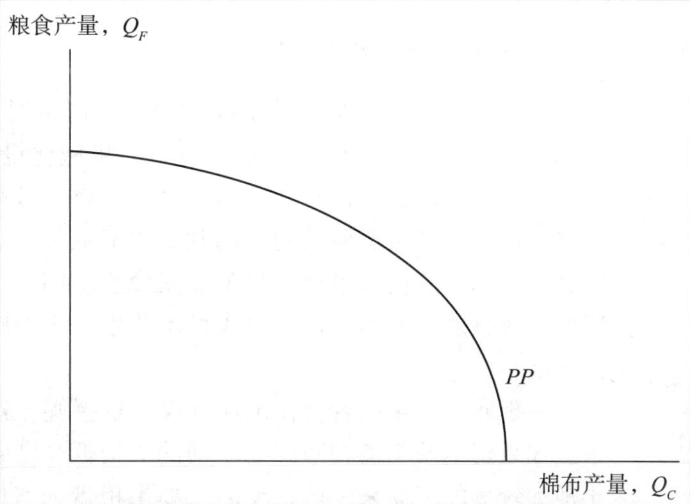

图 5—2 生产要素可替代时的生产可能性边界

该国会在生产可能性边界的哪一点上进行生产呢？这取决于两种产品的价格。具体来讲，该国会在产出价值最大化的那一点上进行生产。图 5—3 显示了这一生产点。该国产出的价值由下式表示：

$$V = P_C \times Q_C + P_F \times Q_F$$

式中，P_C与P_F分别为棉布与粮食的价格。等价值线（线上任何一点的产出价值不变）的斜率是$-P_C/P_F$。该国会在点 Q 进行生产，因为在点 Q，生产可能性边界与可能达到的最高的一条等价值线相切。生产可能性边界在点 Q 的斜率等于$-P_C/P_F$。因此，用粮食衡量的多生产 1 码棉布的机会成本就等于棉布对粮食的相对价格。

说明：在产品价格给定的条件下，该国会在产出价值最大化的点上进行生产；该点位于可能与生产可能性边界相切的最高的一条等价值线上。在该点处，以粮食衡量的棉布的机会成本等于棉布的相对价格P_C/P_F。

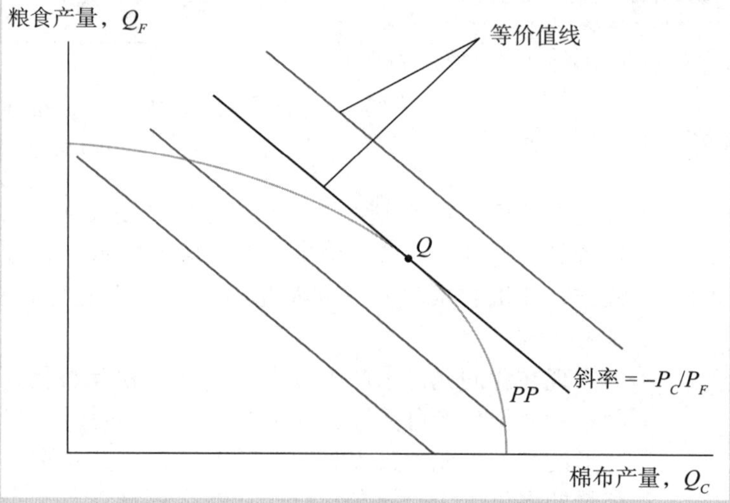

图 5—3 价格与生产

要素投入集的选择

我们已经指出，在两要素模型中，生产者对要素投入的使用有选择余地。例如，农场主可以选择使用相对较多的机械化设备（资本）搭配较少的人员，或者使用相对较少的机械化设备（资本）搭配较多的人员。这样，农场主就可以选择每单位产出所使用的劳动和资本的数量。因此，每个部门的生产者面对的就不是固定的投入组合（与李嘉图模型不同），而是图 5—4 中的曲线 Ⅱ 所描述的可调整的投入组合，该曲线显示了生产 1 卡路里粮食可能使用的不同要素投入组合。

在现实中，生产者会作出何种投入选择呢？这取决于资本和劳动的相对成本。如果资本的租借利率高而劳动的工资低，则农场主会选择使用相对较少的土地和较多的劳动来生产；反之，如果租借利率低而工资高，他们则会节省劳动而使用大量的资本。若用 w 来表示劳动的工资率，r 表示资本的租借利率，那么对要素投入组合的选择将取决于这两种**要素价格**（factor prices）的比率说明：如果使用较多的劳动，一个农民便可以使用较少的资本来生产1卡路里粮食，也可以使用较少的劳动和较多的资本达到同样的产量。

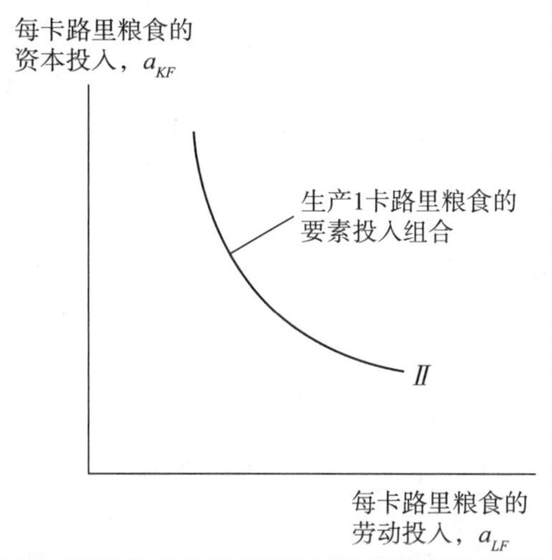

图5—4 粮食生产中的要素投入可能性

w/r。[①] 图5—5中的曲线 *FF* 揭示了要素价格与粮食生产中所用劳动与资本的比率之间的关系。

说明：在每个部门，生产中所使用的劳动与资本的比率取决于劳动与资本的相对价格 w/r。图中的 *FF* 曲线表示粮食生产中的劳动—资本比率选择，*CC* 曲线则表示棉布生产中的劳动—资本比率选择。对于任一给定的工资—租借利率比率，棉布生产都使用了较高的劳动—资本比率。在这种情况下，我们称棉布生产为劳动密集型的，粮食生产为资本密集型的。

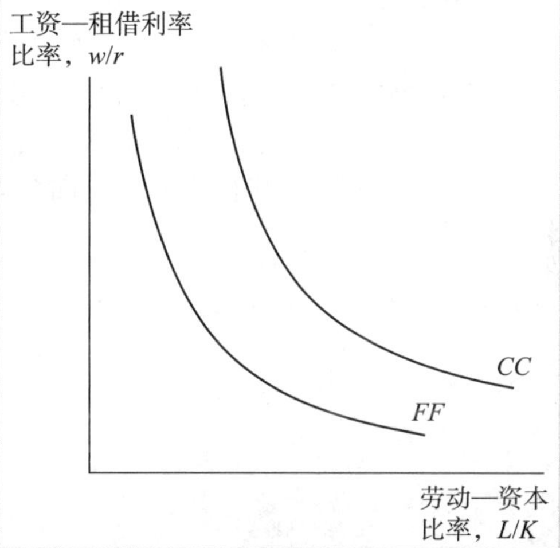

图5—5 要素价格与投入选择

在 w/r 与棉布生产的劳动—资本比率之间存在着对应关系。图5—5中的曲线 *CC* 体现了这种关系。图中的 *CC* 曲线在 *FF* 曲线的右边，表明给定任意要素价格，棉布生产总比粮食生产的劳动—资本比率高。在这种情形下，我们说棉布生产是劳动密集型的（labor-intensive），粮食生产是资本密集型的（capital-intensive）。注意，一种产品是劳动密集型的还是资本密集型的，取决于生产中劳动投入量对土地投入量的比例，而不是劳动投入量或土地投入量相对于产出

① 有关劳动—资本比率的最优选择，我们将在本章的附录中作进一步的探讨。

的比例。因此，一种产品不可能同时是资本密集型产品和劳动密集型产品。

图 5—5 中的 CC 曲线和 FF 曲线叫做相对要素需求曲线；它们与产品的相对需求曲线十分类似。其向下倾斜的形状体现了生产者对要素需求的替代效应。随着工资 w 相对于租借利率 r 的上升，生产者会在生产决策中用资本替代劳动。我们前面所分析的无要素替代的情形是一个特例，因为不存在要素替代时，相对要素需求曲线是一条垂直于横轴的直线：所需求的劳动—资本比率是固定的，不随工资—租借利率比率 w/r 的变化而变化。在本章接下来的部分，我们考察的都是存在要素替代的更为一般化的情况，即相对要素需求曲线是向下倾斜的。

要素价格和商品价格

我们暂且假定一个国家既生产棉布也生产粮食。（若该国参与国际贸易，则不一定会出现这种情形，因为它可能完全专业化生产其中一种商品或另一种商品。但我们暂时不考虑这一可能性。）那么，每个部门中生产者之间的竞争必将使得每种商品的价格都等于它的生产成本。生产一种商品的成本取决于要素价格：如果工资率高一些，其他条件不变，则任何使用劳动要素生产出来的商品的价格也会高一些。

然而，某一种要素的价格对商品生产成本的重要性取决于有多少该要素进入该商品的生产。例如，如果粮食生产使用的劳动很少，工资的上升对粮食价格并不会产生太大的影响；反之，如果棉布生产使用了大量的劳动，工资的上升对棉布价格的影响就会很大。因此，我们可以得出结论：在工资—租借利率比率 w/r 和棉布价格与粮食价格比率 P_C/P_F 之间，存在着一一对应的关系。这种关系可以由图 5—6 中向上倾斜的曲线 SS 表示。[①]

说明：由于棉布生产是劳动密集型的，粮食生产是资本密集型的，所以要素价格比率 w/r 与棉布的相对价格 P_C/P_F 之间存在着一一对应的关系。劳动的相对价格越高，劳动密集型产品的相对价格就一定越高。图中的 SS 曲线体现了这种关系。

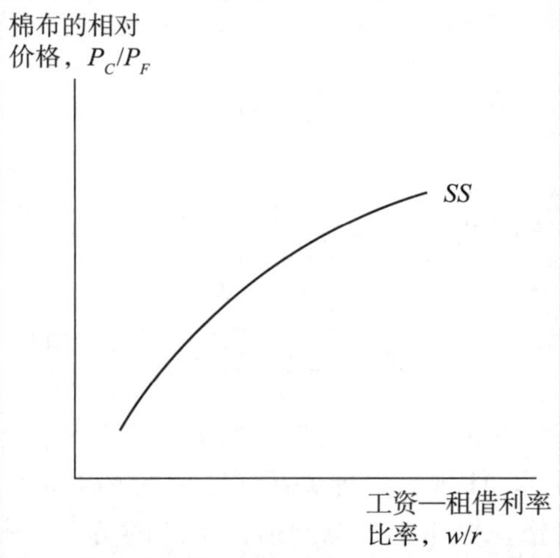

图 5—6　要素价格与商品价格

① 只有当该国生产棉布和粮食两种商品时，即存在着一个给定的棉布相对价格的变化范围时，这一关系才存在。如果棉布相对价格的上升超出了给定的上限水平，该国就会专业化生产棉布；反之，如果棉布相对价格的下降超出了给定的下限水平，该国就会专业化生产粮食。

我们可以把图 5—5 和图 5—6 放到一起。在图 5—7 中，左边是逆时针旋转 90 度之后的图 5—6（曲线 SS），右边是图 5—5。将两幅图放到一起，我们可以看到令人惊讶的现象：商品价格和每种商品生产中所投入的劳动—资本比率之间存在着联系。假设棉布的相对价格是 $(P_C/P_F)^1$（图 5—7 的左半边）。如果该国这两种商品都生产，则工资—租借利率的比率就一定等于 $(w/r)^1$。那么，该比率就意味着，在棉布生产和粮食生产中所投入的劳动—资本比率就一定分别等于 $(L_C/K_C)^1$ 和 $(L_F/K_F)^1$（图 5—7 的右半边）。如果棉布的相对价格上升到 $(P_C/P_F)^2$，则工资—租借利率比率也将上升到 $(w/r)^2$。由于现在劳动相对贵一些，所以棉布生产和粮食生产中所投入的劳动—资本比率也会下降到 $(L_C/K_C)^2$ 和 $(L_F/K_F)^2$。

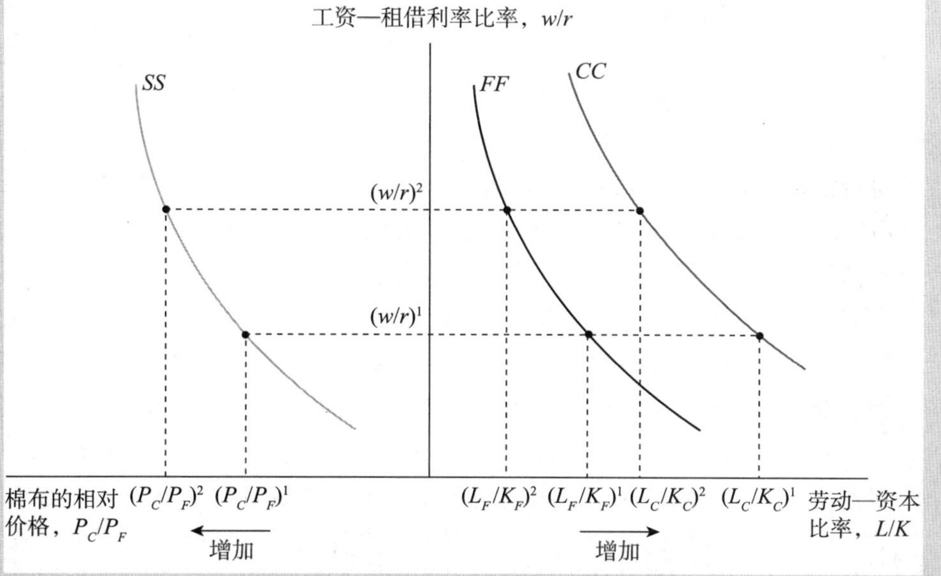

图 5—7　从商品价格到要素投入选择

说明：给定棉布的相对价格 $(P_C/P_F)^1$，工资—租借利率比率一定等于 $(w/r)^1$。对应于这一工资—租借利率比率，棉布和粮食生产中的劳动—资本比率一定分别是 $(L_C/K_C)^1$ 和 $(L_F/K_F)^1$。如果棉布的相对价格上升到 $(P_C/P_F)^2$，工资—租借利率比率就一定会上升到 $(w/r)^2$，从而造成两个部门生产中使用的劳动—资本比率均下降。

我们还可以从图 5—7 中得出一个重要的结论。左边的图形已经告诉我们，棉布对粮食的相对价格上升会导致工人相对于资本所有者的收入增加。但我们还可以作更明确的表述：这种相对价格的变化将通过提高用两种商品衡量的实际工资，同时降低用两种商品衡量的实际租金，明确无疑地提高工人的购买力，并降低资本所有者的购买力。

我们是如何知道这一点的呢？当 P_C/P_F 上升时，棉布生产和粮食生产中的劳动—资本比率都会下降。但在竞争经济中，支付给生产要素的收入等于它们的边际产出——用棉布衡量的工人的实际工资等于棉布生产中劳动的边际产量，依此类推。当任一商品生产中的劳动—资本比率下降时，用该种商品来衡量的劳动的边际产量会上升，所以，工人发现，无论用哪种商品衡量，他们的实际工资都提高了。另一方面，两个部门中资本的边际产量都下降了，因此，资本所有者发现，无论用哪种商品衡量，他们的实际收入都降低了。

因此，在此模型中，正如在特定要素模型中一样，相对价格的变化对收入分配会产生强烈的影响。商品价格的变化不仅会改变收入分配，而且这种变化总是使得一种生产要素的所有者获利，同时使另一种生产要素所有者的利益受损。①

资源与产出

现在，我们可以通过阐明商品价格、要素供给与产出之间的关系，完成对两要素经济模型的描述。尤其是，我们来考察一下资源（一种要素的总供给）的变化是如何影响部门之间的资源分配，进而影响产出变化的。

我们假定棉布的相对价格是给定的。从图 5—7 中我们知道，给定棉布的相对价格，比方说 $(P_C/P_F)^1$，就可以确定一个固定的工资—租借利率比率 $(w/r)^1$（只要该国同时生产棉布和粮食两种产品）。这一利率进而决定了棉布生产和粮食生产中所使用的劳动—资本比率：分别为 $(L_C/K_C)^1$ 和 $(L_F/K_F)^1$。现在我们假定该国的劳动总供给增加，因此该国整体的劳动—资本比率 L/K 增加。对应给定的棉布相对价格 $(P_C/P_F)^1$，我们刚刚看到两个部门中所使用的劳动—资本比率保持不变。如果每个部门对劳动的相对需求维持在 $(L_C/K_C)^1$ 和 $(L_F/K_F)^1$ 的水平不变，那么该国是如何容纳增加了的劳动总相对供给 L/K 的呢？换言之，该国是如何雇用新增劳动的呢？答案就在于部门之间劳动与资本的分配：棉布部门的劳动—资本比率比粮食部门要高，所以该国可以通过将更多的劳动和资本配置到棉布（劳动密集型部门）的生产中，来增加劳动相对于资本的就业数量（每个部门的劳动—资本比率保持不变）。② 随着劳动与资本从粮食部门流入棉布部门，该国棉布的产量会增加，粮食的产量会减少。

考虑这一结果的最好方法是，考察资源是如何影响一国的生产可能性的。在图 5—8 中，曲线 TT^1 代表了劳动供给增加之前的生产可能性边界。产出位于点 1，此时生产可能性边界的斜率等于负的棉布相对价格，即 $-P_C/P_F$，同时该国生产 Q_C^1 数量的棉布和 Q_F^1 数量的粮食。曲线 TT^2 代表劳动供给增加之后的生产可能性边界。生产可能性边界向外扩张到 TT^2。劳动供给增加后，该国能比以前生产更多的棉布和粮食。然而，从外扩的边界可以看出，向棉布部门扩张

---

① 沃尔夫冈·斯托尔珀（Wolfgang Stolper）和保罗·萨缪尔森在他们的一篇经典论文中阐明了商品价格与要素价格之间的关系，参见“Protection and Real Wages,” *Review of Economic Studies* 9 (November 1941), pp. 58 - 73。因此，这一关系又被称为斯托尔珀-萨缪尔森效应。

② 关于这一结果及其细节的正式推导，参见本章的附录。

的幅度比向粮食部门扩张的幅度要大。也就是说，存在着一种**生产可能性的偏向性扩张**（biased expansion of production possibilities），即生产可能性边界外扩时，朝着某一部门扩张的幅度远比朝着另一部门扩张的幅度要大。本例中，生产可能性边界的扩张明显偏向棉布部门的生产，以至在相对价格不变的情况下，生产从点 1 移到了点 2，从而使得粮食的产出从 Q_F^1 下降到 Q_F^2，而棉布的产出从 Q_C^1 大幅度增加到 Q_C^2。

资源供给的增加对生产可能性的带有偏向性的影响是理解资源差异如何导致国际贸易的关键。[①] 劳动供给的增加会使生产可能性更多地向棉布生产的方向扩张，而资本供给的增加会使生产可能性向粮食生产的方向扩张。因此，相比劳动对资本的相对供给较少的国家，劳动对资本的相对供给较多的国家将具有棉布生产的相对优势。**一般来说，一国生产效率较高的产品，往往是密集使用本国相对充裕的要素进行生产的产品。**

说明：劳动供给的增加会使该国的生产可能性边界从 TT^1 外移到 TT^2，但是朝着棉布生产方向移动的幅度更大。其结果是，在棉布的相对价格（用斜率 $-P_C/P_F$ 表示）不变的情况下，粮食的产量从 Q_F^1 下降到 Q_F^2。

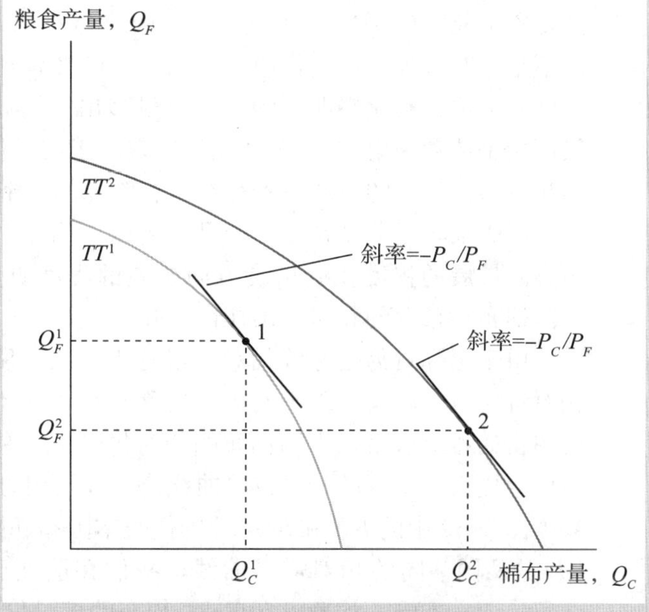

图 5—8　资源与生产可能性

下面我们将进一步讨论一些经验现象，这些现象将会证实，一国资源的变化会导致带有偏向性的产出增长，产出所偏向的部门是密集使用供给增加的要素进行生产的产品部门。我们可以据此为中国经济作出注解，因为中国经济近年来就经历了熟练工人这一要素的大幅增长。

① 波兰经济学家 T. M. 雷布津斯基（T. M. Rybczynski）在一篇论文中论述了资源变动对生产的偏向性效应，参见“Factor Endowments and Relative Commodity Prices,” *Economica* 22（November 1955），pp. 336 - 341。因此，这一效应也被称为雷布津斯基效应。

国际贸易对两要素经济的影响

我们已经勾画出两要素经济的生产结构，下面要讨论的是两个这样的国家——本国和外国——进行贸易时将会发生的情况。像以往一样，本国和外国在许多方面是相似的。它们的消费倾向相同，因此在面对同样的粮食和棉布的相对价格时，它们对两种商品的相对需求完全一致。它们的技术水平相同，投入给定数量的劳动和资本，两国棉布或粮食部门的产出完全相同。两国之间唯一的差别是资源的不同：本国的劳动—资本比率高于外国。

相对价格和贸易模式

由于本国的劳动—资本比率高于外国，我们称本国是劳动充裕的国家，外国是资本充裕的国家。注意，资源的充裕是用一个比率即相对数量来定义的，而不是绝对数量。例如，假定美国工人的数量比墨西哥多大约 3 倍，但是由于美国的资本存量比墨西哥的资本存量多出 3 倍以上，墨西哥相对于美国来说仍然可能是劳动密集型国家。“充裕”取决于相对量，是通过比较两国劳动对资本的相对供给得出的，所以不存在所有资源都充裕的国家。

因为棉布是劳动密集型产品，所以本国相对于外国的生产可能性边界朝棉布方向扩展的程度比朝粮食方向扩展的程度更大。因此，在其他条件相同时，本国棉布对粮食的相对产出往往较高。

由于国际贸易会导致相对价格趋于一致，所以对两国来说，棉布对粮食的相对价格也会趋同。由于两国的要素充裕程度不同，对于任何一个给定的棉布对粮食的相对价格，本国棉布的相对供给要比外国的多。因此，本国棉布的相对供给更大，本国的相对供给曲线位于外国相对供给曲线的右侧。

图 5—9 中的 RS 和 RS^* 分别代表本国和外国的相对供给曲线。图中的曲线 RD 是两国共同的相对需求曲线，我们在前面已经假定两国的相对需求相同。在贸易前，本国的均衡点在点 1，棉布的相对价格是 $(P_C/P_F)^1$。外国的均衡点在点 3，棉布的相对价格是 $(P_C/P_F)^3$。这样，两国间如果没有贸易，本国棉布的相对价格比外国低。

当本国与外国发生贸易后，两国的相对价格会趋向一致。本国的棉布相对价格上升而外国的棉布相对价格下降。新的世界棉布相对价格会位于两国贸易前的相对价格之间，比方说 $(P_C/P_F)^2$。在第 4 章中，我们讨论了一国是如何针对基于产品相对价格变化的方向而发生的贸易作出反应的：一国会出口相对价格上升的产品。这样，本国会出口棉布（本国棉布的相对价格上升了），而外国会出口粮食（外国棉布的相对价格下降了，这也就意味着粮食的相对价格上升）。

说明：在贸易前，点1是本国的均衡点，即本国的相对供给曲线 RS 和相对需求曲线 RD 的交点。同理，点3是外国贸易前的均衡点。贸易后，世界相对价格位于贸易前两国的均衡点之间，如点2所示。

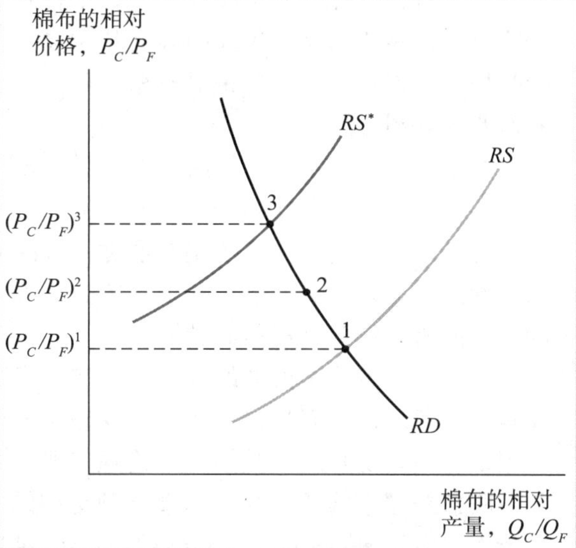

图5—9　贸易使相对价格趋同

由于本国是劳动充裕的国家（相对于外国），并且棉布的生产是劳动密集型的（相对于粮食生产），因此本国成为棉布的出口方。类似地，由于外国是资本充裕的国家，并且粮食的生产是资本密集型的，因此外国成为粮食的出口方。我们可以将上述关于贸易模式的判断（在我们所学习的两种产品、两种要素、两个国家的模型中）概括成下述定理，该定理是用最初开创此贸易模型的经济学家的名字来命名的：

> 赫克歇尔-俄林定理：某种要素充裕的国家会出口密集使用该要素进行生产的产品。

在多个国家、多种生产要素、多种产品的更现实的情况下，我们也可以将上述定理进行一般化的阐述，即一国在某种要素上的充裕性与该国出口密集使用该要素进行生产的产品之间存在着关联关系：**一国往往会出口密集使用其禀赋充裕的要素进行生产的产品。**①

贸易和收入分配

我们刚刚讨论过，贸易是如何导致相对价格的趋同的。通过前面的学习，我们也知道，相对价格的变动又会对劳动和资本的相对收入产生强烈的影响。棉布相对价格的上升会提升以两种产品价格衡量的劳动的购买力，并降低以两种产品衡量的资本的购买力。粮食价格上升产生的影响则正好与此相反。因此，

① 关于将赫克歇尔-俄林模型扩展至多种产品、多种要素、多个国家的正规推导，参见 Alan Deardorff, "The General Validity of the Heckscher-Ohlin Theorem," *American Economic Review* 72 (September 1982), pp. 683-694。

国际贸易对收入分配的影响非常大，即便在长期也是如此。在本国，棉布相对价格上升，靠劳动获取收入的人会从贸易中获利，而以资本为收入来源的人却遭受损失。在外国，棉布相对价格下降，情形正好相反：劳动者遭受损失，资本所有者获利。

对于一个国家来说，供给相对多的资源（本国的劳动，外国的资本）就是这个国家的**充裕要素**（abundant factor）；供给相对少的资源（本国的资本，外国的劳动）就是这个国家的**稀缺要素**（scarce factor）。在长期中国际贸易的收入分配效应可以概括如下：**一个国家充裕要素的所有者可以从贸易中获利，稀缺要素的所有者会因贸易而受损。**

在分析特定要素模型的例子时，我们发现“困在”进口竞争产业中的生产要素会因贸易开放而受损。在此，我们又发现进口竞争产业所密集使用的生产要素都会因贸易开放而受损，无论这些要素是被用于哪个产业。不过，关于贸易总收益的理论判断与特定要素模型是相同的：贸易开放可以扩大一国的消费可能性（参见图 4—11），因此就存在着让所有人都获益的可能方法。然而，两个模型关于收入分配效应的论述存在着一个关键的差别。用于特定产业的特定要素只是一个暂时的问题：服装制造商不可能一夜之间变成计算机制造商，但假以时日，美国经济的确可以将其制造业的就业从衰退部门转移至扩张部门。这样，由于劳动及其他生产要素是固定要素而产生的收入分配效应就只是一个暂时的、过渡性的问题（这并不是说，此效应对那些利益受损者来说不痛苦）。比较而言，贸易对土地、劳动和资本等更广泛要素的收入分配影响多多少少更为持久。

美国的贸易模式表明，与世界其他国家相比，美国的高技术工人比较充裕，低技术工人比较稀缺。这意味着国际贸易将使美国的低技术工人不是短期而是长期地受损。贸易对低技术工人的负效应持续引发政治问题，即使提供短期救助（例如失业保险）政策也难以解决。因此，美国等发达经济体中的贸易增长对收入不均等性的潜在影响成为大量实证研究的主题。在下面的案例研究中，我们提供了这类实证研究的部分成果，并据此得出结论：迄今，贸易最多只是美国可衡量的收入不均等程度加重的因素之一。

❖案例研究　南北贸易和收入不均等

自 20 世纪 70 年代起，美国工资收入不均等的现象明显加剧。1970 年，工资收入在 90%的工资收入者之上、10%的工资收入者之下的男性工人的工资收入是仅处于 10%的工资收入者之上的男性工人工资的 3.2 倍。2010 年，收入在 90%的工资收入者之上的工人工资则比仅处于 10%的工资收入者之上的工人工资的 5.2 倍还高。同一时期，女性工人工资不均等程度的上升速度也处于类似的水平。收入不均等程度的上升与教育回报有关，尤其是 20 世纪 80 年代之后。1980 年，大学毕业生的工资比高中毕业生高 40%，在 80 年代和 90 年代期间，这一指标作为教育的回报持续上升至 80%。达到这一峰值后，该指标的走势大体平稳（尽管大学毕业生之间的工资差距持续加大）。

工资不均的现象为什么会增多呢？许多观察家将原因归于世界贸易的增长，尤其是韩国和中国等新兴工业化经济体（newly industrializing economies，NIEs）制成品出口的增长。截至20世纪70年代，发达工业国家与发展中国家之间的贸易——通常所说的“南北”贸易，因为大多数发达国家仍然位于北半球的温带地区——绝大部分是北方的制成品与南方的原油和咖啡等原材料及农产品之间的交换。不过从1970年开始，以前的原材料出口国也开始日益向美国等高收入国家出售制成品。我们在第2章中已经了解到，发展中国家出口产品的种类已经发生了巨大的变化，从以出口农产品和矿物产品为主转为以出口制成品为主。尽管新兴工业化经济体也为高收入国家的产品出口提供了迅速发展的市场，这些新兴工业化经济体的出口产品明显地在要素密集度上大大有别于它们的进口产品。新兴工业化经济体向发达国家出口的产品绝大部分是服装、鞋类及其他相对来说不太复杂的产品（“低技术产品”），这些产品均属于非技术劳动密集型产品；而发达国家出口到新兴工业化经济体的产品则是资本密集型或技术密集型的，例如化学药品、航空器等（“高技术产品”）。

对许多观察家来说，似乎能直接得出这样一个结论：正在发生的情况正是要素价格均等化。正如要素比例模型所论述的那样，资本和技术充裕的发达国家与非技术劳动力充裕的新兴工业化经济体之间的贸易，提高了技术和资本充裕国家中高技术工人的工资，并降低了非技术工人的工资。

关于这个问题的争论已远远超出了纯学术的范围。如果像许多人那样，人们认为发达国家收入不均现象加剧是一个严重的问题，而且相信世界贸易的增长是造成这一问题的主要原因，那么就很难理解为什么经济学家一贯支持自由贸易。（正如我们在前面所指出的，在原则上，税收和政府支付能够抵消贸易对收入分配的影响，但反对者可能会指出，在实际生活中，这种情形不太可能出现。）一些有影响的评论家认为，发达国家若想基本保持一个中产阶级社会，就不得不限制与低工资收入国家之间的贸易往来。

尽管一些经济学家相信，与低收入国家之间贸易的增长是美国收入不均现象加剧的主要原因，但大多数实证研究者至今仍认为，国际贸易最多只是收入不均加剧的原因之一，但绝非主要因素。[①]这种不同观点主要依据以下三个主要事实：

---

① 在有关贸易对收入分配的影响的讨论中，重要的有：Robert Lawrence and Matthew Slaughter，“Trade and U. S. Wages：Giant Sucking Sound or Small Hiccup?” *Brookings Papers on Economic Activity：Microeconomic* 2（1993），pp. 161－226；Jeffrey D. Sachs and Howard Shatz，“Trade and Jobs in U. S. Manufacturing，” *Brookings Papers on Economic Activity* 1（1994），pp. 1－84；and Adrian Wood，*North-South Trade，Employment，and Income Inequality*（Oxford：Oxford University Press，1994）。对这一争论及有关问题的概览，参见第9章中的 Lawrence Edwards and Robert Z. Lawrence，*Rising Tide：Is Growth in Emerging Economies Good for the United States?*（Peterson Institute for International Economics，2013）。

第一，要素比例模型指出，国际贸易是通过产品相对价格的变化来影响收入分配的。所以，如果国际贸易是推动收入差别扩大的主要推动力，那么，与非技术劳动密集型产品相比，技术密集型产品的价格就应该有明显的上涨。但是，有关国际价格数据的研究却未能找到这种价格变动的明显证据。

第二，模型预测要素相对价格会趋于一致：如果在技术充裕的国家中，技术工人的工资上升而非技术工人的工资下降，那么在劳动充裕的国家中，情形应当相反。对开放贸易的发展中国家收入分配的研究表明，至少在一些情形中，情形的确相反。针对墨西哥的深入研究表明，该国 20 世纪 80 年代贸易结构转变后，即墨西哥放开了进口并主要出口制成品之后，技术工人的工资增长了，整体的工资不均加剧了，这与美国的发展轨迹相类似。

第三，尽管发达国家与新兴工业化经济体之间的贸易迅速增长，但这些贸易只占发达国家总支出比重的很小一部分。据此分析，这种发达国家出口技术劳动（通过出口技术密集型产品）和进口非技术劳动（通过进口劳动密集型产品）贸易中的“要素含量”只能占其技术工人与非技术工人总供给的一小部分。这说明这些贸易往来并不可能给收入分配带来很大的冲击。

那么，造成美国技术工人与非技术工人之间收入日益扩大的原因究竟是什么呢？大多数人认为，是新的生产技术而不是贸易对工人的技能提出了更高的要求（例如计算机的广泛使用及工作场所其他先进技术的应用）。这通常被称为技术—技能并协性或**技能偏向型技术变革**（skill-biased technological change）。①

在下面的案例研究中，我们将探讨此类技术变革与工资不均等加剧之间的关系。

∴案例研究　技能偏向型技术变革与收入不均等

在本案例研究中，我们将两要素生产模型进行拓展，加入技能偏向型技术变革的因素。我们来看看这一因素是如何更好地契合美国工资不均等加剧的现实的。我们也叙述一下关于这种技术变革与贸易和外包关系的新研究。

考虑一个两种产品、两种要素的模型，在此模型中，技术工人生产“高技术”产品，非技术工人生产“低技术”产品。图 5—10 显示了两个部门厂商的相对要素需求：技术—非技术工人就业比率作为技术—非技术工人工资比率的函数（*LL* 曲线是低技术部门的相对要素需求，*HH* 曲线是高技术部门的相对要素需求）。

---

① 参见 Claudia Goldin and Lawrence F. Katz，“The Origins of Technology-Skill Complementarity,” *The Quarterly Journal of Economics*（1998），pp. 693 - 732。

我们已经假定，高技术产品是技术劳动密集型的，因此 HH 曲线相对于 LL 曲线来说，位于外侧。图中未明示的背景是，一条 SS 曲线（见图 5—6 和图 5—7）决定了技术—非技术工人工资比率，这一比率是高技术产品（相对于低技术产品）相对价格的递增函数。

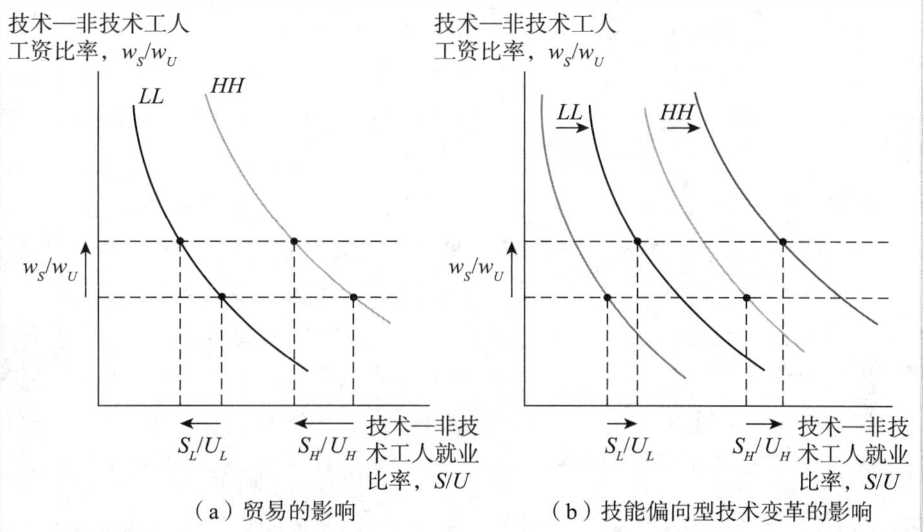

图 5—10　工资不均等的加剧：贸易还是技能偏向型技术变革惹的祸？

说明：LL 曲线和 HH 曲线分别显示了低技术部门和高技术部门中技术—非技术工人就业比率即 S/U 与技术—非技术工人工资比率即 w_S/w_U 之间的函数关系。高技术部门比低技术部门更加技术密集，因此 HH 曲线位于 LL 曲线的右侧。(a) 图显示了与发展中国家的贸易增长导致技术—非技术工人工资比率上升的情形。两个部门的厂商都因贸易而降低了对技术工人的相对雇佣：S_L/U_L 和 S_H/U_H 都下降了。(b) 图显示了技能偏向型技术变革导致技术—非技术工人工资比率上升的情形。LL 曲线和 HH 曲线均向外移动（因为两个部门对技术工人的相对需求都上升了）。然而，在此情形下，两个部门厂商的反应都是增加对技术工人的相对雇佣：S_L/U_L 和 S_H/U_H 都增加了。

在 (a) 图中我们看到的情形是，与发展中国家贸易的增长（通过高技术产品相对价格的上升）加剧了这些国家工资的不均等性（技术—非技术工人工资比率）。技术工人相对价格的上升使得两个部门的厂商都降低了它们对技术工人相对于非技术工人的雇佣数量。

在 (b) 图中我们看到的情形是，两个部门中的技能偏向型技术变革加剧了工资的不均等性。这一技术变革之所以被定义为"技能偏向型"，是因为它使两个部门对技术工人的相对需求都增加了（LL 曲线和 HH 曲线均向外侧移动）。由于技术变革与技术工人的共同作用，高技术部门的生产率收益更大。这样，给定高技术产品的任一相对价格，技术变革都与技术—非技术工人工资比率的上升相关联（SS 曲线的位置变化了）。即使技术工人相对更贵，两个部门的厂商对技术变革的回应也都是增加对技术工人相对于非技术工人的雇佣数量。此外，我们注意到 (b) 图中的贸易带来的是两个部门厂商相反的雇佣变化。

下面我们通过观察美国某一部门内部技术—非技术工人就业比率的变化，来判断用贸易和技能偏向型技术变革来解释工资不均等性的加剧，到底孰优孰劣。美国经济中的所有生产部门（包括技术劳动密集型部门和非技术劳动密集型部门）中，技术—非技术工人就业比率普遍上升。这一事实为技能偏向型技术变革对工资不均等性的解释投了赞成票。这正反映了半个世纪以来所观察到的美国经济现实。

图5—11根据技术密集度将所有的生产部门划分为四组。美国公司依据技能划分的就业数据并不公布，但它们使用的是一个类似的划分方法：生产工人和非生产工人。除少数特例之外，非生产职位都要求更高的受教育水平。因此，我们就用非生产—生产工人就业比率来衡量技术—非技术工人就业比率。[①] 我们认为，非生产—生产工人就业比率最高的部门就是技术劳动密集度最高的部门。图5—11的各幅子图分别显示了某组部门这一就业比率长期以来的变化过程（显示的是每组所有部门该就业比率的平均值）。尽管每组部门的平均技术劳动密集度之间存在着很大的差异，我们仍可以清晰地看到，四组部门的就业比率一直以来都在上升。美国经济绝大多数生产部门中的这一就业比率普遍呈现上升态势，这就是用技能偏向型技术变革解释美国工资不均等性的主要依据之一。

然而，尽管大多数经济学家认同技能偏向型技术变革确有发生，近期的研究却有一些新发现：贸易是加剧工资不均等的间接因素，因为它加速了技术变革的进程。此类论述立足于以下信条：贸易开放和对外投资可以影响公司对生产方式的选择。例如，有研究表明，走上出口之路的公司往往会朝着更加技术密集型的生产技术升级。贸易自由化能够激发大量公司作出技术升级的选择，从而带来广泛的技术变革。

另一方面的例子则与外包业务、贸易自由化及对外投资相关。特别地，美国、加拿大与墨西哥所建立的NAFTA（见第2章）使得公司极易将自身的若干生产环节（研发、零部件生产、组装、营销等）转移到北美洲的不同地区。由于墨西哥生产工人的工资低得多，受到利益驱动的美国公司就会将那些密集使用生产工人的工序（例如零部件生产和组装）转移到墨西哥。那些更密集地使用高技术工人或非生产工人的工序（例如研发和营销）就往往会留在美国（或加拿大）完成。从美国的角度来看，生产工序的分离增加了对技术工人的相对需求，其效果与技能偏向型技术变革十分类似。曾有一项研究发现，非生产工人的工资超出生产工人工资的部分在不断增加，而这一增加的21%～27%可以由美国向墨西哥的外包工序来解释。[②]

---

① 平均而言，非生产工人的工资比生产工人的工资高出60%。

② 参见 Robert Feenstra and Gordon Hanson，"The Impact of Outsourcing and High-Technology Capital on Wages：Estimates for the United States，1979—1990，" *Quarterly Journal of Economics* 144（August 1999），pp. 907-940。

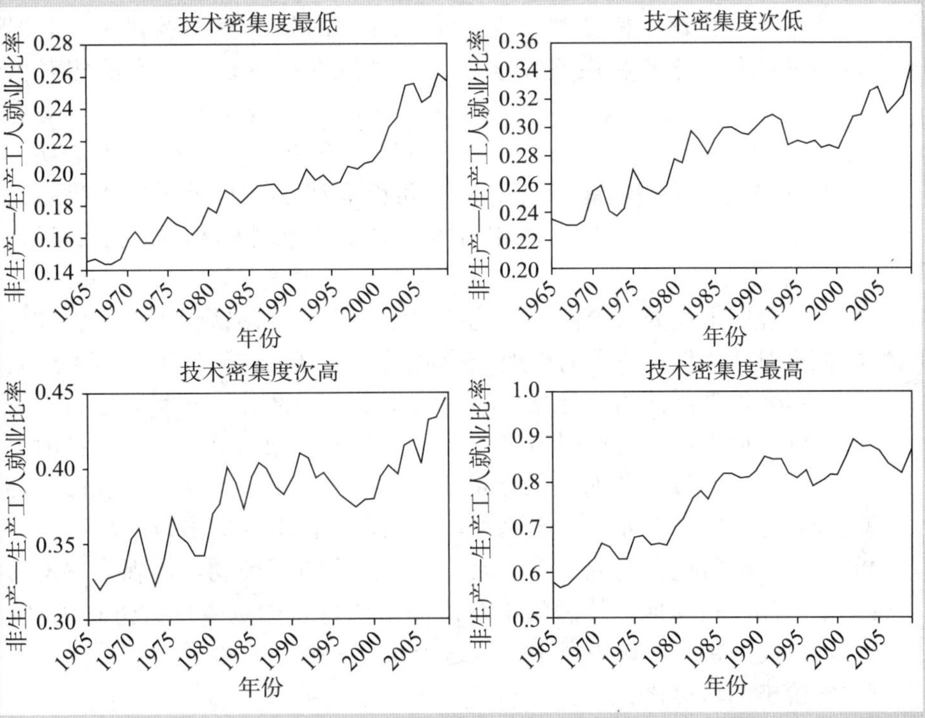

图 5—11　美国四组生产部门中非生产—生产工人就业比率的演变

说明：根据技术密集度将所有的生产部门划分为四组。长期以来，四组部门的非生产—生产工人就业比率均上升了。

资料来源：NBER-CES Manufacturing Productivity Database.

因此，人们所观察到的部分技能偏向型技术变革及其对工资不均等性的加剧，都可以归因于对外贸易和对外投资的增长。并且，正如我们已经提到过的，发达国家工资不均等性的加剧的确是个备受关注的问题。然而，由于技术创新偏爱相对高技术的工人就采用贸易限制措施来抑制技术创新更是成问题的：这相当于放弃了创新带来的巨大的总收益（除了贸易的标准收益之外）。鉴于此，经济学家赞成能够使所有工人都更容易获取技能的长期政策，这样，技术创新所带来的收益才能够惠及尽可能广泛的人群。

要素价格均等化

在贸易前，本国劳动者的收入要比外国少，本国资本所有者的收入要比外国高。在没有贸易的情况下，劳动充裕的本国棉布的相对价格要比资本充裕的外国低。产品相对价格的不同意味着两国要素相对价格之间的差异更大。

在贸易后，产品相对价格的趋同导致了劳动和资本相对价格的趋同。显然，贸易后存在着**要素价格均等化**（equalization of factor prices）的趋势。这一趋势会发展到什么程度呢？

答案令人惊讶：模型中要素价格均等化的趋势会发展到底，即国际贸易会使得两国的要素价格最终完全相等。虽然本国劳动对资本的相对供给比外国高，但是只要它们之间有贸易往来，两国的工资率和租借利率就会变得完全相同。为了搞清楚这个问题，我们回顾一下图 5—6。图 5—6 表明，只需给定棉布和粮食的价格就能确定工资率和租借利率，而无须参考劳动和资本的供给状况。如果棉布对粮食的相对价格在本国和外国相同，那么两国的要素价格也将相同。

为了理解上述要素价格均等化的过程，我们必须认识到，本国和外国进行贸易往来时，不仅仅是在简单地交换商品，同时也在间接地进行生产要素的交换。本国允许外国使用自身充裕的劳动要素的一部分，并非通过直接把劳动出售给外国，而是通过对外国出口劳动对资本投入相对高的产品，同时，自外国进口劳动对资本投入相对低的产品。本国的出口产品相比它进口的产品来说，需要投入更多的劳动才能生产出来，也就是说，本国的出口产品所包含的劳动比其进口产品所包含的劳动多。因此，本国出口了劳动，体现为它出口了劳动密集型产品。相反地，外国的出口产品中所包含的资本比它进口的产品要多，外国也因此间接地出口了资本。从这个角度来看，不难理解贸易导致了两个国家要素价格的均等化。

尽管上面对贸易的分析看上去简单而合情合理，但是仍然存在着一个重要问题：在现实世界中，各国的要素价格并不相等。例如，各国的工资率之间的差距就相当大（见表 5—1）。各国劳动素质的不同也许是一个原因，但这远不足以解释各国工资率之间如此之大的差异。

表 5—1　各国工资率的比较（美国＝100）

国家	2011 年生产工人的小时工资
美国	100
德国	133
日本	101
西班牙	80
韩国	53
巴西	33
墨西哥	18
中国*	4

* 中国为 2008 年数据。

资料来源：Bureau of Labor Statistics，*Foreign Labor Statistics Home Page*.

为什么模型得出的结论与现实不符呢？让我们来看看模型的假设。下面三个假设是要素价格均等化的关键，但它们在现实中是不存在的：（1）两个国家的技术水平相同；（2）无须任何代价的贸易会使得两个国家的产品价格相等；（3）两个国家都生产两种相同的产品。

（1）如果两国的生产技术水平不同，国际贸易导致要素价格均等化的命题就不会成立。例如，生产技术水平高的国家，其工资率和租借利率一般都高于生产技术水平低的国家。

（2）要素价格的完全均等取决于产品相对价格的完全趋同。在现实世界中，国际贸易并没有导致产品价格完全趋同。价格未完全趋同的原因包括贸易的自然壁垒（如运输费用）和人为壁垒（如关税、进口配额和其他限制）。

（3）即便所有国家都使用相同的技术，也面临着相同的产品价格，要素价格均等化仍依赖于两国生产相同的两种产品的假设。在图5—6中，为了从棉布和粮食的价格推导出工资率和租借利率，我们就做了两国同时生产两种相同产品的假设。然而，事实上，不同的国家各自可能更愿意从事不同产品的专业化生产。劳动对资本的相对供给多的国家一般只生产棉布，而资本对劳动的相对供给多的国家一般只生产粮食。这意味着，只有在两个国家的相对要素禀赋状况相似到足够的程度时，才可能发生要素价格均等化（本章的附录将更全面地讨论这一点）。因此，当两国资本对劳动的相对供给或技术工人对非技术工人的相对供给相差很大时，就不一定会发生要素价格均等化。

赫克歇尔－俄林模型的经验证据

赫克歇尔－俄林模型的要点就是：贸易是由国家间要素充裕度的差别引起的。我们刚刚讨论了从这个要点如何引申出下述推论：产品的贸易就是要素的贸易，国家之间产品的贸易应该体现要素差异。这一基于**贸易的要素含量**（factor content of trade）推论十分有影响力，并能够用现实经验去验证。然而，我们发现这一严格的经验验证所取得的成功却十分有限，其主要原因与要素价格均等化不能成立的原因相同。这是否意味着要素充裕度的差异不能解释所观察到的国际贸易模式呢？答案是否定的。首先，我们会阐述，放松产生要素价格均等化的假设就可以明显地成功证实基于贸易的要素含量的推论。其次，通过直接观察发达国家和发展中国家之间的货物贸易模式，我们可以看到赫克歇尔－俄林模型与现实的契合是多么完美。

产品贸易对要素贸易的替代：贸易的要素含量

基于美国数据的检验 直到最近，从某种程度上说直到现在，美国一直是世界各国经济中的一个特例。直到几年前，美国还是比其他国家富有。与其他国家的同行相比，美国工人的人均资本要高得多。即便是现在，虽然一些西欧国家和日本已经迎头赶上，但美国仍然居于人均资本较高国家的前列。

人们也许会认为，美国是一个资本密集型产品的出口国和劳动密集型产品的进口国。然而，令人惊讶的是，在第二次世界大战后的25年里，事实却并非如此。在1953年发表的一篇著名研究论文中，经济学家瓦西里·里昂惕夫（Wassily Leontief，1973年诺贝尔经济学奖获得者）发现，美国出口产品的资本密集程度要低于其进口产品的资本密集程度。[①] 这一结论被称为**里昂惕夫悖论**（Leontief paradox）。

表5—2展现了里昂惕夫悖论和其他有关美国贸易模式的信息。我们将1962年美国用于生产每百万美元价值的出口产品所需的生产要素与用于生产同样价值的进口产品所需的生产要素进行比较。如表中前两行所示，1962年的情况符合里昂惕夫悖论：美国出口产品的资本—劳动比低于进口产品。不过，该表的其余部分表明，其他有关进口产品和出口产品的数据是符合要素比例理论的。根据基于受教育年限的数据，美国出口产品的技术劳动密集度比其进口产品要高。美国还倾向于出口技术密集型产品，生产这些产品需要大量的科学家和工程师。美国作为一个高科技国家，在精密产品上具有比较优势，上述现象正好符合美国的这一特点。那么，我们为什么还会观察到里昂惕夫悖论呢？该悖论仅限于美国和/或仅限于所考察的要素吗？在此给出一个简短的答案：不。

表5—2　1962年美国进出口产品的要素含量

	进口	出口
每百万美元产品所包含资本（美元）	2 132 000	1 876 000
每百万美元产品所包含劳动（人·年）	119	131
资本—劳动比率（人均资本，美元）	17 916	14 321
工人平均受教育年限	9.9	10.1
劳动供给中工程师和科学家的占比	0.018 9	0.025 5

资料来源：Robert Baldwin，“Determinants of the Commodity Structure of U. S. Trade,” *American Economic Review* 61 (March 1971)，pp. 126 - 145.

基于全球数据的检验　哈里·P·鲍恩、爱德华·E·利默和利奥·斯维考斯卡斯（Harry P. Bowen，Edward E. Leamer，and Leo Sveikauskas）[②] 将里昂惕夫针对贸易要素含量的研究扩展至27个国家和12种生产要素。基于一国进出口贸易的要素含量，他们考察了一国是否为自身相对充裕的生产要素的净出口国，以及其他生产要素的净进口国。他们衡量要素充裕度的方法是：将一国的要素禀赋（计算一国某种要素禀赋占世界的比重）与该国占世界GDP的比重

① 参见 Wassily Leontief，“Domestic Production and Foreign Trade：The American Capital Position Re-Examined,” *Proceedings of the American Philosophical Society* 7 (September 1953)，pp. 331 - 349。

② 参见 Harry P. Bowen，Edward E. Leamer，and Leo Sveikauskas，“Multicountry，Multifactor Tests of the Factor Abundance Theory,” *American Economic Review* 77 (December 1987)，pp. 791 - 809。

相比较。例如，美国2011年占世界总收入的比重大约是25%，但是美国工人占世界工人的比重仅为5%。根据里昂惕夫最初的预判，美国贸易的要素含量应当体现出对劳动的净进口。鲍恩等学者以此方法针对27个国家和12种要素进行了正误检验。结果，正确率只有61%，比随机掷硬币的概率高不了多少！也就是说，在39%的情况下，贸易的要素含量与要素比例理论所预示的方向相反。

这一结果证实了里昂惕夫悖论绝非个例。然而，如此消极的实证经验也许并不令人惊讶，因为这是对一个以要素价格均等化为推论的理论的严苛检验，而要素价格均等化就与国家间工资存在巨大差异的经验证据明显相悖。正如我们所论述过的，国家间技术水平相同的假设是得出要素价格均等化推论的重要前提之一。

丢失贸易的情况　所观察到的贸易规模与赫克歇尔-俄林模型所预示的情形之间存在偏差，这也说明了国家之间存在着巨大的技术差异。在一篇颇具影响的论文中，多伦多大学的丹尼尔·特雷夫勒（Daniel Trefler）①指出了赫克歇尔-俄林模型也可以被用来估测一国的贸易规模，这种估测是基于该国与世界其他国家相比所具有的不同的要素充裕度而作出的（既然该模型认为，产品贸易是要素贸易的替代）。在现实中，要素贸易的规模要远远小于赫克歇尔-俄林模型的预估。

造成这个差别的原因主要是对富国和穷国之间大规模劳动力贸易的错误估计。回顾我们前面提到的例子，2011年美国收入的世界占比是25%，但美国工人的世界占比仅为5%。简单的要素比例分析会得出这样的结论：美国贸易应净进口劳动力，而且所进口的劳动服务的规模还应该十分庞大，因为美国相对于世界其他国家的劳动充裕度实在太低。但事实上，劳动充裕国与资本充裕国之间的要素贸易规模比要素比例理论（基于可观察到的国际要素充裕度差异）所预估的规模要小几个数量级。

特雷夫勒证明，放松“各国技术相同”这一假定，既有助于解释关于贸易要素含量的检验，也有助于解释丢失的贸易规模（尽管做此放松之后，仍存在大量丢失的贸易）。具体的论述大体如下：如果美国工人的效率比世界工人的平均水平高很多，那么美国的“有效”劳动力供给就比原始数据多得多，因而对美国进口劳动服务规模的预估量就会相应地低很多。

如果人们做一个便利的假定：国家间的技术差异体现为简单的乘法形式，也就是说，给定任一国家的要素投入集，它的产出都是美国产出的倍数或分数，则使用要素贸易的数据来估计不同国家的相对生产效率就是可行的。表5—3给出了特雷夫勒对一些样本国家和地区的估计（相对于美国的乘常数），这些数据表明，技术差异的确是巨大的。

---

① Daniel Trefler, “The Case of the Missing Trade and Other Mysteries,” *American Economic Review* 85 (December 1995), pp. 1029-1046.

表 5—3　1983 年的技术效率估值（美国=1）

国家和地区	
孟加拉国	0.03
泰国	0.17
中国香港	0.40
日本	0.70
联邦德国	0.78

资料来源：Daniel Trefler, "The Case of the Missing Trade and Other Mysteries," *American Economic Review* 85 (December 1995), pp. 1029 - 1046.

关于贸易要素含量的更好的经验契合　后来，哥伦比亚大学的唐纳德·戴维斯（Donald Davis）和戴维·温斯坦（David Weinstein）的研究表明，如果放松关于技术相同的假设，同时放松要素价格均等化所基于的另外两个假设（各国生产相同的产品类别及无须任何代价的贸易会使得各国产品价格均等化），那么关于贸易要素含量的方向及规模的一系列理论预见与经验证据的契合程度就会大幅提高，甚至是完美匹配。表 5—4 显示了这一契合度的改进，无论是关于要素贸易方向的检验，还是丢失的贸易比率，都体现出理论与经验的更好契合。其中，丢失的贸易比率，即要素贸易的实际规模与预估规模的比率，如果是 1，那么就不存在丢失的贸易；该比率在 1 之下的逐渐下降表示有越来越多的预估贸易丢失了。在此研究中，只有 10 个国家和 2 种要素（劳动和资本）能够满足研究对数据的需求（每个国家所使用的详细的生产技术信息是可得的）。

表 5—4　关于贸易要素含量的更好的经验契合

	假设的放松*			
	不放松	放松（1）	放松（1）～（2）	放松（1）～（3）
关于要素贸易方向的检验	0.32	0.50	0.86	0.91
丢失的贸易（观察值/预估值）	0.000 5	0.008	0.19	0.69

*假设：（1）国家间的技术水平相同；（2）各国生产相同的产品类别；（3）无须任何代价的贸易会使得各国产品价格均等化。

资料来源：Don R. Davis and David Weinstein, "An Account of Global Factor Trade," *American Economic Review* (2001), pp. 1423 - 1453.

表 5—4 的第一列数据显示了要素价格均等化所基于的三项假设同时存在的情况（国家间的技术水平相同；各国生产相同的产品类别；无须任何代价的贸易会使得各国产品价格均等化）。这一检验的结果与鲍恩等学者的研究非常类似，尽管根据要素比例理论进行的预判被这一检验成功证实的程度更低（经验与理论的吻合度仅为 32%，远低于鲍恩等学者的研究结果 61%）。这是由于样本所选取的国家不同，所考察的要素不同，并且基于生产技术相关的新知识所完成的数据整理过程也不同。丢失贸易的比率也着实很高，几乎所有的要素贸

易预估值都未在现实中实现。这些结果再次证实，对赫克歇尔-俄林模型的严苛检验的确失败了。

表 5—4 的第二列数据是在放松技术相同假设的条件下得出的，这与特雷夫勒所做的研究相同。两项实证检验的结果都大有改进，尽管理论成功预测经验的概率总体上仍然很低。第三列数据进一步放松了各国生产相同的产品类别这一假设。可以看到，这大幅提高了关于要素贸易方向的检验契合理论预判的程度（契合度高达 86%）。丢失贸易的程度也大大降低了，尽管可观察到的贸易规模仍然仅占理论预估值的 19%。第四列即最后一列最后放松了无代价贸易驱动产品价格均等的假设，关于要素贸易方向的检验与预判的契合度进一步上升至 91%。至此，我们可以断定，应将里昂惕夫悖论归于统计异常了。第四列同时表明，丢失贸易的程度也大幅降低了：可观察到的贸易规模此时占到了理论预判值的 69%。

总之，表 5—4 清晰地表明，在不同的假设条件下，要素比例理论预测现实要素贸易方向及规模的成功概率差别巨大。在假设严苛的极端情形下（第一列），几乎找不到支持赫克歇尔-俄林模型的证据；不过，通过此项研究，我们也看清了根植于"纯"赫克歇尔-俄林模型的各项假设是如何导致其验证现实的失败的。当抛弃这些假设之后，我们就可以重新表述一个既高度契合现实的要素贸易模式，又以要素比例差异为基础的贸易模型了。

发达国家和发展中国家间的出口模式

还有一种方式可以考察要素比例差异是如何塑造现实贸易模式的。这种方式即将劳动充裕、技术稀缺的发展中国家的出口与技术充裕、劳动稀缺的发达国家的出口相比较。在"2×2×2"（2 种产品、2 个国家、2 种要素）理论模型中，我们推导出了赫克歇尔-俄林定理，即一国会出口密集使用其充裕要素进行生产的产品。悉尼大学的约翰·劳马里斯（John Romalis）[①] 的研究显示，该定理对出口模式的预估可以扩展至多个国家生产多种产品的情形：随着一国技术充裕度的提升，其出口会越来越集中于那些技术密集度较高的产业部门。下面我们将从两个角度观察这一论断的适用性：其一是比较技术充裕度处于相反极端的国家的出口；其二是比较一个国家例如中国的出口是如何随着经济增长和技术充裕度的提升而发生变化的。

图 5—12 比较了处于技术充裕度排名两端的两组国家的出口状况，技术充裕度的排名处于低端的三个发展中国家是孟加拉国、柬埔寨和海地，处于高端的三个国家是三个最大的欧洲经济体：德国、法国和英国。根据产品的技术密集度从低到高的顺序，将这些国家对美国出口的产业部门分为四组。这四组的划分与图 5—11 中的划分完全相同。[②] 图 5—12 清晰地表明，三个发展中国家对

---

① John Romalis, "Factor Proportions and the Structure of Commodity Trade," *American Economic Review* 94 (March 2004), pp. 67 - 97.

② 与前面的论述一样，确定某个部门技术密集度的方法是衡量该部门中非生产工人与生产工人的比率。

美国的出口绝大部分都集中于技术密集度最低的部门，而它们的高技术密集度部门对美国的出口几乎为零。三个欧洲国家的出口结构则与此形成了鲜明的对比：这些技术充裕国家对美国的出口都集中于技术密集度较高的部门。

时间序列数据也能够与赫克歇尔-俄林模型的内容相一致。中国过去三十年（尤其是过去五年中）的高速增长一直伴随着技术充裕度的显著上升。图5—13显示了三十年来中国对美国出口的结构变化。出口部门也依据技术密集度，按照与图5—12相同的方法划分为四组。我们可以清楚地看出中国出口模式的根本转变：正如中国要素比率变化所预示的那样，中国出口向高技术部门集中的趋势持续增强。在最近的几年中，技术密集度最高的产品部门在中国对美国的出口中占据了最大的份额，而早年的情况却是出口集中于技术密集度最低的部门。[①]

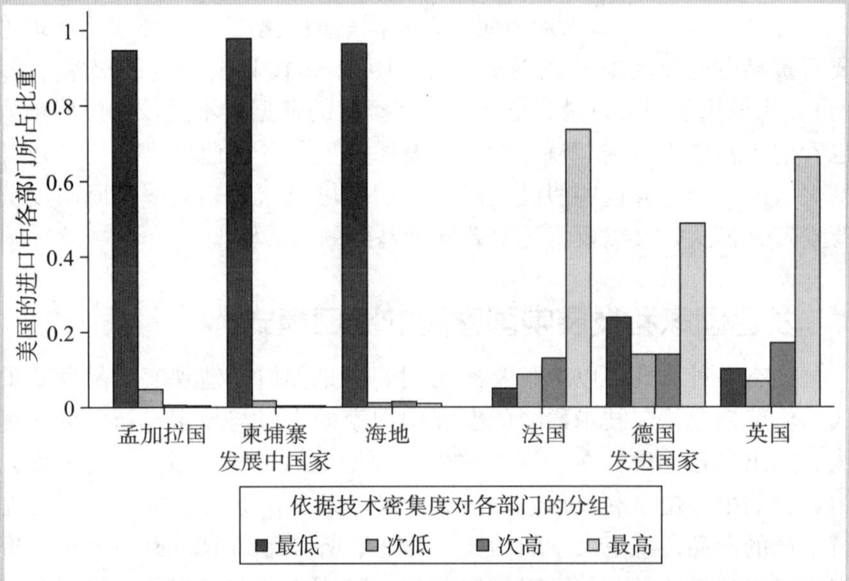

图5—12　2008—2012年少数发达国家与发展中国家的出口模式

资料来源：NBER-CES U. S. Manufacturing Productivity Database，U. S. Census Bureau，and Peter K. Schott，"The Relative Sophistication of Chinese Exports，" *Economic Policy*（2008），pp. 5-49.

---

① 比较图5—12和图5—13（最近几年），我们发现高技术密集度部门在中国对美国的出口中的集中度仍不及三个欧洲经济体。不过，考虑中国目前的人均GDP水平，中国出口中高技术部门所占的份额仍是相当高的。参见Peter K. Schott，"The Relative Sophistication of Chinese Exports，" *Economic Policy*（2008），pp. 5-49。

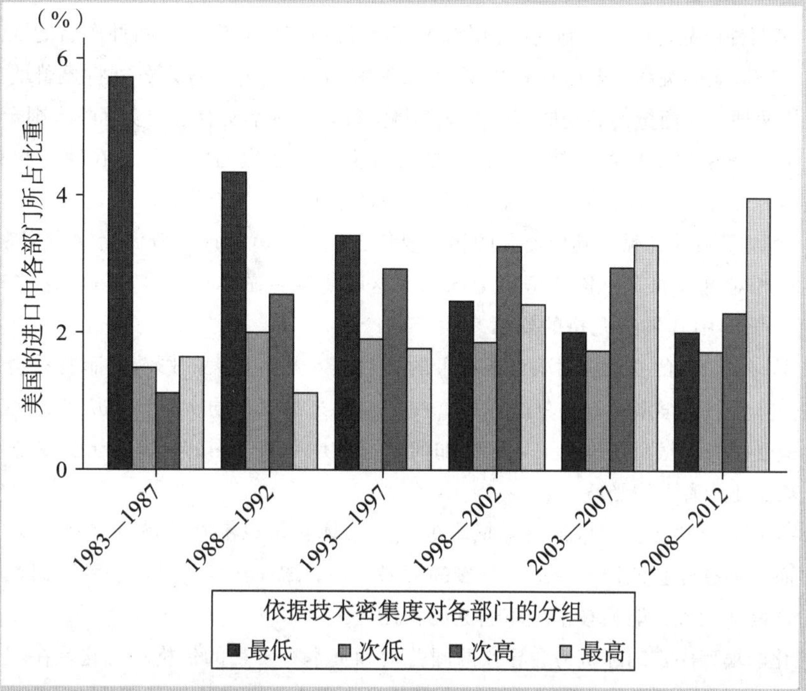

图 5—13　中国出口模式三十年来的转变

资料来源：NBER-CES U. S. Manufacturing Productivity Database，U. S. Census Bureau，and Peter K. Schott，"The Relative Sophistication of Chinese Exports，" *Economic Policy*（2008），pp. 5－49.

实证检验的含义

我们并未看到各国间的要素价格真正实现了均等化。当我们对保有支撑要素价格均等化的所有假设的"纯"赫克歇尔－俄林模型进行检验时，会发现一国贸易的要素含量与基于该国要素充裕度而作出的理论预期几乎毫无吻合之处。然而，如果放松假设，使得要素比例模型不那么严苛，则基于它所作出的预判能够很好地契合现实中贸易的要素含量。发达国家与发展中国家间的产品贸易模式也能够非常好地契合模型的预期。

最后，赫克歇尔－俄林模型对理解贸易的影响，尤其是对收益分配的影响仍然十分重要。事实上，由于在南北制成品贸易的增长中，北方进口产品的要素密集度与其出口产品很不一样，因此在关于国际贸易政策的现实辩论中，要素比例学说已处于中心位置。

提要

1. 为了理解资源在贸易中的作用，我们建立了一个采用两种生产要素来生产两种产品的模型。这两种产品具有不同的要素密集度，也就是说，对任一给定的工资—租借利率比率，生产其中一种产品所需的劳动—资本比率要高于另一种产品。

2. 只要一国两种产品都生产，则这两种产品的相对价格与用以生产这两种产品的要素的相对价格之间就存在着一一对应的关系。若劳动密集型产品的相对价格上升，收入分配将显著地向有利于劳动的方向转变：用两种产品衡量的劳动的实际工资都将上升，而资本所有者的实际收入则会下降。

3. 一种生产要素的供给增加会扩张生产可能性，但却有强烈的偏向性：在商品相对价格不变的情况下，该要素密集型产品的产出会增加，而另一种产品的产出则会下降。

4. 如果一个国家某种资源对其他资源的相对供给比较大，就称这种资源为这个国家的充裕资源。一个国家将生产相对更多的充裕资源密集型产品，这就是赫克歇尔-俄林贸易理论的基本结论：各国倾向于出口密集使用其供给充裕的要素来生产的产品。

5. 由于产品相对价格的变动会对要素所有者的相对收入产生很大的影响，而贸易会导致相对价格的改变，所以国际贸易有很强的收入分配效应。一个国家充裕要素的所有者会从贸易中获利，稀缺要素的所有者会遭受损失。然而在理论上，无论如何，贸易是有利可图的，因为至少受益者可以弥补受损者的损失，从而使所有人均受益。

6. 发达国家和发展中国家之间的日益增多的贸易一体化可以潜在地解释发达国家中工资不均等性的加剧。然而，鲜有经验证据支持这一直接的因果关系。取而代之的是，经验证据表明在驱动工资不均等化方面，犒赏工人技能的技术变革所起的作用更大。

7. 在理想化的模型中，国际贸易会导致两国劳动和资本等要素的价格均等化。在现实中，由于资源差异、贸易壁垒等方面的巨大差异以及国际技术差异，完全的要素价格均等化并不存在。

8. 对于赫克歇尔-俄林模型所进行的实证检验结果不尽一致。不过，放松假设后的模型则能够实现理论预估与现实中贸易要素含量状况的完美契合。此外，赫克歇尔-俄林模型在预测发达国家与发展中国家间的贸易模式方面也相当准确。

关键术语

充裕要素	生产可能性的偏向性扩张	要素价格均等化
要素充裕度	贸易的要素含量	要素密集度
要素价格	要素比例理论	赫克歇尔-俄林理论
里昂惕夫悖论	稀缺要素	技能偏向型技术变革

习题

1. 回顾本章中所述的不存在要素替代的那个数字例子。由于不存在要素替代，生产可能性边界如图 5—1 所示。

a. 如果一国既生产棉布又生产粮食，那么棉布相对价格的变化范围是什么？如果相对价格超出这一范围，所生产的是哪一种产品？

回答问题（b）～（f）时，假定价格位于两种产品都生产时的价格范围之内。

b. 将生产 1 码棉布和 1 卡路里粮食的单位成本写成 1 机时的价格 r 和 1 工时的价格 w 的函数。在竞争市场中，上述单位成本就等于棉布和粮食的价格。解出要素价格 r 和 w。

c. 如果棉布价格提高，上述要素价格会如何变化？棉布价格的这一变化会使谁受益，谁受损？为什么？上述变化与要素可替代情形下的变化一致吗？

d. 现在假设该国的机时供给即资本供给从 3 000增至 4 000。推导出新的生产可能性边界。

e. 资本供给以上述幅度增加之后，该国会生产多少棉布，多少粮食？

f. 分析机时和工时在棉布和粮食两个部门之间配置的变化。上述变化与要素可替代情形下的变化一致吗？

2. 在土地便宜的美国，用来养牛的人均土地要高于用于种植小麦所用的人均土地。但是在那些比较拥挤的国家里，土地昂贵而劳动力便宜，人们用于养牛的人均土地通常比美国用于种植小麦的人均土地更少。我们是否仍然可以认为，与种植小麦相比，养牛业是土地密集型产业？为什么？

3. “世界上一些最贫穷的国家找不到什么产品来出口。在这些国家里，没有一种资源是充裕的。既不是资本，也不是土地，在一些又小又穷的国家，甚至连劳动也不充裕。”分析上面这段话。

4. 美国劳工运动（基本上代表了蓝领工人，而不是专业人才和受过高等教育的工人）传统上对政府限制从发展中国家进口产品持赞同的态度。从工会成员利益的角度来看，这个政策是否合理？是否为一个短视的政策？如何用相关贸易模型来回答本题？

5. 最近，一些发展中国家（如印度）的计算机程序人员已经开始做原来由美国程序员完成的工作。这种转移无疑导致部分美国程序员的收入实质下降。请回答以下两个问题：如果出现美国技术工人的工资整体而言上涨的情况，为什么会出现这一情况？如果人们将工资收入的下降作为反对计算机编程外包的理由，贸易经济学家会如何加以反驳？

6. 分析说明为什么里昂惕夫悖论以及本章所介绍的鲍恩、利默和斯维考斯卡斯的新近研究结果与要素比例理论相矛盾。

7. 在讨论赫克歇尔-俄林模型实证研究的结果时，我们注意到，近期的研究表明，各国间存在着生产要素效率的差异。请解释这种差异对要素价格均等化这一概念的影响。

延伸阅读

Donald R. Davis and David E. Weinstein. “An Account of Global Factor Trade.” *American Economic Review* 91 (December 2001), pp. 1423 - 1453. This paper confirms the results from earlier studies that the empirical performance of a “pure” Heckscher-Ohlin model is very poor. It then shows how the empirical success of a modified version of the model is vastly improved.

Alan Deardorff. “Testing Trade Theories and Predicting Trade Flows,” in Ronald W. Jones and Peter B. Kenen, eds. *Handbook of International Economics*. Vol. 1. Amsterdam: North-Holland, 1984. A survey of empirical evidence on trade theories, especially the factor-proportions theory.

Lawrence Edwards and Robert Z. Lawrence, *Rising Tide: Is Growth in Emerging Economies Good for the United States?* (Peterson Institute for International Economics, 2013). A new book discussing the impact for the United States of increased integration with rapidly growing countries in the developing world.

Gordon Hanson and Ann Harrison. “Trade and Wage Inequality in Mexico.” *Industrial and Labor Relations Review* 52 (1999), pp. 271 - 288. A careful study of the effects of trade on income inequality in our nearest neighbor, showing that factor prices have moved in the opposite direction from what one might have expected from a simple factor-proportions model. The authors also put forward hypotheses about why this may have happened.

Ronald W. Jones. “Factor Proportions and the Heckscher-Ohlin Theorem.” *Review of Economic Studies* 24 (1956), pp. 1 - 10. Extends Samuelson's 1948—1949 analysis (cited below), which focuses primarily on the relationship between trade and income distribution, into an overall model of international trade.

Ronald W. Jones. "The Structure of Simple General Equilibrium Models." *Journal of Political Economy* 73 (December 1965), pp. 557 - 572. A restatement of the Heckscher-Ohlin-Samuelson model in terms of elegant algebra.

Ronald W. Jones and J. Peter Neary. "The Positive Theory of International Trade," in Ronald W. Jones and Peter B. Kenen, eds. *Handbook of International Economics*. Vol. 1. Amsterdam: North-Holland, 1984. An up-to-date survey of many trade theories, including the factor-proportions theory.

Bertil Ohlin. *Interregional and International Trade*. Cambridge: Harvard University Press, 1933. The original Ohlin book presenting the factor-proportions view of trade remains interesting—its complex and rich view of trade contrasts with the more rigorous and simplified mathematical models that followed.

John Van Reenen. "Wage Inequality, Technology and Trade: 21st Century Evidence." Labor Economics (December 2011), pp. 30 - 741. A recent survey discussing how trade and new technologies are linked to increases in wage inequality for the United States and the United Kingdom.

John Romalis. "Factor Proportions and the Structure of Commodity Trade." *The American Economic Review* 94 (March 2004), pp. 67 - 97. A paper showing that a modified version of the Heckscher-Ohlin model has a lot of explanatory power.

Paul Samuelson. "International Trade and the Equalisation of Factor Prices." *Economic Journal* 58 (1948), pp. 163 - 184; and "International Factor Price Equalisation Once Again." *Economic Journal* 59 (1949), pp. 181 - 196. The most influential formalizer of Ohlin's ideas is Paul Samuelson (again!), whose two *Economic Journal* papers on the subject are classics.

第5章附录1　要素价格、产品价格和生产决策

在本章中我们曾给出了三个命题，但没有进行详细的推导。第一个命题体现在图5—5中，即每个产业部门所采用的劳动—资本比率取决于工资—租借利率比率 w/r。第二个命题体现在图5—6中，即在产品的相对价格 P_C/P_F 和工资—租借利率比率之间，存在着一一对应的关系。第三个命题是：一国劳动力供给的增加（在给定相对产品价格 P_C/P_F 的情况下）会使劳动力和资本都从粮食部门向劳动密集型棉布部门流动。本附录将简要地论证这三个命题。

技术选择

图5A1—1再次显示了每生产1单位粮食所投入的劳动和资本的不同选择——曲线 II 代表了粮食的单位等产量线。同时，该图还展示了一组等成本线，即耗费相同成本的资本和劳动投入的组合。

说明：为使成本最小化，生产者必须选择可能达到的最低等成本线，即选择单位等产量线（曲线 II）上斜率等于负的工资—租借利率比率 w/r 的这一点。

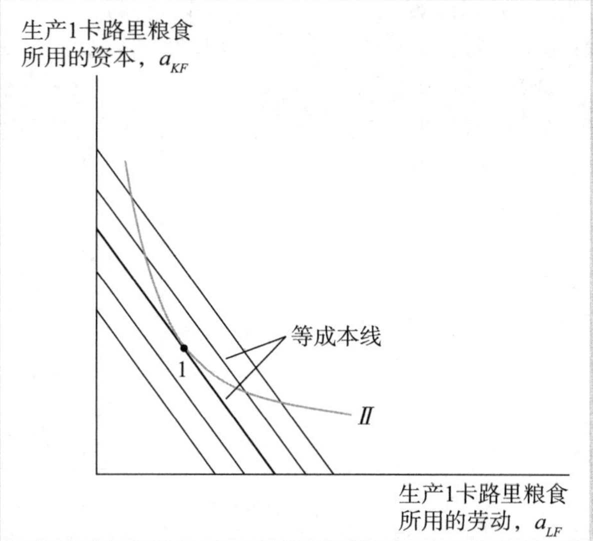

图 5A1—1　劳动—资本比率的最佳选择

等成本线可依如下方法绘制：购买一定劳动 L 的成本为 wL；租借一定数量资本 K 的花费为 rK。因此，如果某人能够用 a_{LF} 单位劳动和 a_{KF} 单位资本生产出 1 单位粮食，则生产这 1 单位粮食的总成本 c 为：

$$c = wa_{LF} + ra_{KF}$$

用来表示同一成本下所有 a_{LF} 和 a_{KF} 组合的直线可以用下述方程表示：

$$a_{KF} = c/r - (w/r)\ a_{LF}$$

也就是说，这是一条斜率为 $-w/r$ 的直线。

图 5A—1 展示了一组这样的直线，不同的直线对应着不同的成本；离原点越远，成本越高。在由曲线 II 给定的技术选择之下，生产者会选取尽可能最低的成本。在本例中，这种情况发生在点 1，此时曲线 II 与等成本线相切，曲线 II 的斜率为 $-w/r$。（如果这些结果让你联想起图 4—5 中所述的命题，即一个国家的最终生产点位于生产可能性边界上斜率等于负的 P_C/P_F 的一点，那么你是对的：这里运用了相同的原理。）

现在我们来比较一下两个不同要素价格比率下的劳动—资本比率的选择。在图 5A1—2 中，我们给出了不同的投入选择：一种是假定劳动的相对价格较低的情形 $(w/r)^1$，投入选择在点 1；一种是假定劳动的相对价格较高的情形 $(w/r)^2$，投入选择在点 2。也就是说，劳动的相对价格越高，所选择的投入点的劳动—资本比率就越低，正如图 5—5 中所假设的一样。

说明：当 w/r 上升时，投入选择的最低成本点将从点 1 移至点 2，也就是说，移动到劳动—资本比率更低的投入选择上。

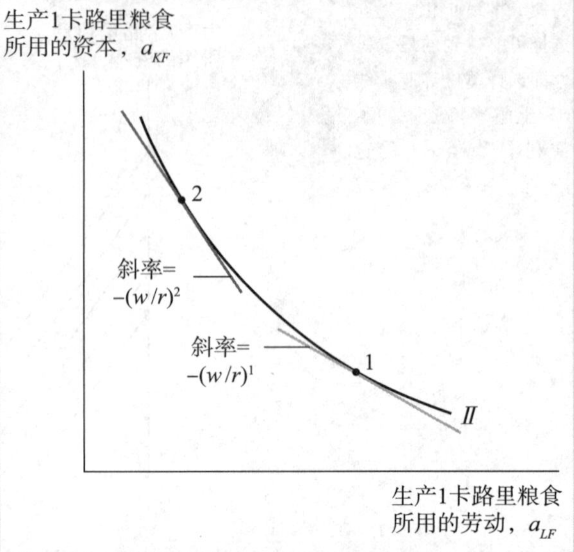

图 5A1—2　工资—租借利率比率的改变

产品价格和要素价格

现在我们来看一看产品价格同要素价格之间的关系。这个问题有好几种分析方法；这里我们根据 20 世纪 30 年代阿巴·勒纳（Abba Lerner）提出的方法来进行分析。

图 5A1—3 给出了棉布和粮食生产中所用的资本和劳动投入。在以前的图形中，我们已经说明了生产 1 单位产品所需的投入。然而，在本图中，我们给出的是每生产价值 1 美元的产品所需的投入。（实际上，只要对两种商品使用同一标准，价值多少美元都没有关系。）这样，棉布的等产量线 CC 表明生产 $1/P_C$ 单位棉布所需投入的可能组合；粮食的等产量线 FF 表明生产 $1/P_F$ 单位粮食所需投入的可能组合。注意到，正如图 5A1—3 所显示的那样，棉布生产是劳动密集型的（粮食生产是资本密集型的）：在任一给定的 w/r 下，棉布生产中所用的劳动—资本比率总会比粮食生产中所用的高。

如果这个国家两种产品都生产，那么情况必然会是，生产价值 1 美元的每种产品，其成本实际上也是 1 美元。只有在两种产品的最低成本生产点位于同一条等成本线上时，两种产品的生产成本才能相同。因此，工资—租借利率比率 w/r 必然等于图 5A1—3 中所示直线的斜率，因为该直线刚好与两条等产量线都相切。

最后，我们来考虑一下棉布价格的上涨对工资—租借利率比率的影响。如果棉布价格上涨，那么就有必要少生产几码布以便维持 1 美元的价值。那么，对应于 1 美元价值棉布的等产量线就会向内移动。在图 5A1—4 中，原先的等产量线是 CC^1，新的等产量线是 CC^2。

说明：等产量线 CC 和 FF 分别表示了每生产 1 美元价值的棉布和粮食所需的要素投入。由于价格必须与生产成本相等，则每种产品的投入也必须花费 1 美元。也就是说，工资—租借利率比率必须与同两条等产量线都相切的那条直线的负斜率相等。

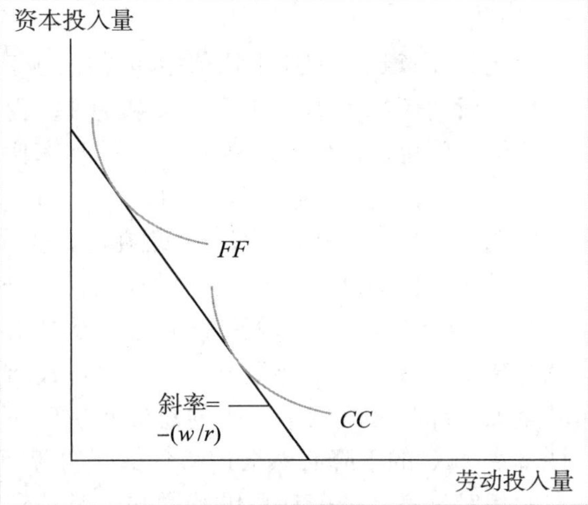

图 5A1—3　工资—租借利率比率的决定

必须再画出一条与两条等产量线都相切的直线，这条直线的斜率就等于负的工资—租借利率比率。从这条更陡的等成本线[斜率$=-(w/r)^2$]我们可以立刻知道，新的 w/r 高于原来的水平：棉布的相对价格越高意味着相对工资（工资—租借利率比率）越高。

说明：如果棉布的价格上升，较少的产出现在就能值 1 美元。因此，曲线 CC^1 被曲线 CC^2 取代。工资—租借利率比率也因此由 $(w/r)^1$ 上升到 $(w/r)^2$。

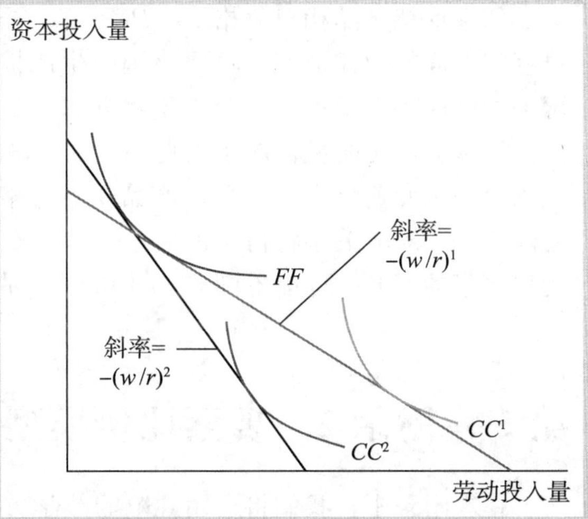

图 5A1—4　棉布价格上升的影响

关于资源与产出的更多推导

现在我们来考察在棉布和粮食价格不变的情况下，资源的变化对生产要素在部门间配置进而对生产的影响。劳动相对于资本的总使用量 L/K 可以写成棉布部门（L_C/K_C）和粮食部门（L_F/K_F）这一比值的加权平均：

$$\frac{L}{K}=\frac{K_C}{K}\frac{L_C}{K_C}+\frac{K_F}{K}\frac{L_F}{K_F} \tag{5A1—1}$$

我们注意到，上述平均值中所采用的权数 K_C/K 和 K_F/K 是棉布部门和粮食部门所使用的资本的比重，其和为 1。我们已经论述过，给定一个棉布的相对价格，就可以确定一个工资—租借利率比率（只要该国既生产棉布也生产粮食），而工资—租借利率比率一旦确定，又可以进一步确定两个部门的劳动—资本雇佣量（L_C/K_C和L_F/K_F）。现在考虑该国的劳动总供给 L 增加对给定的棉布相对价格的影响：L/K 会增加，而 L_C/K_C 和 L_F/K_F 都不变。为了让公式（5A1—1）继续成立，较高的劳动—资本比率 L_C/K_C所占的权重必须上升。这就意味着权重 K_C/K 要上升，权重 K_F/K 要下降。这样，资本会从粮食部门流动至棉布部门（既然本例中的总资本供给 K 保持不变）。进而，既然 L_F/K_F保持不变，K_F的下降必然会使粮食部门的劳动雇佣量 L_F也下降。这表明，给定棉布的相对价格，若劳动总供给增加，劳动和资本两种要素都会从粮食部门向棉布部门流动。因此，该国生产可能性边界的扩张会明显地偏向于棉布，以至在不变的棉布相对价格下，该国生产更少的粮食。

随着一国劳动总供给的增加，该国会将两种要素越来越多地集中于劳动密集型棉布部门。如果劳动的增量足够多，那么该国可能会专业化生产棉布，而不再生产任何粮食。那时，产品相对价格 P_C/P_F与工资—租借利率比率 w/r 之间的一一对应关系就不复存在了；劳动供给 L 的继续增加则会带来劳动—租借利率比率的下降，即沿着图 5—7 中的 CC 曲线向右下方移动。

如果保持产品相对价格 P_C/P_F不变，当一国的资本总供给增加时，推论的过程与上面的叙述类似。只要该国既生产棉布也生产粮食，该国对资本总供给增加的反应将是增加资本密集型粮食部门的生产：劳动和资本都会流向粮食部门。该国会经历明显偏向于粮食部门的经济增长。当资本供给增加至某一点时，该国会完全专业化生产粮食，产品相对价格 P_C/P_F与工资—租借利率比率 w/r 之间的一一对应关系将再次消失。资本供给 K 的继续增加则会带来劳动—租借利率比率的上升，即沿着图 5—7 中的 FF 曲线向左上方移动。

第 5 章附录 2　要素比例模型

在本附录中，我们将运用规范的数学方法来分析第 5 章解释过的生产的特定要素模型。数学方法有助于我们加深对模型本身的理解。

要素价格和成本

让我们考虑一下用资本和劳动作为生产要素来生产某种商品的情况。假设该商品是在规模收益不变情形下生产出来的，生产技术可以用单位等产量线（图 5A2—1 中的 II 线）来描述。单位等产量线是指生产 1 单位该产品所使用的所有资本和劳动的组合。II 线表明，单位产出所用资本的数量 a_K 和单位产出所

用劳动的数量 a_L 之间有一种替代关系。单位等产量线的曲度反映了下述假设：随着资本—劳动比的上升，用资本来替换劳动会越来越困难，反之亦然。

在竞争的市场经济中，生产者会选择成本最小化的资本—劳动比。图 5A2—1 中的点 E 就是这样一个成本最小化的选择。在这一点，等产量线 II 和一条直线相切，该直线的斜率等于劳动价格 ω 和资本 r 之比的负数。

实际的生产成本等于资本和劳动投入的成本之和，即

$$c=a_K r+a_L \omega \tag{5A2—1}$$

式中，a_K 和 a_L 为使得 c 最小化而选择的投入系数。

因为资本—劳动比是使得成本最小化的选择，这意味着改变这一比率并不能降低成本，即通过增加 a_K 同时降低 a_L 来降低成本是不可能的，反之也不行。因此在成本最小点，资本—劳动比的微小变化对成本肯定没有影响。令 da_K、da_L 为最优投入选择点的变化量，那么对于沿单位等产量线的任何移动，有

$$r da_K+\omega da_L=0 \tag{5A2—2}$$

接着，让我们考虑要素价格 r 和 ω 变化的情况。这种变化会有两种结果：改变 a_K 和 a_L 的选择以及改变生产成本。

首先，考虑这一变动对单位产出所需资本和劳动相对数量的影响。成本最小化的劳动—资本比取决于劳动价格与资本价格比，即

$$\frac{a_K}{a_L}=\Phi\left(\frac{\omega}{r}\right) \tag{5A2—3}$$

说明：成本最小化的资本—劳动比依赖于要素价格。

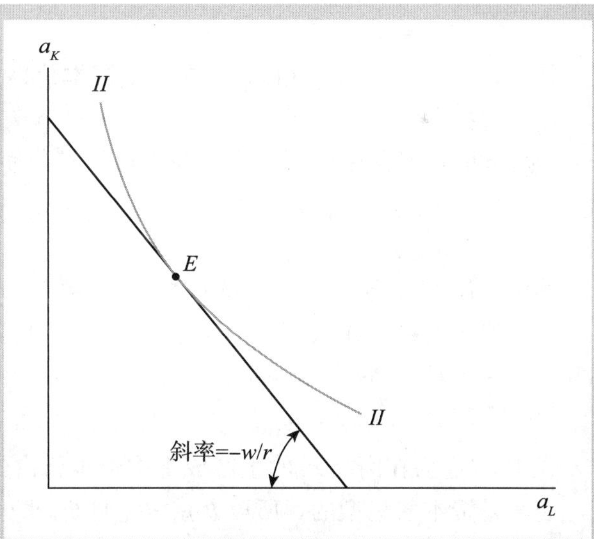

图 5A2—1　有效率的生产

生产成本也会变化。对于要素价格 dr 和 $d\omega$ 的微小变化，生产成本的变化为

$$dc=a_K dr+a_L d\omega+r da_K+\omega da_L \tag{5A2—4}$$

然而，我们从等式（5A2—2）中已经知道等式（5A2—4）中的最后两项之和为零。因此，要素价格对成本的影响可以改写为

$$dc = a_K dr + a_L d\omega \tag{5A2—4'}$$

我们很容易从等式（5A2—4′）推导出另外一种等式形式。通过乘以或除以某些元素得到的新等式如下：

$$\frac{dc}{c} = \left(\frac{a_K r}{c}\right)\left(\frac{dr}{r}\right) + \left(\frac{a_L \omega}{c}\right)\left(\frac{d\omega}{\omega}\right) \tag{5A2—5}$$

式中，dc/c 可解释为 c 的变化率，可以简记为 $\hat{c}$；类似地，令 $dr/r = \hat{r}$ 以及 $d\omega/\omega = \hat{\omega}$。$a_K r/c$ 解释为资本占总生产成本的比例，简记为 θ_K。因此等式（5A2—5）可以简化为：

$$\hat{c} = \theta_K \hat{r} + \theta_L \hat{\omega} \tag{5A2—5'}$$

其中，

$$\theta_K + \theta_L = 1$$

这是一个“帽尖代数”的例子，在国际经济学中用这种记号表示数学关系非常方便。

要素比例模型的基本等式

假设一个国家生产两种商品：棉布 C 和粮食 F；使用两种生产要素：资本和劳动。再假设粮食是资本密集型商品。每种商品的价格必须等于它的生产成本，即

$$P_F = a_{KF} r + a_{LF} \omega \tag{5A2—6}$$

$$P_C = a_{KC} r + a_{LC} \omega \tag{5A2—7}$$

其中，a_{KF}、a_{LF}、a_{KC} 和 a_{LC} 为在给定资本价格 r 和劳动价格 ω 下的成本最小化的投入选择。

同时，经济中的所有生产要素都被充分使用，即

$$a_{KF} Q_F + a_{KC} Q_C = K \tag{5A2—8}$$

$$a_{LF} Q_F + a_{LC} Q_C = L \tag{5A2—9}$$

其中，K 和 L 分别为资本和劳动的总供给。

要素价格等式（5A2—6）和（5A2—7）表明了要素价格变化率：

$$\hat{P}_F = \theta_{KF} \hat{r} + \theta_{LF} \hat{\omega} \tag{5A2—10}$$

$$\hat{P}_C = \theta_{KC} \hat{r} + \theta_{LC} \hat{\omega} \tag{5A2—11}$$

式中，θ_{KF} 为在商品 F 的生产成本中资本所占的比例，依此类推。因为 F 相对 C 而言是资本密集型的，所以 $\theta_{KF} > \theta_{KC}$ 且 $\theta_{LF} < \theta_{LC}$。

对于产量等式（5A2—8）和（5A2—9）要仔细分析。要素价格的变化能够引起单位投入 α_{KF} 等发生变化。然而，如果商品价格固定不变，则要素价格也不会变化。因此，对于给定的 F 和 C 价格，由要素供给和产出可以写出下面的等式：

$$\alpha_{KF} \hat{Q}_F + a_{KC} \hat{Q}_C = \hat{K} \tag{5A2—12}$$

$$\alpha_{LF} \hat{Q}_F + a_{LC} \hat{Q}_C = \hat{L} \tag{5A2—13}$$

式中，α_{KF} 是用于商品 F 生产中的资本占经济中资本总供给的比例，依此类推。

因为 F 是资本密集型的，所以 $a_{KF}>\alpha_{LF}$ 且 $a_{KC}<a_{LC}$。

商品价格和要素价格

要素价格等式（5A2—10）和（5A2—11）可联立求解，用商品价格来表示要素价格（这些解利用了关系式 $\theta_{LF}=1-\theta_{KF}$，$\theta_{LC}=1-\theta_{KC}$），即

$$\hat{r}=\left(\frac{1}{D}\right)[(1-\theta_{KC})\hat{P}_F-\theta_{LF}\hat{P}_C] \tag{5A2—14}$$

$$\hat{\omega}=\left(\frac{1}{D}\right)[\theta_{KF}\hat{P}_C-\theta_{KC}\hat{P}_F] \tag{5A2—15}$$

式中，$D=\theta_{KF}-\theta_{KC}$（意味着 $D>0$）。对上面的等式进行整理可以得到如下等式：

$$\hat{r}=\hat{P}_F+\left(\frac{\theta_{LF}}{D}\right)(\hat{P}_F-\hat{P}_C) \tag{5A2—14$'$}$$

$$\hat{\omega}=\hat{P}_C+\left(\frac{\theta_{KC}}{D}\right)(\hat{P}_F-\hat{P}_C) \tag{5A2—15$'$}$$

假定 F 的价格相对于 C 的价格上升，则 $\hat{P}_F>\hat{P}_C$。那么有以下结果：

$$\hat{r}>\hat{P}_F>\hat{P}_C>\hat{\omega} \tag{5A2—16}$$

即不论用哪种产品来度量，资本的实际价格都会上升，而劳动的实际价格都会下降。特别地，若 F 的价格保持不变，C 的价格上升，那么工资率实际上将下降。

要素供给和产出

只要商品的价格给定，那么利用关系式 $\alpha_{KC}=1-\alpha_{KF}$，$\alpha_{LC}=1-\alpha_{LF}$ 可以求出等式（5A2—12）与（5A2—13）的解。从而可以利用要素供给的变化表示每种商品产出的变化，即

$$\hat{Q}_F=\left(\frac{1}{\Delta}\right)[\alpha_{LC}\hat{K}-\alpha_{KC}\hat{L}] \tag{5A2—17}$$

$$\hat{Q}_C=\left(\frac{1}{\Delta}\right)[-\alpha_{LF}\hat{K}-\alpha_{KF}\hat{L}] \tag{5A2—18}$$

式中，$\Delta=\alpha_{KF}-\alpha_{LF}$，$\Delta>0$。

可以将这些等式改写成

$$\hat{Q}_F=\hat{K}+\left(\frac{\alpha_{KC}}{\Delta}\right)(\hat{K}-\hat{L}) \tag{5A2—17$'$}$$

$$\hat{Q}_F=\hat{L}-\left(\frac{\alpha_{LF}}{\Delta}\right)(\hat{K}-\hat{L}) \tag{5A2—18$'$}$$

假设 P_F 和 P_C 保持不变，资本的供给相对于劳动的供给上升，即 $\hat{K}>\hat{L}$，则显然有

$$\hat{Q}_F>\hat{K}>\hat{L}>\hat{Q}_C \tag{5A2—19}$$

特别地，如果 L 保持不变，K 上升，则 F 的产出会增加更多，而 C 的实际产出将下降。

第6章 标准贸易模型

我们在前几章中分析介绍了几个不同的国际贸易模型。每一个模型对生产可能性的决定因素都作了不同的假设。为了突出重点，每一个模型都略去了其他模型强调的现实世界中的一些情形。这些模型有：

● 李嘉图模型。生产可能性由单一要素——劳动——在部门间的分配情况决定。该模型阐述的实质观点是比较优势，但无法让我们对收入的分配进行讨论。

● 特定要素模型。该模型包含了多种生产要素，但部分要素是由部门特定使用的。它也反映了贸易对收入分配的短期效应。

● 赫克歇尔-俄林模型。该模型中多种生产要素可以在部门间流动，资源的差异（在不同国家的资源水平层面）决定了贸易模式。该模型也反映了贸易对收入分配的长期效应。

在分析实际问题时，我们需要综合运用所有的模型。例如，在过去的二十年里世界贸易的一个主要变化是新兴工业化国家出口的快速增长，这些国家经历了劳动生产率的迅速提高；讨论劳动生产率增长所产生的影响，我们可以应用第 3 章中的李嘉图模型。贸易模式的改变对美国的不同集团会产生不同的影响；要理解贸易的增长对美国收入分配的影响，我们需要应用第 4 章和第 5 章中的特定要素模型（短期效应）或赫克歇尔-俄林模型（长期效应）。

尽管不同模型存在差异，但都具备以下一些共同点：

(1) 社会的生产能力可以用生产可能性边界表示，生产可能性边界的不同导致了贸易的产生。

(2) 一个国家的相对供给曲线由生产可能性边界确定。

(3) 世界均衡点由世界相对需求曲线与位于各国相对供给曲线之间的世界相对供给曲线确定。

由于这些共同特点，我们可以将我们研究过的模型看成是一个更具一般性的世界贸易模型的特例。这个一般性模型可用于分析国际经济学中的一些重要课题，区别在于所选择的的特定模型。这些重要课题包括由经济增长引起的世界供给变化所产生的影响以及由于关税和出口补贴变化导致的供给与需求的同时变化。

本章将着重讨论国际贸易理论中的一些重要见解，这些见解并不非常依赖于各国供给方面的具体情况。我们将引入一个世界贸易的标准模型。第3～5章中所讲的模型可以看做是这个模型的特例。我们将利用这个模型研究各种基本参数变化对世界经济的影响。

学习目标

学完本章，你应该能够：

● 理解标准贸易模型、生产可能性边界、等价值线及无差异曲线怎样结合以便阐述供求因素是如何决定贸易模式的。

● 认识国际贸易中贸易条件变化、经济增长如何影响国家福利。

● 理解关税及补贴如何影响贸易模式、贸易国家的福利及国家内部的收入分配。

● 将国际借贷与标准贸易模型关联起来，其中商品随着时间的推移而变化。

开放经济的标准模型

标准贸易模型（standard trade model）建立在下面四个重要关系的基础上：(1) 生产可能性边界和相对供给曲线之间的关系；(2) 相对价格和相对需求之间的关系；(3) 确定世界均衡的世界相对供给与相对需求之间的关系；(4) **贸易条件**（terms of trade）——一个国家出口产品的价格除以进口产品的价格——对国家福利的影响。

生产可能性边界和相对供给

在标准模型中，我们假设每个国家都生产两种产品——粮食（F）和棉布（C），而且每一个国家的生产可能性边界都是一条光滑的曲线，如图6—1中曲线TT所示。[①] 生产可能性边界上的点所代表的社会实际产出由棉布对粮食的相对价格P_C/P_F确定。在既定的市场价格下，经济体将选择产品组合$P_CQ_C+P_FQ_F$的最大化水平，其中Q_C代表棉布产量，Q_F代表粮食产量。

我们可以在图上用一系列**等价值线**（isovalue lines）来表示市场的产出价值，同一条等价值线的产出价值相等且不变。每一条等价值线都是由等式$P_CQ_C+P_FQ_F=V$或$Q_F=V/P_F-(P_C/P_F)Q_C$确定的。在这里V是产出价值。V越大，等价值线的位置离原点越远。因此，离原点越远的等价值线对应的产出价值就越高。等价值线的斜率等于$-(P_C/P_F)$。在图6—1中，社会将尽可能追求产出价值的最大化——在点Q进行生产。点Q是曲线TT和一条等价值线的切点。

---

① 当如在第3章中所述仅存在一种生产要素时，生产可能性边界为一条直线。然而在绝大部分模型中它是一条平滑曲线，因此李嘉图模型可以视为一种特例。

说明：曲线 TT 为一国的生产可能性边界。点 Q 是生产点，位于生产可能性边界所能接触到的最高的一条等价值线上。

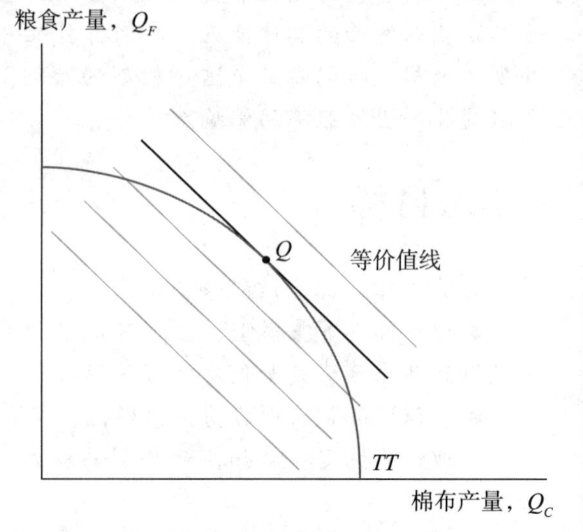

图 6—1　产品相对价格决定社会产出

假定 P_C/P_F 上升（相对于粮食而言棉布价值增加），等价值线会变陡。在图 6—2 中，P_C/P_F 变化前生产可能性边界能相切的最高等价值线是直线 VV^1。P_C/P_F 发生变动后，能相切的最高等价值线是直线 VV^2，社会生产点将从点 Q^1 转移到点 Q^2。于是，正如我们所期望的那样，棉布相对价格的上升会导致棉布产出的增加和粮食产出的减少。因此棉布的相对供给会随棉布相对价格的上

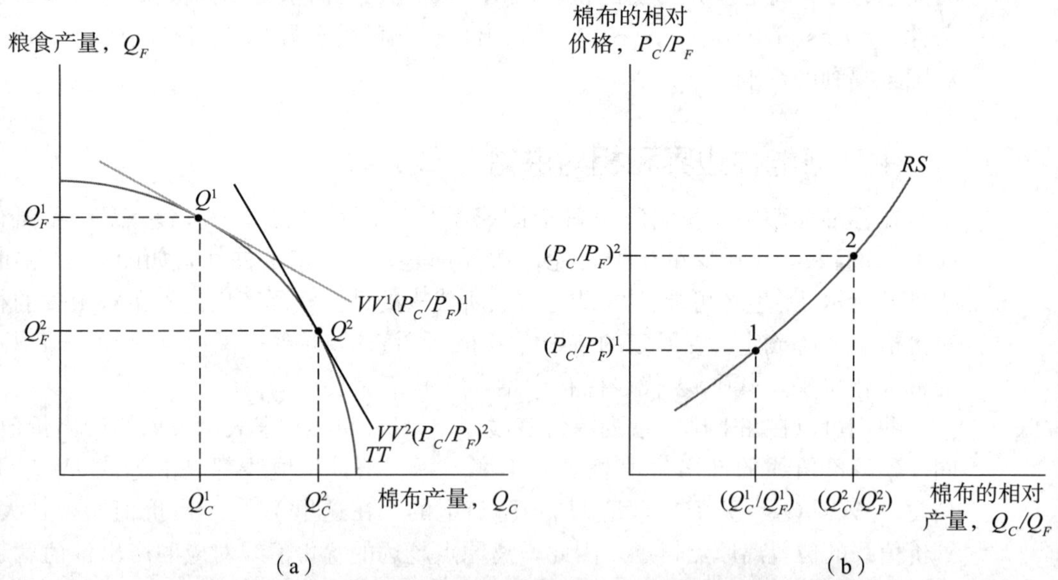

图 6—2　棉布相对价格的上升如何影响相对供给

说明：当棉布的相对价格从 $(P_C/P_F)^1$ 上升到 $(P_C/P_F)^2$（如图所示，从 VV^1 移动到 VV^2）时，等价值线变陡。结果，社会将生产更多的棉布和更少的粮食，均衡产出点将从点 Q^1 移动到点 Q^2。

升而增加。社会相对价格和相对产出的关系可以用图 6—2（b）中的相对供给曲线表示。

相对价格和相对需求

图 6—3 表明了标准模型中生产、消费和贸易之间的联系。与我们在第 5 章中所指出的一样，社会消费的价值等于社会生产的价值，即

$$P_C Q_C + P_F Q_F = P_C D_C + P_F D_F = V$$

式中，D_C和D_F分别为棉布和粮食的消费量，这一等式表示生产点和消费点一定在同一条等价值线上。

说明：点 Q 是生产点，是生产可能性边界和它所能接触到的最高的一条等价值线的切点。点 D 是消费点，是等价值线和它所能接触到的最高的一条无差异曲线的切点。图中该国生产的棉布比消费的棉布多，因而出口棉布；相应地，消费的粮食比生产的粮食多，因而进口粮食。

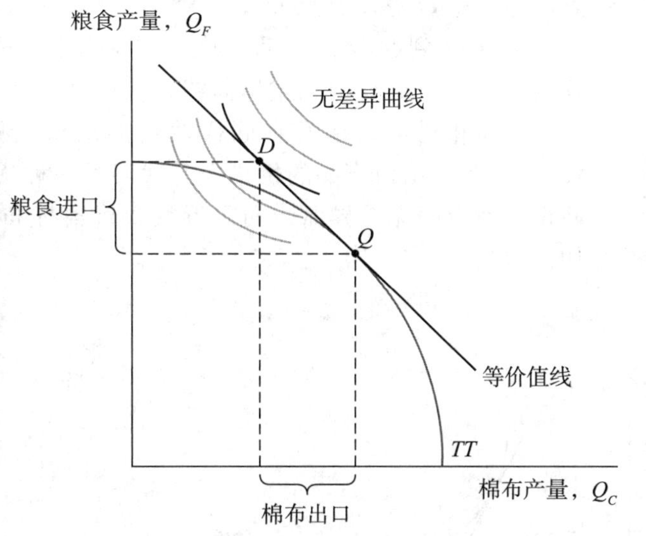

图 6—3　标准模型中的生产、消费和贸易

同一条等价值线上的生产点的选择取决于社会的消费倾向。在标准模型中，为了简化分析，我们假设社会的消费决策以一个具有代表性的个人的消费倾向为基础。①

我们可以用一系列**无差异曲线**（indifference curve）来表示个人的消费倾向。无差异曲线是在同一消费效用水平上棉布（C）和粮食（F）消费组合的轨迹。无差异曲线有三个特点：

（1）无差异曲线向下倾斜。如果粮食的消费量减少，为了达到相同的效用，就必须增加棉布的消费量。

（2）无差异曲线的位置离原点越远，所对应的福利水平就越高。对个人来说，消费的产品量越多，福利水平越高。

① 有几种情况可以说明这种假设的可行性。一种情况是，所有个人都具有相同的消费倾向，并且对所有资源占有相同的份额。另一种情况是，政府重新分配收入以达到整个社会福利最大化。实质上，该假设要求收入分配的变动对需求没有重要的影响。

（3）每一条无差异曲线越往右越平坦：每个人消费的棉布越多，消费的粮食越少，单位粮食对单位棉布的相对边际效用就越高。所以，随着粮食消费量的减少，用以补偿因此而减少的效用所需的棉布消费量就会越来越大。

图 6—3 中社会将根据福利最大化的原则在等价值线上决定消费点。这一点就是等价值线和它所能接触到的最高的一条无差异曲线的切点，即点 D。请注意，在这一点，该国将出口棉布（生产的棉布的数量超过所消费的棉布的数量），进口粮食。

现在，我们来考虑棉布相对价格 P_C/P_F 上升会产生什么影响。图 6—4（a）说明了这种影响。首先，当棉布的产出增加、粮食的产出减少时，生产会从点 Q^1 移动到点 Q^2。这会使得消费点所在的等价值线从 VV^1 移动到 VV^2。所以消费点也会从点 D^1 移动到点 D^2。

从点 D^1 到点 D^2 的移动反映了 P_C/P_F 上升所产生的两个影响。第一，消费移动到了一条更高的无差异曲线上，社会福利改善了。原因在于社会出口棉布，棉布相对价格上升则同样数量的出口（棉布）能换取更多的进口（粮食）。因此，出口产品的价格上升代表了一种优势。第二，相对价格的变动会使得消费点随无差异曲线向靠近粮食远离棉布的方向移动（因为棉布相对更加昂贵）。

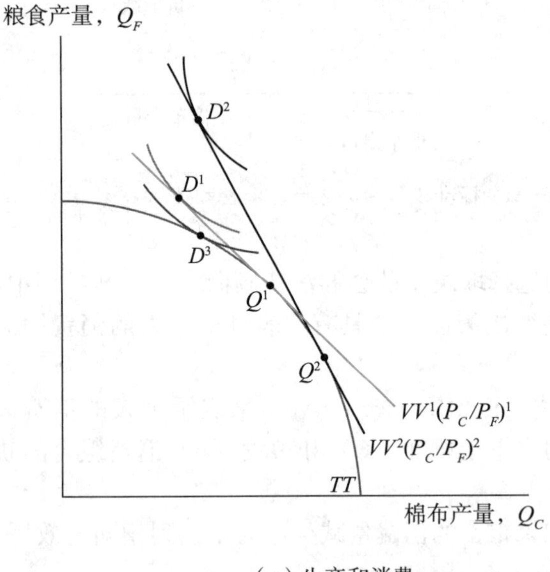

（a）生产和消费

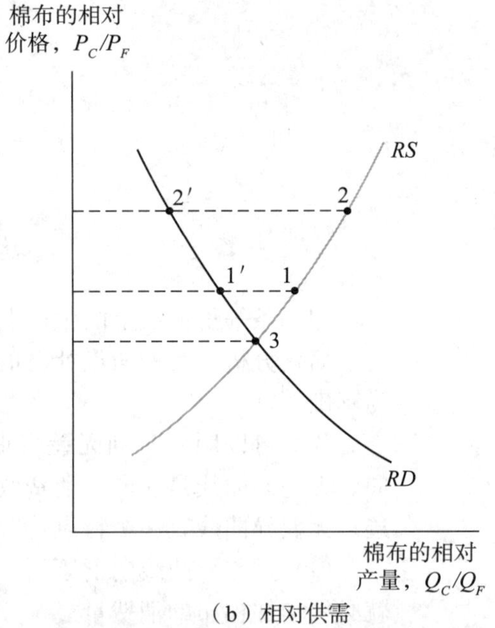

（b）相对供需

图 6—4　棉布相对价格上升产生的影响与贸易所得

说明：在图（a）中，等价值线的斜率等于棉布相对价格的负数，因此，当相对价格 P_C/P_F 上升时，所有的等价值线变得更陡了。尤其是，最大的价值线会从 VV^1 移动到 VV^2；生产点会从点 Q^1 移动到点 Q^2；消费点会从点 D^1 移动到点 D^2。如果经济不开展贸易，它将在点 D^3 生产与消费。图（b）给出了棉布相对价格上升对相对产量的影响（从点 1 移动到点 2）以及对相对需求的影响（从点 1′移动到点 2′）。如果经济不开展贸易，它将在点 3 生产与消费。

我们在经济学基础理论中已经提及过这两个效应。福利的增加是收入效应；在给定的福利水平下消费点的移动称为替代效应。收入效应会使得两种产品的消费量都增加，而替代效应的作用是使社会减少棉布的消费，增加粮食的消费。

图 6—4（b）反映了与生产可能性边界及无差异曲线相关的相对供给曲线和相对需求曲线。① 该曲线表明棉布相对价格上升如何导致相对产出增加（从点 1 移动到点 2）以及相对消费增加（从点 1′移动到点 2′）。这种相对消费的变化反映了价格变化造成的替代效应。如果价格变化造成的收入效应足够大，那么两种产品的消费都将增加（棉布和粮食）；但是需求的替代效应表明棉布的相对消费（D_C/D_F）会降低。如果社会不进行贸易，那么消费点和生产点将位于点 3（与相对价格 P_C/P_F 相关）。

贸易条件改变对福利的影响

当 P_C/P_F 上升时，原本出口棉布的国家的福利会增加。在图 6—4 中表现为消费点从点 D^1 移动到点 D^2。相反地，如果 P_C/P_F 下降，这个国家的福利就会恶化，比如说，消费点可能会从点 D^2 移回到点 D^1。

如果一国原本出口的产品是粮食而不是棉布，P_C/P_F 变动所产生的影响与上面正好相反。P_C/P_F 上升意味着 P_F/P_C 下降，国家的福利随之恶化：出口（粮食）的价格会下降。我们将贸易条件定义为一国出口产品的价格除以进口产品的价格。使用这一定义来概括以上各种情况，我们可以得出一个一般结论：一个国家的福利会随着贸易条件的改善而上升，随着贸易条件的恶化而下降。

然而请注意，国家贸易条件的改变绝不会将其福利降低到不进行贸易的水平（点 D^3 代表该消费水平）。在第 3～5 章中所提及的贸易所得仍然在多种情况下可以适用。持否定意见者此前也讨论是否总贸易所得甚至很少分配从而导致单个消费者有得有失。

相对价格的确定

假定世界由两个国家组成：本国（出口棉布）和外国（出口粮食）。本国的贸易条件用 P_C/P_F 来衡量，外国的贸易条件用 P_F/P_C 来衡量。假定图 6—5（a）相对供给曲线所代表的本国和外国的生产能力不同导致贸易发生。同时假定两个国家具有相同的消费偏好从而具有同样的相对需求曲线。在任一给

① 对于一般偏好，相对需求曲线将取决于一国的总收入。我们在本章中假设相对需求曲线与收入无关。在广泛应用的偏好类型同质偏好中，情形正是如此。

定的相对价格 P_C/P_F，Q_C和 Q_F是本国生产的棉布和粮食的数量；Q_C^* 和 QF^* 是外国生产的棉布和粮食的数量，此时 $Q_C/Q_F>Q_C^*/Q_F^*$。世界棉布和粮食的总和相加得到相对供给并按以下比例确定：$(Q_C+Q_C^*)/(Q_F+Q_F^*)$。对此的解释是世界相对供给曲线必定位于两个国家的相对供给曲线之间。① 世界相对需求仍然是两个国家的棉布和粮食需求的加总：$(D_C+D_C^*)/(D_F+D_F^*)$。既然两国消费偏好无差异，世界相对需求曲线与两国一致的相对需求曲线重叠。

世界相对均衡价格（当本国和外国开展贸易时）由世界相对供给曲线及世界相对需求曲线的交点决定，即点 1。相对价格决定本国棉布出口和外国粮食出口的交换数量。在相对均衡价格下，本国需要出口的棉布数量 Q_C-D_C和外国需要进口的棉布数量 $D_C^*-Q_C^*$ 相对应。粮食市场也处于均衡，因此本国需要进口的数量 D_F-Q_F和外国需要出口的数量 $Q_F^*-D_F^*$ 相对应。图（b）表示的是在相对价格 $(P_C/P_F)^1$、预算约束以及相联系的生产和消费选择下，本国和外国的生产可能性边界。

我们已知在标准模型中相对供给、相对需求、贸易条件和福利的决定，可以据此理解国际经济学中的众多问题。

经济增长：RS 曲线的移动

开放经济中经济增长所产生的影响是经济学家长期关注和争论的焦点。争论主要集中在两个问题上：第一，其他国家的经济增长对本国有利还是有害？第二，当一个国家是世界经济一体化的一员时，国内经济的增长给本国带来的价值是更多还是更少？

在分析其他国家经济增长对本国经济的影响时一般会从两方面考虑。一方面，其他国家的经济增长可能有利于本国经济，因为其他国家的经济增长意味着本国的出口市场更大以及进口价格更低。另一方面，其他国家的经济增长也许意味着本国产品出口和国内生产者将面对国外出口商更加激烈的竞争。

我们审视本国经济增长的影响时也会发现同样模棱两可的结果。一方面，本国生产能力的加强使得本国能向世界市场出口更多的产品；另一方面，经济增长带来的收益可能会以本国出口产品价格降低的形式转移到国外消费者手中，而非被本国所得。

上一节阐述的标准贸易模型为剖析上述矛盾和说明国际贸易中经济增长的影响提供了一个分析框架。

---

① 对于正数 X_1、X_2、Y_1 和 Y_2，如果 $X_1/Y_1<X_2/Y_2$，则 $X_1/Y_1<(X_1+X_2)/(Y_1+Y_2)<X_2/Y_2$。

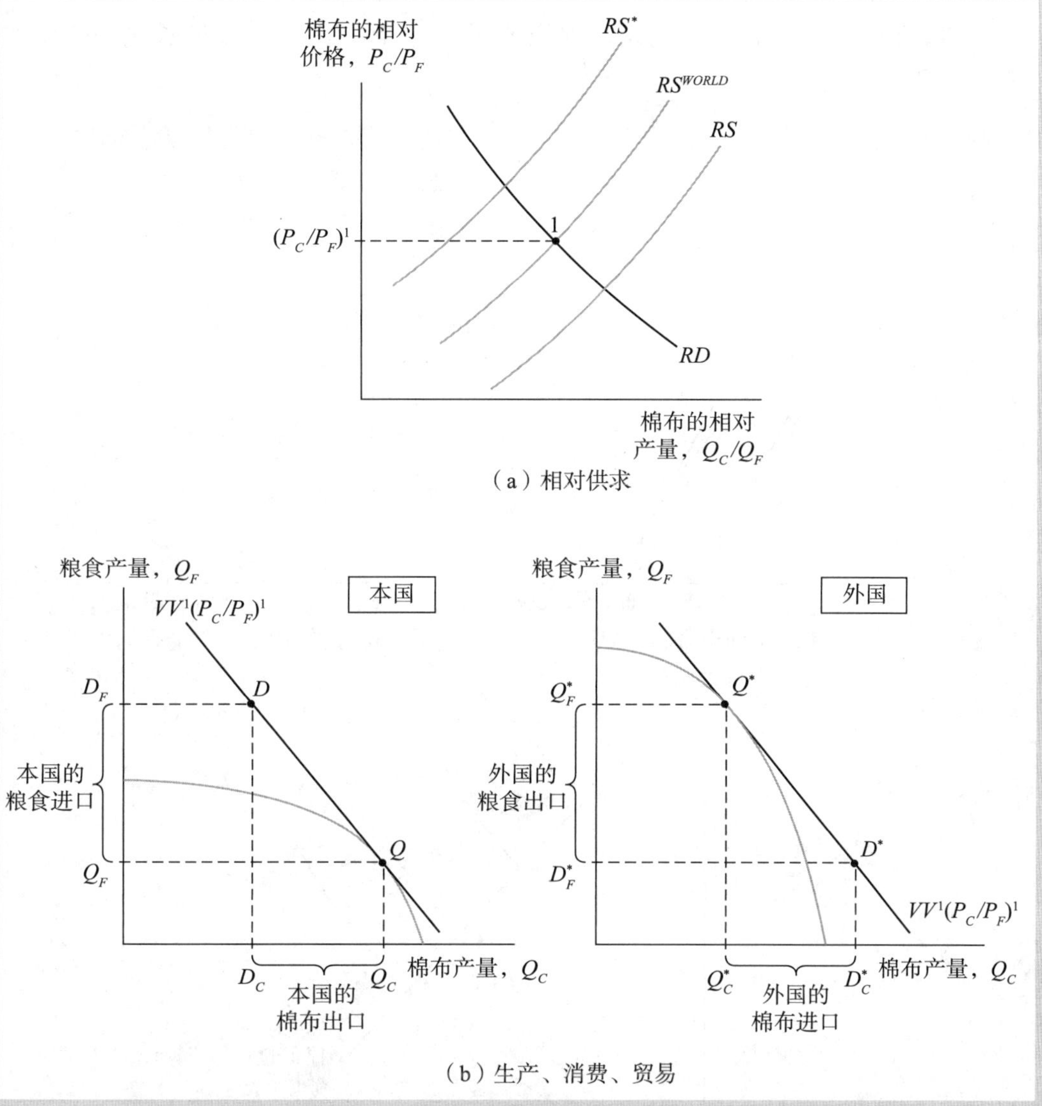

图 6—5　贸易及贸易流动的相对均衡价格

说明：图（a）显示了本国、外国、世界棉布的相对供给。本国和外国有相同的相对需求，世界相对需求也是如此。相对均衡价格为（P_C/P_F）^{1}，由世界相对需求曲线和相对供给曲线的交点决定。图（b）显示了本国和外国的贸易流动均衡。在相对均衡价格（P_C/P_F）^{1}处，本国棉布出口和外国棉布进口相等；本国粮食进口和外国粮食出口相等。

经济增长和生产可能性边界

经济增长意味着生产可能性边界向外移动，这一增长既可能是由一国的资源增加引起的，也可能是由国家利用资源的效率提高所带来的。

经济增长对国际贸易的影响往往来自经济增长的偏向性。如果生产可能性边界在一个方向上扩张的幅度大于在另一个方向上扩张的幅度，就会产生**偏**

向型增长（biased growth）。图 6—6（a）说明了偏向于棉布的经济增长（TT^1 移到了 TT^2），图 6—6（b）则说明了偏向于粮食的经济增长（TT^1 移到了 TT^3）。

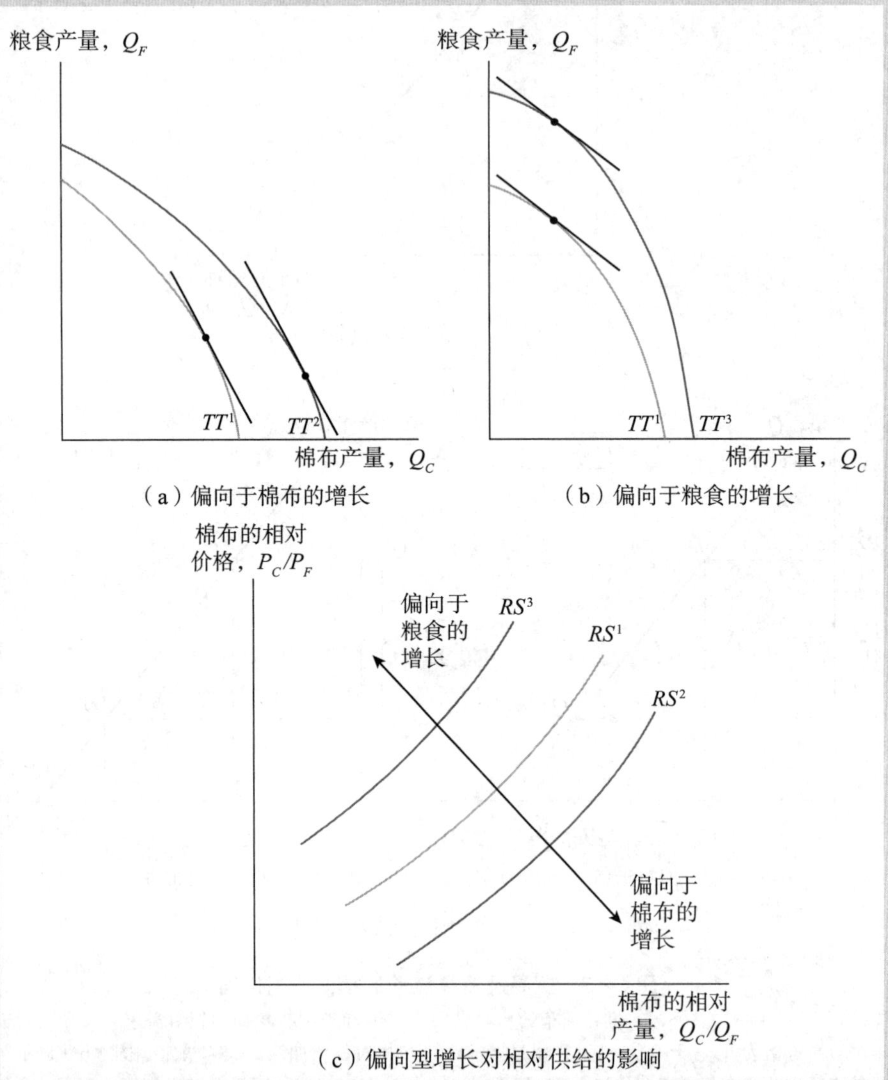

图 6—6　偏向型增长

说明：如果生产可能性边界在一个产品方向上扩张的幅度大于在另一个产品方向上扩张的幅度，这样的经济增长就称为偏向型经济增长。在图（a）中，生产可能性边界的扩张偏向于棉布（从 TT^1 移动到 TT^2）。在图（b）中，生产可能性边界的扩张偏向于粮食（从 TT^1 移动到 TT^3）。图（c）表明对应的相对供给曲线的移动：偏向棉布的增长时 RS^1 右移到 RS^2，偏向粮食的增长时 RS^1 左移到 RS^3。

经济增长发生偏向可能是由于以下两个主要原因：

（1）第 3 章的李嘉图模型表明，某个生产部门的技术进步会使得生产可能性向这个部门扩张的幅度大于向其他部门扩张的幅度。

（2）第5章的赫克歇尔-俄林模型表明，一个国家某种生产要素供给的增加——例如由于储蓄和投资引起的资本存量的增加——会使得生产可能性边界发生偏向型扩张。这种扩张偏向于以这种要素为特定要素的部门或者在生产中密集使用该要素的部门。因此，在开放经济中国际贸易也引起偏向型经济增长。

图6—6（a）和图6—6（b）所描述的经济增长有很强的偏向性。在这两种情况下，一国生产两种产品的能力都增强了。但是在图6—6（a）中，在棉布相对价格不变的情况下粮食产出实际上是下降的；而在图6—6（b）中，则是棉布的产出实际上下降了。虽然通常的经济增长的偏向没有图中所表现的那样强，但是对于任何给定的棉布相对价格，即使只是轻微地偏向棉布的经济增长也会导致棉布对粮食的相对产出增加。换言之，国家的相对供给曲线将右移。该变化在图（c）中表现为RS^1移动到RS^2。当增长偏向于粮食时，相对供给曲线将左移，如图所示从RS^1移动到RS^3。

相对供给和贸易条件

假设本国出现了幅度很大的偏向于棉布的经济增长，对于给定的棉布相对价格，棉布的产出会增加，粮食的产出会减少［如图6—6（a）所示］。从整体来说，在任何相对价格水平上，棉布对于粮食的世界相对产出都增加了。世界相对供给曲线就会如本国一样右移。图6—7（a）表明了世界相对供给曲线从RS^1移动到RS^2，这一移动会使得棉布的相对价格从$(P_C/P_F)^1$下降到$(P_C/P_F)^2$，意味着本国贸易条件恶化，外国贸易条件改善。

我们要注意，这里着重考虑的不是某个经济的增长，而是增长的偏向。如果外国发生了偏向于棉布的经济增长，对棉布的世界相对供给曲线的影响以及由此引起的对贸易条件的影响会是相似的。另一方面，无论是本国还是外国发生了偏向于粮食的增长，都会使RS曲线向左移动（从RS^1移动到RS^3），并因此使得棉布的相对价格从$(P_C/P_F)^1$提高到$(P_C/P_F)^3$［如图6—7（b）所示］。相对价格上涨意味着本国的贸易条件会随之改善，外国的贸易条件会恶化。

使得一国生产可能性边界非平衡的扩张偏向于出口产品（本国的棉布，外国的粮食）的经济增长称为**出口偏向型增长**（export-biased growth）。类似地，使得一国生产可能性边界的扩张偏向于进口产品的经济增长称为**进口偏向型增长**（import-biased growth）。我们的分析可以得出以下结论：出口偏向型增长会使得本国的贸易条件恶化，但对世界其他国家有利；进口偏向型增长有利于改善本国的贸易条件，但世界其他国家则会为此付出代价。

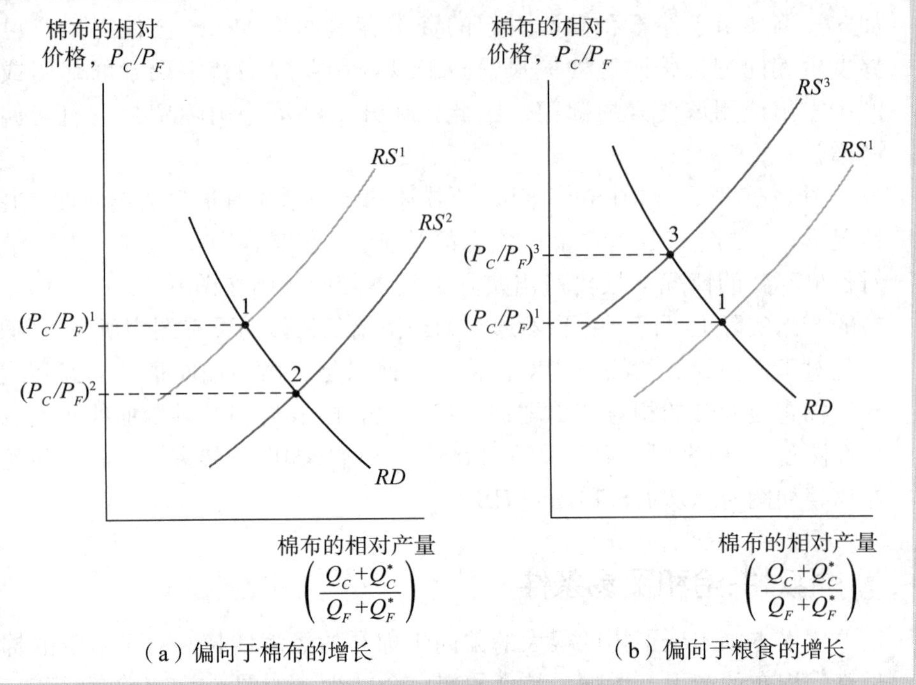

图 6—7　经济增长与世界相对供给

说明：(a) 偏向于棉布的经济增长会使得棉布的相对供给曲线 *RS* 向右移动；(b) 偏向于粮食的经济增长会使得棉布的相对供给曲线 *RS* 向左移动。

经济增长的国际性影响

我们要利用上述结论来分析经济增长的国际性影响。世界上其他国家的经济增长对本国利弊如何？本国参与国际贸易是增加还是减少国内经济增长带来的收益？对这些问题的回答都取决于经济增长的偏向性。世界其他国家的出口偏向型增长对本国有利，可以使得本国的贸易条件得以改善；而世界其他国家的进口偏向型增长则会使得本国的贸易条件恶化。本国的出口偏向型增长会使得本国的贸易条件恶化，减少增长带来的直接收益；而本国的进口偏向型增长会使得本国贸易条件改善，并带来额外的收益。

20 世纪 50 年代，许多发展中国家的经济学家相信，随着时间的推移，原本出口原材料的发展中国家的贸易条件很可能会持续恶化。他们认为，发达国家的经济增长以可代替原材料的人工合成品的发展为标志，而发展中国家的经济增长则要通过扩大其出口品的生产能力，而不是通过工业化来实现。也就是说，发达国家的增长是进口偏向型的，而发展中国家的增长是出口偏向型的。

一些分析家提出，发展中国家的经济增长是一种自伤行为。他们认为，发展中国家的出口偏向型增长会使得它们的贸易条件恶化，以至它们的福利水平比经济增长前还要低。这种情形被经济学家称为**福利恶化型增长**（immiserizing growth）。

哥伦比亚大学的经济学家贾格迪什·巴格沃蒂（Jagdish Bhagwati）在 1958

年发表的一篇著名论文中指出，在一个严格设定的经济模型中这种经济增长的负效应会发生。[①] 不过，产生福利恶化型增长的条件非常极端：*RS* 曲线和 *RD* 曲线必须非常陡峭，经济增长对出口产品的偏向非常强，以至贸易条件的变化足以抵消生产能力的提高所带来的正面效应。因此，大多数经济学家将福利恶化型增长看成是一个纯理论，而非实际情形。

在国际贸易中，国内的经济增长往往会提高本国的福利水平，但这并不意味着外国的经济增长也会改善本国的福利。进口偏向型增长不是不可能发生，一旦其他国家出现偏向其进口部门的经济增长，本国的贸易条件就会恶化。在以下分析中将指出，事实上，美国很可能由于战后其他国家的经济增长而遭受实际收入的损失。

∴案例分析　新兴工业化国家的经济增长损害了发达国家的利益吗？

20 世纪 90 年代早期，许多观察家警告说，新兴工业化国家和地区的经济增长对发达国家的繁荣构成了威胁。我们在第 5 章的案例分析“南北贸易和收入不均等”中提出了新兴工业化国家和地区的经济增长可能引发的一个问题，即很可能会扩大发达国家中高技术工人和低技术工人之间的收入差距。但是，一些喜欢小题大做的人认为，来自新兴工业化国家和地区经济增长的威胁远大于这一范围。它们的影响并非收入的分配，而是整个发达国家的实际收入由于这些新竞争者的出现已经减少或即将减少。在 2008 年哥伦比亚广播公司的一项民意调查中绝大多数人支持以上观点：当调查“你认为诸如中国和印度的新近经济发展对于美国经济的影响总体而言是好、坏还是无影响”时，62%的投票认为是坏的影响。

保罗·萨缪尔森在 2004 年的文章中似乎支持了这种担忧，他创造了很多当代国际贸易理论。在那篇文章中，他基于李嘉图模型论述了发展中国家的技术进步是如何损害发达国家的利益的。[②] 他分析的情况是我们上面已经阐述的特例：如果其他国家的增长发生在你的出口有竞争力的行业，那么这会伤及你。萨缪尔森据此认为，如果中国目前的进口行业生产率提高，那么美国将丧失比较优势并失去贸易利益。

媒体热衷于这一结论，且把它视为具有某种革命性。《商业周刊》曾撰文写道：“萨缪尔森和他人所推出的中心问题是自由贸易是否总像他们长期相信的那样对美国有好处。”该刊物进一步暗示，这样的结果可能完全脱离比较优势理论轨道。[③] 政客们还利用萨缪尔森的文章及他在经济学领域的杰出声望支持采取保护贸易政策。[④]

---

① “Immiserizing Growth：A Geometrical Note,” *Review of Economic Studies* 25 (June 1958), pp. 201 - 205.

② Paul Samuelson, “Where Ricardo and Mill Rebut and Confirm Arguments of Mainstream Economists Supporting Globalization,” *Journal of Economic Perspectives* 18 (Summer 2004), pp. 135 - 146.

③ “Shaking up Trade Theory,” *BusinessWeek*, December 6, 2004.

④ 例如，参见“Clinton Doubts Benefits of Doha,” *Financial Times*, December 3, 2007。

国外经济增长可能损害本国经济，这不是什么新观点，而且它也没有回答自由贸易是否要优于保护贸易。像中国这样的新兴工业化国家的增长是否实际损害了发达国家，这还是一个实证问题，同时事实并不支持肯定的结论。

记住一国的增长对另一国的损害是通过贸易条件。如果来自新兴工业化国家和地区的竞争的确危害到了发达国家，那么发达国家的贸易条件变化将是巨大的负值，而新竞争对手的贸易条件将是正值。在本章的数学附录中我们证明了贸易条件的变化所引发的真实收入的变化百分比近似等于贸易条件的变化百分比乘以进口占收入的份额。因为发达国家平均将25%的收入用于进口，所以贸易条件每下降1%仅会使得真实收入减少大概0.25个百分点。因此，如果想对经济增长产生显著的负面影响，贸易条件必须每年下降好几个百分点。

图6—8显示了过去30年以来（2000年为标准值100）中国和美国的贸易条件变化。

从中可见美国的贸易条件年波动很小，没有明显的变化趋势。美国2011年和1980年的贸易条件几乎一致。并无明显的证据表明美国在贸易条件方面由于长期的恶化遭受了何种形式的损失。此外，没有证据表明中国由于已经逐渐融入到世界经济当中从而贸易条件得到稳固。总之，中国的贸易条件在过去的十年已经恶化。在最近的一篇运用很多中国工业品细节的文章中确认了这一影响。① 作者列举了中国的工业生产率的增长（从1995年至2007年）对其贸易伙伴贸易条件的影响，发现该影响是积极的，尽管小到0.7个百分点。

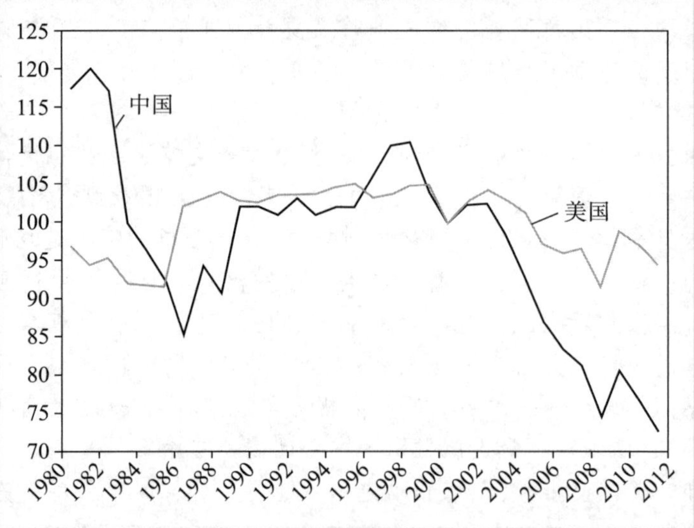

图6—8 中美贸易条件变化（1980—2011年，2000年＝100）

说明：最后一点：在萨缪尔森的例子中，中国的技术进步消除了两国之间的贸易从而使美国状况恶化！既然我们看到中美之间的贸易迅速增长，很难发现该模型和现实之间的联系。

资料来源：世界发展指标，世界银行。

---

① 参见 Chang-Tai Hsieh and Ralph Ossa，"A Global View of Productivity Growth in China，" National Bureau of Economic Research Working Paper 16778 (2011)。

很多发展中国家都经历过贸易条件的微小变化，平均一年内在 1%左右，如图 6—8 所示的美国。然而很多发展中国家出口的主要产品集中在矿物及农业部门。世界市场上这些产品的价格变化剧烈，导致贸易条件大幅度变化。这种变化反过来引起福利的大幅度改变（因为贸易集中于少数部门并且占据国内生产总值的大部分比例）。事实上，一些研究表明，一些发展中国家（国内生产总值的波动与发达国家国内生产总值的波动密切相关）的国内生产总值波动主要是由贸易条件变化引起的。[①] 例如，阿根廷在 1999 年贸易条件恶化了 6%（由于农产品价格下降），导致国内生产总值下降了 1.4%。（实际国内生产总值下降更大，但其他因素阻止了这种恶化。）另一方面，厄瓜多尔在 2000 年贸易条件改善了 18%（由于石油价格上涨），其国内生产总值在该年度增加了 1.6%。[②]

关税和出口补贴：*RS* 曲线和 *RD* 曲线的同时移动

进口关税（import tariffs，对进口货物的征税）和**出口补贴**（export subsidies，对国内制造商销售到海外的货物的报酬）通常并不作为影响国家的贸易条件的手段。这些政府的贸易手段通常用于收入分配、提高国家重大工业或者贸易收支平衡。（注：在第 10～12 章中将考察以上动机。）不管关税和补贴的动机为何，可以运用标准贸易模型来理解其给贸易条件带来的影响。

关税和补贴的特性在于能够使世界市场和国内市场的商品价格产生差异。关税最直接的影响在于使得国内进口商品价格远高于国外市场。出口补贴鼓励了生产商的出口。海外销售比国内销售利润更高，除非国内市场价格更高，因此补贴提高了出口商品的国内价格。和产品补贴效应有很大差异，后者也将使产品价格下降（既然基于产品销售目标市场的产品补贴是一致的）。

如果国家作为某产品的大出口国或大进口国（相比世界市场规模），关税和补贴带来的价格变化也将使得世界市场的相对供给和相对需求发生变化。最终结果是贸易条件改变，进口国和出口国的政策也将改变，从而将给世界其他国家带来变化。

关税对相对供需的影响

关税和补贴在商品**外部价格**（external prices）和**内部价格**（internal prices）之间植入了一个楔子，这意味着对于贸易条件的界定需要谨慎，这将衡量国家之间商品交换的比例。例如，每出口一单位棉布本国需要进口多少单位粮食？这意味着贸易条件是和外部价格而非内部价格相关。因此分析关税和出

① 参见 M. Ayhan Kose，“Explaining Business Cycles in Small Open Economies: How Much Do World Prices Matter?” *Journal of International Economics* 56（March 2002），pp. 299 - 327。

② 参见 Christian Broda and Cédric Tille，“Coping with Terms-of-Trade Shocks in Developing Countries，” *Current Issues in Economics and Finance* 9（November 2003），pp. 1 - 7。

口补贴的影响时，我们需要了解其作为外部价格函数对相对供需的影响。

例如，假设本国对进口商品征收20%的关税，本国生产商和消费者面临的粮食对棉布的相对价格会比国际市场相对价格高出20%。同样，本国居民面临的国内棉布相对价格将比国际市场要低。

对于任意给定的世界棉布相对价格，本国生产商将面对较低的棉布相对价格，因而倾向于生产更少的棉布和更多的粮食。与此同时，本国消费者的消费将偏向于棉布而偏离粮食。如果将世界看成一个整体，棉布相对供给会下降（如图6—9所示，从 RS^1 移动到 RS^2）而相对需求会上升（从 RD^1 移动到 RD^2）。显然，世界棉布相对价格将从 $(P_C/P_F)^1$ 上升到 $(P_C/P_F)^2$，因此本国贸易条件改善而外国受损。

说明：本国的进口关税会减少棉布的相对供给（从 RS^1 移动到 RS^2），增加棉布的相对需求（从 RD^1 移动到 RD^2）。因此棉布的相对价格会上升。

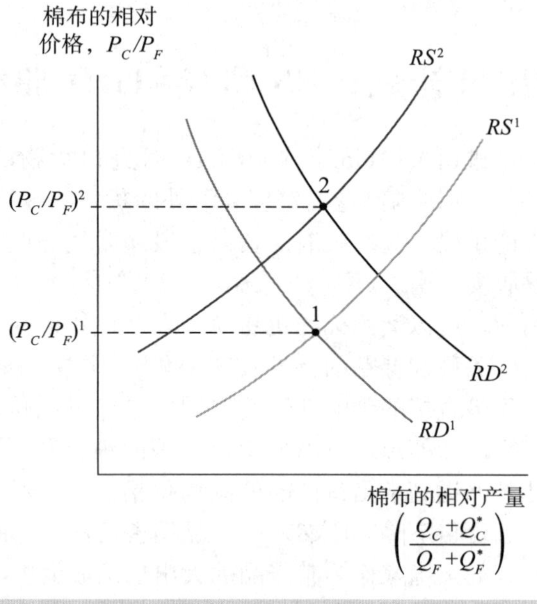

图6—9 关税对贸易条件的影响

关税对贸易条件的影响程度取决于制定关税的国家相对于世界其他各国的大小。如果制定关税的国家只是一个小国，那么它对世界相对供给和相对需求的影响就不大，从而不会对相对价格产生什么影响。如果美国（一个非常大的国家）要征收20%的关税，据估计，美国的贸易条件将提高15%。也就是说，在世界市场上美国进口产品对美国出口产品的相对价格将下降15%。而在美国国内，进口产品的相对价格只会上升5%。另一方面，如果卢森堡或巴拉圭征收20%的关税，对它们贸易条件的影响恐怕会微小得难以测量。

出口补贴的影响

关税和出口补贴经常被当成同一类贸易政策，因为看上去它们都是支持国内厂商的。但是，它们对贸易条件的影响却相反。假设本国向所有出口棉布的生产者提供相当于产品价值20%的补贴，在世界价格给定时，这项补贴会使得本国国内棉布对粮食的相对价格上升20%。棉布相对价格的上升会使得本国的生产者生产更多的棉布，同时减少粮食的生产。而本国的消费者会增加粮食的消费并减少棉布的消费。如图6—10所示，出口补贴会使得棉布的世界相对供给增加（从RS^1到RS^2），棉布的世界相对需求减少（从RD^1到RD^2），世界均衡点将从点1移到点2。本国的出口补贴会使得本国的贸易条件恶化，外国的贸易条件改善。

说明：出口补贴的影响和关税相反。出口补贴会使得棉布的相对供给增加，相对需求减少，棉布的相对价格从$(P_C/P_F)^1$下降到$(P_C/P_F)^2$，本国的贸易条件恶化。

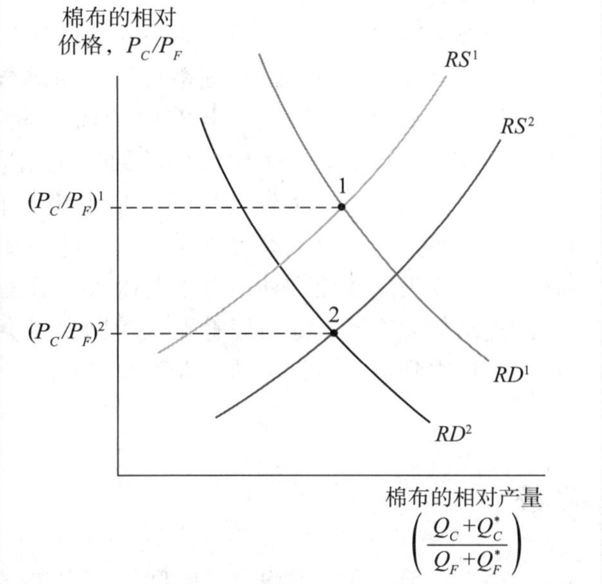

图6—10　对棉布的出口补贴对贸易条件的影响

贸易条件效应的应用：谁得谁失？

假如本国征收关税，本国贸易条件改善而外国受损。因此，关税会损害其他国家。本国的福利效应并非非常明确。本国贸易条件改善会有利于本国；然而，也会由于扭曲生产和消费动机从而增加成本（见第9章）。只要关税不是太高，贸易条件改善带来的收益就会超过动机扭曲带来的成本。我们将在后面的章节讨论如何确定使得净收益最大化的最优关税税率（由于小国的关税不能对它们的贸易条件造成影响，所以小国的最优关税税率接近于零）。

出口补贴的影响非常明显：会造成本国的贸易条件恶化，外国的贸易条件改善，以至外国的福利水平明显提高。同时，本国不仅会因为贸易条件的恶化而遭受损失，而且会因为这一政策的其他扭曲作用而遭受损失。

上面的分析似乎使得出口补贴看上去没有任何意义。实际上，我们很难知道出口补贴在什么情况下对国家有利。出口补贴作为一种政策工具通常是由贸易政治的特性而不是由经济逻辑确定的。

那么，是否外国的关税总是对本国不利，而外国的出口补贴总是对本国有利呢？不一定。我们的模型只包含了两个国家，一个国家出口的产品由另一个国家进口，反之亦然。但是，现实中存在着许多国家。在这种情况下，如果一个国家对其出口产品进行补贴来和美国的出口产品进行竞争，这项补贴显然会恶化美国的贸易条件。欧洲的农业补贴（见第 9 章）就是一个很好的例子。另一种情况是，如果一个国家对某种美国也进口的产品征收关税，使得这种产品的价格降低，美国也会从中受益。因此，我们需要限定我们在两个国家模型中得出的结论：对美国进口的出口产品进行补贴对美国有利，对针对美国出口的产品征收关税对美国不利。

但外国对向美国出口的商品进行补贴对美国有利的观点还没有被普遍接受。当外国政府被指责对其在美国销售的产品进行补贴时，普遍的政治反应是，这是一种不公平竞争。因此，当 2012 年商务部判定中国政府对出口到美国的太阳能电池板进行补贴时，美国作出的回应是相应征收关税。[①] 由标准贸易模型得知，对于美国而言，太阳能电池板低价格是有利的（作为净进口国）。另一方面，基于不完全竞争规模收益递增的一些模型表明，中国的出口补贴会导致潜在的福利损失。然而，补贴对于美国收入分配会产生巨大影响。如果中国给出口到美国的太阳能电池板以补贴，美国居民会获得廉价太阳能动力。但是低价产品会损害到美国该行业的工人和投资者。

国际借贷

截至目前，我们并没有从时间维度去描述贸易关系：以某种产品如棉布交换另一种产品如粮食。在本节，我们将解释标准贸易模型也可以用于分析国家之间发生的另一种重要的跨期贸易。任何跨期国际贸易都包含金融方面，这是本书第二部分的重点。但是我们仍然可以对此进行提炼并将其作为另一种形式的贸易：不同于商品即时交易，我们交换现在的商品是为了在未来获得其他商品。这种贸易被称为**跨期贸易**（intertemporal trade）。本书后期将进行更多论述，现在我们只是分析在时间维度下的标准贸易模型的变形。[②]

跨期生产可能性及贸易

即使缺乏国际资本流动，任何经济体也面临当期消费和未来消费的权衡。国家通常不会完全消耗所有产出，部分会以设备投资、建筑或者其他生产资本的形式存在。国家投资越多，未来生产及消费规模越大。为了投资更大，国家需要通过更少消耗（除非有未使用资源，该可能性暂时被忽略）以释放更多资源。因此，在当期消费和未来消费之间可以实现权衡。

---

① 参见“U. S. Will Place Tariffs on Chinese Solar Panels,” *New York Times*, October 10, 2012。

② 详情请见附录。

我们假设国家仅在两个时期消费某一种商品，我们称之为当期和未来。于是就可以实现当期消费和未来消费的权衡，我们可以通过跨期生产可能性边界来进行总述。图 6—11 就是该跨期生产可能性边界，其形式与某节点两种商品的生产可能性边界相似。

说明：国家可以采用同一方式，即通过减少另外一种商品的生产实现某种商品更多的产量，相当于交易当期消费以实现未来消费。

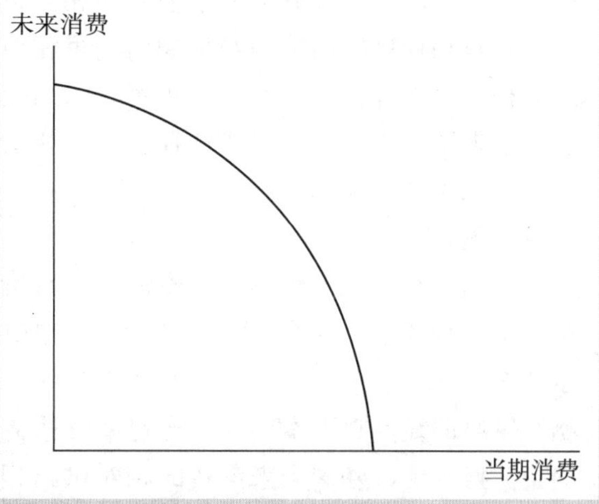

图 6—11　跨期生产可能性边界

不同国家的跨期生产可能性边界有所不同，部分国家偏向于当期产出，其他国家偏向于未来产出。我们可能会询问这些偏向之间真正的差异，但可以先简单假设只有两个国家：本国和外国，并且具有不同的跨期生产可能性。本国生产可能性偏向当期消费，而外国则偏向未来消费。

依此类推，我们可预期将得到何种结果。在没有国际借贷的情况下，我们希望本国未来消费的相对价格比外国高，虽然我们可能进行跨期贸易，但我们希望本国出口当期消费而进口未来消费。

这也许看上去有一点令人迷惑。未来消费的相对价格为何以及如何进行跨期贸易？

实际利率

国家如何进行跨期贸易？国家就像个人一样可以通过借贷进行贸易。考虑个人借款的情形：相比收入能够花费更多，或者说相比产出可以有更多消费。此后，必须偿还贷款及利息，因此在未来消费将少于产出。通过借款于是对未来消费和当期消费的交换产生了影响，对国家借款也同样如此。

很显然，相对当期消费的未来消费价格与利率相关。在本书后面可以看到，在现实世界中，总体价格水平变化的可能性导致对利率的阐述是复杂的。我们假设贷款合同使用“现实”的条款从而忽略以上问题：当国家借款时，获得了购买一定数量消费品的权利，在未来需要偿还更多的数量。特别是未来需要偿还（$1+r$）倍当期的贷款，此处 r 为**实际利率**（real interest rate）。既然这种权衡是以一单位当期消费换取（$1+r$）单位未来消费，则未来消费的相对价格为 $1/(1+r)$。

当未来消费的相对价格上升（实际利率 r 下降）时，国家将扩大投资以作出应对；相对于当期消费将增加未来消费（在图 6—11 中沿着跨期生产可能性边界向右移动）并且显示未来消费的相对供给曲线的斜率为正。此前我们得知对于棉布和食物的消费偏好是如何通过相对需求曲线表述的，该曲线与消费商品的相对价格有关。类似地，随着时间的推移消费者会产生偏好从而在当期消费和未来消费之间作出替代选择。跨期相对需求曲线显示了这种替代影响，该曲线与相对价格为 $1/(1+r)$ 的未来消费（未来消费与当期消费的比例）的相对需求相关。

我们已经完成了标准贸易模型。在借贷允许的情况下，未来消费的相对价格及实际利率将由未来消费的相对供给决定。图 6—12［注意到与商品贸易及图 6—5（a）类似］显示了均衡相对价格（$1+r^1$）的决定。本国和外国的跨期相对供给曲线反映了本国的生产可能性边界如何偏向当期消费而外国偏向未来消费。换言之，外国未来消费的相对供给相对于本国是向外偏移的。在均衡实际利率下，本国将出口当期消费以换取未来消费，即本国将在当期贷给外国以在未来获取回报。

说明：本图给出了本国、外国和世界相对于当期消费的未来消费。本国和外国对于未来消费有着同样的相对需求。这也是世界的相对需求。均衡利率 $1/(1+r^1)$ 由世界相对供给与需求的交点决定。

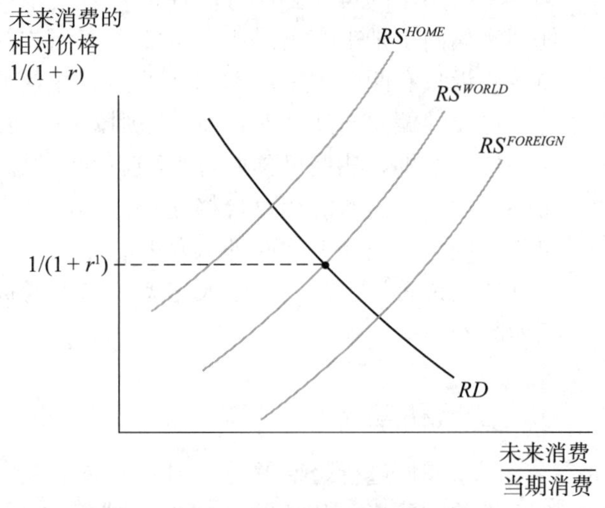

图 6—12　借贷情形下的均衡利率

跨期比较优势

假设本国跨期消费生产可能性偏向当期生产，这意味着什么？产生跨期比较优势的原因与引起一般贸易增长的原因有所不同。

国家在未来消费的比较优势是当国家不存在国际借贷时具有较低的未来消费相对价格，即高实际利率。这种高实际利率与投资的高回报相关，意味着从当期消费产品转向资本品、建筑以及其他能够提高未来生产力的活动从而获得更高的回报。因此，那些相对于现在的生产率具有高效投资机会的国家会在国际市场进行借款，而那些国内机会很少的国家会贷出款项。

提要

1. 标准贸易模型是通过生产可能性边界推导出世界相对供给曲线，并由消费者偏好推导出世界相对需求曲线的。出口产品对进口产品的相对价格，即一国的贸易条件，由世界相对供给曲线和世界相对需求曲线的交点确定。在其他条件相同的情形下，一个国家的福利水平会随贸易条件的改善而提高，随着贸易条件的恶化而下降。

2. 经济增长意味着一国的生产可能性边界向外扩张。经济增长通常是有偏向性的。也就是说，生产可能性边界在某种产品方向上扩张的幅度大于在另一种产品方向上扩张的幅度。在其他条件不变时，偏向型增长的直接影响是导致偏向扩张的产品的世界相对供给增加。世界相对供给的增加会使得经济增长国家的贸易条件发生变化，可能改善、也可能恶化贸易条件。如果经济增长国家的贸易条件改善，这一改善就会增加本国经济增长带来的利益，但是会对世界其他国家造成损害；如果经济增长国家的贸易条件恶化，就会抵消本国经济增长带来的一部分收益，但是会对世界上其他国家有利。

3. 贸易条件改变的方向取决于经济增长的性质，出口偏向型经济增长（导致原出口产品生产能力的扩张程度大于原进口产品生产能力的扩张程度）会使贸易条件恶化。进口偏向型经济增长（导致原进口产品生产能力的扩张程度大于原出口产品生产能力的扩张程度）会改善国家的贸易条件。外国的进口偏向型经济增长可能会使得本国受损。

4. 进口关税和出口补贴同时影响相对供给和相对需求。关税会使得一国进口产品的相对供给增加，进口产品的相对需求减少，改善本国的贸易条件，恶化其他国家的贸易条件。出口补贴的影响和关税相反。出口补贴会使得本国出口产品的相对供给增加，相对需求减少，恶化贸易条件。出口补贴的贸易条件效应是，使补贴国受损、进口国受益，关税则正好相反。这意味着从国家整体的角度来说，本国的出口补贴是无意义的，而外国的出口补贴应当受到欢迎而不是反击。关税和出口补贴对一国内部收入分配的影响都很大。在政策制定过程中，一国内部的收入分配比贸易条件更受到关注。

5. 国际借贷可以被视为一种国际贸易，但更应该看作当期消费和未来消费之间的交易而非一种商品交换另一种商品。跨期贸易发生时其相对价格为 1 加上实际利率。

关键术语

偏向型增长	出口偏向型增长	出口补贴	外部价格
福利恶化型增长	进口偏向型增长	进口关税	无差异曲线
内部价格	跨期生产可能性边界	跨期贸易	等价值线
实际利率	标准贸易模型	贸易条件	

习题

1. 假设挪威与瑞典相互贸易，挪威出口鱼，而瑞典出口沃尔沃汽车。假定两国的消费偏好相同，但是生产可能性边界不同：挪威由于有较长的沿大西洋的海岸线，因此捕鱼效率高；瑞典的资本相对丰裕，故而汽车的生产效率高。据此，根据标准贸易模型论述这两国的贸易利益。

2. 在第 1 个问题的贸易情景中，由于过度捕鱼，挪威现在捕获的鱼量低于前些年。这一变化不仅引起了挪威潜在产鱼数量的减少，而且导致了国际市场上鱼的相对价格（P_f/P_a）的上涨。

a. 分析过度捕鱼导致挪威福利的下降。

b. 分析过度捕鱼可以提高挪威的福利水平的可能性。

3. 在某些情况下，相对供给和价格的变动之间可能没有联系。例如，如果生产要素在部门之间完全不可流动，生产可能性边界就会成为直角形状，两种产品的产出也不取决于它们的相对价格。在这种情况下，贸易条件的改善是否会提高一国的福利水平？请画图进行分析。

4. 与供给方面要素不可流动性相当的就是需求方面的产品不可替代性。试想一个国家的消费者购买的产品的比例是固定的。例如，不论两种产品的相对价格是多少，每买 1 磅粮食就买 1 码棉布。画图分析贸易条件的改善是否会提高这个国家的福利水平。

5. 日本原本出口制造品，进口原材料如粮食、石油。分析在以下情况下日本贸易条件的变化：

a. 中东战争使得石油供应紧缺。

b. 韩国扩展了汽车的生产能力，并在加拿大和美国进行销售。

c. 美国的工程师建立了核反应堆以代替石油燃料发电厂。

d. 俄罗斯农业歉收。

e. 日本降低牛肉和柑橘的进口关税。

6. 互联网使得诸如编程及技术支持等服务贸易增加，并且使得服务相对于制造品的价格下降。印度尤其被认为是技术性服务的出口者，这曾经是美国的出口强项。把制造品和服务看成可贸易品，为美印经济建立标准贸易模型，分析引起服务外包的可出口性服务的相对价格下降会降低美国的福利，而增加印度的福利。

7. A 国和 B 国有两种生产要素——资本和劳动，用于生产两种产品——X 和 Y。两国的技术水平一样，X 是资本密集型产品，A 国是资本充裕的国家。分析下列情形中，两国贸易条件和福利的变化：

a. A 国的资本存量增加。

b. A 国的劳动供给增加。

c. B 国的资本存量增加。

d. B 国的劳动供给增加。

8. 经济增长有可能改善一国的贸易条件，也有可能使之恶化。为什么大部分经济学家认为福利恶化型增长在现实中是不太可能的？

9. 从经济的视角看，印度与中国具有一定程度的相似性，都是低工资的大国，具有相似的比较优势模式。近些年都相对更加融入了国际贸易中。中国先开放，现在印度也正对外开放，这对中国的福利有何影响？（提示：考虑对世界经济增加一个类似于中国的新经济体。）

10. 假定某国 X 对出口产品进行补贴，而另一国 Y 对这种产品征收高关税来抵消补贴产生的影响，从而使得后者的产品相对价格不发生变化。在这种情形下，两国的贸易条件如何变化？两国的福利有何变化？另一方面，假定另一国针锋相对地对自己的出口产品进行补贴，其结果与上述情形有什么不同？请对比分析。

11. 对国际借贷和一般国际贸易进行类比。

12. 你认为以下哪些国家跨期生产可能性偏向当期消费，哪些国家偏向未来消费？

a. 某国如 20 世纪的阿根廷或加拿大仅在近期开放大规模居住点并有大量移民涌入。

b. 某国如 19 世纪末的英国或当今美国，技术处于领先但被其他国家赶上。

c. 某国如沙特已经发现大量石油储备但是可以采用很少的新投资加以开采。

d. 某国如挪威发现大量石油储备位于挪威海底，但是需要大量投资加以开采。

e. 某国如韩国拥有工业化技术并迅速成为发达国家。

延伸阅读

Rudiger Dornbusch，Stanley Fischer，and Paul Samuelson. “Comparative Advantage，Trade，and Payments in a Ricardian Model with a Continuum of Goods.” *American Economic Review* 67（1977）. This paper, cited in Chapter 3, also gives a clear exposition of the role of nontraded goods in establishing the presumption that a transfer improves the recipient's terms of trade.

Lawrence Edwards and Robert Z. Lawrence, *Rising Tide: Is Growth in Emerging Economies Good for the United States?* (Peterson Institute for International Economics, 2013), Chapter 5. This chapter provides a detailed analysis of the question raised in the case study on the effects of developing country growth on overall U. S. welfare.

Irving Fisher. *The Theory of Interest*. New York: Macmillan, 1930. The "intertemporal" approach described in this chapter owes its origin to Fisher.

J. R. Hicks. "The Long Run Dollar Problem." *Oxford Economic Papers* 2 (1953), pp. 117 - 135. The modern analysis of growth and trade has its origins in the fears of Europeans, in the early years after World War Ⅱ, that the United States had an economic lead that could not be overtaken. (This sounds dated today, but many of the same arguments have now resurfaced about Japan.) The paper by Hicks is the most famous exposition.

Harry G. Johnson. "Economic Expansion and International Trade." *Manchester School of Social and Economic Studies* 23 (1955), pp. 95 - 112. The paper that laid out the crucial distinction between export- and import-biased growth.

Paul Krugman. "Does Third World Growth Hurt First World Prosperity?" *Harvard Business Review* 72 (July-August 1994), pp. 113 - 121. An analysis that attempts to explain why growth in developing countries need not hurt advanced countries in principle and probably does not do so in practice.

Jeffrey Sachs. "The Current Account and Macroeconomic Adjustment in the 1970s." *Brookings Papers on Economic Activity*, 1981. A study of international capital flows that views such flows as international trade.

第6章附录1 更多跨期贸易

本附录包含本节中所描述的两期跨期贸易模型的更多细节。首先考虑本国的跨期生产可能性边界，如图6A1—1所示。回顾本国当期和未来消费品数量取决于当期消费品用于投资生产未来产品的数量。由于当前的可获资源从当期消费转化成投资，当期消费 Q_P 下降而未来消费 Q_F 上升。因此投资的增加会使得经济沿着跨期生产可能性边界向左上方移动。

本章指出未来消费相对当期消费的价格是 $1/(1+r)$，此处 r 为实际利率。按当期消费计算，国家在两期的总产品价值为：

$$V=Q_C+Q_F/(1+r)$$

图6A1—1显示了关于相对价格 $1/(1+r)$ 的等价值线包含不同的价值 V。这是一条直线，斜率为 $-(1+r)$（因为未来消费位于纵轴）。在标准贸易模型中，公司按在市场价格 $Q_C+Q_F/(1+r)$ 条件下产品价值最大化进行决策，因此生产点位于点 Q。国家按图示数量投资，当第一期投资偿清之后，当期消费为 Q_C，提供未来消费数量 Q_F。（注意到为使产品价值最大化，图6—1显示了类似的在单一时期棉布和粮食的数量的选择。）

在选择生产的点 Q，额外未来消费取决于当期消费的附加投资，正好等于

$(1+r)$。国家可以通过贷出附加的当期消费给国外从而提高效益，因此投资点位于点 Q 之下时效率是不足的。图 6A1—1 显示了世界实际利率 r 的上升，使得等价值线变得陡峭从而投资减少。

图 6A1—2 显示了本国在既定的世界实际利率下消费模式的决定。D_C 和 D_F 分别代表当期消费和未来消费的需求。既然生产点位于 Q，国家经过两个时期的消费可能性就受到跨期预算约束线的约束：

说明：跨期世界实际利率为 r，本国投资水平使两个时期的产品价值最大化。

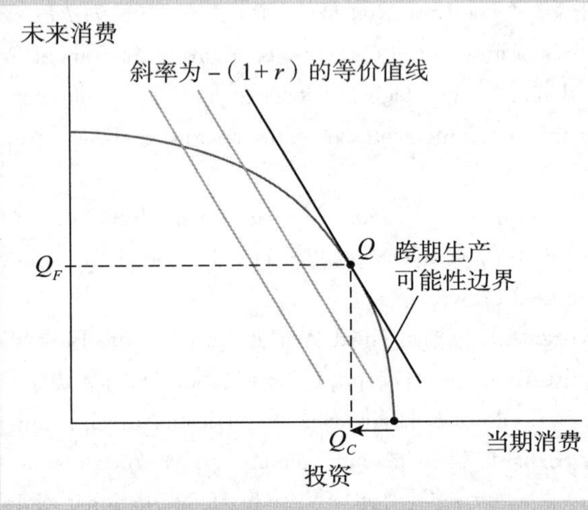

图 6A1—1　本国跨期生产模式的决定

说明：本国消费位于最高的无差异曲线与跨期预算约束线的触点。国家出口数量为 Q_C-D_C 单位的当期消费并进口 $D_F-Q_F=(1+r)\times(Q_C-D_C)$ 单位的未来消费。

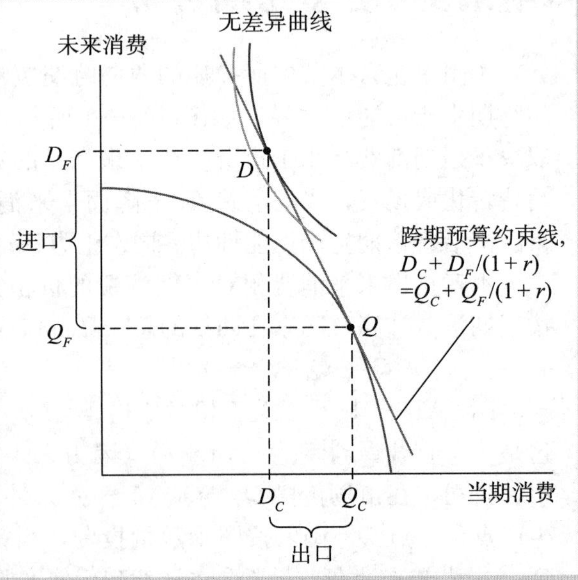

图 6A1—2　本国跨期消费模式的决定

$$D_C + D_F/(1+r) = Q_C + Q_F/(1+r)$$

这种约束表明本国两个时期（用当期消费测量）的消费等于两个时期（仍然用当期消费测量）生产产品的价值。换言之，生产和消费必须位于同一条等价值线上。

本国预算约束线和最高无差异曲线的接触点 D 表明国家当期和未来消费的选择水平。本国当期消费需求位于点 D_C，小于当期消费的产量 Q_C，因此国家将出口（贷出）$Q_C - D_C$ 单位至国外消费者。相应地，当首期贷款按利率 r 偿还时本国从国外进口 $D_F - Q_F$ 单位的未来消费。跨期预算约束意味着 $D_F - Q_F = (1+r)\times(Q_C - D_C)$，因此贸易是跨期平衡的。（另外，类似地注意到图 6—3，国家出口棉布以换取粮食进口。）

图 6A1—3 显示了外国投资和消费是如何决定的。假设外国在未来消费产品的生产上具有比较优势，图解说明在实际利率 r 下，在第一期外国借入消费产品并用第二期的生产产品偿还贷款。因为国内相对投资机会更多，相对偏好倾向于当期消费，外国进口当期消费而出口未来消费。

本国和外国的生产可能性边界不同导致了图 6—11 所示的相对供给曲线不同。在均衡利率 $1/(1+r^1)$ 下，本国所要出口的当期消费等于外国想要进口的当期消费。换言之，在该利率下，本国第一期想要的贷出等于外国第一期想要的借入，故而供需在两个时期相等。

说明：外国在点 Q^* 生产并在点 D^* 消费，进口 $D_C^* - Q_C^*$ 单位的当期消费并出口 $Q_F^* - D_F^* = (1+r)\times(D_C^* - Q_C^*)$ 单位的未来消费。

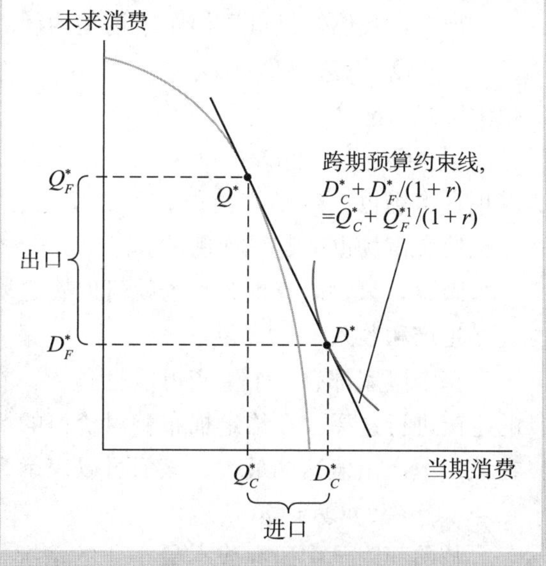

图 6A1—3　外国跨期生产和消费模式的决定

第6章附录2 贸易下的世界经济

供给、需求和均衡

世界均衡

尽管用图形来表示相对供给等于相对需求的世界均衡是最容易的，但是从数学角度看，使用另一种方法更合适。这一方法主要研究两种商品（棉布和粮食）中每一种商品的供给与需求相等的条件。选择哪一种商品都一样，因为棉布市场达到均衡意味着粮食市场也达到均衡，反之亦然。

为得到这些条件，我们用 Q_C 和 Q_C^* 分别表示本国棉布和外国棉布的产量；D_C 和 D_C^* 分别表示本国和外国对棉布的需求。以 F 为下标的相应变量指的是粮食市场。此外，用 p 表示棉布对粮食的相对价格。

世界总支出恒等于世界总收入。世界总收入等于销售棉布和粮食所得收入的总和；世界总支出等于棉布和粮食消费的总和。因此收入和支出相等的关系式可以表示为

$$p(Q_C+Q_C^*)+Q_F+Q_F^*=p(D_C+D_C^*)+D_F+D_F^* \qquad (6A2—1)$$

现在，我们假设世界棉布市场是均衡的，即

$$Q_C+Q_C^*=D_C+D_C^* \qquad (6A2—2)$$

则由等式（6A2—1）可以导出

$$Q_F+Q_F^*=D_F+D_F^* \qquad (6A2—3)$$

即粮食市场也一定是均衡的。反之显然也是成立的：如果粮食市场是均衡的，那么棉布市场也一定是均衡的。

因此，只要研究棉布市场就可以确定均衡时的相对价格。

生产和收入

每个国家都有一个生产可能性边界，在这一边界上人们可以对棉布和粮食的生产进行选择。在给定棉布相对价格的情况下，人们会选择边界上的某一点，在该点上产出值达到最大。该值可以表示为

$$V=pQ_C+Q_F \qquad (6A2—4)$$

与前面附录中研究成本最小化的情况一样，选择产值最大化的产品组合意味着在生产可能性边界曲线上从最优组合点作一微小移动，对产值没有影响，即

$$pdQ_C+dQ_F=0 \qquad (6A2—5)$$

棉布相对价格的变化将导致产出组合的变动以及产值的变化。产值的变化为

$$dV=Q_C dp+pdQ_c+dQ_F \qquad (6A2—6)$$

然而，由等式（6A2—5）得知，等式（6A2—6）的后面两项为零，则以上表达式可以简写为

$$dV=Q_C dp \qquad (6A2—6')$$

类似地，在外国，有

$$dV^*=Q_C^* dp \qquad (6A2—7)$$

收入、价格和效用

我们将每个国家当作一个个体，该国的偏好可以用一个取决于对棉布和粮食的消费效用函数来表示，即

$$U=U(D_C, D_F) \qquad (6A2—8)$$

假设一个国家用粮食计算的收入用 I 表示。那么它的总支出一定等于这一收入，所以，

$$pD_C+D_F=I \qquad (6A2—9)$$

给定收入和价格，消费者将使他们的效用最大化。用 MU_C 和 MU_F 分别表示消费者从棉布和粮食中得到的边际效用，则由消费的变化导致的效用的变化为

$$dU=MU_C dD_C+MU_F dD_F \qquad (6A2—10)$$

因为在给定收入和价格的情况下消费者必然选择最大化效用，因而任何支付得起的消费变化都不可能使他们变得更好。此条件意味着在最优点上，有

$$\frac{MU_C}{MU_F}=p \qquad (6A2—11)$$

现在我们考虑收入和价格的变化对效用的影响。对等式（6A2—9）微分可以得到

$$pdD_C+dD_F=dI-D_C dp \qquad (6A2—12)$$

但是由等式（6A2—10）和（6A2—11）可知

$$dU=MU_F[pdD_C+dD_F] \qquad (6A2—13)$$

因此，

$$dU=MU_F[dI-D_C dp] \qquad (6A2—14)$$

为方便起见，我们引进一个新的定义：以粮食作为衡量收入的商品，将效用的变动量除以粮食的边际效用，所得结果定义为实际收入的变动量，用符号 dy 表示：

$$dy=\frac{dU}{MU_F}=dI-D_C dp \qquad (6A2—15)$$

对于整个经济来说，收入等于产值：$I=V$。因此，棉布相对价格的变化对经济实际收入的影响为

$$dy=[Q_C-D_C]\,dp \qquad (6A2—16)$$

式中，Q_C-D_C 为棉布的净出口。棉布相对价格的上升将使得出口棉布的国家受

益；这是该国贸易条件的一种改善。我们以另一种略为不同的形式更能说明这一观点，即

$$dy=[p(Q_C-D_C)]\left(\frac{dp}{p}\right) \tag{6A2—17}$$

方括号内的项是出口值，圆括号内的项是贸易条件的变化率。上式说明，从一个给定的贸易条件变化所获得的实际收入等于这个贸易条件变化率乘以初始出口值。如果一个国家的初始出口值是 1 000 亿美元，贸易条件改善 10%，则该国获得了 100 亿美元的收益。

供给、需求和均衡的稳定性

在棉布市场中，相对价格的变化既会导致供给的变化，也会导致需求的变化。

对于供给，价格 p 上升会使得本国和外国生产更多的棉布。我们分别用 s 和 s^* 表示本国和外国的供给反应，则有

$$dQ_C=sdp \tag{6A2—18}$$

$$dQ_C^*=s^*dp \tag{6A2—19}$$

需求的情况要更复杂一些。价格 p 的变化会产生收入效应和替代效应，图 6A2—1 说明了这些影响。在该图中，VV^0 的斜率表示一个经济初始所面临的相对价格。给定这个相对价格，该经济在点 Q^0 生产，在点 D^0 消费。现在我们假设棉布的相对价格上升了，我们用 VV^2 的斜率表示。如果效用没有增加，则消费会移动到点 D^1，使得对棉布的消费必然下降。这同时也意味着该经济的实际收入也会发生变化。在这个例子中，由于该经济最初是棉布的净出口国，所以其实际收入将上升。此变化会使得经济在点 D^2 消费，而不是点 D^1，收入效应增加了对棉布的消费。分析需求对价格 p 变化的反应，既需要考虑替代效应，又需要考虑收入效应。替代效应是在实际收入保持不变情况下消费的变化，而收入效应是实际收入变化引起的在消费上的额外变化。

我们用 $-edp$ 表示替代效应，它总为负值。同样，用 ndy 表示收入效应，只要棉布是正常品，其需求就会随着实际收入的增加而增加。如果该国是棉布的净出口国，则其值为正；如果是净进口国，则其值为负。① 那么，价格变化对本国棉布需求的总影响为

$$\begin{aligned} dD_C &= -edp+ndy \\ &= [-e+n(Q_C-D_C)]dp \end{aligned} \tag{6A2—20}$$

① 如果食品也是正常品，n 一定小于 $1/p$。为说明这一效应，假定 I 增加了 dI 并且 p 保持不变，对棉布的消费将增加 $npdI$。除非 $n<1/p$，否则用于棉布的新增开支将超过收入的增量。

说明：相对价格的变化会产生收入效应和替代效应。

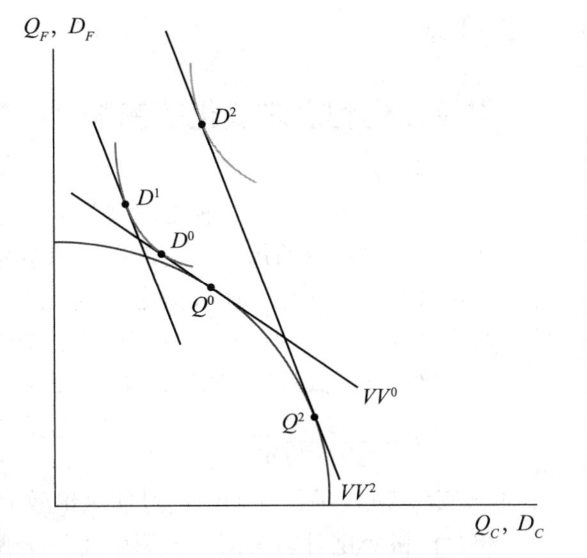

图 6A2—1 价格变化的消费效应

相似地，对外国需求的影响为

$$dD_C^* = [-e^* + n^*(Q_C^* - D_C^*)]dp \tag{6A2—21}$$

因为$Q_C^* - D_C^*$为负，因而外国的收入效应为负。

现在我们可以把需求效应与供给效应放在一起考虑，以得到 p 的变动对棉布市场的总体影响。棉布的过度供给是意愿世界生产量与消费量之差，即

$$ES_C = Q_C + Q_C^* - D_C - D_C^* \tag{6A2—22}$$

价格变化对世界过度需求的影响为

$$dES_C = [s + s^* + e + e^* - n(Q_C - D_C) - n^*(Q_C^* - D_C^*)]dp \tag{6A2—23}$$

如果市场一开始就是均衡的——本国的出口等于国外的进口，那么$Q_C^* - D_C^* = -(Q_C - D_C)$，价格 p 对过度供给的影响因此可以写成

$$dES_C = [s + s^* + e + e^* - (n - n^*)(Q_C - D_C)]dp \tag{6A2—23$'$}$$

假设棉布的初始价格略高于均衡价格，其结果是棉布过度供给，那么市场的力量将使得棉布的价格下降，并重新恢复到均衡状态。另一方面，如果过高的棉布相对价格导致了对棉布的过度需求，则价格会进一步上升，导致经济远离均衡状态。因此，只有当棉布相对价格的较小增长导致对棉布的过度供给时均衡才是稳定的，即下式成立：

$$\frac{dES_C}{dp} > 0 \tag{6A2—24}$$

考察等式（6A2—23$'$）就可以发现决定均衡是否稳定的因素。供给效应和需求中的替代效应共同使得经济趋于稳定。可能出现不稳定的唯一因素是收入效应。净收入效应稳定性的影响是不确定的：它依赖于是否 $n > n^*$，即当实际收入增加时，本国对棉布消费的边际倾向是否高于外国。如果 $n > n^*$，收入效应会使得经济不稳定；如果 $n < n^*$，收入效应可以增加经济的稳定性。

在下面的讨论中我们假设等式（6A2—24）成立，因此，世界经济的均衡状态是稳定的。

供给变化和需求变化的影响

比较静态方法

为了评估世界经济中各种变化的影响，通常使用的一种方法是比较静态方法。在我们将要讨论的每一种情况下，世界经济中发生的任何变化都将引起世界棉布相对价格的变化。比较静态方法的第一步是，计算世界经济的变化在初始相对价格水平为 p 时对棉布过度供给的变化影响。这一变化用 $dES|_p$ 表示。第二步，通过以下公式计算恢复均衡所需要的相对价格变化：

$$dp=\frac{-dES|_p}{(dES/dp)} \tag{6A2—25}$$

式中，dES/dp 反映了我们叙述过的供给效应、收入效应和替代效应。

相对价格变化对国民福利的影响可以分两步计算。首先计算对实际收入的直接影响，我们用 $dy|_p$ 表示；然后计算由贸易条件变化带来的间接影响，由等式（6A2—16）可以计算出。因此对福利的总影响为

$$dy=dy|_p+(Q_C-D_C)dp \tag{6A2—26}$$

经济增长

现在考虑本国经济增长的影响。正像本书中所指出的，经济增长意味着生产可能性边界向外移动。在初始价格 p 下，这一变化会导致棉布产出和粮食产出的变化；我们用 dQ_C 和 dQ_F 分别表示两种产出的变化。如果增长具有很强的偏向性，就可能是负的，但是由于生产可能性扩张了，用初始价格 p 计算的产出值必然增加，即

$$dV=pdQ_C+dQ_F=dy|_p>0 \tag{6A2—27}$$

在初始价格 p 下，棉布的供给量将上升 dQ_C。对棉布的需求也将上升，增量为 $ndy|_p$。因此世界棉布的过度供给的净影响为

$$dES|_p=dQ_C-n(pdQ_C+dQ_F) \tag{6A2—28}$$

这一表达式的符号是不确定的，可以为正，也可以为负。先假设增长偏向棉布，即 $dQ_C>0$，$dQ_F\leqslant 0$。于是对棉布的需求将上升，即

$$dD_C=n(pdQ_C+dQ_F)\leqslant npdQ_C>dQ_C$$

因此，对过度供给的总影响效应为

$$dES|_p=dQ_C-dD_C>0$$

结果是 $dp=-dES|_p/(dES/dp)<0$。本国的贸易条件恶化。

另一方面，假设增长是非常偏向于粮食的，即 $dQ_C\leqslant 0$，$dQ_F>0$。于是在初始价格 p 下对棉布供给的影响是负的，但对棉布的需求影响依然是正的。于是有

$$dES|_p=dQ_C-dD_C<0$$

所以 $dp>0$。本国的贸易条件改善。

如果增长没有强的偏向性，则 p 可能提高也可能降低，取决于增长偏向的强度与本国分配其边际收入方式的对比。

再来看福利影响，对外国的影响仅取决于贸易条件。但是对于本国而言，它取决于初始收入变化与随之而来的贸易条件变化的综合结果。等式（6A2—26）说明了这种影响。如果增长对本国贸易条件不利，就会对增长的直接正面影响起抵消作用。

但是，对贸易条件产生不利影响的增长真的一定能使增长中的国家变得更糟吗？答案是肯定的。为了看清这一点，首先考虑一种情况：假如一个国家的生产可能性边界出现了有偏向的移动，在其生产可能性边界上 Q_C 增加，Q_F 减少，同时在初始相对价格下产出值保持不变［这一变化不一定视为增长，因为不满足等式（6A2—27）的假设条件，但它是一个有用的参考点］。在初始价格 p 下需求无变化，而对棉布的供给会增加，因此 p 必然下降。实际收入的变化为 $dy|_p-(Q_C-D_C)dp$，然而在这种情况下，由于已知条件 $dy|_p=0$，所以 dy 一定为负。

由于在初始相对价格下产值没有增加，按通常的说法，这个国家的经济就没有增长。如果允许一种商品的产出略微增长，那么，总能找到一种情形来使这个国家满足增长的定义。可是，如果增长的量足够小，就弥补不了相对价格 p 的下降所引起的福利的减少。因此，偏向性增长达到一定程度时是可以导致增长国家的情况变得更糟的。

转移问题

假设本国将一些收入转移到外国，比如说对外援助。转移的数量用粮食来计量，记为 da，这种转移的影响是什么呢？

在相对价格不变的情况下，这种转移对供给是没有影响的，唯一影响的是需求。本国的收入减少了 da，而外国增加了相同的数量。这一变化会导致 D_C 下降 $-nda$，D_C^* 增加 n^*da。因此，

$$dES|_p=(n-n^*)da \tag{6A2—29}$$

贸易条件的变化为

$$dp=-da\frac{(n-n^*)}{(dES/dp)} \tag{6A2—30}$$

如果 $n>n^*$，本国的贸易条件将恶化。这种情况被普遍认为是正常的。如果 $n^*>n$，本国的贸易条件将改善。

对本国实际收入的影响包含源于转移的直接的负影响，以及由贸易条件产生的间接影响。间接影响可能是正的，也可能是负的。由贸易条件产生的正面影响是否会抵补收入的损失？在本模型中答案是否定的。

下面的推导能说明其中的原因：

$$\begin{aligned}dy&=dy|_p+(Q_C-D_C)dp\\&=-da+(Q_C-D_C)dp\end{aligned}$$

$$= -da\left\{1+\frac{(n-n^*)(Q_C-D_C)}{s+s^*+e+e^*-(n-n^*)(Q_C-D_C)}\right\}$$

$$= -da\frac{(s+s^*+e+e^*)}{[s+s^*+e+e^*-(n-n^*)(Q_C-D_C)]}<0 \qquad (6A2—31)$$

相似的代数表达同样能说明受援助国家的情况不会变坏。

以下是这一结果的直观解释。假如相对价格 p 上升得足够高，使得本国的情况与转移前一样好，并且外国的情况并不因获得转移支付而变好，那么在世界经济中收入效应对需求就不会产生影响。但是，价格的上升会使得棉布的产量增加以及对棉布的替代需求，导致棉布的过度供给从而又使得价格下跌。这一结果证明，能够使得与转移的直接福利影响相反的足够高的价格一定在均衡价格之上。

关税

假设本国对进口征收关税，其税值等于价格的某个比例 t。那么对于一个给定的世界棉布相对价格 p，本国的消费者和生产者将面对一个国内的相对价格 $\bar{p}=p\times(1+t)$。如果关税足够小，则此相对价格

$$\bar{p}\approx p \qquad (6A2—32)$$

除了影响价格 p 之外，关税会提高收入，我们将假设关税收入会在经济的其他部分中重新分配。

在初始贸易条件下，关税将在两个方面影响棉布的过度供给：第一，本国棉布相对价格的降低会导致棉布产量的下降，并且诱导消费者购买更多的棉布来替代粮食；第二，关税会影响本国的实际收入，并进一步对需求产生收入效应。但是，如果本国原来没有关税，现在增加很少的关税，问题可能很简单，因为在这种情况下关税对实际收入的影响可以忽略不计。为说明这一关系，考虑下式

$$dy=pdD_C+dD_F$$

在世界价格下，产出值总是等于消费值，因此初始贸易条件

$$pdD_C+dD_F=pdQ_C+dQ_F$$

但是在征收关税之前，经济达到了产出值最大化，所以，

$$pdQ_C+dQ_F=0$$

因为不存在收入效应，所以只剩下替代效应。国内相对价格 $\bar{p}$ 的下降将导致生产的下降以及消费的上升，即

$$dQ_C=-spdt \qquad (6A2—33)$$

$$dD_C=epdt \qquad (6A2—34)$$

式中，dt 为关税增加量。因此，

$$dES|_p=-(s+e)pdt<0 \qquad (6A2—35)$$

意味着

$$dp=\frac{-dES|_p}{(dES/dp)}$$

$$=\frac{pdt\ (s+e)}{[s+s^*+e+e^*-\ (n-n^*)\ (Q_C-D_C)]}>0 \qquad (6A2—36)$$

这一表达说明，关税将毫无疑问地改善征税国的贸易条件。

第7章 外部规模经济和国际生产布局

在第3章我们已指出，许多国家之所以进行贸易并从事专业化生产是出于两个原因：第一，国与国之间在资源上或在技术上存在差别，因此，各国生产自己擅长的产品；第二，规模经济（或边际收益递增）使得每个国家只能在一些有限的产品和服务上具有专业化生产的优势。我们在前3章中讨论了以比较优势为基础的几个贸易模型，也就是说，国与国之间的差异是导致贸易的唯一原因。本章中，我们将介绍规模经济在贸易中所扮演的角色。

我们在对以规模经济为基础的贸易进行分析时提出了某些我们一直在回避的问题，即为了让超额利润为零，我们假设市场是完全竞争的。但是，随着边际收益递增，大厂商往往比小厂商更有优势，因而市场趋于被一家厂商所控制（垄断），或更经常地，被几家厂商控制（寡头垄断）。毋庸置疑，随着边际收益递增的概念进入贸易领域，市场也就相应演变为不完全竞争市场。

然而，如果行业中存在而非单个厂商存在规模经济的外部性，那么将不会导致不完全竞争。本章我们将主要阐述贸易中的外部规模经济的作用，内部规模经济将留待下一章讨论。

学习目标

学完本章，你应该能够：

- 认识规模收益为何经常导致国际贸易发生。
- 理解内部规模经济和外部规模经济。
- 讨论外部经济的根源。
- 讨论外部经济及知识外溢对比较优势及国际贸易模式的影响。

规模经济和国际贸易概述

我们讲述的比较优势模型是以规模收益不变的假设为基础的，即假定某个行业中的投入增加1倍，产出也相应地扩张1倍。但事实上，很多行业都具有生产规模越大、生产效率越高的**规模经济**（economies of scale）（或称边际收益递增）的特征，在这些行业中，双倍的投入获取的是超过双倍的产出。

让我们举一个简单的例子来说明规模经济在国际贸易中的重要性。表 7—1 列出了某一假想行业的投入产出关系，且该产品的生产只需要劳动这一种投入。表中显示了生产中所需的劳动是如何取决于这种产品的产量的：生产 10 件产品需要 15 小时的劳动，而生产 25 件产品需要 30 小时的劳动。规模经济表现在，劳动投入增加 1 倍（从 15 小时增加到 30 小时），产出却增加了 1.5 倍。同样，从每单位产品所需的平均劳动量中也可发现这一点：当产量是 5 件时，每件的平均劳动投入为 2 小时；而当产量为 25 件时，平均劳动投入却只要 1.2 小时。

表 7—1　某一假想行业的投入产出关系

产出（件）	总劳动投入（小时）	平均劳动投入（小时）
5	10	2
10	15	1.5
15	20	1.333 333
20	25	1.25
25	30	1.2
30	35	1.166 667

我们可以用一个例子来说明为什么规模经济能成为国际贸易的动因。假定世界上只有美国和英国两个国家，二者都具有生产这种产品的同样技术，最初都生产 10 单位。根据表 6—1，该产量在每个国家均要 15 小时的劳动投入，即全世界用 30 个小时来生产 20 单位产品。但是，我们现在假定该新产品的生产集中到一个国家，比如说美国，且美国在这一行业也投入 30 个小时的劳动。然而，在一个国家内投入 30 个小时的劳动，却能生产出 25 件产品。显然，生产集中到美国可以使得世界以同样的劳动投入多产出 25%的产品。

但美国从哪儿获取生产这种产品所需的额外劳动呢？英国那些原先从事该产品生产的工人又去做什么呢？为了得到某些产品生产扩张所需的劳动，美国必须缩减或放弃其他产品的生产；这些放弃的产品将在英国生产，英国则雇用那些原先在英国生产而现在在美国扩张的行业的工人来从事这些产品的生产。不妨假定许多产品都具有规模经济，我们分别给其编号：1，2，3，…。为了利用规模经济，每个国家必须集中生产有限类别的产品，如美国生产 1、3、5 等类别的产品，英国生产 2、4、6 等类别的产品。如果每个国家都只生产几类产品，那么每种产品的生产规模均比以往各国什么都生产时要大得多，世界也因而可以生产出更加丰富多样的产品。

国际贸易又是如何产生的呢？很简单，消费者希望能消费种类繁多的商品。假定行业 1 在美国生产，行业 2 在英国生产。那么美国对产品 2 的需求者必须购买从英国进口的产品 2；同样，英国对产品 1 的需求者也只能购买从美国进口的产品 1。国际贸易在这一过程中扮演了关键角色：它可以使得各国既能利用规模经济来生产有限类别的产品，同时又不牺牲消费的多样性。事实上，就如我们以后将要看到的：国际贸易还增加了可供消费的商品种类。

上述例子充分说明，作为规模经济的结果，互利性的贸易是如何开始的。各国可以用比以往更有效的规模专业化地生产有限类别的产品；同时，它们之间的相互贸易又使得消费所有产品成为可能。

不过，从这个富有启发性的例子发展到一个明晰的基于规模经济的贸易模型却没有这么简单，原因就在于，规模经济必然导致一个不同于完全竞争的市场结构。因此，我们有必要仔细分析一下这个市场结构。

规模经济和市场结构

在表 7—1 的例子里，我们通过假定生产得越多则每单位产品的劳动投入越少来描述规模经济，但是，我们并没有说明这种生产力的提高源自何处——是由于现有厂商生产规模的扩张，还是行业中厂商数目的增加呢？因此，为了分析规模经济对市场结构的影响，我们必须清楚哪种生产的增加对削减成本是必要的。规模经济可分为外部的和内部的。**外部规模经济**（external economies of scale）指的是单位产品成本取决于行业规模而非单个厂商的规模；**内部规模经济**（internal economies of scale）则指的是单位产品成本取决于单个厂商的规模而不是其所在的行业规模。

通过一个假定的例子，我们来说明外部规模经济与内部规模经济的区别。我们假设，某行业最初由 10 家厂商组成，每家生产 100 件产品。整个行业的产出是 1 000 件。现在考虑两种情形：首先，假设该行业规模扩张了 1 倍，即由 20 家厂商组成，每家仍生产 100 件产品。由于产业规模扩大了，厂商的成本可以降低。例如，更大的产业会应用专业化服务及专用设备。如果这是事实，这就是存在外部规模经济的情形，即厂商效率的提高是由于更大的行业规模，尽管各厂商规模并没有变化。

其次，我们假设全行业产出不变，仍是 1 000 件，但只剩下一半厂商（5 家），每家各生产 200 件产品。若每件产品的生产成本下降，则存在内部规模经济：单个厂商产出越多，效率越高。

外部和内部规模经济对市场结构具有不同的影响。一个只存在外部规模经济的行业（即大厂商没有优势）一般由许多相对较小的厂商构成，且处于完全竞争的状态；相反，在存在内部规模经济的行业中，大厂商比小厂商更具有成本优势，就形成了不完全竞争的市场结构。

外部规模经济和内部规模经济都是国际贸易的重要原因。但是，由于它们对市场结构的含义不同，我们很难在同一个贸易模型中阐述这两种不同形态的规模经济。因此，我们将分别进行讨论。本章主要讨论外部经济，下一章主要讨论内部经济。

外部经济理论

由于我们此前已指出，不是所有的规模经济都存在于单个厂商内部。在很多时候，由于各种原因，某种行业会在一个或几个地点集中生产，从而降低该行业的成本，而行业中的单个厂商的规模仍可能很小。当规模经济存在于行业内而不是单个厂商内部时，就被称作外部经济。有关外部经济的分析可以追溯到一个世纪以前的英国经济学家阿尔弗雷德·马歇尔（Alfred Marshall）。“行业地区”现象——无法用自然资源来解释的行业的地理集中——使马歇尔很震惊。在马歇尔时代，行业集中的最典型例子莫过于云集于谢菲尔德的刀具制造商和北安普敦的制衣厂商。

现代有关外部经济的例子则主要有：集中于加利福尼亚州硅谷的半导体工业、纽约的投资银行业，以及好莱坞的娱乐业。在发展中国家如中国正在兴起的制造业，外部经济非常普遍。例如，中国某座城市占据了世界衬衣产品份额的大部分，另一城市几乎生产世界上所有的打火机，还有城市生产世界三分之一的磁带磁头，诸如此类。外部经济对于印度信息服务的主要出口也起到了关键作用，大部分工业集中在班加罗尔附近。

马歇尔阐述了集中在一起的厂商比单个孤立的厂商更有效率的三个主要原因：厂商的地理集中能促进**专业化供应商**（specialized suppliers）队伍的形成；有利于**劳动力市场共享**（labor market pooling）；有助于**知识外溢**（knowledge spillovers）。时至今日，这三点依然成立。

专业化供应商

在很多行业中，产品和服务的生产——甚至新产品的开发——都需要使用专门的设备和配套服务，然而单个的公司不可能提供足够大的服务需求市场来维持众多供应商的生存，但行业的地区集中却能解决这个问题——大量厂商集中在一起完全可以联合起来提供一个足够大的市场，使得各种各样的专业化供应商得以生存。这种现象在硅谷有着广泛的文献记载：1994 年的一份研究报告表明，随着地方工业的发展，“工程师离开原先的半导体公司——成立新的公司来生产一些产品，如扩散炉、分步重复照相机、实验设备，以及其他原料和零部件，如光罩、试验用模具和专门的化工产品——变得非常容易。这些独立的设备和服务供应部门通过分散开发成本，把单个厂商从自己开发资本产品需要巨额花费的困境中解放出来，从而促进了半导体工业的持续形成与发展；同时也强化了行业地区集中的趋势。在美国其他地区无法获得上述专业化的配套服务就是最好的例证”。

从上述引文可知，这一密集的专业化供应商网络的存在，可以使得硅谷的高技术公司比其他地方的厂商拥有更大的优势。很多供应公司的存在，可以使得一些关键的设备与服务变得便宜和容易获得。厂商因而也能集中精力做它们最擅长的事情而把其他方面的业务包给其他厂商去做。例如，有些硅谷的公司专门为一些特别客户提供高度精密的计算机芯片，从而成为“无工厂企业”，即它们没有生产芯片的任何工厂，而只是致力于设计芯片，然后请其他公司来生产。

一家试图进入该行业的外地公司——如在某个没有这样的产业集中的国家——将处于一种不利的地位，因为它缺乏与硅谷的供应商联系的便利渠道，它将不得不自己提供所需的材料及服务，或远距离与硅谷的供应商打交道。

劳动力市场共享

外部经济的第二项优势是厂商的集中能为拥有高度专业化技术的工人创造出一个完善的劳动力市场。这个市场不仅有利于厂商，也有利于工人，因为厂商会较少面临劳动力短缺的问题，同时工人也会较少面临失业。

一个简单的例子就能很好地论证上述观点。假定有两家公司都使用相同的专业化劳动力，比如说两家电影制片厂都需要电脑动画专家，但两家公司的老板并不确切知道要雇用多少工人。如果市场对其产品的需求大，公司将雇用 150 人；但如果需求少，则只雇用 50 人。又假定具有该项技术的工人为 200 人。下面比较两种情形：(1) 两家公司和 200 个工人都位于同一个城市。(2) 公司和工人均分布在两个城市，且每座城市 100 个工人。结果是明显的，工人和公司位于同一城市情况会较好。

首先，从公司的角度考虑。如果两家公司位于不同的城市，无论哪一家表现良好，它都将面临劳动力短缺，因为它想雇用 150 人但却只有 100 人可供雇用。但如果两家公司距离很近，依照常理，其中一家经营良好而另一家较差是极有可能的，那么两家公司都能雇用到想要雇用的工人数。因此，公司相对集中能增加它们利用商业机会的可能性。

其次，从工人的角度分析，行业的集中也是有利的。如果一个行业分散在两座城市，那么当一家公司对工人的需求不足时，工人将面临失业，因为公司只能雇用 100 个工人中的 50 个。但如果行业集中在一个城市，那么一家公司对劳动力的低需求至少在某些时候能够被另一家公司的高需求所抵消，因此工人的失业风险将大大降低。

有关硅谷的文献记载也再次证明了上述观点。在硅谷，公司迅速扩张和员工跳槽都非常普遍。我们引用过的 1994 年的那份研究报告中就指出：行业在一个地区的集中分布为员工跳槽提供了便利。报告中还引用了一位工程师的一段话，“你在星期五辞职并在下星期一找到另一份工作并非什么大事……你甚至没有必要告诉你的妻子。你不过在下星期一早晨驾车前往另一家公司罢了”[①]。这种灵活性使得硅谷不仅对高技术工人，而且对雇用他们的公司都具有非凡的吸引力。

---

① Saxenian，p. 35.

知识外溢

在现代经济生活中知识至少和其他生产要素如劳动力、资本以及原材料一样重要。这一点已不用再多说，尤其是在高度创新的行业中，知识的作用更加明显。在这些行业中，若生产技术或产品设计落后于前沿发展，几个月公司就会面临困境。

这些对富于创造性行业的成功极其关键的专业化知识从何而来呢？公司既可以通过自己的研发获取技术，也可以通过研究竞争对手的产品获取技术。在有些情形下，甚至可以直接将竞争对手的产品分解开来然后“翻版”其设计和制造工艺。但是，技术秘诀还有另一个重要来源，即个人之间信息与构想的非正式交流。而且，当一种行业集中分布在一个相当小的地区时，这种知识的非正式扩散经常非常有效，因为行业的集中分布使得不同公司的员工能自然地混杂在一起并自由地谈论技术话题。

马歇尔在他的论著中曾明确地描述过这一过程。他写道，当同行业中的许多公司集中在一个地区时，“业务中的秘密将不再是秘密，会在人群中流传……出色的工作能够得到应有的评价；机器、生产流程，以及业务组织上的发明与改进也能够得以迅速论证——如果某人提出了一种新的构想，它将被其他人迅速采纳并糅入他人的想法。这就是新构思的源泉”。

一位记者曾经描述过知识外溢在硅谷的发展时期是如何发挥作用的（他也使人们对与该行业有关的大量及广泛的专业化知识有了一个全面的感性认识）。他写道，“每年都有一些地方，如 Wagon Wheel，Chez Yvonne，Rickey's 和 Roundhouse，在这些地方从事半导体工业工作的年轻男女们就像是神秘的兄弟会成员一般，下班后会一起去喝一杯，聊聊天，谈谈与战争相关的话题，如间歇性的神经过敏、周期性幻觉、泡沫记忆、脉冲训练、无弹性联系、蛙跳测试、p-n 交叉、睡眠疾病模式、缓慢死亡情节、RAMs、NAKs、MOSes、PCMs、PROMs、PROM 吹风机、PROM 爆破器，以及 teramagnitudes……”① 这种非正式的信息流意味着在硅谷的公司比其他地方的公司更容易与技术发展的前沿保持一致。事实上，很多跨国公司在硅谷设立研究中心甚至建厂，无非是想跟上科技的最新发展。

外部经济与市场均衡

如我们所知，地理上集中的行业能够维持专业化的供应商队伍，培育出可以共享的劳动力市场，并有助于知识的外溢。但是，一国不能在一个行业集中大量的企业，除非该行业规模巨大。因此，外部经济理论表明，在外部经济的作用很重要而其他条件相同的情况下，行业规模大的国家将比行业规模较小的国家在该行业中更有效率。换言之，外部经济可以引起国家产业水平上的规模

① Tom Wolfe，quoted in Saxenian，p. 33.

收益递增。以上说明了产出和价格是如何决定的。

虽然实践中外部经济的细节是相当微妙和复杂的（如硅谷的例子所示），但从纷繁的细节中抽象出要点仍然是相当有用的。我们可以把外部经济理论简单地表达为：行业规模越大，生产成本越低。如果我们忽略此刻的国际贸易，产品市场均衡就可以用图 7—1 中的供给曲线表示。在通常的市场均衡中，需求曲线向下倾斜，供给曲线向上倾斜。当外部规模经济存在时，存在向下倾斜的供给曲线（forward-falling supply curve）：因为工业产出的增加会使**平均产品成本**（average cost of production）下降，工业产出越大，企业的意愿售价越低。

如果不存在国际贸易，图 7—1 中的非常规斜率似乎并不重要。在传统的供需分析中，均衡价格 P_1 和产出 Q_1 是由需求曲线和供给曲线的交点决定的。如后面所见，外部规模经济让我们对国际贸易的原因和影响的认识产生了巨大差异。

说明：当存在外部规模经济时，平均产品成本随产量上升而下降。假设生产者之间存在竞争，向下斜率的平均成本曲线 AC 可以被看成是向下倾斜的供给曲线。在通常的供需分析中，市场均衡位于点 1，此时供给曲线与需求曲线交于点 D。均衡产出水平为 Q_1，均衡价格为 P_1。

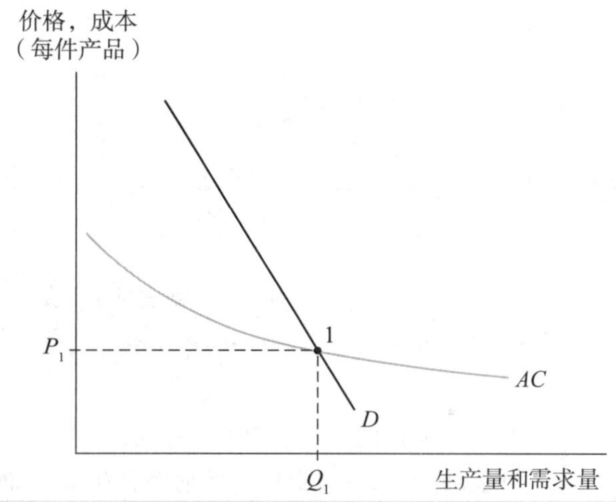

图 7—1　外部经济和市场均衡

外部经济和国际贸易

外部经济在国内和国家之间致使很多贸易发生。例如，主要因为投资的外部经济导致金融公司集中在曼哈顿，所以纽约向美国其他地区输出金融服务。类似地，英国向欧洲其他国家出口金融服务主要是因为同样的外部经济使金融公司集中在伦敦。但这种贸易的内涵是什么？我们首先了解贸易对产出和价格的影响；接着了解贸易模式的决定；最后了解贸易对福利的影响。

外部经济、产出和价格

假设在某一时刻，我们所生存的世界不可能跨越国界交易纽扣。同时假设世界上仅有两个国家：中国和美国。最后，假设纽扣受外部规模经济的影响，其使得在每个国家的纽扣呈现向下倾斜的供给曲线。（如下文的专栏所示，这是纽扣业的现实情况。）

纽扣产业的均衡如图 7—2 所示。[1] 在中国和美国均衡价格和产量均位于国内供给曲线和国内需求曲线的交点。在图 7—2 所示的情形中，无贸易情况下中国纽扣的价格比美国低。

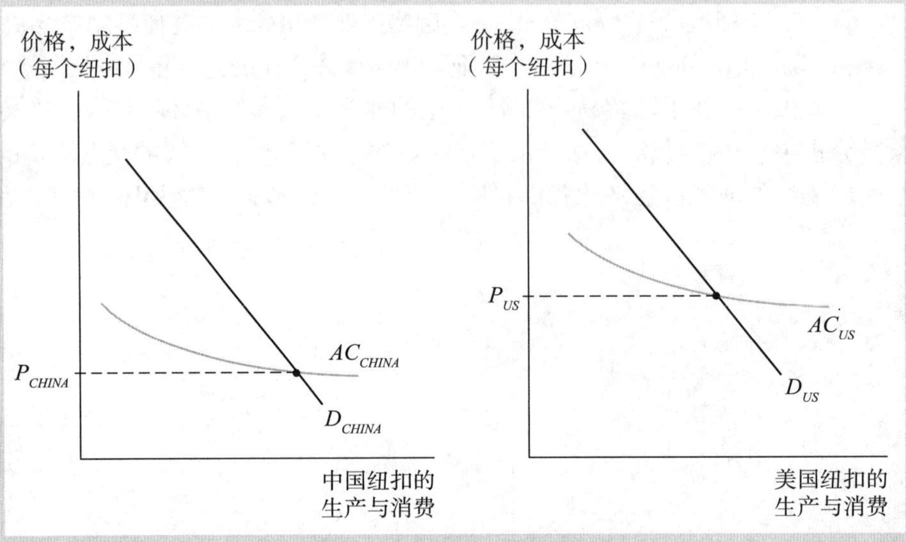

图 7—2　贸易前的外部经济

说明：在无贸易情况下，中国纽扣的价格 P_{CHINA} 比美国纽扣的价格 P_{US} 低。

现在假设我们开展纽扣贸易，会发生什么？

似乎确定的是中国纽扣产业将会扩张，而美国纽扣产业将会收缩。这个过程会进行自我补充：中国产出增加，成本会大大下降；美国产出下降，成本上升。最后，我们可以认为所有纽扣产品将集中在中国生产。

图 7—3 说明了这种集中效应。在贸易发生前，中国仅在国内市场供应纽扣。贸易发生后，中国向世界市场供应，包括为美国和中国消费者提供纽扣产品。

注意到这种产品集中对价格带来的影响。因为中国的供给曲线向下倾斜，贸易的结果使生产增加，导致价格下降。记住，中国纽扣价格在贸易前比美国更低。这告诉我们，在任一国家，贸易使得纽扣价格比之前更低。

这和不存在收益递增时的模型的内涵非常不同。在第 6 章所述的标准贸易模型里，相对价格集合为贸易的结果。贸易发生时如果本国棉布价格相对便宜而外国相对昂贵，贸易效应会提高本国棉布的价格并降低外国棉布的价格。在纽扣的案例中，相比之下，贸易使得价格下降。这种差异在于当存在外部规模经济时，国际贸易使世界生产集中在某一地区成为可能，因此通过获得利益甚

① 在说明过程中，为简便起见，我们关注纽扣市场的部分均衡，而非经济总体的一般均衡。如果可能，但分析过程更复杂，对一般均衡情形进行同样的分析。

至强化外部经济以降低成本。

说明：当存在贸易时，中国将集中为世界市场生产纽扣，包括国内市场及世界市场。产出从 Q_1 上升到 Q_2，导致纽扣价格从 P_1 下降到 P_2，比贸易前的任一国家都低。

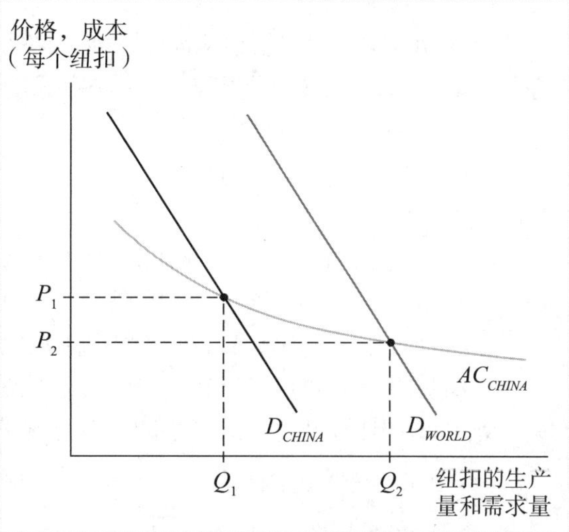

图 7—3 贸易和价格

外部经济和贸易模式

在纽扣的世界贸易例子中，仅仅假设中国工业产品比美国工业产品成本更低。是什么导致了这种先天优势？

一种可能性是比较优势——技术和资源的潜在差异。例如，为何硅谷位于加利福尼亚而不位于墨西哥，自有其理由。高技术产业要求有高技能的劳动力，在美国比墨西哥更容易找到这类人才，美国 40％的工作适龄人群是大学毕业生，在墨西哥这一数字低于 16％。类似地，为何纽扣生产集中在中国而非德国也有其理由。纽扣是劳动密集型产业，最适合在产业工人工资低于每小时 1 美元的国家生产而非每小时工资在世界最高的国家。

然而，在具有外部规模经济的产业中，比较优势通常仅仅部分解释了贸易模式。绝大部分纽扣也许在相对低工资的国家生产是不可避免的，但并不必须是在中国。当然，生产集中在中国国内任一特定地点也并不是必然的。

那么在外部规模经济下是什么决定了专业化模式及产业贸易？答案通常是这是历史的偶然：某特定地区被赋予在一个特定行业的先天优势，甚至当与带来先天优势的环境不再关联时，这种优势仍被外部规模经济锁定。伦敦和纽约的金融是非常明显的例子。在 19 世纪，当英国作为世界主要经济体和跨世界王国时，伦敦变成欧洲主要金融中心。即使王国已成为历史并且现在的英国仅仅是中等规模经济体的国家，这种角色仍然得以保留。感谢伊利运河使纽约成为主要港口，变为美国主要的金融中心。甚至当伊利运河主要通行游艇时这种角色仍然得以保留。

纯粹的意外在行业集中地的形成中起到了关键作用。地理学家热衷于谈论绒头床单布的传说。作为一种手工制作的婚礼礼物，它促使在佐治亚州多尔顿周围形成地毯制作的聚集。硅谷的存在可以大部分归功于斯坦福毕业生休利特（Hewlett）和帕卡德（Packard）有关在那个区域的车库开启业务的决定。回到1984年，如果不是当地政纲的奇思妙想使得得州仪器公司选择了班加罗尔而不是在其他城市进行该项投资，也许它就不是今天这个样子了。

历史作用决定工业位置的后果之一是工业常常并不位于"正确"的地点：一国已经形成了某行业的优势，即使他国具备更廉价生产的潜在可能，这种优势仍得以保留。

图7—4显示的每年生产纽扣的成本—数量函数表明了此点。给出了两个国家：中国和越南。中国生产单位纽扣的成本为 AC_{CHINA}，越南的成本为 $AC_{VIETNAM}$。我们假定中国或越南均可满足世界需求，用 D_{WORLD} 代表该需求。

假设对于公司而言，纽扣生产的规模经济完全是外部的。既然公司不存在规模经济，每个国家包含了很多小的完全竞争公司。竞争驱使价格下降到平均成本。

说明：越南的平均成本曲线，$AC_{VIETNAM}$ 位于中国的平均成本曲线 AC_{CHINA} 之下，因此越南可以比中国更廉价地供应世界市场。假如中国首先建立了工业，可以在 P_1 价格出售纽扣。如果越南公司开始独立生产，P_1 低于越南单个公司的成本 C_0。即使新厂商成本可以更低，由于历史偶然因素建立的专业化模式仍然可以持续。

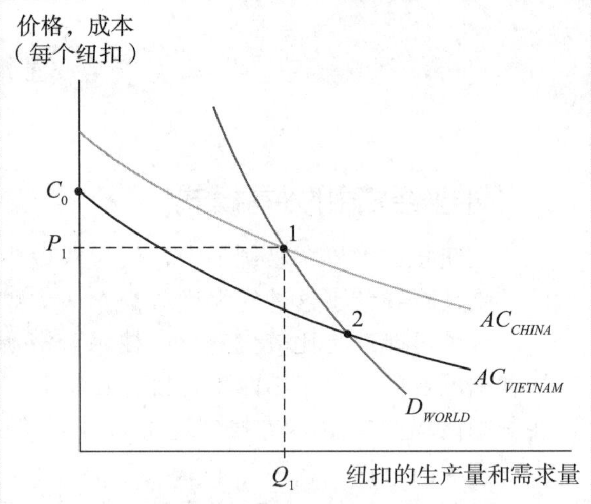

图7—4 建立优势的重要性

专栏☞ 一起掌握世界

当你穿戴完好并阅读这篇文章时，令你感到奇怪的是你衣服的主要部分——特别是，这一部分可以防止衣物失去作用——来自中国的一个小镇桥头，该镇生产了世界60%的纽扣和大部分拉链。

桥头纽扣产业符合典型的外部规模经济导致地理集中的古典模式。产业起源于历史偶然因素：1980年，三兄弟在街上看到一些丢弃的纽扣，修复以后进行出售，并认识到可以从中赚钱。很明显不存在大的内部规模经济：镇里的几百家小家庭企业进行纽扣和拉链的生产。但是这些相距很近的小厂商具有明显的优势。

桥头不是唯一的。关于这个城镇工业的一篇迷人的文章①指出，在中国，很多小镇，

---

① "The Tiger's Teeth," *The Guardian*, May 25, 2005.

甚至绝大部分在地图上微不足道，已经通过劳动密集型产业成为世界的佼佼者……从杭集牙刷开始，经过领带圣地嵊州，再到东边的廉价打火机产地掌起镇，延至有众多鞋厂的温岭，转回内陆的义乌（义乌不仅生产比其他地方更多的短袜，而且几乎在全世界销售任何物品）。

概括而言，作为劳动密集型产品巨大的出口国，中国的角色反映了比较优势：与先进国家相比，中国劳动力明显充裕。很多劳动密集型产品由高度区域性的产业生产，从外部规模经济中获得巨利。

由于越南的工资比中国低，我们假设越南的成本曲线位于中国之下。这意味着对于任一既定的产出，越南可以比中国更便宜地生产纽扣。有人也许希望这意味着事实上越南会供给世界市场。遗憾的是，事实并非如此。假设中国由于历史原因，首先建立了纽扣行业。于是起初，世界纽扣均衡位于图 7—4 的点 1，中国产量为每年 Q_1 单位，价格为 P_1。现在引入越南生产的可能性。假如越南可以供给世界市场，均衡点会移动到点 2。然而，假如起初越南不生产（$Q=0$），任何单个的越南公司在考虑生产纽扣时则成本为 C_0。如图所示，该成本位于中国行业所能生产的纽扣价格之上。所以尽管越南有可能比中国生产纽扣更便宜，但是由于中国开始得更早，从而可以掌控这个行业。

这个例子表明，外部经济可能对于历史偶然因素决定谁生产起到巨大作用，甚至当缺乏比较优势时可以通过已经建立的专业化模式得以持续。

外部经济下的贸易及社会福利

总而言之，我们可以认为外部规模经济导致的贸易所得超过比较优势。因为国际贸易允许国家在不同行业专业化，从而通过外部经济和比较优势使国家变得更加高效、更加富裕。

然而，以上推测需要一些限制条件。如图 7—4 所示，先建优势意味着不能保证正确的国家可通过外部经济生产产品。事实上，以外部经济为基础的贸易可能会使得一国的福利水平比没有贸易时下降。

图 7—5 所示为一国贸易后比贸易前实际上使得福利受损的例子。例中，假设泰国和瑞士均可生产手表，泰国生产更为便宜，但是瑞士首先生产。D_{WORLD} 是世界手表需求，假设瑞士进行手表生产，均衡位于点 1。然而，我们现在增加泰国对手表的需求 D_{THAI}。如果禁止手表贸易，泰国只能自给自足，那么泰国市场的均衡将位于点 2。由于更低的平均成本曲线，泰国造手表的价格 P_2 为点 2，事实上比瑞士造手表的价格 P_1 所对应的点 1 更低。

我们已提出一种情形：如果没有贸易，泰国只能自我供给，其进口商品的价格实际上更低。很明显，贸易后国家福利比贸易前恶化了。

说明：当存在外部经济时，贸易可能会使得一国的情况比没有贸易时更糟。在本例中，当瑞士以较低的足以阻止泰国生产者进入的价格（P_1）来供应世界市场（D_{WORLD}）时，泰国则会从瑞士进口手表。然而，若泰国打算切断一切手表贸易，它就会有能力以更低的价格 P_2 来供给其国内市场（D_{THAI}）。

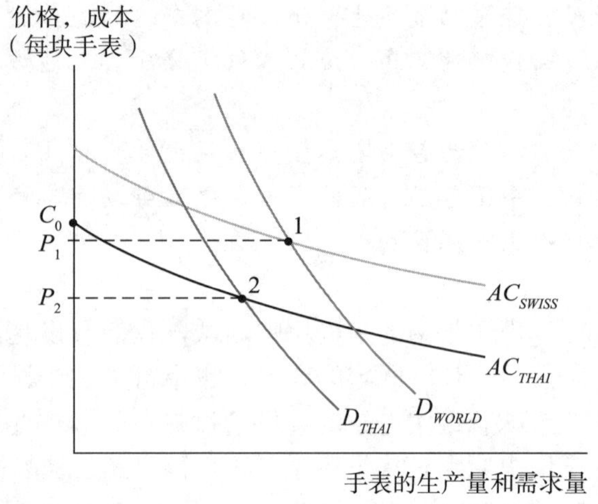

图 7—5　外部经济和贸易损失

在这一情形下泰国具有保护本国手表产业免受外国竞争的动机。在作出以上做法证明了保护贸易主义的结论之前，我们需要注意，在实际中识别如图 7—5 所示的情形要难得多。实际上，如我们在第 10 章和第 11 章所强调的那样，在实际中，辨别外部经济的难度是反对激进主义政府贸易政策的主要争论之一。

值得指出的是，尽管有时外部经济会导致不利的专业化生产和贸易模式，但可以明确的是，外部经济有利于世界经济利用产业集中获益。如果硅谷离多伦多更近而不是旧金山，那么加拿大会更富裕；如果金融中心（伦敦金融地区，和华尔街一起统治世界金融市场）可以转移到法兰克福，那么德国会更富裕。但是总的来说，每一项产业集中在各个地区对世界更有利。

动态收益递增

一些最主要的外部经济可能源于知识的积累。当某个厂商通过经验积累而提高其产品质量或生产技术时，其他厂商就有可能对该技术加以模仿并从中受益。随着某一行业整体知识的不断积累，这种知识外溢就有助于各个厂商生产成本的下降。

要注意到，源于知识积累的外部经济与通常所说的外部经济有一定差异。在具备外部经济的行业中，成本依赖于当前产量。但在此种情形下，生产成本则取决于经验。这种经验一般用该行业迄今为止的累积产量来衡量。比如说，生产 1 吨钢的成本可能取决于该国钢铁工业从开工以来的总产量，累积产量越高，每吨钢的生产成本就越低。我们经常用**学习曲线**（learning curve）来概括这种关系。图 7—6 所示的学习曲线描述的是累积产量与成本的关系。由于从生产中获取的经验对成本的影响，学习曲线会向下倾斜。随着时间的流逝，累积产量会不断增加，成本也因而下降。这种成本随着累积产量而非当前劳动生产率下降的情形就是所谓的**动态收益递增**（dynamic increasing returns）。

与普通的外部经济一样，动态外部经济也能通过在某一行业的初始优势或先期进入而保持下来。在图 7—6 中，L 是先期进入某一行业的国家的学习曲线，L^* 则是另一个具有低投入成本——比如低工资水平——但却缺乏生产经验的国家的学习曲线。只要前者进入该行业足够早，那么即使后者具有潜在的低成本，它也无法进入该市场。例如，我们假定前者的累积产量为 Q_L 单位，对应的成本为 C_1，而后者从未生产过该产品，那么，后者的初始成本 C_0^* 就会比前者现有工业的当前单位成本 C_1 要高。

说明：学习曲线说明一国工业的累积产量越大，则其单位成本也就越低。一个具有广泛行业经验的国家（L）比没有或只有一点经验的国家具有更低的单位成本，即便后者的学习曲线（L^*）由于较低的工资等原因而更低。

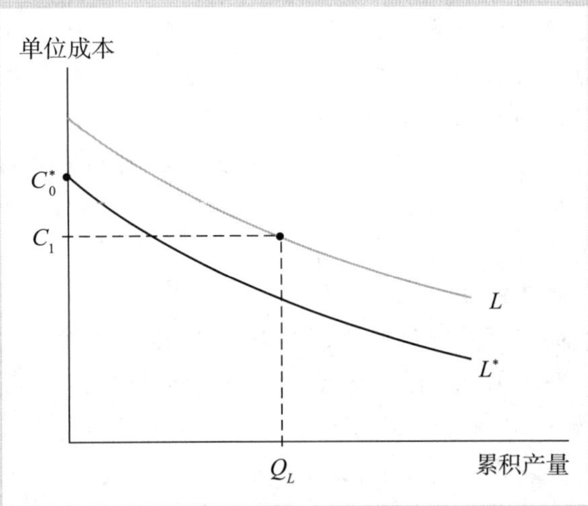

图 7—6　学习曲线

像某一时点的外部经济一样，动态收益递增潜在地支持保护主义。假如一国只要有更多的生产经验就可以生产出成本足够低的商品来出口，而目前苦于缺乏经验，生产出来的产品缺乏竞争力，这样的一个国家完全可能会为了增进社会长期福利，通过补贴来鼓励该产品的生产或排除外来竞争以保护该行业直到它能在国际市场站稳脚跟。这种认为通过暂时性的保护能够使得落后产业获取生产经验的观点就是著名的**幼稚工业论**（infant industry argument）。幼稚工业论在有关贸易政策在经济发展中的作用的争论中扮演了重要角色，我们将在第 10 章中用较大的篇幅探讨幼稚工业论。不过，现在我们必须记住一点：图 7—6 中所描述的情形如同实践中的非动态收益递增一样难以辨认。

专栏　好莱坞经济学

美国最重要的出口部门是什么？答案取决于定义的尺度。有的人认为是农业，有的人认为是航空业。但无论采取什么标准，美国最大的出口部门之中一定有娱乐业，尤其是电影。2011 年，美国电影和录音带出口创造的收入达 143 亿美元，而国内的票房收入只有 102 亿美元。美国电影占据了世界许多国家大部分的票房收入，例如占据了欧洲三分之二的票房收入。

美国何以能成为世界上的头号娱乐产品输出国？其中一个重要的优势纯粹来自其巨

大的市场规模。一部主要针对法国或意大利市场的影片，由于法国和意大利的市场规模比美国的要小很多，因此制片中不可能达到大部分美国影片那样的预算要求。因而这些国家制作的影片主要是戏剧和喜剧，且常常无法负担配音和字幕的费用。然而，美国影片却能凭借其宏伟的制作和壮观的特技效果超越语言的障碍。

美国娱乐业霸主地位的形成还有另一个重要原因，即娱乐业公司在好莱坞的大量集中。好莱坞显然产生了马歇尔所说的两种外部经济：专业化的供应商和劳动力市场基础。虽然最终产品是由电影制片厂和电视网提供的，但它实际上是由独立制片人、演员及演员的代理人、法律公司和特技效果专家等等诸多方面构成的复杂网络共同努力的结果。影片结尾通常列出参与电影制作人员的名单，每个看过这些名单的人都会明白电影制作对劳动力市场共享的需求。每部影片都需要一支巨大但临时性的工作队伍，不仅包括摄像师、化妆师，还包括音乐家、特技演员和一些神秘的职业如领班和包工头（当然还有男女演员）。至于娱乐业是否能产生第三种类型的外部经济——知识外溢——这一点尚无定论，但毕竟如作家纳撒尼尔·韦斯特（Nathaniel West）所说，理解电影行业的关键在于认识到“没人知道所有的事”这一点。另外，如果确实存在知识外溢，其在好莱坞的效果也会比其他任何地方要好。

好莱坞发挥外部经济作用的表现为其能持续吸引世界各地的天才人物来到好莱坞。从嘉宝、冯·斯坦伯格（von Sternberg）到罗素·克劳（Russell Crowe）和德尔莫·德尔·托罗（Guillermo del Toro），“美国”影片实际上经常是由移居好莱坞的有野心的外国人制作并最终赢得更多的观众的。

好莱坞是独一无二的吗？不是。相似的力量已经促成其他几个娱乐综合体的出现。在印度，由于政府的政策保护和文化上的差异，印度的电影市场得以摆脱美国的统治并在孟买出现了一个叫做“宝莱坞”（Bollywood）的电影制片基地。在中国香港则出现了迎合华人口味的庞大电影业。另外，一个专门为拉丁美洲制作西班牙语电视节目的特殊行业也出现在委内瑞拉的首都加拉加斯，它集中精力制作长期放映的肥皂剧（telenovelas）。最近一种复杂的尼日利亚电影——“奈莱坞”（Nollywood）出现了，它使用数字技术制造相对低预算的电影，作为直接视频大部分但不完全出口到非洲其他国家。

区际贸易和地理经济学

经济的外部性对国际贸易模式的形式具有重要的作用，对**区际贸易**（interregional trade）模式的形成更具有决定性作用。区际贸易指国内不同地区间的贸易。

为了理解外部经济在区际贸易中的作用，我们需要首先讨论区域经济学的性质，即一国的区域经济如何融入全国经济。美国产业的分布研究表明：美国 60%多的工人即便在美国国内也是由非贸易品的产业所雇用，即这些产品只可以由当地供给。表 7—2 给出了一些可贸易及不可贸易的产业例子。好莱坞制作影片，但在全美乃至全球放映，而报纸主要在当地被人阅读；华尔街可以为全美国人买卖股票，而储蓄银行主要为当地储蓄服务；国家健康研究院的科学家所研究的医疗知识可以在全国应用，而为你的宠物看病的兽医必须是当地的。

表 7—2 可贸易与不可贸易产业的部分例子

可贸易产业	不可贸易产业
电影制作业	报纸出版业
证券、商品等	储蓄业
科学研究	兽医服务

资料来源：J. Bradford Jensen and Lori G. Kletzer，"Tradable Services：Understanding the Scope and Impact of Services Outsourcing，" in Lael Brainard and Susan M. Collins，eds.，*Brookings Trade Forum 2005：Offshoring White Collar Work*（Washington，D. C.：Brookings Institution，2005），pp. 75 - 116.

正如所料，不可贸易产业的就业率在全美的不同地区非常一致。例如，美国主要城市的饭店就业占 5%。另一方面，可贸易产业不同地区的就业率相差很大。曼哈顿只吸收了全美 2%的就业人数，但吸收了证券交易业四分之一的就业人数，吸收了广告业七分之一的就业人数。

是什么决定了可贸易产业的分布呢？在有些情况下，自然资源很关键。如休斯敦之所以成为石化工业的中心，就是因为其东部有原油。不管怎样，劳动、资本等生产要素在区际贸易中不如在国际贸易中关键，一个简单原因是生产要素在一国内有更强的流动性。结果是要素倾向于流向产业集中的地方。例如，在旧金山附近的加利福尼亚的硅谷有一支受过良好教育的劳动力队伍，工程师、电脑专家云集在这里。这不是因为加利福尼亚培养了大量工程师，而是因为工程师涌向了有高技术产业的硅谷去找工作。

资源在区际贸易中起第二位的作用。经济外部性大力促进了专业化和贸易的发展。例如，为什么这么多广告代理商云集在纽约？答案是大量其他广告代理商都选择了纽约。最近的一项研究表明："信息共享与扩散对团队和代理的成功很关键。在纽约这样的城市，代理商像邻居一样聚集在一起。集群（cluster）催生了当地网络，加强了创新。代理商间面对面地共享信息和思想是很关键的。"① 事实上，证据表明，经济外部性促进了广告的当地化。为了获取信息共享的利益，广告代理商分布在 300 码以内。

如果经济外部性是地区专业化和区际贸易的主要原因，那么一个特定地区又如何发展经济外部性并促使经济发展？总的来说，历史上偶然事件起主要作用。一个半世纪前，纽约因可以通过伊利运河直达美洲五大湖，成为美国最重要的港口城市，从而成为美国的金融中心。今天由于金融业自身创造的外部性，纽约依然是金融中心。在电影必须在户外和天气好的日子才能放映的年代，洛杉矶成为早期的电影中心。即便现在很多电影是室内放映，洛杉矶还是电影业中心，就是因为专栏"好莱坞经济学"中描述的经济外部性。

① J. Vernon Henderson，"What Makes Big Cities Tick? A Look at New York，" mimeo，Brown University，2004.

你可能会问：推动区际贸易的力量是否真的完全不同于国际贸易的力量？答案是否定的。特别是考察融合紧密的国家之间的贸易如西欧。的确，伦敦是欧洲的金融中心，这和纽约是美国的金融中心一样。近年来，经济学家对区际贸易和国际贸易、城市崛起及经济间的空间影响等现象建立模型加以研究，这种方法被称为**经济地理**（economic geography）。

提要

1. 贸易不一定是比较优势的结果；相反，它可能是收益递增或规模经济的结果，即来自随着产出增加，单位产品成本下降的趋势。即使国与国之间并不存在资源或技术上的差异，规模经济仍能促使各国追求生产的专业化和贸易。规模经济分为内部规模经济（单位产品成本取决于单个厂商的规模）和外部规模经济（单位产品成本取决于行业规模）。

2. 规模经济会导致完全竞争的崩溃，除非在产业而非工厂中存在外部经济。

3. 外部经济发生于行业这一级水平而不是厂商内部。外部经济使得历史因素和偶然因素在决定国际贸易模式方面起到重要作用。当外部经济的作用非常重要时，即使一国在某一行业具有潜在的低生产成本，另一个首先在这一行业开始大规模生产的国家仍能够维持其生产优势。在这种情况下，一国可能会从贸易中蒙受损失。

关键术语

平均产品成本	动态收益递增	经济地理
规模经济	外部规模经济	向下倾斜的供给曲线
幼稚工业论	内部规模经济	区际贸易
知识外溢	劳动力市场共享	
学习曲线	专业化供应商	

习题

1. 分析下列四例，解释每例是外部规模经济还是内部规模经济：

a. 集中在南卡罗来纳州东南部的药业合约性研究公司。

b. 美国本田汽车全部由位于俄亥俄、印第安纳或阿拉巴马的公司制造。

c. 欧洲唯一的大型客机生产商——空中客车公司的所有飞机都在法国图卢兹组。

d. 新泽西的克兰伯里是人造香料中心。

2. 人们经常说收益递增的存在是国家之间产生摩擦的根源之一，因为每个国家都希望扩大具有规模经济的行业的生产。依据外部经济模型评述这一观点。

3. 举出两个在国际市场进行贸易的具有动态收益递增的产品例子。在每个例子中，说明创新和干中学在产业中对动态收益递增的重要性。

4. 评价下述情形中规模经济与比较优势的相对重要性：

a. 世界上的大部分铝是在挪威或加拿大冶炼的。

b. 世界上一半的大型喷气式飞机是在西雅图组装的。

c. 绝大部分半导体是在美国或日本生产的。

d. 世界上大部分最好的酒产自法国。

5. 设想一个类似图 7—3 的情形，两国均能生产某种产品且有向下倾斜的供给曲线的约束。但在本例中，假定两国有相同的生产成本，因而其供给曲线相同：

a. 你认为国际专业化生产和贸易的模式会是怎样的？什么因素决定了一国生产何种产品？

b. 本例中国际贸易所得是什么？这些所得只存在于有该行业的国家吗？

6. 相当普遍的是，当产业技术不再迅速进步时，产业集群会解体，同时生产会转向低工资的地方。所谓技术不再迅速进步表现为：绝对先进的设备不再是至关重要的；对高技术工人的需求下降；前沿创新的优势不再明显。请用经济的外部性解释产业集群解体的原因。

7. 近年来，劳动力逐渐短缺致使中国工资上升。假如这种趋势继续，你认为目前中国占据统治地位的外部经济产业会发生什么变化？特别考虑图 7—4 所示的情形，变化将如何发生？

8. 在劳动力市场共享的讨论中，我们强调在同一地区有两家公司的优势：如果某公司扩张而另一家公司收缩，对于公司和工人而言可以利用单一劳动共享是一个优势。但是若两家公司共同扩张或共同收缩的情形发生了，这是否会引起反对地理集中的争论？

9. 下列哪种商品或服务最有可能遵循外部规模经济和动态收益递增？请说明其中的原因。

a. 软件技术支持服务；

b. 柏油或水泥生产；

c. 电影业；

d. 癌症研究；

e. 木材采伐。

延伸阅读

Frank Graham. "Some Aspects of Protection Further Considered." *Quarterly Journal of Economics* 37 (1923), pp. 199 - 227. An early warning that international trade may be harmful in the presence of external economies of scale.

Li & amp; Fung Research Centre. *Industrial Cluster Series*, 2006—2010. Li and Fung, a Hong Kong-based trading group, has published a series of reports on rising industrial concentrations in Chinese manufacturing.

Staffan Burenstam Linder. *An Essay on Trade and Transformation*. New York: John Wiley and Sons, 1961. An early and influential statement of the view that trade in manufactures among advanced countries mainly reflects forces other than comparative advantage.

Michael Porter. *The Competitive Advantage of Nations*. New York: Free Press, 1990. A bestselling book that explains national export success as the result of self-reinforcing industrial clusters, that is, external economies.

Annalee Saxenian. *Regional Advantage*. Cambridge: Harvard University Press, 1994. A fascinating comparison of two high-technology industrial districts, California's Silicon Valley and Boston's Route 128.

World Bank. *World Development Report 2009*. A huge survey of the evidence on economic geography, with extensive discussion of industrial clusters in China and other emerging economies.

第8章 全球经济中的公司：出口决定、外包与跨国公司

本章中，我们继续探索规模经济如何为国际专业化和贸易创造动机。我们先集中关注内部规模经济。如前一章所述，这种形式的收益递增导致不完全竞争市场。**内部规模经济**（internal economies of scale）意味着公司产出增加，平均成本降低。完全竞争使产品价格下降到边际成本，意味着因为公司不能恢复由于初始产出引起的高成本从而受损。[①] 结果是，完全竞争会迫使那些公司从市场出局，这种进程一直持续到不完全竞争均衡。

不完全竞争模型意味着我们可以明确考虑单个公司的行为。这将允许我们介绍现实世界公司的两个附加特征：（1）在大多数部门，公司之间产品各异。某些产品（如瓶装水、订书针等）之间差异很小，但另一些产品（如汽车、手机等）却差异巨大。（2）公司间的业绩衡量指标非常不同。本章的分析将包含第一个特征（产品差异化）。为阐述方便及建立感性认知，我们最初假设公司之间没有业绩差异。于是我们将看到内部规模经济和产品差异化结合后通过经济一体化形成一些贸易所得的新来源。

然后我们介绍公司间差异，以便分析公司对国际力量的不同反应。我们可以看出经济一体化使不同类型的公司受益或受损。公司业绩好则繁荣扩张，否则收缩。这产生了贸易所得的附加来源：由于生产集中于业绩好的公司，产业整体效率提高。最后，我们将研究为何业绩好的公司有更大的动机参与全球经济，要么通过出口，要么通过向海外外包中间生产程序，要么通过成为跨国公司并开展多国经营。

学习目标

学完本章，你应该能够：

- 理解内部规模经济和产品差异化导致的国际贸易和产业内贸易。
- 认识产业内贸易带来的新型福利所得。

① 每当平均成本下降，生产额外一单位产出的成本（边际成本）低于平均生产成本（因为平均生产成本包括最初以更高的单位成本生产的产品的成本）。

● 描述经济一体化如何使同一产业内的公司受益或受损。

● 解释为什么经济学家认为不能将倾销单挑出来作为不公平贸易手段，以及为什么反倾销法律的实施导致保护贸易。

● 解释为何从事全球经济的企业（出口商、外包商、跨国公司）通常比不涉足海外市场的企业规模更大且业绩更好。

● 理解说明跨国公司存在性的理论和经济体开展对外直接投资的动因。

不完全竞争理论

在完全竞争市场——充斥大量买方和卖方，没有谁能代表大部分市场——厂商是价格的接受者。也即，卖方在现行价格下可以出售想要出售的任意数量商品，但是无法影响既定价格。例如，农场主可以按她的愿望出售小麦而无须担心出售的小麦越多，小麦价格会越低。她无须担心销售对价格的影响是因为任何单个的种植者仅仅代表世界市场微小的一部分。

如果仅有少数厂商生产一种产品，那么情况会不同。举一个显著的例子，波音公司在大型喷气式飞机市场只有一个主要对手——欧洲空中客车公司。波音公司清楚，假如生产更多的飞机，对世界飞机的供给将会产生巨大影响，同时价格会显著降低。或换言之，波音确信假如它想出售更多的飞机，只有通过降低价格。在**不完全竞争**（imperfect competition）市场，厂商可以影响产品价格，只有通过降价才能出售更多商品。这种情形以以下两种方式发生：当仅有少数主要厂商生产一种特定产品时，或当每个厂商与竞争对手相比产品存在差异时（消费者认为）。如我们的介绍中所提及的，在厂商这一级存在规模经济时，这种竞争类型是不可避免的结果：存活厂商数量被大幅削减或厂商必须从事与其竞争对手存在明显差异化的产品的生产。在这些情形下，每家厂商都认为自己是价格制定者，可以选择产品的价格，而不是一个价格接受者。

当厂商不再是价格接受者时，需要用其他方法描述价格和产出的决定。将要研究的最简单的不完全竞争市场结构是**完全垄断**（pure monopoly）：市场上仅有一个厂商，没有任何竞争。我们所用的这种方法可以用于分析更为复杂的市场结构。

垄断：简要回顾

图 8—1 表示的是一家垄断厂商的情况。该厂商面临一条向下倾斜的需求曲线，用 D 表示。D 向下倾斜，表明只要降低价格，厂商就能销售更多产品。回顾微观经济学基础知识，我们知道与需求曲线对应的是一条边际收益曲线。**边际收益**（marginal revenue）是厂商多销售一单位产品所获取的额外的或边际的收益。对垄断厂商来说，边际收益总是低于价格：因为为了多销售一单位产品，厂商必须降低所有产品的价格（不仅仅是最后一单位）。因此，垄断厂商的边际收益曲线 MR 总是位于需求曲线下方。

边际收益和价格　了解垄断者的价格与边际收益之间的关系对于我们在这部

分分析的垄断竞争模型极为重要。边际收益总是低于价格——但低多少呢？边际收益与价格的关系取决于两点：第一，厂商已销售了多少产品。一个没有销售多少产品的厂商不会由于降低这些产品的价格而损失太大。第二，价格与边际收益之间的差距取决于需求曲线的斜率。需求曲线的斜率表明，垄断厂商为了多销售一单位产品必须降低多少价格。若需求曲线很平缓，那么垄断厂商只要略微降价就能够多售出一单位产品，而不必大幅度削减原来的价格水平。因此，边际收益就接近于单位产品价格。相反，如果需求曲线很陡峭，为了多销售一单位产品，垄断厂商将不得不大幅度降价，边际收益自然也就远低于产品价格。

说明：一个具有垄断地位的厂商会选择这样一个产量：在该产量上，边际收益与边际成本相等。这个利润最大化的产量点就是图中的点 Q_M，与 Q_M 对应的价格为 P_M。由于边际收益总是低于价格，因此边际收益曲线 *MR* 位于需求曲线 *D* 的下方。垄断利润等于长方形的阴影面积，即等于价格与平均成本之差乘以产量 Q_M。

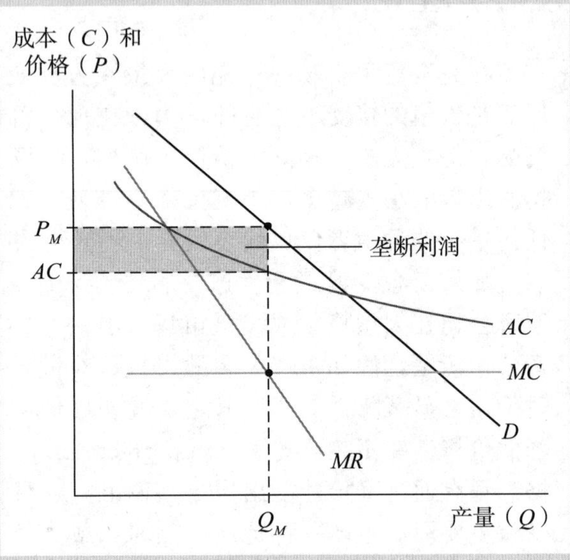

图 8—1　垄断定价与生产决策

若假定厂商面临的是一条线性需求曲线，价格与边际收益之间的关系就更加明晰了。此时，垄断厂商的总销售量与价格之间的决定关系能用等式表示，即

$$Q=A-B\times P \tag{8—1}$$

式中，Q 为销售量；P 为单位产品价格；A、B 为常数。从本章的附录中，我们可知此情形下边际收益为

$$\text{边际收益}=MR=P-Q/B \tag{8—2}$$

即

$$P-MR=Q/B$$

方程（8—2）表明，价格和边际收益之间的差距取决于厂商的销售量 Q 和其需求曲线的斜率参数 B。如果销售量 Q 很大，边际收益就低，因为削价会给厂商带来较大损失；如果 B 较大，即在给定的价格增幅下销售量下降得越多，则边际收益与产品价格越接近。方程（8—2）对于我们分析垄断竞争的贸易模型至关重要。

平均成本和边际成本　回到图 8—1，*AC* 代表该厂商生产的**平均成本**（average cost)，即总成本除以产量。AC 向下倾斜反映了规模经济的假定：厂商产出越大，单位成本越低。MC 代表厂商的**边际成本**（marginal cost）（追加一单位产出的成本）。在图 8—1 中，我们假设厂商的边际成本不变（边际成本曲线是平的）。规模经济则必然来自固定成本（与生产规模无关）。固定成本使得平均成本高于不变的边际生产成本，尽管随着固定成本在更多的产品单位间分摊，这两种成本的差距变得越来越小。

如果令 c 为厂商的边际成本，令 F 为固定成本，则我们可以将厂商总成本 C 重写为：

$$C=F+c\times Q \quad (8—3)$$

式中，Q 仍为产量。给定这一线性成本函数，厂商的平均成本可具体表示为：

$$AC=C/Q=(F/Q)+c \quad (8—4)$$

如前所述，平均成本总是大于边际成本，而且平均成本会随着产量 Q 的增加而下降。

例如，如果 $F=5$，$c=1$，生产 10 单位产品的平均成本是 5/10＋1＝1.5，生产 25 单位产品的平均成本是 5/25＋1＝1.2。这些数字似曾相识，是因为我们曾经用它们来构造表 8—1。表 8—1 中所反映的产量、平均成本和边际成本之间的关系可用图 8—2 来表示：平均成本在产量为零时趋于无穷大，而在产出极大时趋向于边际成本。

垄断厂商利润最大的产出点位于边际收益（多销售一单位产品的收益）与边际成本（多生产一单位产品追加的成本）相等之处，即 MC 曲线与 MR 曲线的交点。在图 8—1 中，可以看到利润最大的产出点 Q_M 对应的是价格 P_M，P_M 大于平均成本。当 $P>AC$ 时，厂商获得垄断利润。[①]

说明：本图表示的是与成本函数 $C=5+x$ 相对应的平均成本和边际成本。其中边际成本恒定为 1，平均成本则随产出增加而下降。

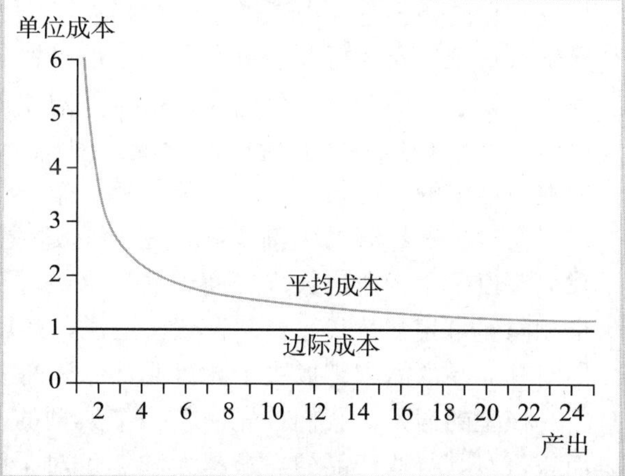

图 8—2　平均成本与边际成本

---

① 按照传统会计学的定义，超过劳动力成本与原材料成本的那部分收益就是利润。但是利润的经济学定义与此不同。如果一个厂商的资本回报率低于它在其他行业可能的回报率，它就没有盈利。从经济学的角度来看，正常的资本回报率反映了厂商的部分成本，只有高于正常回报率的那部分收益可视为利润。

垄断竞争

垄断利润很难维持。一个取得高额利润的厂商自然会吸引竞争者，因此，完全垄断在现实中是很罕见的。在很多情况下，竞争者并不销售同样的商品——要么是不能（因为法律或技术原因），要么是宁愿创造自己的商机。这导致竞争者销售**差异化产品**（differentiated products）。然而，即使有众多竞争者，产品差异化允许厂商保持其因产品多样性或品牌而具有的价格制定者地位。然而，更多竞争意味着任一既定厂商在选择的价格下销量更低：当竞争者增多（在后面我们会详细建模），每个厂商的需求曲线将发生偏转。需求越低，利润越低。

增加的新竞争者长期坚持的动力是盈利性。一旦竞争达到一定水平，再进入市场（如大型喷气式飞机市场）就不再有利润从而达到长期均衡。在某些情况下，市场仅有少数竞争者，这也可以发生。这种市场结构是**寡头垄断**（oligopoly）。在此情形下，单一厂商有足够的市场份额对市场聚集产生影响，如整体行业产出和平均行业价格。[①] 这反过来影响其他厂商的需求。它们因此将有动力调整价格以对大型企业的定价决策作出反应，或者当其他企业为大型的时，则相反。因此，在寡头垄断市场中，厂商的定价决策是独立的。寡头市场中的每个厂商在定价时都将考虑到竞争者的预期反应。然而，这些反应反过来又取决于竞争者对厂商行为的预期，因此我们处于一个复杂的博弈，其中的厂商试图再次揣摸彼此的策略。我们将在第 12 章讨论一个两厂商的寡头垄断模型。

在**垄断竞争**（monopolistic competition）模型中，围绕相互依存性的问题，有两个关键性假设：第一，每个厂商均能生产与竞争对手有差异的产品，也就是说，它的顾客不会由于微小的价格差别而去购买其他厂商的产品，产品的差异确保每家厂商在行业中对它所特有的产品拥有垄断地位，从而在某种程度上摆脱了竞争。第二，每个厂商都把竞争对手的价格作为既定价格，即它不考虑自己的价格对其他厂商价格的影响。因此，即使各厂商在现实中均面临竞争，但在模型中的厂商行为像一个垄断者一样——这也是该模型名字的由来。

在讨论贸易问题之前，我们必须先建立一个垄断竞争的基础模型。为此，我们假设一个行业由数家厂商组成，这些厂商生产有差异的产品，即产品不完全相同但可相互替代。在某种意义上说，各厂商均是其特有产品的唯一生产者，但对其产品的需求却取决于同行业其他厂商生产的类似产品的数量及价格。

模型的假设 我们首先描述一个典型的垄断竞争厂商所面临的需求。一般而言，对其行业产品的需求越大和竞争对手的价格越高，则该厂商的产品销售量就越大；反之，若行业中竞争者增多，该厂商的价格升高，则该厂商的销售

---

① 当固定成本 F 相比于需求条件较高时，这通常会发生。每个厂商必须进行规模经营，以便降低平均成本从而获利。而且市场未大到可以支持许多大型厂商的程度。

量就会减少。我们用一个能反映以上特征的等式来表述这种需求[①]：

$$Q=S\times[1/n-b\times(P-\overline{P})] \quad (8—5)$$

式中，Q 为某厂商的销售量；S 为行业的总销售量；n 为该行业中的厂商数目；b 为常数项，表示的是公司的销售量对价格变化的反应；P 为该厂商产品的价格；$\overline{P}$ 为竞争者的平均价格。方程（8—5）隐含如下结论：如果所有厂商制定相同的价格，则每家分享 $1/n$ 的市场份额。价格高于其他厂商平均水平的厂商只能拥有较小的份额；相反，价格定得低于平均水平的厂商，则能占有较大的市场份额。[②]

假定行业的总销售量 S 不受平均价格的影响，即任何厂商赢得顾客、获得市场意味着别的厂商失去顾客。尽管这是个不很现实的假定，但它能够简化分析并使得我们的注意力集中于厂商间的竞争。具体来说，它意味着 S 是衡量市场规模的尺度，而且当各厂商的价格一致时，各自的销售量均为 S/n 单位。[③]

卜一步，我们研究一个典型厂商的成本。我们假设厂商的总成本和平均成本由方程（8—3）和方程（8—4）给出。注意到在初始模型中，我们假定所有厂商都是对称的，尽管它们生产的是差异化商品：它们都面临同样的需求曲线［方程（8—5）］，并且拥有同样的成本函数［方程（8—3）］。在下一节，我们将放松这一假设。

市场均衡　当所有厂商都对称时，就可以不详细列举各厂商的特征而只考虑全行业的状况。我们真正想知道的是，行业中的厂商数及其具有代表性的价格。为了分析整个行业的问题，如评估国际贸易对该行业的影响，我们需要确定厂商数 n 和它们的平均价格 $\overline{P}$。一旦找出一个方法来确定 n 和 $\overline{P}$，也就能分析国际贸易对它们的影响了。

确定 n 和 $\overline{P}$ 的方法分为三步：(1) 首先推导出厂商数与一个典型厂商的平均成本的关系。我们用正比例关系来概括它：厂商数越多，单个厂商的产出越少，因而平均成本越高。(2) 然后说明厂商数和各厂商价格（在均衡时等于 $\overline{P}$）之间的关系。该关系是反向的：厂商数越多，厂商间的竞争就越激烈，因而各厂商定价越低。(3) 最后基于厂商所获利润论证厂商进入和退出决策。当价格高于平均成本时，厂商获得正的利润，其他厂商会进入该行业；而当价格低于平均成本时，利润为负，一些厂商会退出。所以，从长期来看，厂商进入和退出的过程使得利润为零。因此，每个厂商所制定的价格 $\overline{P}$ 必定等于第一步中的平均成本。

(1) 厂商数与平均成本。作为确定 n 和 $\overline{P}$ 的第一步，我们讨论厂商数是如

---

① 等式（8—5）可以从这样一个模型推导出来：消费者有不同的偏好，厂商生产适合特定细分市场的产品。参见 Stephen Salop, "Monopolistic Competition with Outside Goods," *Bell Journal of Economics* 10 (1979), pp. 141-156，该文献对这一方法做了探讨。

② 等式（8—5）可重写为 $Q=(S/n)-S\times b\times(P-\overline{P})$。如果 $P=\overline{P}$，该等式可简化为 $Q=S/n$；如果 $P>\overline{P}$，$Q<S/n$；如果 $P<\overline{P}$，$Q>S/n$。

③ 即使厂商制定了不同的价格，需求等式（8—5）也确保了厂商产量 Q 等于总产出 S（因为各厂商的 $P-\overline{P}$ 之和必定为零）。

何决定一个典型厂商的平均成本的。由于模型中的各厂商均对称，因而在均衡时，它们制定的价格相同。但当 $P=\overline{P}$ 时，从等式（8—5）可知，$Q=S/n$，即各厂商的产出是全行业销售量的 $1/n$。再由等式（8—4）可知，平均成本反过来由厂商的产出决定，因此，可以得出一个结论：平均成本取决于市场规模和行业中的厂商数，即

$$AC=F/Q+c=(n\times F/S)+c \tag{8—6}$$

等式（8—6）表明，在其他因素相同的情况下，行业中厂商越多，平均成本越高。其原因就在于厂商越多，每个厂商的产量就越少。例如，假设某行业一年销售某种产品 100 万件，如果行业中有 5 家厂商，每家每年销售 20 万件。但若有 10 家厂商，则每家只能售出 10 万件，从而使得每家的平均成本都很高。这种厂商数 n 与平均成本之间的正向关系可见图 8—3 的 CC 曲线。

（2）厂商数与价格。与此同时，典型厂商的价格也由行业中的厂商数 n 决定。一般来说，人们会认为厂商越多，它们之间的竞争越激烈，相应地价格也就越低。我们的模型也得出了同样的结论，但要证明这一点则需花费一番工夫。其基本方法是，先说明各厂商面临的是一条如等式（8—1）所显示的线性需求曲线，然后用等式（8—2）来决定价格。

回顾一下垄断竞争模型，在那里我们假定每个厂商把其他厂商的价格视作既定的价格，即它们没有考虑自己变动价格会引起其他厂商也改变价格的可能性。如果各厂商均把 $\overline{P}$ 作为既定价格，那么等式（8—5）的需求曲线就可以改写成如下形式：

$$Q=[(S/n)+S\times b\times\overline{P}]-S\times b\times P \tag{8—7}$$

说明：垄断竞争市场中的厂商数以及各厂商的定价由两个关系决定：一方面，市场中的厂商数越多，则它们的竞争越激烈，相应地行业定价也较低。这一关系由 PP 曲线反映。另一方面，厂商数越多，各厂商的销售量就越少，因而平均成本较高。这一关系用 CC 曲线表示。如果价格超过平均成本（即如果 PP 曲线位于 CC 曲线之上），该行业就会盈利，更多的厂商就会进入该行业；反之，若价格低于平均成本，该行业就会亏损，一些厂商自然就会退出该行业。当平均成本与价格相等时，即在 PP 曲线与 CC 曲线的交点 E 会形成均衡的价格与厂商数。

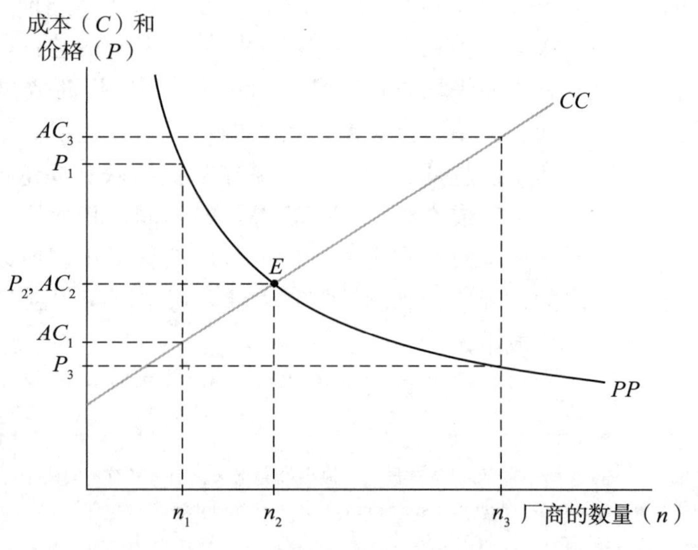

图 8—3 垄断竞争市场的均衡

式中，b 为等式（8—5）中衡量各厂商的市场份额对其定价的敏感性参数。等

式（8—7）实际上与等式（8—1）是一样的，只不过现在用 $S/n+S\times b\times\overline{P}$ 替换了常数 A，用 $S\times b$ 替换了斜率系数 B。如果再把它代入边际收益函数（8—2），就可以得到一个典型厂商的边际收益函数：

$$MR=P-Q/(S\times b) \tag{8—8}$$

追求利润最大化的厂商会让其边际收益等于边际成本 c，于是有

$$MR=P-Q/(S\times b)=c$$

把上式进行整理，就可以得到一个典型厂商的价格函数：

$$P=c+Q/(S\times b) \tag{8—9}$$

但是，我们已注意到，当所有厂商制定同样的价格时，各自的销售量为 $Q=S/n$，把 S/n 代入等式（8—9），就可以得到厂商数与各自定价之间的关系：

$$P=c+1/(b\times n) \tag{8—10}$$

等式（8—10）从代数上说明了行业中厂商越多，则各厂商定价越低。这是因为每个厂商的**边际成本加价**（markup over marginal cost）$P-c=1/(b\times n)$随着竞争厂商数量的增加而减少。等式（8—10）在图 8—3 中表示为向下倾斜的曲线 PP。

（3）均衡的厂商数。现在来探讨一下图 8—3 意味着什么。我们已把一个行业用两条曲线加以概括：向下倾斜的曲线 PP 表明行业中厂商越多，各厂商的产品定价越低。它意味着厂商越多，厂商面临的竞争越激烈。向上倾斜的 CC 曲线表明行业中厂商越多，每个厂商的平均成本越高。这说明，随着厂商数的增多，各厂商的销售量会下降，每个厂商都无法沿着下降的平均成本曲线达到很低的成本水平。

两条曲线交于点 E，对应的厂商数是 n_2，n_2的重要性在于它代表的是全行业利润等于零的厂商数。只要该行业中的厂商数为 n_2，那么利润最大化的定价就为 P_2，且 P_2正好等于平均成本 AC_2。这正是我们在前文讲述的长期垄断竞争均衡。

那么，为什么行业中的厂商数从长远看终将趋向于 n_2，同时点 E 将成为该行业的长期均衡点呢？

不妨假定 $n=n_1$，$n_1<n_2$，那么厂商的定价会是 P_1，而平均成本为 AC_1，厂商能够获取垄断利润。[①] 反过来，若假定 $n=n_3$，$n_3>n_2$，那么厂商只能把价格定为 P_3，而平均成本为 AC_3，厂商必然亏损（利润为负）。

随着时间的推移，厂商会进入一个有利可图的行业，而从赔本的行业中退出，即当 $n<n_2$时，厂商数就会增加，反之则减少。这充分说明 n_2就是该行业厂商数的均衡点，P_2就是均衡价格。[②]

① 回顾这表示经济利润。经济利润指剔除了所有固定和资本成本后的利润，与未剔除固定和资本成本的合计成本相对。

② 上述分析忽略了一个小问题，即行业中的厂商数当然必须为整数，如 5 或 8。如果 n_2算出来等于 6.37，怎么办？答案是，行业中有 6 家厂商，它们都获取少量的垄断利润。但不会有新的厂商进入，因为大家都知道，第 7 家厂商的进入会使大家都亏本。在大多数垄断竞争的例子中，整数或“整数约束”问题都不太重要，因此我们就不考虑它了。

至此，我们已建立起一个垄断竞争行业的模型。运用它，我们可以确定均衡的厂商数和各厂商的平均价格。我们从这个模型中可以得出一些关于规模经济在国际贸易中作用的重要理论。但在运用之前，我们还需花点时间来讨论一下该模型的局限性。

垄断竞争和贸易

贸易能够扩大市场规模的思想成为了垄断竞争模型在贸易中运用的基础。在具有规模经济的行业中，一国能生产的产品种类及其生产规模都受到该国市场规模的限制。但通过国与国之间的贸易，就能形成一个一体化的世界市场，该世界市场当然比任何单个国家的国内市场都要大。各国因此也可以从限制中解脱出来，在一个比贸易前要窄的范围内从事某些产品的大规模的专业化生产；同时，通过从别国购买自己不生产的产品可以扩大消费者可获取的商品种类。因此，即使国与国之间没有技术上的差别，贸易仍为互利性的生产提供了机会。

例如，假定有两个国家，各自汽车市场的年需求量都为 100 万辆。通过双边贸易，可以创造出一个总需求为 200 万辆的一体化市场。在这个市场中，更多种类的汽车能够以比贸易前要低的平均成本来生产。

垄断竞争模型可以用来说明贸易是如何解决各国所面临的规模与种类之间的利益平衡问题的。我们首先从垄断竞争模型中一个更大的市场是如何导致较低的平均价格和更多的商品种类入手来说明这一点；然后，把得出的结果运用到世界贸易中去，就可发现贸易可以创造出一个比任何国内市场都要大的世界市场。因此，通过国际贸易促成一个一体化市场与单个国家国内市场的发展具有同样的效果。

市场规模扩大的影响

在垄断竞争行业中厂商数及其定价受市场规模的影响；在较大的市场中通常会有更多的厂商，且每个厂商都有更大的销售量；消费者能以比较低的价格获得更丰富的商品。

为了结合模型说明这一点，我们再来看图 8—3 中的 CC 曲线，它表明行业中的厂商数越多，各厂商的平均成本就越高，CC 曲线的定义由等式（8—6）给出：

$$AC=F/Q+c=n\times F/S+c$$

考察这个等式，我们会发现，对于给定的厂商数 n，随着销售量 S 的上升，平均成本会下降。原因在于，当厂商数不变而市场发展时，各厂商的销售量会上升，而平均成本会下降。因此，若我们比较大、小两个市场，就不难看出较大市场的 CC 曲线位于较小市场 CC 曲线的下方。

再看图 8—3 中的 PP 曲线，它表明厂商定价与厂商数的关系，其定义由等式（8—10）给出：

$$P=c+1/(b\times n)$$

由于该等式中没有考虑市场规模因素，所以 S 的上升不会改变 PP 曲线。

图 8—4 运用以上知识说明了市场规模的扩张给长期均衡带来的影响。最初，均衡点在点 1，价格是 P_1，厂商数为 n_1。当以行业销售量衡量的市场规模扩大后，CC 曲线会由 CC_1 下降到 CC_2，而 PP 曲线没有变化，新的均衡点为点 2，厂商数由 n_1 变为 n_2，价格从 P_1 降到 P_2。

说明：在其他条件不变的情况下，随着市场规模的扩张，各厂商能生产更多的产品，平均成本也随之降低，这一点可以由 CC 曲线从 CC_1 下移到 CC_2 来表示。结果是，厂商数量增加（可获取商品的种类也因之而更加丰富），各种商品的价格下跌。

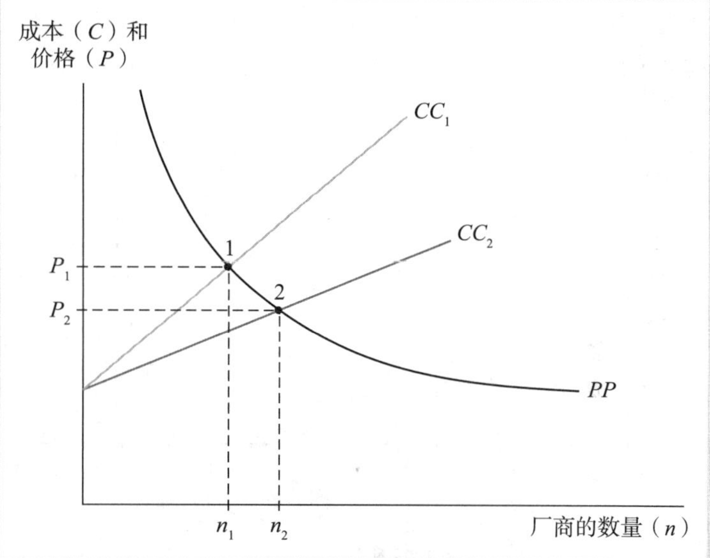

图 8—4　大市场的影响

很明显，消费者宁愿处于一个大市场，而不愿处于一个小市场。在点 2，消费者能以比在点 1 更低的价格获取种类更加丰富的商品。

从一体化市场中获利：一个具体的例子

国际贸易可以创造出一个更大的市场。我们可以用一个具体的数据实例来阐释贸易对价格、生产规模以及可获取商品种类的影响。

假定汽车生产是一个垄断竞争行业，任何一家汽车制造厂商所面临的需求曲线均如等式（8—5）所描述的那样，其中 $b=1/30\ 000$（这个数字没有特殊的含义，只是为了便于计算），这样，各厂商所面临的需求曲线如下：

$$Q=S\times[(1/n)-(1/30\ 000)\times(P-\overline{P})]$$

式中，Q 是厂商的汽车销售量；S 是行业总销售量；n 是厂商数；P 是某厂商的定价；$\overline{P}$ 是其他厂商的平均定价。我们还假设生产汽车的成本函数如等式（8—3）所述，其中固定成本 $F=750\ 000\ 000$ 美元，单位边际成本 $c=5\ 000$ 美元（这些数字的选取只是为了计算方便），则总成本为：

$$C=750\ 000\ 000+(5\ 000\times Q)$$

平均成本为：

$$AC=(750\ 000\ 000/Q)+5\ 000$$

再假定有两个国家——本国和外国。本国的汽车年销售量为 900 000 辆，外国的年销售量为 1 600 000 辆。另外，假定两国有相同的生产成本。

图 8—5（a）表示的是本国汽车行业的 PP 曲线和 CC 曲线。可以看出，当没有贸易时，国内有 6 家汽车厂商，每辆售价为 10 000 美元（可以通过代数方法算出 n 和 P，过程参见本章附录的数学推导）。为了证明这就是长期均衡点，我们需要表明在这一点上，定价等式（8—10）和价格等于平均成本这两个条件都得到了

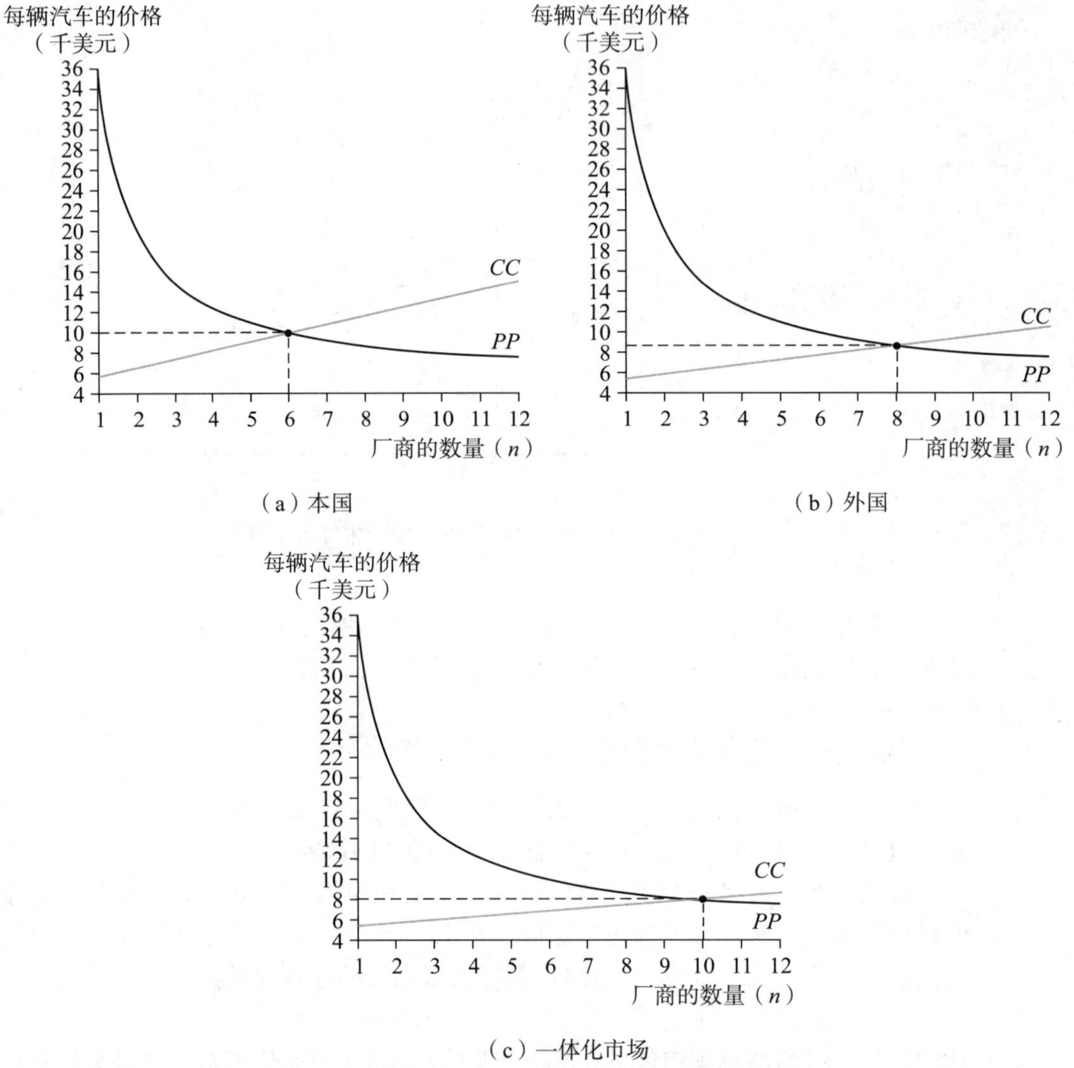

图 8—5　汽车市场的均衡

说明：（a）本国市场：与 900 000 辆汽车市场规模相对应，本国的均衡点由 PP 曲线和 CC 曲线的交点确定，即 6 家厂商，每辆汽车的售价为 10 000 美元。（b）外国市场：与 1 600 000 辆汽车市场规模相对应，外国的均衡点为 8 家厂商，每辆汽车的售价为 8 750 美元。（c）一体化市场：将两个汽车市场联合起来可以创造出一个规模为 2 500 000辆的市场。这一市场可支持 10 家厂商，每辆汽车售价为 8 000 美元。

满足。我们把边际成本 c、需求参数 b 以及厂商数 n 的具体数据代入等式（8—10），可以得到：

$$P = \$10\ 000 = c + 1/(b \times n) = \$5\ 000 + 1/(1/30\ 000) \times 6$$
$$= \$5\ 000 + \$5\ 000$$

因此，边际收益等于边际成本这一利润最大化的条件得到了满足，每个厂商的销售量为 900 000÷6=150 000 辆，平均成本则为：

$$AC = (\$750\ 000\ 000/150\ 000) + \$5\ 000 = \$10\ 000$$

由于单位平均成本等于售价，所以垄断利润为零。这样，6 家汽车厂商，每家生产 150 000 辆，售价为 10 000 美元，这就是本国市场的长期均衡点。

外国市场又如何呢？通过绘出 PP 曲线和 CC 曲线［图 8—5（b）］，我们发现，当市场容量为 1 600 000 辆时，曲线相交于点 $n=8$，$P=8\ 750$。也就是说，没有贸易时的外国市场可容纳 8 家厂商，每家生产 200 000 辆，售价为 8 750 美元。我们可以用相同的方法验证这一点是否满足均衡条件：

$$P = \$8\ 750 = c + 1/(b \times n) = \$5\ 000 + 1/[(1/30\ 000) \times 8]$$
$$= \$5\ 000 + \$3\ 750$$

以及

$$AC = (\$750\ 000\ 000/200\ 000) + \$5\ 000 = \$8\ 750$$

现在，假定本国和外国可以无成本地进行汽车贸易，这就创造出了一个新的需求为 2 500 000 辆汽车的一体化市场［图 8—5（c）］。绘出新的 PP 曲线和 CC 曲线，就可发现一体化市场只需要 10 家厂商，每家生产 250 000 辆汽车，售价为 8 000 美元。并且，利润最大化以及垄断利润为零的条件在此再次得到了满足，即

$$P = \$8\ 000 = c + 1/(b \times n) = 5\ 000 + 1/[(1/30\ 000) \times 10]$$
$$= \$5\ 000 + \$3\ 000$$

以及

$$AC = (\$750\ 000\ 000/250\ 000) + \$5\ 000 = \$8\ 000$$

我们在表 8—1 中概括了创建一个一体化市场的结果，并把一体化市场与单一市场进行了比较。我们得出结论：一体化市场能够容纳更多的厂商，且各厂商可以以更大的规模生产，以更低的价格进行销售。

表 8—1　有关市场一体化收益的假想例子

	贸易前本国市场	贸易前外国市场	贸易后一体化市场
汽车总销售量（辆）	900 000	1 600 000	2 500 000
厂商数	6	8	10
每家厂商的产量（辆）	150 000	200 000	250 000
平均成本（美元）	10 000	8 750	8 000
市场价格（美元）	10 000	8 750	8 000

很明显，所有人都可以从一体化市场中得到好处。在这个大市场中，消费者有更广泛的选择，厂商能够生产更多的产品，因而也能以低价供货。

为了实现一体化带来的好处，各国必须参与国际贸易。为了实现规模经济，各厂商必须集中生产——要么在本国，要么在外国。然而，厂商必须在两个市场同时销售。最终，任何产品均只在一国生产并出口到另一国。

这个数字例子强调了与贸易模型相关的垄断竞争贸易的两个重要的新特点，在第3～6章中我们提到了这个基于比较优势的贸易模型。(1) 第一，例子显示了产品差异化和内部规模经济如何导致了在相似国家之间的贸易，这些国家之间没有比较优势差异。与基于比较优势的贸易相比，这是一种非常不同的贸易，每个国家出口具有比较优势的产品。此处本国和外国均相互出口汽车。本国支付部分进口的汽车模型（由外国厂商生产），出口不同类型的模型（由本国厂商生产），或者相反。这导致了所谓的**产业内贸易**（intra-industry trade）：相似产品的双向交易。(2) 第二，这个例子强调了贸易福利的两条新通道。在贸易发生后的一体化市场，本国和外国消费者受益于多种汽车模型（10对6或8），由于厂商能够将产品和两个产地联合，同时利用规模经济的作用，因此价格更低（8 000美元对8 750美元或10 000美元）。[①]

从经验看，与产业内贸易相关，我们是否观察到以产品多样化和以低平均成本联合生产形式体现的贸易所得？答案是肯定的。

行业内贸易的重要性

世界贸易中行业内贸易的比例在过去的半个世纪已经稳步上升。行业内贸易的测量取决于产业分类系统将产品进行不同分类。依靠产业分类的精度（成百上千种不同产业分类），产业内贸易占据世界贸易四分之一到将近二分之一的比例。在发达国家的制造品贸易中，行业内贸易扮演了非常重要的角色，占据了世界贸易的主要部分。

表8—2列举了2009年美国一些制造业行业内贸易的重要性指数，该指数是行业内贸易与总贸易之比。[②] 其数值介于美国进出口几乎相等的金属加工机械和无机化学行业的0.97到美国大量进口而几乎不出口的制鞋行业的0.10之间。

---

① 还要注意到，本国消费者从贸易一体化中的所得大于外国消费者。这是具有递增收益和产品差异化的贸易模型的标准特征。小国的一体化收益大于大国。这是因为一体化收益由市场规模的扩大驱动；最初规模较小的国家由于一体化而获得的市场规模扩大程度更大。

② 更准确地说，计算给定行业的行业内贸易的重要性的标准公式如下：

$$I=\frac{\min\{出口,进口\}}{(出口+进口)/2}$$

式中，min{出口,进口}指出口和进口之间的最小值。这是出口和进口所反映的双向产品交换的数值。这一数值用占平均贸易流（出口和进口的平均数）的比例表示。如果某产业的贸易是单向的，则 $I=0$，因为最小的贸易流为零：没有产业内贸易。另一方面，如果一国某产业内的出口和进口相等，我们得到另一个极端值 $I=1$。

推及一般，对于美国单纯进口或单纯出口的行业而言，该指数为零；对美国某进出口额完全相等的行业来说，其值为 1。

表 8—2 说明行业内贸易在美国很多不同行业中是非常重要的贸易组成部分。那些行业主要熟练生产制造品如化学药品、药物以及专业化机器。发达国家主要出口这些产品，在生产上具有规模经济。另一个方面是很少有行业内贸易的产业，主要生产劳动密集型产品如鞋类和服装。美国从发展中国家大量进口这些产品，比较优势是美国和其他国家贸易的基本决定因素。

通过提高产品多样性和规模经济获得的新型福利类型是什么？近期迪尤肯资本管理公司的克里斯蒂安·布罗达及哥伦比亚大学戴维·威斯汀的论文预计 1972—2001 年的 30 年间，美国进口产品数量达到了 3 倍。他们更进一步估计消费者因提高产品多样性而获得的福利所得，占 GDP 的 2.6%。[①]

表 8—1 的数字主要是显示小经济体的规模经济带来的一体化收益：一体化之前，由于国家经济规模小，不能发挥规模经济优势，生产效率特别低。当美国和加拿大在 1964 年签订《北美汽车协定》（不包括墨西哥）时，经济一体化加深了，到《北美自由贸易协定》（包括墨西哥）时则达到了顶点。下面的案例分析描述了一体化是如何导致汽车业联合及效率的提高的——特别是对于加拿大（经济规模是美国的十分之一）。

本书也测度了现实中其他更紧密的经济一体化例子的类似的贸易所得。欧洲 20 世纪后半叶发生了一个最突出的例子。在 1957 年，西欧主要国家建立了一个制造品的自由贸易区，称为共同市场，或欧洲经济共同体（EEC）。（英国后来在 1973 年加入。）行业内贸易成为主导，获得迅速发展。在 20 世纪 60 年代欧洲经济共同体内部贸易的增长是世界的两倍，一体化逐渐发展成为欧盟。这些国家团体（主要是组成 EEC 的国家）在 1999 年采用了同一货币欧元，国家之间的行业内贸易进一步发展（甚至是相对于欧盟其他国家）。近期的研究也表明，欧元的采用导致了欧元区内不同产品的贸易数量得到了巨大增长。

表 8—2　2009 年美国工业的行业内贸易指数

金属加工机械	无机化学	动力机械	药品及医疗设备	科学设备	有机化学	钢铁	公路用车	办公设备	通信器材	家具	服装	制鞋
0.97	0.97	0.86	0.85	0.84	0.79	0.76	0.70	0.58	0.46	0.30	0.11	0.10

① 参见 Christian Broda and David E. Weinstein, "Globalization and the Gains from Variety," *Quarterly Journal of Economics* 121 (April 2006), pp. 541 - 585。

❖案例分析　行业内贸易实例：1964年《北美汽车协定》和《北美自由贸易协定》

20世纪60年代后半期，美国和加拿大之间汽车贸易的发展是一个特别明显的行业内贸易的例子，它清晰地展现了规模经济在促进国际贸易、提高双方利益中的作用。虽然本案例与我们的模型并不完全匹配，因为它涉及多国企业，但它显示了我们提出的基本概念在现实生活中是有用的。

1965年以前，加拿大和美国的关税保护使得加拿大成为一个汽车基本自给自足的国家，进口不多，出口也少得可怜。且加拿大的汽车工业被美国汽车工业的几个大厂商所控制（这一特点我们将在本章后面讨论）。美国厂商发现，在加拿大大量建立分散的生产体系比支付关税要划算。因此，加拿大的汽车工业实质上是美国汽车工业的缩小版，大约为美国规模的1/10。

但是，美国厂商在加拿大的子公司发现了小规模带来的种种不利。一部分原因是，在加拿大的分厂比其在美国的分厂要小，但重要的原因可能是美国的工厂更加“专一”——集中精力生产单一车型的汽车或配件。而加拿大的工厂则不得不生产各种各样不同的产品，以致工厂不得不经常停产以实现从一个产品项目向另一个产品项目的转换；不得不保持较多的库存；不得不少采用专业化的机器设备，等等。这样，加拿大汽车工业的劳动生产率比美国的要低大约30%。

大使桥将美国的底特律和加拿大的温莎连接起来。在平常的每一天，有价值2.5亿美元的小汽车及汽车零配件运过大桥。

为了消除这些问题，美国和加拿大政府通过努力于1964年建立了一个汽车自由贸易区（附有一些限制条件）。这一举措使得汽车厂商得以重组生产：美国厂商在加拿大各子公司大力削减其产品种类。例如，通用汽车削减了其在加拿大生产的汽车车型的一半。但是，加拿大的总体生产及就业水平并未改变。加拿大一方面从美国进口自己不再生产的汽车车型，另一方面向美国出口加拿大仍生产的车型。1962年，加拿大向美国出口了价值1 600万美元的汽车产品，从美国进口了价值5.19亿美元的汽车产品。但是到1968年，这两个数字已分别为24亿美元和29亿美元。换言之，加拿大的进口和出口均大幅度增长。

贸易所得是惊人的。到20世纪70年代初，加拿大汽车工业的生产效率已经可以与美国同行相媲美。后来，汽车业的发展延伸到墨西哥。1989年，大众加强了在北美墨西哥的经营，关闭了宾夕法尼亚州的工厂。《北美自由贸易协定》（美国、加拿大、墨西哥之间的自由贸易协定）延续了这种进程。1994年，大众开始在墨西哥普埃布拉生产新甲壳虫。该工厂现在为整个北美市场生产高尔夫、捷达和甲壳虫等新型车型。2011年，大众重新进入美国市场，在田纳西州查塔努加市建立了一个新组装厂，为北美市场生产帕萨特（此前主要从欧洲进口）。我们在本章后面部分将讨论《北美自由贸易协定》更多的影响细节。

厂商对贸易的反应：获利者、受损者和产业绩效

在两个国家的汽车产业案例中，我们知道经济一体化导致厂商之间竞争加剧。贸易前生产汽车的 14 个厂商（本国 6 个、国外 8 个），在经济一体化后只有 10 个幸存。然而，每个厂商现在的生产规模更大（每个公司生产 250 000 辆汽车，对应贸易前本国厂商 150 000 辆或外国厂商 200 000 辆）。在案例中，假设公司是均匀的，因此厂商退出或幸存以及扩张都是不重要的。现实中，公司绩效是不同的，因此贸易竞争加剧的影响一点也不重要。如所预料，由于被迫退出，绩效最差的公司趋向于受竞争加剧的侵害最大。如果竞争加剧来自贸易（或经济一体化），那么与幸存厂商在新市场的销售机会也有关联。此外，如所预料，绩效最好的公司可以最佳地利用那些新的销售机会并实现最大扩张。

这种构成变化对产业水平产生了重大影响：当绩效好的厂商扩张、绩效差的厂商收缩或退出时，整体产业绩效将提升。这意味着贸易和经济一体化对于产业绩效有直接影响。似乎整个产业的技术都得到了发展。从经验看，这种构成变化极大地提高了产业生产率。

考虑加拿大和美国经济更加一体化的案例（见第 2 章中的案例分析及讨论）。我们讨论这种一体化如何导致汽车厂商巩固了加拿大小规模厂商的生产，生产水平显著上升。1989 年《美加自由贸易协定》生效，从汽车业延伸到多数其他制造部门。类似的集合进程对加拿大制造部门产生了影响。然而，这与选择的进程相关：绩效最差的厂商倒闭，绩效较好的厂商通过扩大对美国市场的出口进行扩张。多伦多大学的丹尼尔·特雷富勒（Daniel Trefler）对贸易协定进行了细致分析，研究了加拿大厂商的不同反应。[①] 他发现最受影响的加拿大行业生产率显著增加了 14%～15%（在经济系统中，生产率每提高 1%，转化成国内生产总值增加 1%，保持就业不变）。就其本身而言，绩效最差的厂商由于来自美国的竞争加剧而导致的收缩或退出，占那些部门中 15%的增长率的一半。

生产者绩效差异

我们放宽垄断竞争模型中对称性的假设，以便研究市场规模扩大后的竞争如何对厂商产生不同影响。[②] 对称性假设意味着所有厂商具有同样的成本曲线式（8—3）和同样的需求曲线式（8—5）。假设厂商由于边际成本水平 c_i 不同，因此成本曲线不同。我们假设所有厂商均面临相同的需求曲线，不同厂商之间的产品质量差异导致类似的厂商绩效预测，正如我们从成本差异推导出来的一样。

---

① 参见 Daniel Trefler，“The Long and Short of the Canada-U. S. Free Trade Agreement,” *American Economic Review* 94（September 2004），pp. 870－895，以及 *New York Times* 对这一论文的总结：“What Happened When Two Countries Liberalized Trade? Pain，Then Gain,” by Virginia Postel（January 27，2005）；and Marc J. Melitz and Daniel Trefler，“Gains from Trade When Firms Matter,” *Journal of Economic Perspectives* 26（2012），pp. 91－118。

② 模型的详细阐述，参见 Marc J. Melitz and Daniel Trefler，“Gains from Trade When Firms Matter,” *Journal of Economic Perspectives* 26（2012），pp. 91－118。

图 8—6 说明了当 $c_1 < c_2$ 时，厂商 1 和厂商 2 之间的绩效差异。在图（a）中，我们画出一般需求曲线式（8—5）和相应的边际收益曲线式（8—8）。注意到两条曲线在纵轴上具有相同的截距［插入 $Q=0$ 至式（8—8）得到 $MR=P$］；当 $Q=0$ 时，截距由式（8—5）中的 P 产生，需求曲线的斜率为 $1/(S \times b)$。如此前所述，边际收益曲线比需求曲线陡峭。厂商 1 和厂商 2 选择的产量分别为 Q_1 和 Q_2，分别达到利润最大化。当各自的边际成本曲线与边际收益曲线相交时，会形成以上情形，与需求曲线上的产出水平对应的价格为 P_1 和 P_2。可见与厂商 2 相比，厂商 1 可以用较低的价格生产更多的产品。既然边际收益曲线比需求曲线更陡峭，我们也可以知道厂商 1 比厂商 2 在边际成本上的加价更高：$P_1 - c_1 > P_2 - c_2$。

阴影面积代表两个厂商的生产利润，等于收益 $P_i \times Q_i$ 减去生产成本 $c_i \times Q_i$（对于两个厂商，$i=1$，$i=2$）。此处，假设固定成本 F（假设所有厂商相同）不能复原，不计入生产利润（即沉没成本）。既然生产利润可以被重新写成产品出售数量的加价倍数，$(P_i - c_i) \times Q_i$，我们可以确定厂商 1 比厂商 2 赚取更多的利润（回想厂商 1 比厂商 2 设置了更高的加价，产出更多）。我们可以总结出在边际成本不同的基础上，各厂商相关的绩效差异。相比边际成本更高的厂商，边际成本更低的厂商可能：（1）设置较低的价格，但是在边际成本上加价更高；（2）产量更高；（3）利润更大。[①]

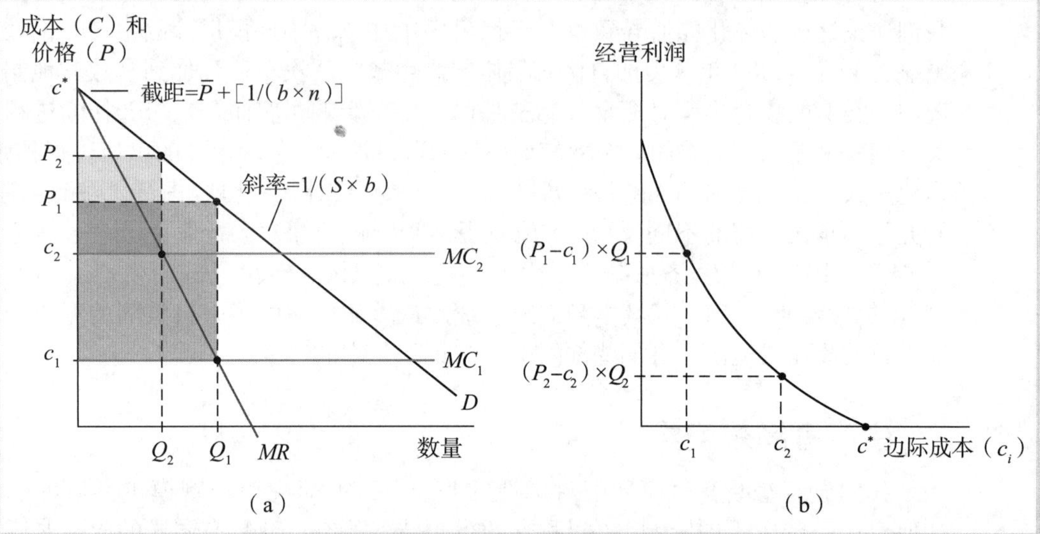

图 8—6　厂商绩效差异

说明：(a) 厂商 1 和厂商 2 的需求曲线和成本曲线。厂商 1 的边际成本小于厂商 2：$c_1 < c_2$。所有厂商面临相同的需求曲线和边际收益曲线。相比厂商 2，厂商 1 价格更低，产出更高。阴影面积代表两个厂商的利润（扣除固定成本以前）。厂商 1 比厂商 2 的经营利润更高。(b) 经营利润是厂商边际成本 c_i 的函数。随着边际成本增加，经营利润降低。边际成本超过 c^* 的厂商无法获得利润，只能倒闭。

① 回忆我们曾经假设所有厂商都面对同样的不可恢复的固定成本 F。如果一个厂商赚取了更高的经营利润，则它也赚取了更高的总利润（扣除固定成本后的利润）。

图 8—6（b）显示了厂商边际成本 c_i 不同，生产利润不同。如前文所指出的，这是一个边际成本的递减函数。回到图（a），我们看到，只要边际成本低于需求曲线在纵轴的交点 $P+[1/(b\times n)]$，厂商可以长期获得确定的利润。用 c^* 代表最大的边际成本。超过最大边际成本 c^* 的厂商实际上"定价过高"，如果有产量则亏损。厂商将选择停业，不再生产（全部损失等于固定成本 F）。为何厂商会首先进入？明显地，如果在进入之前了解高成本 C_i，厂商将不会进入并支付固定成本。

我们假设厂商面临随机的未来生产成本 c_i，仅仅在支付固定成本 F 并成为沉没成本后这种随机性消失。因此，如果全部利润为负，部分厂商会后悔进入市场。另一方面，一些厂商会发现生产成本 c_i 非常低，全部利润非常高。如我们在对称性厂商案例中所描述的，类似的进程会驱使厂商进入。在此前的案例中，厂商不断进入，直到所有厂商利润为零。这里的厂商之间利润各异，厂商进入，直到预期利润被潜在成本 c_i 驱使为零。

市场规模增大的效应

图 8—6（b）总结了市场规模 S 下的产业均衡。由图可知生存下来进行生产（成本 c_i 低于 c^*）的厂商范围，以及利润如何随成本水平 c_i 而变化。当经济一体化形成一个单一的大市场后会发生什么？对于对称性厂商，大市场比小市场可以支撑更多的厂商。这将导致竞争加剧，并附带产生市场规模 S 增大的直接影响。如我们所见，这些变化对于有不同生产成本的厂商会带来不同影响。

图 8—7 总结了市场一体化导致的不同影响。在图（a）中，每个厂商面对需求曲线 D。假设其他情况相同，我们期望加剧的竞争扭转厂商的需求。另一方面，我们也期望更大的市场规模 S 本身能够转移需求。这种认知是正确的，导致需求从 D 变化到 D'，如图（a）所示。注意到需求曲线如何旋转：小厂商（较低的产出）的需求曲线向内旋转而大厂商的需求曲线向外旋转。本质上，竞争加剧的影响是小厂商占主导，市场规模扩大的影响是大厂商占主导。

我们可以分析竞争加剧的影响和需求曲线 D 上的市场规模。回想需求曲线的纵轴截距是 $\overline{P}+[1/(b\times n)]$，斜率为 $1/(S\times b)$。竞争加剧（较多的厂商数量 n）保持市场规模不变，降低了需求的纵轴截距，斜率不变：更多的竞争导致向内的旋转。[①] 市场规模 S 扩大的直接影响是需求曲线变得平坦（斜率减小），保持截距不变：引起需求曲线向外旋转。结合两种影响，我们得到新的需求曲线 D'，纵轴截距变小，比初始需求曲线 D 更平坦。

---

① 在均衡状态下，竞争加剧也导致更低的平均价格 $\overline{P}$，从而进一步降低截距。

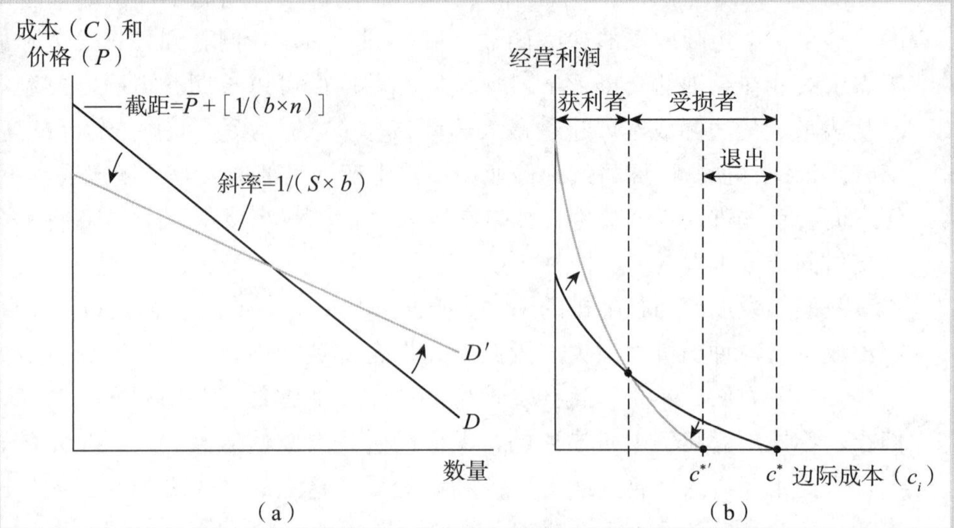

图 8—7　经济一体化的获利者和受损者

说明：(a) 显示所有厂商的需求曲线从 D 转移到 D'。它变得更平坦了，纵轴截距也变得更小了。(b) 显示了边际成本 c_i 不同的厂商，需求改变对其经营利润的影响。边际成本位于初始值 c^* 及现值 $c^{*\prime}$ 之间的厂商被迫退出市场。边际成本最低的厂商因经济一体化获利，利润增加。

图 8—7（b）显示了对于具有不同成本水平 c_i 厂商的经营利润，需求改变的结果。对小厂商需求的降低，转换成一个新的更低的成本节点 $c^{*\prime}$。成本高于 $c^{*\prime}$ 的厂商在需求减少时无法幸存，被迫退出。另一方面，更加平坦的需求曲线有利于低成本水平的厂商：它们可以通过降低加价（因而价格）适应竞争加剧并获得额外市场份额。[①] 这使得一些成本最低、绩效最好的公司利润增加。[②]

图 8—7 说明了市场规模增大如何在一个产业中形成获利厂商和受损厂商。低成本厂商兴旺，利润和市场份额增加，与此同时，高成本厂商份额收缩，而拥有最高成本的厂商退出。这种组成变化意味着由于生产集中于高效的（低成本）厂商，产业整体生产率增加。这再次验证了此前我们所描述的加拿大与美国制造业更加紧密一体化的例子。对于与大国一体化的小国而言，这种影响非常明显，但并不限于小国。即使对于美国这样的大国，通过降低贸易成本而增加的一体化也将导致重要的分布影响和生产率提高。[③]

---

① 回忆厂商的边际成本 c_i 越低，它对边际成本的加价 $P_i - c_i$ 越大。高成本厂商的加价本来已经很低，因而无法通过降低加价来使需求变为正值，这意味着它们的价格低于边际生产成本。

② 扣除某些厂商所增加利润的另一方法是利用使平均利润趋向零的进入条件。如果某些高成本厂商的利润下降，那么某些低成本厂商的利润必定上升，因为所有厂商的平均利润必定为零。

③ 参见 A. B. Bernard，J. B. Jensen，and P. K. Schott，"Trade Costs，Firms and Productivity，" *Journal of Monetary Economics* 53 (July 2006)，pp. 917 - 937。

贸易成本和出口决定

到现在，我们已将经济一体化按市场规模扩大建立模型。这隐含地假设这种一体化已发展到单一市场形成的阶段。在现实中，一体化很少如此深入：国家之间的贸易成本减少，但从未消除。在第 2 章中，我们讨论即使是在美国和加拿大如此紧密一体化的两个国家，也存在贸易成本。我们可以看到美加边界大幅度地降低了两国之间的贸易量。

跨越边界的贸易成本是厂商层级的贸易模式的显著特点：美国厂商几乎不能为加拿大消费者提供产品。实际上，绝大多数美国厂商所报告的出口活动几乎为零（因为它们只是出售给美国消费者）。在 2002 年，仅仅 18%的美国制造商报告了一些出口销售。2002 年，只有 18%的美国制造业公司报告了出口销售。表 8—3 显示了美国不同制造业部门报告的出口销售公司的比例。甚至在一些出口比例很大的产业中，如化学、机械、电子和交通，也只有不到 40%的公司从事出口。实际上，与国家边界相关的贸易成本如此大幅度地减少贸易的一个主要原因是：愿意以及有能力跨越边界进行销售的公司数量减少了。（另一原因是贸易成本也减少了公司跨越国界对消费者的出口销售。）

表 8—3	2002 年报告有出口销售的美国各行业公司比例（%）
印刷	5
家具	7
服装	8
木制品	8
金属制品	14
石油与煤炭	18
交通设备	28
机械	33
化学	36
计算机和电子	38
电子设备和电器	38

资料来源：A. B. Bernard，J. B. Jensen，S. J. Redding，and P. K. Schott，“Firms in International Trade，” *Journal of Economic Perspectives* 21（Summer 2007），pp. 105 - 130.

在一体化经济中没有任何贸易成本，消费者所处的位置对厂商无关紧要。我们介绍贸易成本以解释为何厂商实际上关心消费者的位置，以及为何这么多厂商选择不进入另一个市场。我们马上看到，这将解释厂商之间的重要差异，有的厂商选择承担贸易成本进行出口，有些并不如此选择。为什么有些厂商不选择出口？简单来说，贸易成本减少了所有厂商的出口利润。对部分厂商而言，利润的减少会使出口没有利润。我们正式讨论这种争议。

为简单化，我们考虑世界上两个完全相同的国家（本国和外国）的反应。

市场规模 S 现在反映每个市场的大小，因此现在世界市场的规模为 $2S$。由于贸易成本的存在，市场不再是完全一体化的，因此我们将世界市场作为一个单一的 $2S$ 规模的市场进行分析。

明确假设厂商对于每个单位跨界销售的额外成本为 t。我们必须记录厂商在每个市场各自的行为。由于贸易成本 t，厂商在出口市场会采取与国内市场不同的价格。这会导致每个市场销售数量不同，最终在每个市场赚取的利润不同。由于每个厂商的边际成本不变（不随产出水平变化而变化），在每个市场出售的产品价格和数量的决定是分开的：国内市场的决定对于出口市场不同决定的盈利能力没有影响。

考虑厂商位于本国的例子。它们所处境况完全如前面的图 8—6 所示，除了全部结果，如价格、产出和利润，仅涉及国内市场外。[①] 现在考虑厂商 1 和厂商 2（边际成本分别为 c_1 和 c_2）对于出口市场（外国）的决定。它们在外国面临同样的需求曲线，如在本国一样（回想我们假设两国完全一样）。唯一的区别是厂商在出口市场的边际成本由于贸易成本的存在上升了。图 8—8 说明了两个厂商在两个市场的状况。

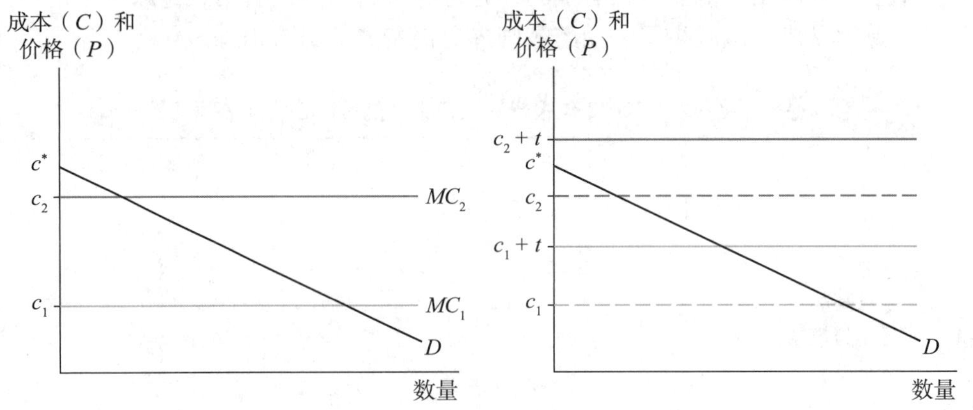

（a）国内（本国）市场　　（b）出口（国外）市场

图 8—8　贸易成本下的出口决定

说明：(a) 厂商 1 和厂商 2 均在国内（本国）市场生产。(b) 仅厂商 1 选择出口到国外市场。在贸易成本 t 下厂商 2 没有利润。

贸易成本对于厂商的出口市场决定的影响是什么？从以前的分析中得知较高的边际成本致使公司提价，导致产出下降和利润下降。我们也知道若边际成本超过门槛水平 c^*，厂商就不能在该市场盈利。图 8—8 中的厂商 2 正是如此。由于成本小于门槛水平：$c_2 \leqslant c^*$，厂商 2 在国内市场可以盈利。然而，由于在

① 厂商数量 n 是在本国市场销售的所有厂商数量。（这包括位于本国的厂商，也包括位于国外的向本国出口产品的厂商。）$\overline{P}$ 是在本国销售的所有厂商的平均价格。

外国市场成本高于门槛：$c_2+t>c^*$，厂商 2 因此不能盈利。另一方面，厂商 1 在国内和出口市场成本足够低，因此在两个市场均可盈利：$c_1+t\leqslant c^*$。我们可以基于边际成本 c_i 对所有厂商延伸这种假设。成本最低的厂商，$c_i\leqslant c^*-t$，可以出口；成本较高的厂商，$c^*-t<c_i\leqslant c^*$，仍然为国内市场生产，但并不出口；成本最高的厂商，$c_i>c^*$，在两个市场都不能盈利，于是退出。

我们刚才了解到贸易成本模型比垄断竞争和贸易模型增加了两个重要假设：成本解释了为什么仅有一部分厂商出口，也解释了为什么这部分厂商包含相对较大的、高效的厂商（具有较低的边际成本 c_i）。对多个国家的厂商出口决定的经验分析广泛支持了这个假设，即同一行业中出口厂商比不出口厂商规模更大、产效更高。在美国的典型制造业，出口厂商比不出口厂商平均规模要大两倍。出口厂商的每个工人创造的附加值比不出口厂商每个工人创造的附加值平均要高 11%。这种差异在许多欧洲国家甚至更大。①

倾销

垄断竞争模型增加了贸易成本，也增加了另一个现实的维度：因为市场不再是没有贸易成本从而完全一体化的，厂商可以选择在不同市场采取不同价格。贸易成本也影响厂商对于市场竞争的反应。回顾边际成本较高的厂商将选择在边际成本之上加上更低的加价（由于市场份额小，厂商面临更大的竞争）。这意味着出口厂商通过降低在出口市场上的加价，以应对贸易成本。

考虑图 8—8 中厂商 1 的例子。它在国外出口市场面临较高的边际成本：c_1+t。令 P_1^D 和 P_1^X 分别代表厂商 1 在国内（本国）和出口（外国）市场的价格。厂商 1 在出口市场设置更低的加价 $P_1^X-(c_1+t)$，在国内市场设置加价 $P_1^D-c_1$。这相应意味着 $P_1^X-t<P_1^D$，厂商 1 在出口市场比在国内市场采取更低的出口价格（净贸易成本）。

以上被多数国家认为是厂商 1 的**倾销**（dumping），并被视为一种“不公平”贸易手段。任一外国厂商都可以向当地权力机构（如美国商务部和国际贸易委员会）寻求对厂商 1 的惩罚性赔偿。这经常采取针对厂商 1 的**反倾销税**（anti-dumping duty）形式，通常以 P_1^D 和 P_1^X-t 来衡量价格差异。②

在贸易政策中，倾销存在争议；我们将在第 10 章讨论对倾销的政策争论。现在，我们注意到厂商 1 与在国外市场竞争的外国厂商行为一致。在市

① 参见 A. B. Bernard，J. B. Jensen，S. J. Redding，and P. K. Schott，“Firms in International Trade，” *Journal of Economic Perspctives* 21（Summer 2007），pp. 105－130；and Thierry Mayer and Gianmarco I. P. Ottaviano，“The Happy Few：The Internationalisation of European Firms：New Facts Based on Firm-Level Evidence，” *Intereconomics* 43（May/June 2008），pp. 135－148。

② P_1^X-t 被称为厂商 1 的出厂价格（即产生贸易成本之前在运出工厂门口时的价格）。如果厂商 1 在国内市场存在运输及分发成本，则在国内市场中，将从 P_1^D 中扣除运输及分发成本以获得出厂价。倾销税基于国内市场出厂价和出口市场价格的差额而征收。

场中，厂商 1 和厂商 2 在边际成本上恰好采取同样的加价，$c_2=c_1+t$。厂商 2 的定价行为是完全合法的，那么为什么厂商 1 的出口定价被认为是“不公平的”贸易手段？这是为何经济学家认为反倾销措施的强制实施是错误的（见案例分析中更详细的讨论）以及人们认为倾销特别有害的看法没有强有力的经济上的理由的主要原因之一。

我们的垄断竞争模型强调贸易成本有一个引诱厂商在出口市场上降低加价的自然趋势，因为在出口市场上厂商由于市场份额减少从而面对更激烈的竞争。这使得国内厂商相对更容易地对市场上的出口商提出倾销申诉。实际中，反倾销法很容易通过对出口商的市场歧视建立贸易壁垒。

∵案例分析　作为贸易保护手段的反倾销政策

在美国及许多其他国家，倾销被认为是一种不公平的竞争手段。那些自认为被外商倾销所侵害的美国厂商可以通过准司法程序向商务部提出申诉，寻求救助。如果它们申诉成功，政府就会对外国厂商课以“反倾销税”，其数额等于进口商品的实际价格与“公平”价格之间的差额。在实践中，商务部承认美国企业对国外不公平价格的申诉中大部分是有道理的。但是，实际上是由另外一个部门——国际贸易委员会（International Trade Commission）来确定不公平价格是否确实造成了伤害，而国际贸易委员会否决了近半数的诉讼案。

经济学家对于单把倾销拿出来作为被禁止的行为一直不满意。首先，针对不同市场制定不同价格是完全合法的商业策略——就和航空公司向学生、老年人以及那些愿意在飞机上度过周末的旅行者提供的价格折扣一样。其次，倾销的法律定义基本上源于其经济定义。由于要证明外国厂商在出口市场上的定价比其国内的低经常是件困难的事，因此美国和其他一些国家就试着在估算这些外国产品的生产成本的基础上算出一个所谓的公平价格。这种“公平价格”准则严重干扰了正常的商业活动：一个正通过获取经验和打入新市场而降低成本的厂商很可能愿意暂时蚀本销售。

尽管经济学家基本上都给出了负面评价，但是，自 1970 年以来，对倾销的正式诉讼数量还是不断增长。在 20 世纪 90 年代早期，反倾销对象针对的大部分是发达国家。但是自 1995 年以来，发展中国家开始成为反倾销申诉的主要对象。在那些国家中，中国是大量申诉所针对的国家。

引起这种趋势主要有两个原因。首先最重要的是，中国出口大量增长。没有公司愿意面对激烈的竞争，反倾销法通过增加竞争对手的成本，从而允许厂商与竞争隔离。第二，证明中国厂商定价不公平比其他国家出口商相对容易。绝大多数发达国家（包括美国）面临中国出口的剧增，给中国贴上了“非市场”标签。《商业周刊》在美国厂商提出对中国出口商的反倾销申诉的时候如此形容这种差异：“那就意味着美国可以不管中国的数据，而用被认为是市场经济国家的其他发展中国家的数据作为中国产品的成本，因为美国认为中国的成本数据被补贴、信贷、刚性市场及人民币限制所扭曲。在电视及家具等反倾销案例中，美国用了印度的数据，尽管印度不是这类产品的出口大国。由于印度的生产成本较高，因而认定了中国的倾销。”①

如上所述，中国已经遭受电视、家具以及其他产品包括绉绸纸、手推运货车、虾、熨烫板、塑料购物袋、铁栅栏柱以及近期最大的太阳能板的反倾销税。反倾销税税率很高：彩电高达 78%，糖精高达 330%。

跨国公司和外包

何时公司成为跨国公司？根据美国的统计方法，当一个美国公司 10%或者更多的股份被一个外国公司控制的时候，则被认为是由外资控制的，是外国跨国公司的子公司；这种统计方法也就是认为 10%的股份足以对公司进行有效的控制。类似地，当一个位于美国的公司拥有国外公司的控制性股权时，则被认为是一个跨国公司。控股公司被称为母公司，被控股的公司被称为跨国公司的分支机构。

当美国厂商购买国外厂商超过 10%的股份，或在国外建立新的生产设备时，这种投资被称为**对外直接投资**（foreign direct investment，FDI）的流出。后者被称为绿地对外直接投资，前者被称为棕地对外直接投资（或跨界并购）。相反，外国公司在美国投资的生产设备被视为美国的资本流入。在后面的案例分析中，我们描述这种全世界范围内的对外直接投资流动形式。现在，我们集中讨论公司成为跨国公司母公司的决策。为何公司选择在海外开设分支机构？

❖案例分析　世界对外直接投资流动模式

图 8—9 显示了在过去 40 年来，世界范围内对外直接投资的巨大流动。我们首先研究世界模式，对外直接投资流动必须平衡：因此世界资本流入和流出必须相等。我们看到在 20 世纪 90 年代中期到晚期，跨国活动有巨大的增加，世界范围内对外直接投资流动增长超过 5 倍，在 21 世纪初期也是如此。我们看到对外直接投资的增速并不平坦，有巨大的高峰及低谷。高峰和低谷与世界股票市场波动有关（受美国股市波动支配）。在 2000 年金融崩溃（网络泡沫破裂），2007—2009 年的金融危机也导致全球范围内对外直接投资流动的暴跌。特别是 2012 年对外直接投资大幅下降，尽管世界 GDP 增加，大型股票市场均宣布获得巨大收益。（与世界经济复苏的脆弱性和政治稳定性相关的不确定性扮演了重要角色，跨国公司将利润转移回国的举动也产生

① “Wielding a Heavy Weapon Against China,” *BusinessWeek*, June 21, 2004.

了很大影响。）绝大部分 FDI 流动与跨界并购有关，与此同时绿地 FDI 保持相对稳定。

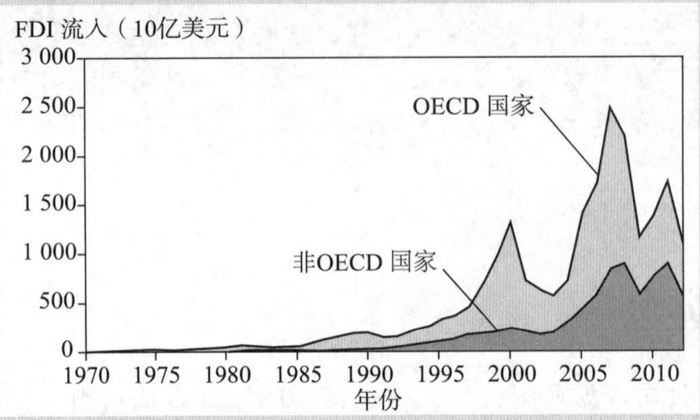

图 8—9 对外直接投资流入，1970—2012 年

说明：自 20 世纪 90 年代中期以来，世界范围内的对外直接投资流动有显著增长，尽管增长速度不均匀。从历史上看，绝大部分流入 OECD 等发达国家。然而，发展中和转型国家的流入也随时间的推移稳定增长，自 2009 年以来超过世界 FDI 流动的一半是流入这类国家。

资料来源：World Bank，*World Development Indicators*.

从跨界 FDI 流入的地区分布来看，在过去，最富有的 OECD 国家是最大的流入国。然而，我们也看到，与低收入国家相比，OECD 国家的资本流入非常多变（在与 FDI 关联的并购集中地）。最后，我们看到在 OECD 以外国家，FDI 流动有一个稳定的扩张。自 2009 年以来，这些国家的流入超过了世界 FDI 的一半。金砖国家（巴西、俄罗斯、中国、印度和南非）占据了增长的大部分：在过去十年流向这些国家的 FDI 增加了 20 倍。

图 8—10 表明了前 25 个国家（地区）的公司的 FDI 流出。因为那些流出是非常多变的，特别是在近期危机时期，数据已对过去三年作了平均。我们看到 FDI 流出仍然由发达国家（地区）支配；但是也可看到大的发展中国家（地区），尤其是中国，正在扮演越来越重要的角色。在这种相对新型的 FDI 中，中国和印度的跨国公司起到了重要作用。我们也可以看到，国际税收政策可以影响 FDI 的区位选择。例如，假如不是税收天堂，英属维尔京群岛将不可能名列前 25 个国家（地区）。该地区从事 FDI 的公司主要是离岸公司：它们的注册地是英属维尔京群岛，但生产活动发生在世界上的其他地方。

但 FDI 流动并不是唯一测量世界经济体中的跨国公司的方法。其他建立在经济活动基础上的方法有销售额、附加值（销售额减去购买的中间产品价值）和就业率。FDI 附属机构的销售额经常被视为跨国公司活动的参照。当比较跨国公司行为及出口额时，这提供了一个相关标准。然而，跨国公司的销售额经常与国家 GDP 相比较，例如，大型跨国公司的销售额超过世界许多国家的 GDP。2000 年，最大的跨国公司（前 200 家）的销售额达到世界 GDP 的 27%。

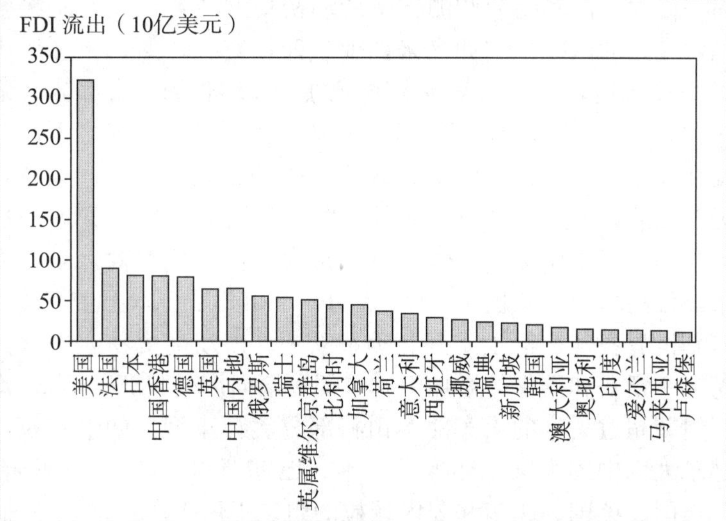

图 8—10 2009—2011 年前 25 国（地区）年均对外直接投资

说明：发达国家（地区）主导了对外直接投资的列表。近期来，大的发展中国家（地区）如中国和印度公司的对外直接投资显著增加。

资料来源：UNCTAD，World Investment Report，2012.

引人注目的是，这种比较产生了误导，同时夸大了跨国公司的影响。因为国家 GDP 是以附加值衡量的：在 GDP 的计算中，中间产品不重复计算。此外，跨国公司销售给另一跨国公司的中间产品被重复计算在总销售额里（在中间产品生产者的销售中计算了一次，另一次作为中间产品的使用者最终产品价值的一部分）。结果是，跨国公司和 GDP 的适当比较应该建立在附加值的基础上。按此度量标准，由最大的跨国公司制造的附加值在 2000 年占 GDP 的 4.3%。这仍然是一个大的比例，但并非所见的 27%。

答案部分取决于分支机构的生产活动。这些活动主要划分成以下类型：(1) 分支机构在世界其他地方重复（母公司在国内设施中从事的）生产过程；(2) 产业链被分解，部分生产程序转移到附属机构所在地进行。在分支机构的投资若从事第一类活动，则归类为**水平型对外直接投资**（horizontal FDI）；若从事第二类活动，则归类为**垂直型对外直接投资**（vertical FDI）。[①]

垂直型 FDI 主要是由国家之间的生产成本差异引起的（部分生产程序可以在其他地区进行）。是什么造成了国家之间的成本差异？这正是在第 3～7 章中已提出的比较优势理论的结果。例如，英特尔（最大的计算机芯片制造商）已经将晶片生产分解为晶片制造、组装以及测试。晶片制造和相关的研发是技术密集型的，因此英特尔仍在美国、爱尔兰和以色列从事大部分这类活动（因为

① 在现实中，水平型 FDI 和垂直型 FDI 的区分比较模糊。一些大型跨国母公司拥有复制部分生产过程的附属机构网，但在整个母公司网络中与其他附属公司仍是垂直型关系。这类 FDI 被称为“复合”FDI。

这些地方熟练工人资源充足）。[①]

另一方面，晶片组装和测试是劳动密集型产业，英特尔将生产线迁移到劳动力相对充足的国家，例如马来西亚、菲律宾、哥斯达黎加和中国。这种垂直型 FDI 发展迅速，占流向发展中国家的 FDI 增长的一大部分（见图 8—9）。

对比垂直型 FDI，水平型 FDI 主要发生在发达国家之间，即母公司和附属机构均在发达国家。这种类型的 FDI 产生的原因是将生产设置在公司大客户总部附近。因此，比起生产成本差异，贸易和运输成本在 FDI 的决定中起到更为重要的作用。以丰田为例。作为世界最大的汽车生产商（至少在此时，大众是排在第二位的），在 20 世纪 80 年代初，丰田几乎在本土生产所有的汽车和卡车并出口到世界各地，但主要是北美和欧洲。市场高贸易成本（大部分是贸易限制，见第 9 章）和需求的增加引诱丰田逐渐向海外扩张。到 2009 年，丰田在海外工厂组装超过一半的汽车。丰田将部分流行车型，如卡罗拉，照搬到了在巴西、加拿大、中国大陆、印度、日本、巴基斯坦、南非、中国台湾、泰国、土耳其、美国、英国、越南和委内瑞拉的组装工厂生产：这是一种水平型 FDI。

公司的对外直接投资决定

对于水平型 FDI 的公司决定，我们将作进一步研究。我们提到与出口相关的高贸易成本是主要驱动因素，导致公司将生产安置在客户附近。另一方面，存在生产规模收益递增效应。作为结果，多次重复生产程序并非成本有效的，生产设施由于生产的产出太小从而不能发挥收益递增优势。这被称作 FDI 临近—集中权衡。跨部门 FDI 的经验证据有力地确证了权衡的相关性：FDI 活动集中在高贸易成本部门（如汽车业）；然而，当规模收益递增很重要，并且公司平均规模扩大时，可以看到与 FDI 相关的出口量增加。

经验证据也表明在产业内厂商水平下，甚至有更强的 FDI 分类模式。跨国公司趋向于更大规模，在同一国家比非跨国公司有更高的生产率。即使比较一国的跨国公司和出口商，仍然可发现跨国公司规模更大、产出更高。我们回到贸易垄断竞争模型，来分析公司如何差异化地回应 FDI 决定中的临近—集中权衡。

水平型 FDI 决定　临近权衡是如何被运用到图 8—8 的厂商出口决定模型中的？如果厂商希望服务国外消费者，仅有一种可能性：出口及负担每出口单位的贸易成本 t。我们介绍通过水平型 FDI 成为跨国公司的选择：公司可以在国外建立生产设备以避免贸易成本 t。当然，建立生产设备昂贵，同时可能要承担建立国外附属机构的固定成本 F。（注意，附加的固定成本不必等于本国建立原始生产设备的固定成本；个体国家的具体特征会影响这种成本。）简单而言，假设本国和外国是相似的，因此公司可以在外国设备中以相同的边际成本生产一单

---

① 2010 年，英特尔在中国大连建立了一个新的晶片制造厂。

位产品。(回想水平型FDI主要涉及具有相似要素价格的发达国家。)

于是，公司对出口与FDI的选择包含了在单位出口成本t和建立附加生产设备的固定成本F之间的权衡。任何这种在每单位成本和固定成本之间的权衡归根到底取决于规模。如果公司在国外市场出售Q单位，出口相关的总贸易成本为$Q\times t$；与固定成本F进行比较。假如$Q>F/t$，出口很昂贵，FDI是利润最大化选择。

这会导致FDI的规模临界值。临界值总结了临近—集中权衡：更高的贸易成本和较低的固定生产成本都有利于降低FDI临界值。公司规模依赖于绩效测度。具有足够低成本c_i的公司希望出售给国外消费者的产品超过Q单位。最成本有效的方法是在国外建立分支机构并成为跨国公司。中等成本水平的一些公司仍然希望服务国外客户，但是希望销售的产品数量Q足够小，从而出口而非FDI是服务客户的最成本有效的方法。

垂直型FDI决定 若公司决定分散产品链，并将部分环节转移到国外分支机构，同样要考虑单位成本和固定成本之间的权衡，因此公司活动的规模又成为决定结果的重要因素。当采取垂直型FDI时，成本节约的关键不是与跨界货物运输有关；相反，它涉及所转移生产环节的生产成本差异化。如前文所述，成本差异大部分源于比较优势。

我们不再过多讨论成本差异，但会探析原因。给定成本差异，所有公司不选择在低工资国家开设分支机构来从事本可以在其他国家进行的最劳动密集型产品的生产。原因在于像在水平型FDI情形下，垂直型FDI需要在具有适当特征的国家对国外分支机构进行大量的固定成本投资。[①] 此外，和水平型FDI一样，垂直型FDI一方面依赖于生产成本差异，另一方面依赖于开设国外分支机构的固定成本的规模临界值。只有运营规模超过临界值的公司会选择垂直型FDI。

外包

我们到目前为止对于跨国公司的讨论忽视了一个重要的动机。我们讨论了生产设备的**位置动机**(location motive)，它使跨国公司得以形成。然而，我们没有讨论为何母公司选择在那个地区拥有分支机构，并且作为一个单一的跨国公司运营。这被称作**内部化动机**(internalization motive)。

作为对水平型FDI的替代，母公司可以允许独立公司特许经营，令其在外国场所生产和销售母公司的产品；作为对垂直型FDI的替代，母公司可以和独立公司签订合同，利用最佳成本优势在外国场所从事产品特定部分的生产。对垂直型FDI的这种替代被称为**国外外包**(foreign outsourcing)(有时简称外包，暗含国外场所)。

离岸外包(offshoring)表示将部分产业链迁往海外，它将国外外包以及垂

---

① 显然，如工资等要素价格是个关键部分，但其他国家特征，如交通/基础设施、法律制度质量和对跨国公司的税收/管制政策，也非常重要。

直型 FDI 结合了起来。过去十年来离岸外包急剧增加，并作为世界服务贸易（如电信服务）增加的一个主要动力；在制造业中，2008 年中间产品贸易占世界贸易的 40%。当中间产品在跨国公司内部分支机构网络中生产时，运输被看作企业内贸易的一部分。企业内贸易大体上占世界贸易的三分之一以及美国贸易的超过 40%。

决定内部化选择的关键因素是什么？对一个公司专利技术的控制是内部化的明显优势。特许其他公司在另外的场所（对水平型 FDI 的替代）执行全部生产程序，常常涉及失去一些专利技术的风险。另一方面，没有明确的理由能证明独立公司可以比母公司有能力以更低的成本重复生产。内部化具有强大优势，因此，水平型 FDI 在重复生产程序方面比技术特许更受欢迎。

外包和垂直型 FDI 之间的权衡不太清晰。有很多原因可用来说明为何独立公司可以比母公司（在同一场所）以更低成本进行部分程序的生产。首先和最重要的是，独立公司可以专注于较窄的那一特定部分程序的生产。因此，如果独立公司同时承担了许多不同母公司的同样程序，它可以从规模经济中受益。① 此外，独立公司具有当地所有权优势。

但是，当公司和重要的供应商之间在关键生产投入上形成垂直型一体化时，内部化也有其自身优势：这避免了（或至少减轻了）在初次谈判达成一致后潜在的重新谈判冲突，因为重新谈判代价昂贵。在最初的协议里，一些投入的具体特征不能在合同里详细规定（或强制执行），从而造成这种冲突。双方都可能导致生产的中止。例如，购买方可能抱怨质量与所描述的不一致，从而要求降低价格。供应方可能抱怨购买方的要求发生了变化，导致成本增加从而在出运时要求加价。

有关使权衡正规化的最近研究取得了很大进步。研究通过描述公司在何种情形下选择和供应商进行垂直型 FDI，以及在何种情形下选择和海外供应商建立独立的合同关系，解释了公司是如何作出内部化决策的。对这些理论的探讨超出了本书的主题。许多理论可归结为不同的成本节约和转移部分生产程序到海外的固定成本之间的权衡。

描述何种类型的公司会选择离岸业务，与模型假设细节较为相关。但是有一种源于所有关于离岸选择模型的推测。相对于不采取离岸方法（不分解生产链并且部分转移到海外），垂直型 FDI 和国外外包都降低了生产成本但是固定成本增加。如我们所见，这暗含了公司作出其中一个离岸选择时的临界规模。因此，只有大公司会选择开展离岸业务并且进口中间投入品。

这种对公司进口中间产品的分类体系和我们描述的公司出口选择相似：只有相对更加高效（成本更低）的厂商会选择离岸外包（进口中间产品）并出口（服务国外消费者）——因为只有公司规模足够大，才能够实现更高的固定成本和更低的单位成本（生产或交易相关）之间的权衡。

---

① 提供外包产品及服务的公司由于扩大了其所服务的客户名单而使自己也成为了跨国公司。它们专注于提供某一狭窄范围的服务（或某部分生产程序），但在全球范围内为客户公司重复从事同一活动。

实证来看，从事离岸业务并进口中间产品的公司与出口公司是相同的公司吗？答案是肯定的。在2000年，美国92%的公司（以就业衡量）既进口中间产品又进行出口。进口商也具备出口商的相同特征：比起不从事国际贸易的公司，它们规模更大，产效更高。

∵案例分析　向海外输送工作机会？美国的离岸外包及失业

当公司离岸外包部分生产链，就进口了中间产品或服务。例如，公司可能进口零件甚至完全装配好的产品；或者可能通过会计师或海外呼叫中心进口服务。在下一节中我们将看到，中间产品的全部贸易效应和我们目前重点讨论的最终产品非常相似。但是，讨论离岸业务对就业的影响，还要考虑到：进口中间产品价格更低，不仅有利于公司业主和消费者，也有利于公司的在岗工人——因为更低的价格导致公司增加对中间产品的购买，从而提高了在岗工人的生产率。[①]

生产率效应也使得离岸公司雇用更多工人来从事其他生产程序的工作。在许多情况下，离岸公司的整体就业影响是积极的：对美国跨国公司的几个研究发现，当海外就业扩大时，本国就业也同时扩大。[②]

不再保留国外供应商所有权的外国外包商情况如何？最近关于整个美国制造业部门的研究发现，2001—2007年全部离岸业务的增加对就业产生了负面影响。[③] 然而，在此期间与此相联系的就业损失仅占总体就业损失的很小一部分（2.3%）。整体就业下降实际上是很大的：美国制造业部门整体就业人数减少了200万（在过去30年里制造业就业人数稳定减少）；但是离岸业务在这个趋势中作用有限。

研究也发现在岗工人生产率效应起到了很大作用：离岸业务使成本下降，大幅度扩大了美国的生产并雇用更多工人。非生产部门工人从增加的就业中受益，因为他们很少首先直接遭受离岸业务被取代的影响。然而，生产工人也从离岸的扩张影响中受益：由于就业岗位的增加，最初被取代的生产工人有一半又重新就业了。

另一个减轻由于离岸外包造成的工人取代效应的通道是——正如最终产品贸易一样——中间产品和服务贸易是双向的。美国的大众媒体和政治家区分出了和离岸相关的就业下降。[④]

---

① 关于离岸外包的这一额外维度，及其对低技能工人的影响，在一篇有影响力的新论文中得到了强调。参见Gene M. Grossman and Esteban Rossi-Hansberg. “The Rise of Offshoring：It's Not Wine for Cloth Anymore.” *The New Economic Geography*：*Effects and Policy Implications*，2006，pp. 59 - 102。

② 参见Mihir Desai，C. Fritz Foley，and James R. Hines. “Domestic Effects of the Foreign Activities of Us Multinationals.” *American Economic Journal*：*Economic Policy*（January 2009）。

③ 参见Greg C. Wright，“Revisiting the Employment Impact of Offshoring.” University of Essex，mimeo，2013。

④ Public Citizen报道说在2012年国会大选中对离岸外包的谴责大大增加（它记录了在30个州的竞选中出现的谴责离岸外包的90个宣传）。

考虑到扩大了“可离岸”商业服务范围的最近的技术趋势（见第2章的讨论），他们对服务业岗位的减少予以了特别关注。这引起了《今日美国》一些题为《更多美国服务工作岗位转移国外；期待离岸业务发展》等的文章的刊发。[1] 然而，一国的离岸业务是另一国的进岸业务：对于中间产品或服务的进口交易，会引起从事离岸生产程序的国家相应的出口交易。事实证明，美国的进岸服务工作增长（中间服务出口）比美国之外国家的离岸服务工作增长要迅速（中间服务进口），形成盈余，并且这一盈余随着时间的推移而增长。图8—11绘制了与离岸外包相关的全美跨期跨界服务贸易（金融、保险、电信及商业服务；除了旅游、运输和版税外的所有服务贸易）。[2] 很明显，商业服务贸易的趋势对于美国整体就业并非不祥之兆。

考虑到离岸外包对于美国就业的实际影响，离岸外包将“工作输送到海外”的观点是一种误导。的确，由于美国公司将呼叫中心转移到印度，或将产品装配线转移到中国，原先在美国从事的一些具体工作现在转移到印度或中国执行。然而，有迹象显示，对于整体就业来说，那些工作被美国其他工作取代：部分工作是源于离岸公司的扩张效应，其他工作则是由向海外公司提供中间产品和服务的公司提供的。

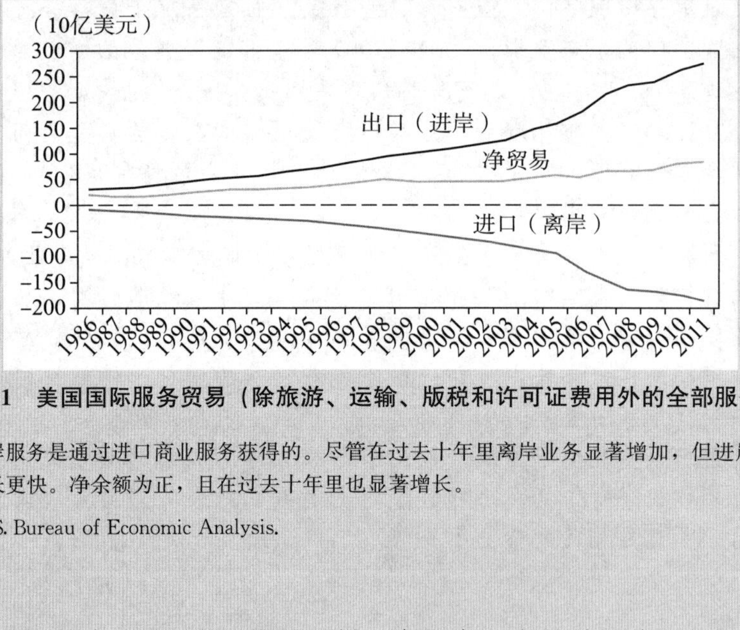

图8—11 美国国际服务贸易（除旅游、运输、版税和许可证费用外的全部服务贸易）

说明：美国离岸服务是通过进口商业服务获得的。尽管在过去十年里离岸业务显著增加，但进岸业务（商业服务出口）的增长更快。净余额为正，且在过去十年里也显著增长。

资料来源：U. S. Bureau of Economic Analysis.

然而，像其他形式的贸易一样，中间产品贸易对于收入分配有重大影响。那些由于离岸业务被取代的呼叫中心或制造业工人，并非那些被扩展的公司雇用的工人。我们将在下一节讨论全部的福利结果。

① *USA Today*, December 7, 2012.

② 那些贸易流包括跨国公司与其海外附属机构之间的交易。美国出口与进口的余额为正，无论是跨国公司之间的交易，还是没有附属关系的双方之间的交易。

跨国公司效应和国外外包

在本章前面部分，我们提到内部规模经济、产品差异化、公司间的绩效差异及贸易所得的释放新渠道：产品多样化程度增加、由于公司平均成本曲线下降导致的行业绩效提升、产品集中在大规模及高效率公司生产。跨国公司生产和外包扩大带来的福利结果是什么？

我们看到采用外包战略的跨国公司如何利用成本差异优势，以有利于将生产（部分）转移到特定场所。本质上，当进行贸易时，这与发生在部门之间的生产重新安排非常类似。从第 3～6 章可见，生产位置转移能够利用比较优势产生的成本差异。

因此，我们预计跨国公司和外包具有类似的福利结果：利用成本差异的生产重新安排能够获取全部贸易所得，但很可能会引起致使部分人境况恶化的分配效应。在第 5 章中，我们讨论了发达国家外包可能引起收入不平等的潜在长期结果。

然而，作为对全球化深入的反应，随着一些公司增加就业岗位而其他公司减少就业岗位，跨国公司和离岸外包的一些最明显的影响经常在短期发生。在第 4 章，我们描述了产业间贸易造成非自愿的工人（尤其是低技术工人）被取代，从而形成相关的高成本。离岸外包造成的相关替代成本对于工人同样很严峻，并且具有类似特征。如在第 4 章中所提出的，应对这种严峻情况的最佳政策是，针对引致这种非自愿失业的因素，向失业工人提供充分的安全网，并排除歧视。妨碍公司重新安排生产和利用成本差异优势的政策可能部分降低了短期成本，但是也削弱了经济获取长期所得的能力。

提要

1. 贸易未必是比较优势的结果。相反，它可能源于规模经济的收益递增，即源于产量扩大及单位成本下降的趋势。规模经济是国家从事专业化生产及贸易的动机，即使国家之间在资源和技术上没有差异。规模经济可以是内部的（取决于公司规模）或外部的（取决于行业规模）。

2. 公司内部规模经济导致完全竞争的瓦解；不完全竞争模型必须被用于分析厂商的收益递增结果。垄断竞争模型是一种重要的模型，被广泛应用于分析公司和贸易。

3. 在垄断竞争中，行业包括生产差异化产品的厂商。这些厂商犹如单个垄断者，但额外的厂商进入可盈利的行业，直到垄断利润消失。市场规模影响均衡：大市场能够容纳大量厂商，与小市场相比，单个厂商的生产规模更大并且成本更低。

4. 国际贸易能够形成比单个国家市场更大的一体化市场。结果是，可能同时以更低的价格向消费者提供更多类型的产品。这种形式引起的贸易被称为产业内贸易。

5. 当厂商绩效不同时，经济一体化形成获利者和受损者。产效更高（成本更低）的厂商繁荣发展并扩张，产效更低（成本更高）的厂商收缩。产效最低的厂商被迫退出市场。

6. 在有贸易成本时，市场不再能通过贸易形成完全一体化。厂商可以在不同市场设置不同价格。价格反映了贸易成本和公司认识到的竞争水平。在有贸易成本时，只有更加高效的厂商选择出口；其余厂商仅服务于国内市场。

7. 当厂商对出口产品索取的价格（减去贸易成本）比国内价格更低时，这一做法被称为倾销。

贸易成本的一个结果是，由于市场份额更小，厂商感觉在出口市场竞争更加激烈。与国内销售相比，这导致厂商在出口市场降低加价，这种行为被称为倾销。倾销被认为是不公平的贸易手段，但在存在垄断竞争和公司在两个市场采取同样行为的贸易成本时，倾销会发生。反倾销法在市场上对外国厂商具有歧视，并形成贸易壁垒。

8. 一些跨国公司在大客户附近安置海外设备，以复制生产程序。这被视为水平型对外直接投资。向市场出口是在市场开设海外设施的一个替代选择。出口和对外直接投资的权衡包含后者具有更低的单位成本（没有贸易成本），但是海外设施产生额外的固定成本。只有规模足够大的公司才会选择对外直接投资而不是出口。

9. 一些跨国公司将产业链分解，在国外设施中执行部分工序。这被视为垂直型对外直接投资。向国外独立厂商外包部分产业链是一个替代选择。这两种办法都被称为离岸外包。相对于不选择离岸外包，离岸外包具有更低的生产成本，但是会有额外的固定成本。只有营业规模足够大的公司才会选择离岸外包。

10. 跨国公司和将部分生产外包的公司都可以利用不同生产位置的成本优势。这与比较优势模型类似，其中行业生产水平取决于国家之间的相对成本差异。福利结果也类似：跨国生产和外包增加产生合计利润，但是也改变了收入分配，使部分人境况恶化。

关键术语

反倾销税	平均成本	倾销	对外直接投资
国外外包	水平型对外直接投资	不完全竞争	内部规模经济
内部化动机	产业内贸易	位置动机	边际成本
边际收益	边际成本加价	垄断竞争	离岸外包
寡头垄断	差异化产品	完全垄断	垂直型对外直接投资

习题

1. 在完全竞争市场，厂商销售价格等于边际成本。当存在内部规模经济时，厂商为何不如此选择？

2. 在正文的数字例子中，假设两个国家将汽车市场与第三个国家进行一体化，第三国的市场容量为每年 375 万辆汽车。求出厂商数量、每个厂商的产出、在贸易发生后的一体化市场中的汽车单价。

3. 假设在汽车行业中的公司固定成本（工厂建立成本、资本设备等等）是 50 亿美元，单位汽车可变成本是 17 000 美元。由于厂商增多导致市场竞争加剧，随着更多厂商的进入，市场价格下降，或明确表示为 $P=17\ 000+(150/n)$，此处 n 代表市场厂商数量。假设美国和欧洲初始市场规模分别是 3 亿人和 5.33 亿人。

a. 计算美国和欧洲市场开展贸易前的厂商均衡数量。

b. 如果汽车市场不存在对外贸易，美国和欧洲的汽车均衡价格是多少？

c. 现在假设美国决定和欧洲进行自由贸易。和欧洲的贸易协定使汽车市场除美国 3 亿人之外，增加了 5.33 亿人。美国和欧洲联合后有多少厂商？新的汽车市场均衡价格是多少？

d. 在（b）和（c）中，美国价格为何不同？自由贸易改善了消费者境况吗？采取何种办法？

4. 回到在一个单一的一体化市场中的厂商绩效差异模型。现在假设有了新技术。每个厂商都可以采取新技术，但需要额外的固定成本投资。新技术的好处是对于给定的数量减少了边际成本。

a. 采取新技术会使一些厂商利润最大化，但是其他采取同样技术的厂商却不能实现利润最大化吗？哪些厂商会选择采取新技术？它们与不选择采取新技术的厂商相比有何不同？

b. 现在假设存在贸易成本。在新均衡中有贸易成本和新技术采用，厂商决定是否出口并且是否采用新技术。比起不出口的厂商，出口厂商是更有可能还是更不可能采取新技术？

5. 在本章，我们描述了一种情形，即在两个对称国家发生倾销。简单描述如果两个国家规模不同会有哪些改变。

a. 在特定市场竞争的公司数量如何影响出口商在市场上被指控倾销的可能性？（假设倾销被指控的可能性与国内价格和出口价格相关：差价越大，越容易受到指控。）

b. 当出口到大市场时（相对于大国公司出口到小国市场），小国厂商更有可能还是更不可能被指控倾销？

6. 下面哪些是对外直接投资？

a. 沙特商人购买 1 000 万美元 IBM 股票。

b. 同样的商人购买一套纽约公寓。

c. 一家法国公司与一家美国公司合并；美国公司股东用股票交换法国公司股份。

d. 意大利公司在俄罗斯建立工厂，并作为承包商与俄罗斯政府签订管理该工厂的合同。

7. 对以下每一情形，说明对外直接投资是水平型的还是垂直型的；此外，描述投资表示从所指国家的流入还是流出。

a. 麦当劳（一家美国跨国公司）开业并在欧洲开设新店。

b. 道达尔（一家法国石油跨国公司）购买喀麦隆的石油产地所有权和开采权。

c. 大众（一家德国跨国汽车制造商）在美国建立一些新代理商。（注意，此时，大众并未在美国生产任何汽车。）

d. 雀巢（一家瑞士食品饮料跨国公司）在保加利亚建立新工厂生产 Kit Kat 巧克力棒。（在 17 个国家生产。）

8. 如果存在内部规模经济，为什么公司利用更多的生产设施生产同一产品是有意义的？

9. 鞋帽行业的大多数厂商选择将生产外包给劳动力充足的国家（主要为东南亚和加勒比海地区的国家），但是那些厂商并未和供应商一体化。另一方面，资本密集型行业的厂商选择和供应商一体化。劳动密集型鞋帽行业和资本密集型行业有何区别？如何解释这种选择？

10. 考虑前一问题中的行业例子。那些选择对于跨行业的企业内部贸易的含义是什么？即，在哪些行业中会发生高比例的企业内部贸易？

延伸阅读

Andrew B. Bernard, J. Bradford Jensen, Stephen J. Redding, and Peter K. Schott. "Firms in International Trade." *Journal of Economic Perspectives* 21 (Summer 2007), pp. 105 – 130.

Andrew B. Bernard, J. Bradford Jensen, and Peter K. Schott. "Importers, Exporters, and Multinationals: A Portrait of Firms in the US that Trade Goods," in T. Dunne, J. B. Jensen, and M. J. Roberts, eds. *Producer Dynamics: New Evidence from Micro Data*. Chicago University of Chicago Press, 2009. A nontechnical description of empirical patterns of trade at the firm level that focuses on U. S. firms and multinationals operating in the United States.

Robert Feenstra. "Integration of Trade and Disintegration of Production in the Global Economy." *Journal of Economic Perspectives* 12 (Fall 1998), pp. 32 – 50. A description of how the supply chain has been broken up into many processes that are then performed in different locations.

Gordon Hanson, Raymond Mataloni, and Matthew Slaughter. "Vertical Production Networks in Multinational Firms." *Review of Economics and Statistics* 87 (March 2005), pp. 664 – 678. An empirical description of vertical FDI patterns based on multinationals operating in the United States.

Keith Head. *Elements of Multinational Strategy*. New York: Springer, 2007. A recent textbook Focused on multinationals.

Elhanan Helpman. "Trade, FDI, and the Organization of Firms." *Journal of Economic Literature* 44 (September 2006), pp. 589 – 630. A technical survey of recent research on models that incorporate firm performance differences, and on multinationals and outsourcing.

Elhanan Helpman. *Understanding Global Trade*. Cambridge，MA：Harvard University Press，forthcoming. A nontechnical book that covers both comparative advantage theories of trade and more recent theories of trade based on firm.

Elhanan Helpman and Paul R. Krugman. *Market Structure and Foreign Trade*. Cambridge：MIT Press，1985. A technical presentation of monopolistic competition and other models of trade with economies of scale.

J. Bradford Jensen. *Global Trade in Services：Fear，Facts，and Offshoring*. Washington，DC：Peterson Institute for International Economics，2011. A non-technical book focusing on the effects of increased trade in services for the U. S. economy.

James Markusen. "The Boundaries of Multinational Enterprises and the Theory of International Trade，" *Journal of Economic Perspectives* 9（Spring 1995），pp. 169 - 189. A non-technical survey of models of trade and multinationals.

Thierry Mayer and Gianmarco I. P. Ottaviano. "The Happy Few：The Internationalisation of European Firms：New Facts Based on Firm-Level Evidence，" *Intereconomics* 43（May/June 2008），pp. 135 -148.

Marc J. Melitz and Daniel Trefler，"Gains from Trade When Firms Matter，" *Journal of Economic Perspectives* 26（2012），pp. 91 - 118. A non-technical survey that develops the monopolistic competition model with performance differences across firms in greater detail than in this chapter. The paper also contains a detailed description of the associated evidence for Canadian firms following implementation of the Canada-U. S. Free Trade Agreement.

第 8 章附录 1　边际收益的决定

在我们对垄断和垄断竞争的说明过程中，我们发现当某厂商的需求曲线给定时，如果能得出一个该厂商面对的边际收益的数学表达式，将非常有用。更进一步地，我们假设厂商面对如下需求曲线

$$Q=A-B\times P \tag{8A1—1}$$

则其边际收益为

$$MR=P-(1/B)\times Q \tag{8A1—2}$$

在本附录中，我们将说明这个关系为何成立。

首先注意到，需求曲线可被重新表述成价格作为厂商销量的函数。重写式（8A1—1），我们得到

$$P=(A/B)-(1/B)\times Q \tag{8A1—3}$$

厂商的收益仅仅等于单位产品价格乘以销量。令 R 表示厂商的收益，我们有

$$R=P\times Q=[(A/B)-(1/B)\times Q]\times Q \tag{8A1—4}$$

我们下一步要问的是，厂商的收益将如何随着厂商销量的改变而改变？假设厂商决定小幅（dQ）扩大其销量，从而使得新的销量水平为 $Q=Q+dQ$。那么厂商销量扩大后的收益 R' 将是

$$R'=P'\times Q'=[(A/B)-(1/B)\times(Q+dQ)]\times(Q+dQ)$$
$$=[(A/B)-(1/B)\times Q]\times Q+[(A/B)-(1/B)\times Q]\times dQ$$

$$-(1/B)\times Q\times dQ-(1/B)\times(dQ)^2 \quad (8A1—5)$$

等式（8A1—5）可通过代入式（8A1—1）和式（8A1—4）而简化为

$$R'=R+P\times dQ-(1/B)\times Q\times dQ-(1/B)\times(dQ)^2 \quad (8A1—6)$$

当销量的变化量 dQ 相当小时，则变化量的平方即（dQ）^{2} 的值将非常小。例如，$1^2=1$，但（$1/10)^2=1/100$。因此，对于 Q 的微小变化，式（8A1—6）的最后一项可以忽略不计。由此，我们得出销量变化很小时的收益变化为

$$R'-R=[(P-(1/B)\times Q)]\times dQ \quad (8A1—7)$$

因此，额外一单位销量的收益增加——这是边际收益的定义——为

$$MR=(R'-R)/dQ=P-(1/B)\times Q$$

也就是我们上面所得出的式（8A1—2）。

第 8 章附录 2　垄断竞争模型

我们在这里探讨一下市场规模的变化对垄断竞争行业市场均衡的影响。我们假定每个厂商都有如下总成本函数

$$C=F+cX \quad (8A2—1)$$

式中，c 为边际成本；F 为固定成本；X 为该厂商的产出。从上式中可以推导出平均成本曲线的形式

$$AC=\frac{C}{X}=\frac{F}{X}+c \quad (8A2—2)$$

另外，各厂商面临的需求曲线如下：

$$X=S\left[\frac{1}{n}-b(P-\overline{P})\right] \quad (8A2—3)$$

式中，S 为全行业的销售量（作为既定值）；n 为厂商数；$\overline{P}$为其他厂商的平均价格（各厂商把$\overline{P}$作为既定值）。

每个厂商选择一个使其利润最大化的价格水平。其中具有代表性的厂商利润为

$$\pi=PX-C=PS\left[\frac{1}{n}-b(P-\overline{P})\right]-F-cS\left[\frac{1}{n}-b(P-\overline{P})\right] \quad (8A2—4)$$

为了使利润最大，厂商令 $d\pi/dp=0$，于是可得到

$$X-SbP+Sbc=0 \quad (8A2—5)$$

但是，由于所有厂商的情形都是对称的，即在均衡点有 $P=\overline{P}$且 $X=S/n$，所以从上式中可推出

$$P=\frac{1}{bn}+c \quad (8A2—6)$$

这也就是正文中导出的关系式。

因为 $X=S/n$，所以平均成本就是 S 和 n 的函数，即

$$AC=\frac{Fn}{S}+c \quad (8A2—7)$$

但是，在利润为零的均衡点上，某一典型厂商的定价必然也等于其平均成本，因此我们一定会得出

$$\frac{1}{bn}+c=\frac{Fn}{S}+c \tag{8A2—8}$$

这一表达式反过来又意味着

$$n=\sqrt{\frac{S}{bF}} \tag{8A2—9}$$

上式表明随着市场规模 S 的增大，厂商数 n 会随之增多，但并非成比例增长——比如说，市场规模增大 1 倍，厂商数将增加约 4 成。

典型厂商的定价为

$$P=\frac{1}{bn}+c=c+\sqrt{\frac{F}{Sb}} \tag{8A2—10}$$

表明市场规模的增大会导致价格下跌。

最后，我们再看看各厂商的销售量 X。其值等于

$$X=\frac{S}{n}=\sqrt{SbF} \tag{8A2—11}$$

这一关系式表明，随着市场规模的增大，每个厂商的生产规模也会有所增加。

第9章 贸易的政策工具

在前面的几章中，通过描述国际贸易的原因、影响，以及一个存在贸易的世界经济的功能，我们已经回答了“一国为什么会从事贸易”的问题。如果我们的答案有助于回答“一国应该选择什么贸易政策”这一问题，那就更好了。为了抵制来自日本和韩国的竞争，美国究竟是应该使用关税，还是使用进口配额来保护其汽车工业？谁将从进口配额政策中获益，谁又将受损呢？收益能够弥补损失吗？

本章将探讨各国政府针对国际贸易所采取的各种政策。这些政策不仅包括许多行为，如对某些国际交易征收税收、对某些交易提供补贴、对一些特殊的进口品在法律上进行价格或数量限制，还包括许多其他措施。本章将为理解最主要的贸易政策手段提供一个基本的框架。

学习目标

学完本章，你应该能够：

- 评价关税的成本和收益、关税对福利的影响，以及关税政策的得与失。
- 讨论什么是出口补贴和农业补贴，解释它们是怎样影响美国与欧盟的农产品贸易的。
- 识别自动出口限制对进出口国家的影响，描述自动出口限制同关税和配额政策相比福利影响的异同。

关税的基本分析

关税作为最简单的贸易政策，指的是对某种进口商品所征收的税款。**从量关税**（specific tariffs）指的是对每单位进口商品征收固定的税额（如每桶石油征收3美元的关税）。**从价关税**（ad valorem tariffs）则指的是按进口商品的价值收取一定比例的税收（如美国对进口卡车征收25%的关税）。无论哪种情形，最终的结果都提高了进口商品的成本。

关税是最古老的贸易政策形式，且一直作为政府收入的重要来源。例如美国政府在引入所得税之前，其主要收入就来自关税。但是，关税的真正目的不仅仅在于提供收入，更在于保护国内的某些产业部门。19世纪早期，英国运用关税（著名的《谷物法》）来保护其农业不受外来竞争的影响。到了19世纪末期，德国和美国则通过对进口的制造品征收关税来保护其新兴的工业部门。在现代社会，由于各国政府通常更喜欢运用种种**非关税壁垒**（nontariff barriers）来保护其本国工业，包括**进口配额**（import quotas）（对进口量的限制）和**出口限制**（export restraints）（对出口量的限制，这一措施一般在进口国的要求下由出口国实行），因此关税的重要性已日益下降。然而，理解关税的影响仍是理解其他贸易政策的重要基础。

在第3～8章研究贸易理论的过程中，我们运用的一直是一般均衡分析方法——因为我们深刻地意识到，世界经济某一部分的事件和行为会在其他地方产生影响。但是，在许多情形下（并非全部），针对一个部门的贸易政策一般比较容易理解，而不需要详细考虑该政策对经济其他部分的影响。因此，对贸易政策的分析，我们主要在局部均衡的框架下进行。当贸易政策对整个经济的影响变得非常重要时，我们会再次运用一般均衡分析方法。

供给、需求以及单一行业内的贸易

我们首先假定有两个国家——本国和外国，两国都生产小麦，且小麦在两国间的运输成本为零。小麦在两国都是一个简单竞争行业，其需求曲线和供给曲线都是市场价格的函数。一般来说，本国的供给和需求将决定以本国货币计算的小麦价格，外国的供给和需求则决定以外国货币计算的小麦价格。但如果我们假定这两种货币之间的汇率根本不受任何贸易政策的影响，那么我们就可以用本国货币作为两国市场的计价基础。

如果没有贸易时两国的价格不一样，自然就会引发贸易。假定没有贸易时本国的小麦价格比外国的要高。因此，如果允许两国从事贸易，贸易商就会把小麦从外国运到本国。小麦的出口会导致其在外国的价格上升，本国的价格下跌，这个过程会一直持续到两国的价格差别完全消失为止。

为了确定世界的小麦价格和贸易量，我们先定义两条新的曲线，即本国**进口需求曲线**（import demand curve）和外国**出口供给曲线**（export supply curve）。这两条曲线都是以原来各国的需求曲线和供给曲线为基础推导而来的，本国的进口需求就是本国消费者的需求量超过本国生产者的供给量的那一部分；外国的出口供给则是其生产者的供给量超过其消费者需求的部分。

图 9—1 展示了本国进口需求曲线的推导过程。在价格 P^1，本国消费者的需求量为 D^1，而本国生产者的供给量仅为 S^1，所以本国的进口需求量为 D^1-S^1。如果价格上升为 P^2，那么本国消费者的需求量会降为 D^2，本国生产者的供给量会上升至 S^2，因此进口需求量也就降为 D^2-S^2。具体可参见图 9—1 的右侧价格数量变化图。这样，我们就推导出进口需求曲线 MD 是向下倾斜的，因为进口需求随价格升高而下降。在点 P_A，没有贸易下的国内供给和需求相等，因而进口需求曲线与价格轴交于点 P_A（进口需求在点 P_A 为零）。

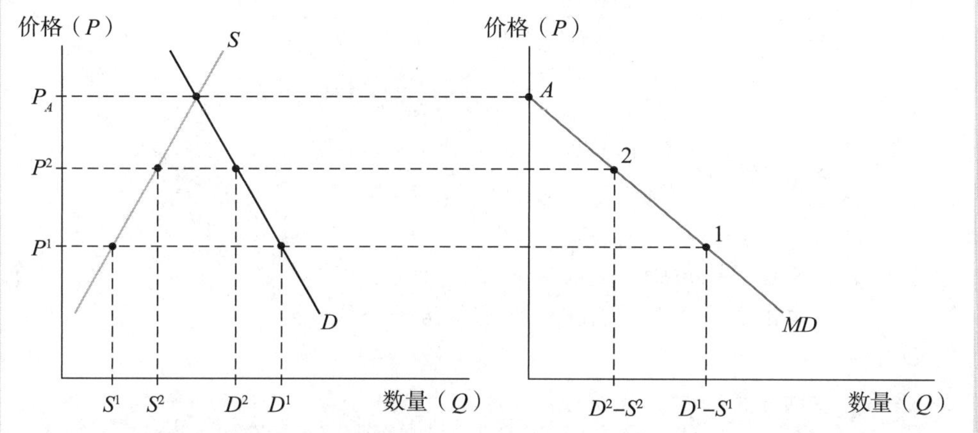

图 9—1　推导本国进口需求曲线

说明：随着价格上升，本国消费者的需求量会减少，本国生产者的供给量会增加，导致进口下降。

图 9—2 展示的是外国出口供给曲线 XS 的推导过程。在点 P^1，外国生产者的供给量为 S^{*1}，而外国消费者的需求量仅为 D^{*1}，所以可供出口的产品为 $S^{*1}-D^{*1}$。在点 P^2，外国生产者会将其供给量增加至 S^{*2}，外国消费者的需求量会降至 D^{*2}，因此出口供给量上升为 $S^{*2}-D^{*2}$。这样，我们就推导出外国出口供给曲线是向上倾斜的，因为出口供给随价格升高而增加。在点 P_A^*，供给和需求在没有贸易的情况下相等，所以外国出口供给曲线与价格轴交于点 P_A^*（出口供给在点 P_A^* 为零）。

当本国进口需求等于外国出口供给时，就实现了世界均衡（见图 9—3）。在两条曲线的交点，对应的价格为 P_W，此时世界的供给等于世界的需求。在图 9—3 中的均衡点 1，有

本国需求－本国供给＝外国供给－外国需求

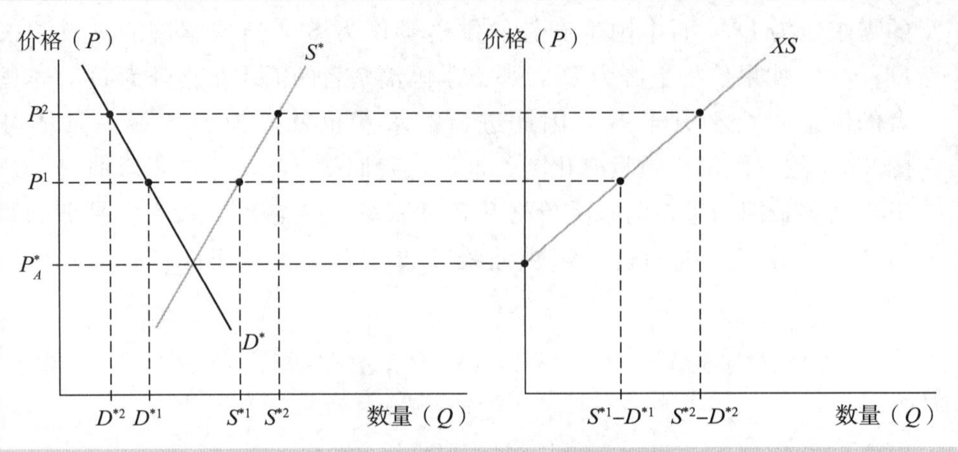

图 9—2 推导外国出口供给曲线

说明：随着价格上升，外国生产者的供给量会增加，外国消费者的需求量会减少，所以可供出口的产品也就增多了。

通过整理可以得到：

本国需求＋外国需求＝本国供给＋外国供给

即

世界需求＝世界供给

说明：世界均衡价格由本国进口需求与外国出口供给相等时确定。

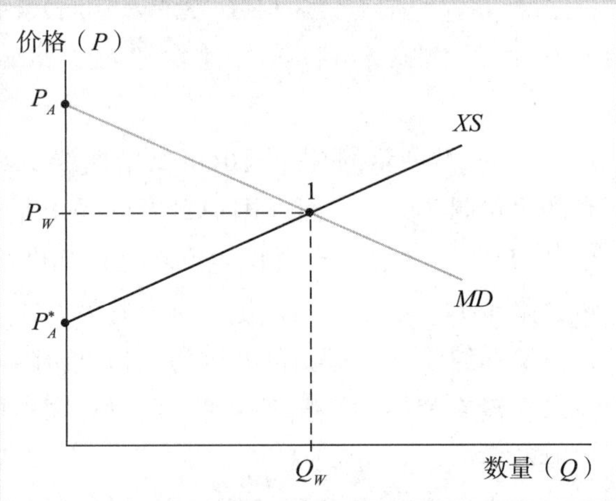

图 9—3 世界市场均衡

关税的影响

从人们将商品从一地运到另一地的角度看，关税就好比运输成本。如果本国对进口的每蒲式耳小麦征收 2 美元的关税，那么出口商只有在两国的小麦价格差异至少为 2 美元时，才愿意出口小麦。

图 9—4 说明的是对每单位小麦征收 t 美元（在图中用 t 表示）的从量税所带来的影响。没有关税时，本国和外国的小麦价格均为世界价格 P_W，这一点对应于世界市场的点 1。但若征收关税，贸易商不会乐意把小麦从外国运回本国，除非本国的小麦价格比外国的价格高出至少 t 美元。如果没有贸易，本国就会出现小麦供不应求的情况，而外国则出现小麦的超额供给，从而导致本国的小麦价格上升，外国的价格相应下降，直至价格差距为 t 美元为止。

引进关税就好比在两国的价格之间插上了一个楔子。关税会使得本国的小麦价格上升至 P_T，外国的小麦价格降至 $P_T^* = P_T - t$。这样，本国的生产者可以在更高的价格水平上供应更多的小麦，但消费者的需求量却会减少。因此，进口需求量也相应减少（在 MD 曲线上从点 1 移到点 2）。在外国，价格下降会使得供给减少而需求上升，从而导致出口供给下滑（在 XS 曲线上从点 1 移到点 3）。小麦的贸易量会从自由贸易时的 Q_W 减少至征收关税后的 Q_T。当 $P_T - P_T^* = t$ 时，本国的进口需求正好等于外国的出口供给，对应的贸易量为 Q_T。

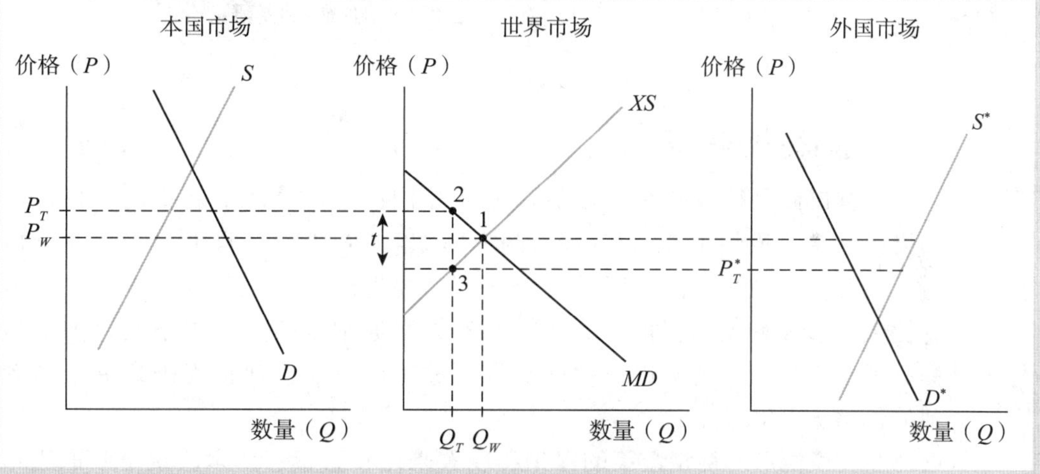

图 9—4　关税的影响

说明：征收关税会引起本国价格上升，外国价格下跌，总贸易量减少。

本国价格由 P_W 到 P_T 的增幅小于关税 t，其原因在于部分关税体现在外国出口价格的下跌上，因此，这一部分关税并没有转嫁给本国的消费者，这是关税及任何限制进口的贸易政策的正常结果。但是，在现实中其对出口价格的影响幅度通常是微小的。例如，当一个小国对进口商品征收关税时，它对这种商品的进口需求在世界总出口中所占份额小得几乎可以忽略不计，很自然其进口量的减少对该商品世界（外国出口）价格的影响也就不足道了。

在“小国”情形下，该国无法影响外国出口商品的价格，其征收关税的影响如图 9—5 所示：关税会使得进口商品的价格上升幅度等于全部关税额，即从

P_W升至P_W+t。本国产量相应地会从S^1上升到S^2，而消费量会由D^1降为D^2。征收关税的结果是进口量下降。

说明：当一国较小时，征收关税并不能使其进口的外国商品的价格降低。结果是，进口商品的价格从P_W上涨到P_W+t，进口需求量从D^1-S^1减少到D^2-S^2。

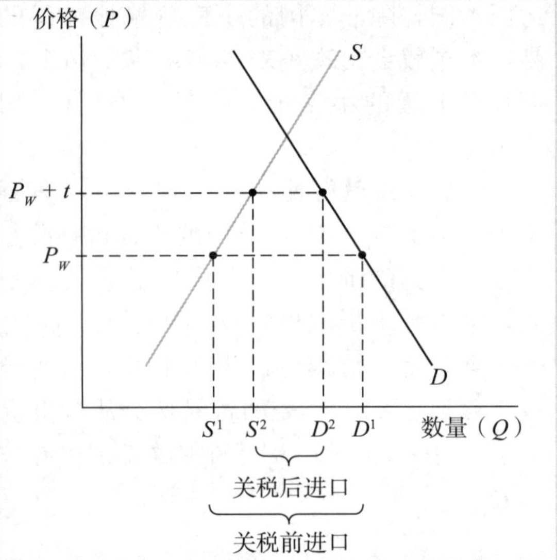

图 9—5　小国关税情形

衡量保护的程度

对进口商品征收关税可以提高该产品国内生产者所能获得的价格，这一结果经常是关税的主要目标——保护国内生产者不受来自进口产品的价格冲击。在分析贸易政策的实际情况时，有必要考虑一下关税或其他贸易政策究竟提供了多大程度的保护。这一问题的答案通常都表述为价格比自由贸易时提高了多大比例，如对进口食糖实行配额制度可能会使得美国食糖生产者得到的价格上升 35%。

在关税情形下衡量政策的保护程度看来比较直接：如果关税是收取进口商品价值量的某个比例的从价税，那么关税税率本身就是衡量保护程度高低的尺度；如果是从量关税，用价格减去关税额后的净值去除关税额就可得出相当的从价税率。

这种简单的保护率的计算存在两个问题：第一，如果关于小国的假设并非完全准确，那么关税的一部分影响就会降低外国的出口价格而不是提高国内的价格。贸易政策对外国出口价格的影响有时是很重要的。

第二，关税对处于不同生产阶段的某一产品可能会产生极其不同的影响，一个简单的例子就能说明这一点。

假定某一车型的汽车在国际市场的售价为 8 000 美元，而该汽车所有的零配件在国际市场的总价值为 6 000 美元。我们不妨比较一下如下两国：一个想建立发展自己的汽车组装工业；另一个则已经拥有了组装工业，打算建立汽车零配件生产工业。

为了鼓励国内的汽车工业，第一个国家会对进口汽车征收25%的关税，以使得国内的汽车组装厂商能将其生产的汽车定价为10 000美元而不是8 000美元。在这种情形下，如果说国内的汽车组装业得到了25%的保护，那是错误的。在征收关税以前，只有当组装成本不超过2 000美元时（即整车价格8 000美元与零配件总值6 000美元之间的差价），国内的汽车组装业方可生存；而现在即使组装成本为4 000美元（即整车价格10 000美元与零配件总值6 000美元之间的差价），国内汽车组装业也能存在。也就是说，25%的关税税率提供给国内组装厂商的**有效保护率**（effective rate of protection）是100%。

再看第二个国家，假定为了鼓励本国的零部件生产，该国对进口的零配件征收10%的关税，这就会使得国内汽车组装厂商获取零配件的成本由6 000美元上升至6 600美元，即使对汽车（整车）的关税没有变化，这一政策也足以使得国内的汽车组装工业失去优势。在征收关税以前，如果2 000美元（=8 000−6 000）能够组装一辆汽车还是值得的；在征收关税后，只有组装成本低于1 400美元（=8 000−6 600）方才可行。可见，对零配件征收关税，虽然给零配件制造商提供了正的保护率，但却给汽车组装业带来了−30%的负有效保护率（=−600/2 000）。

与上述例子中相似的道理可以使得经济学家使用更精细的计算方法来衡量关税及其他贸易政策为一些特殊行业在事实上提供的有效保护程度。如第11章所述，旨在促进经济发展的贸易政策常常会导致其实际保护率大大高于关税税率本身。[①]

关税的成本和收益

关税会提高一种商品在进口国的价格，降低该商品在出口国的价格。这些价格变化的结果是，进口国的消费者受损，出口国的消费者获益；进口国的生产者受益，出口国的生产者则蒙受损失。此外，政府通过征收关税可以获得收入。为了比较这些成本和收益，我们有必要把它们量化。衡量关税的成本与收益的方法还必须借助于微观经济分析中两个常用的概念：消费者剩余和生产者剩余。

---

① 对某一部门的有效保护率通常定义为$(V_T-V_W)/V_W$，其中，V_W是该部门在世界价格下的附加值；V_T是实施贸易政策后的附加值。根据我们的例子，假设P_A为整车的世界价格，P_C为其所有部件的世界价格，t_A是对整车征收的从价关税税率，t_C是对零部件征收的从价关税税率。可以检验一下，如果关税不影响世界价格，那么组装厂商面对的有效保护率就是：

$$\frac{V_T-V_W}{V_W}=t_A+P_C\left(\frac{t_A-t_C}{P_A-P_C}\right)$$

消费者剩余与生产者剩余

消费者剩余（consumer surplus）衡量的是消费者在一次购买中愿意支付的价格与实际支付的价格之间的差额。比如说，某个消费者愿意花 8 美元购买 1 蒲式耳小麦，但他仅支付了 3 美元，那么此次购买中他的消费者剩余为 5 美元。

我们可以通过市场需求曲线来推导消费者剩余（见图 9—6）。例如，假定消费者购买 10 单位的某种产品，愿意支付的最高价格为 10 美元，那么第 10 单位产品对消费者而言，必定值 10 美元，如果不值 10 美元，消费者就不会购买；如果价值超过 10 美元，即使价格高一点，他仍会愿意购买。现在假定想让消费者购买 11 单位产品，价格必须降至 9 美元，那么第 11 单位产品对消费者而言就只值 9 美元。

假定价格就是 9 美元。那么，消费者正好愿意购买第 11 单位产品，但未能从这 1 单位的购买中获得消费者剩余。但是，他愿意为第 10 单位产品支付 10 美元，所以可以得到 1 美元的消费者剩余；他可能愿意为第 9 单位产品支付 12 美元，这样的话，他在第 9 单位产品上能获得 3 美元的消费者剩余，其他依此类推。

把这个例子推广到一般。如果 P 是某一产品的价格，Q 是与之对应的需求量，那么消费者剩余就是把需求曲线下方直到 Q 的面积减去 P 与 Q 的乘积。在图 9—7 中，如果价格是 P^1，需求量是 D^1，那么消费者剩余就是面积 a 加上面积 b；如果价格升至 P^2，需求量下降至 D^2，那么消费者剩余会下降，等于面积 a。

说明：每单位商品的消费者剩余是实际价格与消费者愿意支付的价格之间的差额。

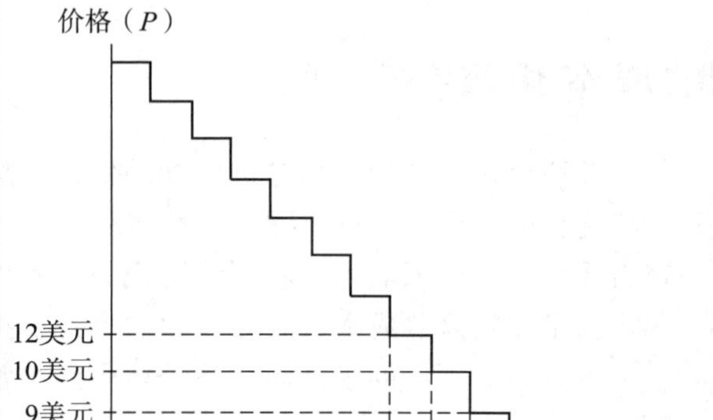

图 9—6　从需求曲线推导消费者剩余

说明：消费者剩余等于需求曲线之下、价格之上的那块面积。

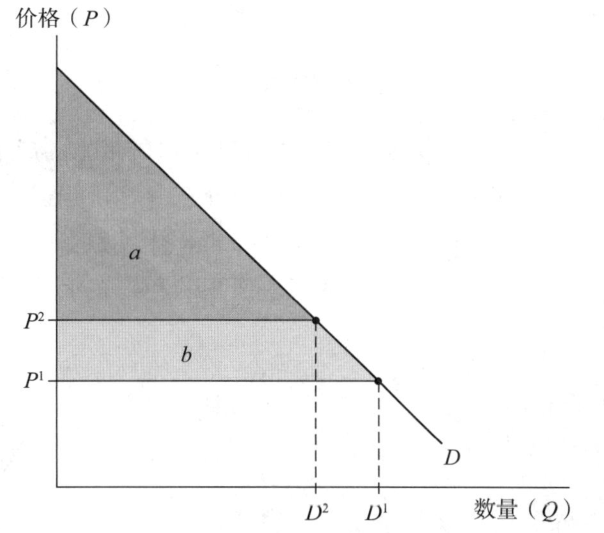

图 9—7　消费者剩余的几何表示

生产者剩余（producer surplus）是一个相似的概念。某一生产者愿意以 2 美元出售一件产品，却卖到了 5 美元，因此获取了 3 美元的生产者剩余。用与从需求曲线推导消费者剩余一样的方法可以从供给曲线推导出生产者剩余。如果价格是 P，对应的供给量为 Q，那么生产者剩余就是 P 与 Q 的乘积减去供给曲线下方直到 Q 的面积。在图 9—8 中，如果价格是 P^1，相应的供给量就是 S^1，生产者剩余为面积 c；如果价格涨至 P^2，供给量上升到 S^2，那么生产者剩余也会增加，其值等于面积 c 加上增加的面积 d。

与生产者剩余和消费者剩余有关的一些难点是计算中的技术性问题，我们大可忽略。最主要的问题在于生产者与消费者在一个既定市场中的直接收益是否精确衡量了社会收益。无法用消费者剩余与生产者剩余衡量的其他成本与收益是第 10 章中论述贸易政策不同观点的核心内容，但在目前，我们集中讨论以生产者剩余和消费者剩余衡量的成本与收益。

说明：生产者剩余是供给曲线之上、价格水平之下的那块面积。

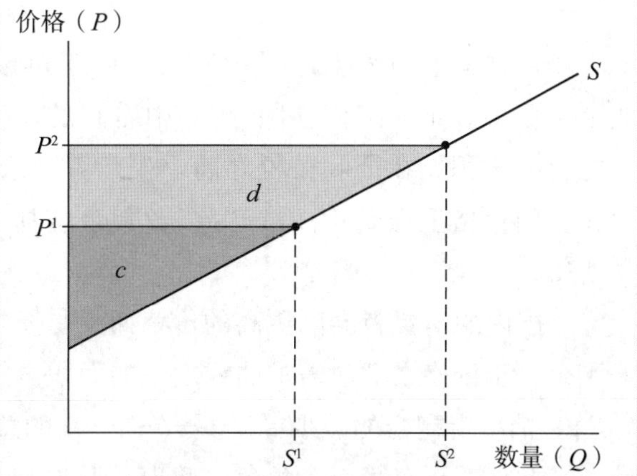

图 9—8　生产者剩余的几何表示

衡量成本和收益

图 9—9 显示的是关税给进口国带来的成本和收益。关税会把国内的价格由 P_W 提高到 P_T，把外国出口价格由 P_W 降至 P_T^*（参见图 9—4）。国内的生产会由 S^1 扩张至 S^2，而消费会从 D^1 下滑到 D^2。不同社会集团的成本与收益可以用标有 a、b、c、d、e 的五块面积的和来表示。

说明：不同社会集团的成本和收益可以用 a、b、c、d、e 五块面积的和来表示。

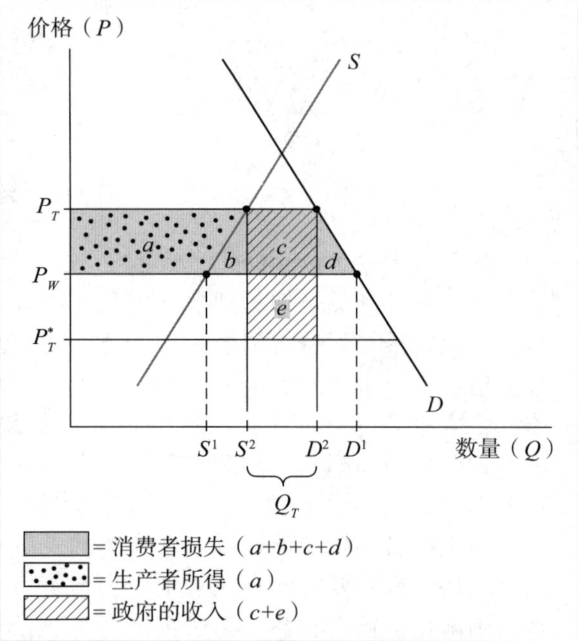

图 9—9　进口国征收关税的成本与收益

首先考虑国内生产者的所得。由于可以得到更高的价格，因而生产者剩余也更多。正如我们在图 9—8 中看到的，生产者剩余是价格之下、供给曲线之上的面积。在征收关税之前，生产者剩余等于 P_W 以下、供给曲线以上的面积；当价格上涨到 P_T 后，生产者剩余增加了面积 a，这是关税带来的生产者所得。

国内的消费者会因更高的价格而蒙受损失。在图 9—7 中可以看到，消费者剩余等于价格之上、需求曲线之下的面积。由于消费者支付的价格从 P_W 提高到 P_T，消费者剩余的减少等于 $a+b+c+d$ 的总面积。因此，关税使消费者受损。

此外，还有第三个角色：政府。政府通过征收关税可以从贸易中获益。收益的大小等于关税税率 t 乘以进口量（$Q_T=D^2-S^2$）。因为 $t=P_T-P_T^*$，所以政府的收益就等于面积 c 与面积 e 之和。

由于收益和损失发生在不同的社会集团，因此关税的整体成本—收益评价就取决于1美元的收益对每个不同集团成员的价值。比如说，如果被保护的是普通消费品，大部分的生产者利益由少数富有的生产资料所有者获得，主要的消费者都是低于平均收入的人们，对这种关税的评价一定与对那些只有富人才买得起而由低工资工人生产的奢侈品征收的关税的评价全然不同。政府角色的引入会使得这个问题变得更加难以确定：政府会把税收收入用于社会急需的公共服务上，还是浪费在1 000美元一个的厕所马桶上？尽管存在这些问题，在贸易政策的分析中，人们总是试图通过假定1美元的边际收益或边际损失对每个集团的价值与对整个社会的价值相同来计算关税对一国福利的净影响。

那么，我们不妨来看看关税对社会福利的净影响。关税的净损失为：

$$消费者损失-生产者所得-政府收入 \tag{9—1}$$

我们用图9—9中的各块面积来取代上式中的概念，有

$$(a+b+c+d)-a-(c+e)=b+d-e \tag{9—2}$$

也即，关税的净损失可以表示为两个用三角形面积衡量的损失，一个用矩形面积衡量的有抵消作用的收益。三角形表示由于关税扭曲了消费和生产激励动因而产生的**效率损失**（efficiency loss），而矩形则代表由于关税降低了外国出口价格而产生的**贸易条件改善所得**（terms of trade gain）。

收益的大小取决于征收关税的国家迫使外国出口价格下降的能力。如果该国不能影响世界价格（如图9—5所示的小国情形），代表贸易条件改善所得的面积 e 就会减少直至完全消失。很显然，在这种情况下，征收关税会减少社会福利。由于关税提高了进口商品的价格，诱使生产者和消费者根据比实际价格高的进口商品价格来从事生产和消费，从而会扭曲生产者和消费者的行为动因。社会每增加1单位消费的成本就意味着增加1单位进口商品的价格。然而，由于关税会使国内价格高于世界价格，消费者不得不将其消费量减少至边际单位产品产生的福利等于含有关税的国内价格。社会每增加1单位产出的价值就是少进口的该单位商品的价格，因而国内生产者会扩大生产直至边际成本等于含有关税的国内价格为止。因此，尽管该社会可以更加便宜地从外国购买这些商品，但它却在国内增加了产量。

图9—10概括了关税的净福利影响。关税的负面影响由三角形 b 和三角形 d 构成。第一个三角形表示**生产扭曲损失**（production distortion loss），这是由于关税会导致国内过多地生产该种产品造成的；第二个三角形表示本国的**消费扭曲损失**（consumption distortion loss），来自因为关税而造成的消费下降。与这两个损失相反的是由矩形 e 表示的贸易条件改善所得，它来自关税造成的外国商品出口价格的下降。但是在小国情形下，关税无法对外国价格产

生重要影响，这最后的一块面积 e 也就不存在了，从而会使关税的成本明显超过其收益。

说明：阴影三角形表示效率损失，矩形反映的是贸易条件改善所得。

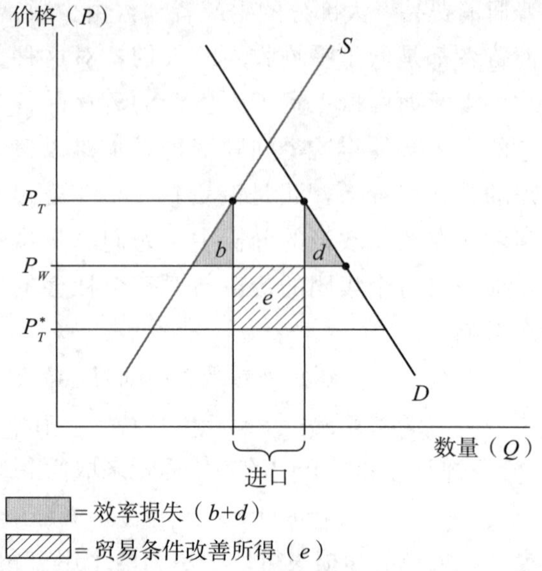

图 9—10 关税的社会福利净影响

专栏 长期关税

我们刚刚分析了如何利用关税减少消费者剩余而增加生产者剩余，同时还有许多其他间接关税成本：比如贸易伙伴用他们自己的关税征收报复性关税（这样一来，首次征税国家的出口生产商便会遭受利益损失）；这些报复性关税后来难以根除，即使经济环境改变也无益，因为它们在政治上帮助免受外国竞争的生产商组成一个小团体。（这部分内容我们将在第 10 章继续探讨。）最后，大额关税可以诱导生产商进行生产创新从而避税，虽然这些创新的方式最后会造成资源浪费。

拿“鸡肉税”（Chicken Tax）来说，该关税存续长达 47 年之久仍未终止，以至最初强烈游说政府维持该关税的生产商们大为光火。[①]鸡肉税得名是由于 20 世纪 60 年代西欧对美国鸡肉出口征收关税，美国总统林登 · 约翰逊进行报复而征收的进口税。美国的报复性征税主要针对德国（最初征收鸡肉税的主要政治势力之一），对进口轻型商用卡车征收 25%的税。同时，大众是这类车辆的主要生产商，并大量出口到美国。后来，许多此类关税都取消了，只有对鸡肉和轻型商用卡车的税收仍保留。大众已经停止生产轻卡，但是美国的三大汽车和卡车生产商都担心来自日本卡车生产商的竞争，

① 参见 Matthew Dolan, “To Outfox the Chicken Tax, Ford Strips Its Own Vans,” *Wall Street*, September 23, 2009。

因此力争保留关税。而日本生产商的对应之策是在美国国内组装这类轻型卡车（见第 8 章）。

因此，最近由于关税的一系列后果而蒙受损失的企业就是美国的三大汽车生产商之一——福特汽车。福特专为欧洲设计并在欧洲生产一种小型的商业货车“Transit Connect”，该车型容量小，可以穿梭于欧洲狭窄的旧街道。而美国最近油价攀升使得国内对于此类货车的需求量激增。2009 年，福特公司开始在国内售卖这种货车。为了避开 25% 的关税，福特在将这些货车运送到美国之前，将车进行改装，安装了后窗、后座和座椅安全带。这些车不再被归类为商用货车，而是作为客车，因为后者的关税只有 2.5%。抵达美国马里兰州的巴尔的摩之后，新安装的后座便被立刻拆卸，而后窗用金属挡板替换掉，然后再运往福特公司的经销商处。

贸易政策的其他工具

虽然关税是最简单的贸易政策，但是在当代世界，大部分国家对国际贸易的干预采取的是其他形式，如出口补贴、进口配额、自愿出口限制，以及国产化程度要求等。幸运的是，一旦我们理解了关税，再去理解其他贸易政策工具就不会太困难了。

出口补贴：理论

出口补贴（export subsidy）指的是对出口国内产品的公司或个人的支付。和关税一样，出口补贴也分从量补贴（每单位补贴一个固定数额）和从价补贴（出口总值的一个比例）。当政府提供出口补贴时，出口商会尽量出口产品直到国内价格与国外价格的差额正好等于补贴额时为止。

出口补贴对价格的影响与关税对价格的影响正好相反（见图 9—11）。由于出口国的国内价格会由 P_W 上升至 P_S，进口国的价格会由 P_W 下降至 P_S^*，所以价格增幅比补贴额要少。在出口国，消费者受到损害，生产者获取收益，政府则由于必须支付补贴也蒙受损失。面积 $a+b$ 是消费者损失，面积 $a+b+c$ 是生产者所得，政府支付的补贴是面积 $b+c+d+e+f+g$，因此社会福利的净损失就是面积 $b+d+e+f+g$ 的和。其中，$b+d$ 代表消费与生产扭曲损失，这与关税造成的一样；另外，与关税相反的是，由于出口产品在外国市场的价格会由 P_W 降至 P_S^*，所以出口补贴会恶化贸易条件，从而出现一个额外的贸易条件恶化损失 $e+f+g$，$e+f+g$ 等于 $P_W-P_S^*$ 与得到补贴的出口量的乘积。可见，出口补贴的成本明显超过了收益。

说明：出口补贴提高了出口国本国商品的价格，但降低了这些产品在进口国的价格。

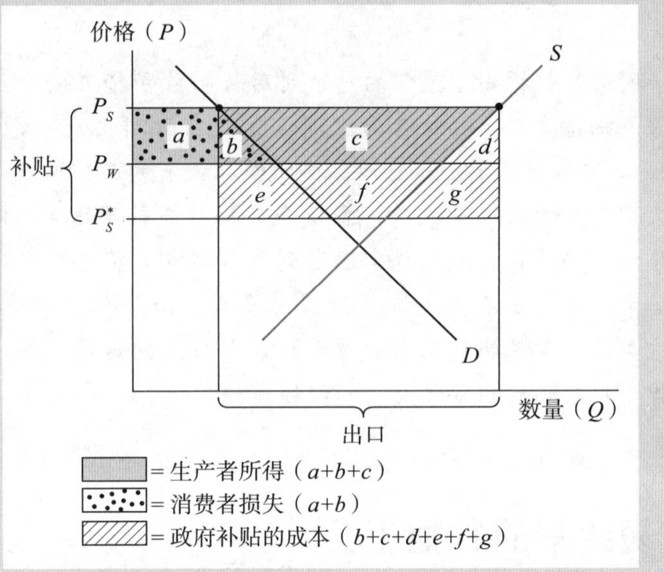

图 9—11 出口补贴的影响

∵案例分析 欧洲共同农业政策

1957 年，六个西欧国家——联邦德国、法国、意大利、比利时、荷兰和卢森堡——组成欧洲经济共同体，现在包括大部分欧洲国家。这个现在被称为欧洲联盟（European Union，EU，简称欧盟）的两个最有影响的贸易政策是：第一，欧盟成员国已取消了相互间的所有关税，创造了一个关税同盟（我们将在下一章中讨论）；第二，欧盟的农业政策已发展成为一个巨大的出口补贴项目。

欧盟的共同农业政策（Common Agricultural Policy，CAP）最初并不是出口补贴，只不过是用来保证欧洲农产品价格的一项措施。当农产品价格低于规定的支持价格水平时，由欧盟来收购农产品以保证欧洲农民能卖出高价。为了防止这一政策引致大规模的农产品进口，欧洲最初仍通过关税来消除欧洲农产品价格与世界价格之间的差额。

但是，自 20 世纪 70 年代以来，欧盟所制定的支持价格已高到使得欧洲这个原本在自由贸易时需要进口大部分农产品的地方生产出了过剩的农产品。其结果是，欧盟发现它自己不得不购买和储存大量的食物。到 1985 年底，欧洲各国已储存了 78 万吨牛肉、120 万吨黄油和 1 200 万吨小麦。为了避免无限制的储备增长，欧盟转而采用补贴出口的政策来消除生产过剩。

图 9—12 说明了欧洲共同农业政策是如何起作用的。除了欧洲在自由贸易时为农产品的进口国这一点外，其他与图 9—11 所示完全相同。支持价格定得不仅高于自由贸易下的世界价格，而且高于没有进口时国内需求与供给相等时的均衡价格。为了出口由此造成的剩余产品，欧盟通过支付出口补贴

来抵消欧洲与世界价格的差额。得到补贴的出口商品本身又会压低世界价格，所以又增加了所需的出口补贴。最近一项分析表明，2007 年，欧洲消费者的福利成本超出农业生产者的利润，差价几乎达到 300 亿美元（215 亿欧元）。①

说明：欧洲的农产品价格不仅定在世界市场价格水平之上，而且高于欧洲农产品市场出清的价格。出口补贴被用来处理由此产生的过剩产品。

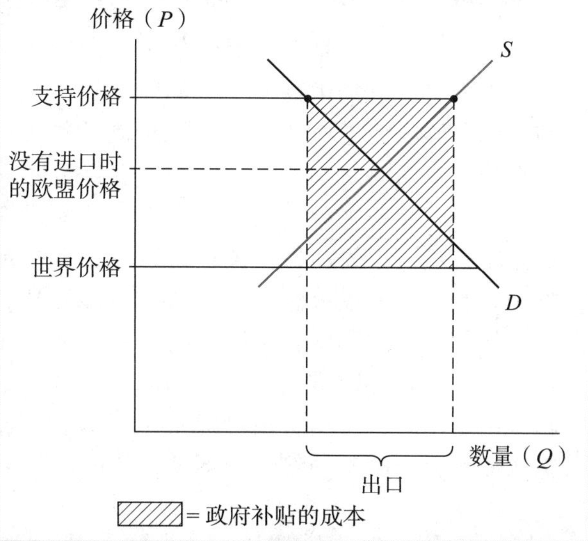

图 9—12 欧洲共同农业政策

尽管欧洲共同农业政策给欧洲的消费者和纳税人带来了相当大的净损失，但欧盟农民的政治压力一直非常强大，以至这一政策很少遇到来自其内部的挑战。对欧洲共同农业政策最大的压力来自美国和其他粮食出口国。这些国家抱怨欧盟的出口补贴使得它们的出口价格都下降了。欧洲共同农业政策的预算结果也令人担忧：在 2013 年，欧盟纳税人为共同农业政策付出了 780 亿美元的成本（580 亿欧元）——而且这个数字还不包括给食品消费者带来的间接成本。欧盟农民得到的政府补贴占到整个农业产出的 22%，是美国（8.6%）的两倍还多（美国的农业补贴更多地是针对特定的农作物）。

最近欧洲农业政策的改革表明欧盟努力减少由于支持价格引起的激励扭曲，但继续对农民提供援助。如果政治家们的计划得以实施，农民将不断地增加和农业产量无关的直接收入，这将会降低农产品价格及农业产量。

进口配额：理论

进口配额指的是对可能进口的商品实行的直接进口数量限制。这种限制表现在向一些个人或公司颁发进口许可证。例如，美国对进口外国奶酪就有配额，唯

① 参见 Pierre Boulanger and Patrick Jomini, *Of the Benefits to the EU of Removing the Common Agricultural Policy*, Science Politique Policy Brief, 2010。

一有权进口奶酪的是一些贸易公司，各公司都被分配一个年度奶酪进口的最高限额。各公司得到的配额多少基于其上一年进口奶酪的数量。在一些重要贸易中，如食糖和服装，美国把外国商品在美国的销售权直接给予了那些出口国的政府。

我们必须避免一个概念错误，即认为进口配额虽然会限制进口但不会抬高国内价格。事实上，进口配额总会抬高进口商品的国内价格。当进口被限制时，立即出现的结果就是在初始价位上，国内的需求会超过国内供给加进口，于是价格不断上升直到市场达到均衡时为止。最终，进口配额抬高国内价格的幅度与达到同样限制进口效果的关税抬高的幅度一样（除非是国内垄断的情形，当存在国内垄断时配额抬升价格的幅度会超过关税，可参阅本章附录）。

进口配额与关税之间的差别在于政府没有了收入。当不采用关税而采用配额限制进口时，先前采用关税时政府获取的那部分收益就会被持有进口许可证的个人和公司所瓜分。许可证持有者能够从外国购买进口品并在国内以高价出售，他们获取的利润就是所谓的**配额租金**（quota rents）。在评价进口配额的成本与收益时，确定谁获得了“租金”非常关键。如果把在国内市场销售的权利给予出口国政府（这种情形经常出现），“租金”也就会被转移到外国，致使配额的成本大大高于同等情形下关税的成本。

∴案例分析　　现实中的进口配额：美国食糖进口

美国食糖问题的起因与欧洲农业问题有些相似：联邦政府保证的国内价格高于世界市场的价格水平。但与欧盟不同的是，美国国内的供给没有超出国内需求。因此，美国政府可以运用配额制度使其国内食糖价格一直保持在目标水平。

美国食糖进口配额的一个特别之处在于：在美国，销售食糖的权利被分配给了外国政府，然后由外国政府将这种权利分配给各自的厂商。因此食糖进口配额形成的“租金”由外国人获得。配额限制了原糖（主要是甘蔗）和精制糖的进口量。图 9—13 反映的是美国相对于世界价格对原糖价格限制的影响。从图形上可以看出，这些价格限制成功地抬高了美国国内的价格，高于世界平均价格。当 2010—2011 年世界食糖价格大幅提升的时候，这些进口限制有一定程度的缓解，但是不足以限制美国国内价格的急剧攀升，仍然远高于世界价格。

现在我们要估测的是这些进口限制以及相关的食糖高价格所带来的影响。[①] 图 9—14 反映的是原糖市场在有配额限制以及没有配额限制两种情况下的供需平衡。目前，对原糖的进口配额限制是 340 万吨，而美国的总生产量是 840 万吨。这使得美国的食糖价格高于世界价格 34%。若没有进口限制，

① 这些数字是对 2014 年的估计，并假设 2013 年的进口限制被取消。更多细节，请参见 Beghin，John Christopher and Amani Elobeid，“The Impact of the U. S. Sugar Program Redux，” *Food and Agricultural Policy Research Institute* (*FAPRI*) *Publications*，2013。

价格将会降低到世界价格水平。这些估计是基于美国在世界食糖市场只是一个“小国”的假设，即美国取消配额也不会对世界食糖市场的价格产生重大影响。依照这种估计，实行自由贸易将使美国的食糖进口约提高 84%，国内生产将会减少 11%。

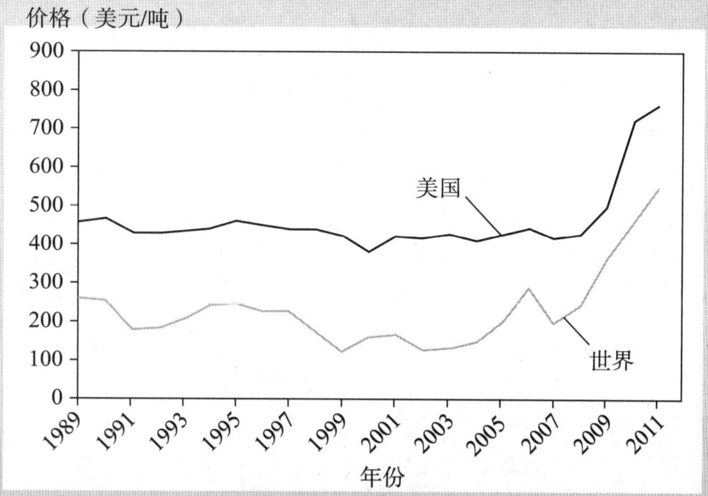

图 9—13　1989—2011 年美国和世界原糖价格（短吨，原始数值）

说明：原糖的配额限制是 340 万吨。如果没有配额限制，食糖的进口将会提高 84%，达到 620 万吨。这一配额的结果是食糖的价格达到每吨 747 美元，而世界市场的价格是每吨 496 美元。美国的食糖生产者因此获益，而消费者则蒙受更大的损失。并且，没有可以用来抵消一部分损失的政府收入，因为配额形成的“租金”被外国政府拿走了。

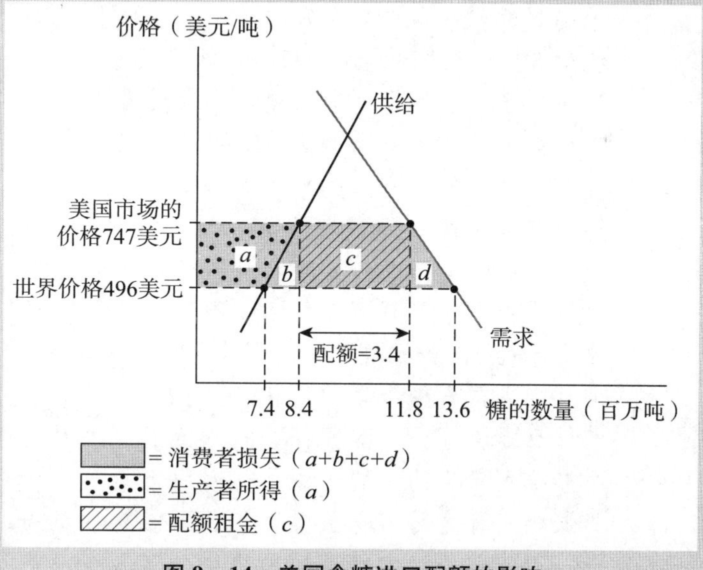

图 9—14　美国食糖进口配额的影响

食糖进口配额对社会福利的影响由面积 a，b，c 和 d 来表示。美国消费者的消费者剩余损失为 $a+b+c+d$。消费者损失的一部分 a 转化为美国食糖生产者的生产者所得；还有一部分损失表现为生产扭曲损失 b 和消费扭曲损失 d；有美国食糖进口权的外国政府获取的“租金”合计为面积 c。

为了将美元数额加在这些社会福利的影响上，我们还必须考虑到：原糖价格的提高如何导致精制糖价格的升高，而如此一来，所有含糖的食品价格也将会随之水涨船高。即使最终由美国消费者所支付的食品价格攀升并不过高——以0～2%的涨幅为例，整体消费者剩余损失仍将是巨大的，因为这些价格攀升涉及大量消费品。2014 年的损失估计高达 35 亿美元！（这一数字是在 2013 年食糖配额逐步取消的情况下所做的假设。）此外，精制糖价格升高也会给食品产业带来生产者剩余损失。（将所有使用精制糖的食品生产者作为一个因素整体考虑。）这又为消费者带来 9.09 亿美元的额外损失，因为根据美国的食糖配额，整体成本估计在 44 亿美元。

自然，美国的食糖生产商可从价格攀升中获利，2014 年的获利约有 39 亿美元。（这些获益多数被食糖加工商或精炼厂所得，而只有 4.86 亿美元流入种植甘蔗的农户手中。）最后，获得在美售卖食糖权的外国出口商也能从那些配额权中获益——它们的获益等于美国的食糖价格与世界价格的差价。（部分外国食糖出口商是由美国的大型食糖加工商所有。）这个差价也解释了食糖使用者（即消费者和食品生产商）的 44 亿美元损失与食糖生产商的 39 亿美元获益之间的差价，额外损失相对较少，因而可忽略不计。

作为一个比较极端的例子，食糖进口配额说明了保护的倾向：给一小部分生产者提供保护，可以使得每个生产者获取很大的利益；由广大消费者来支付这些代价，但每个消费者只负担很少一点。在这个食糖例子中，消费者的年均损失只有人均 11 美元，或者说一个典型的美国家庭一年只负担约 30 美元。因此，一般的美国选民根本不知道食糖进口配额的存在就毫不奇怪了，当然也不会出现有力的反对意见。

但是，从食糖生产者（包括农户和加工商）的角度而言，进口配额可是生死攸关的大事。美国的食糖工业只雇用了约 20 000 人，食糖生产者从进口配额中的所得，表现为一种隐含的约每人 200 000 美元的生产补贴。这也就难怪美国的食糖生产者会极力维护进口配额。他们在 2012 年的国会竞选中捐赠了 450 万美元，美国糖业联盟在 2013 年针对农业议案的国会大选之前的 12 个月期间多花费了 300 万美元用于游说（美国农业议案再次认可了对美国食糖进口的限制）。[①]

反对实施进口配额保护的人经常试图从进口限制所“保留”的每个工作机会所产生的消费者成本——而不是从生产者剩余和消费者剩余的角度来提出批评意见。很显然，配额间接提供的每人 200 000 美元的生产补贴这一损失将推动食糖生产商去缩小或减少其雇佣规模和数量。这一雇佣缩小的规模从 500 人到 2 000 人不等。即使将这一大规模的就业损失考虑在内，在食糖配额这一政策下，被“保留”的每一个工作机会的消费者成本

① 2013 年农业法案中提议逐步淘汰食糖进口配额政策（2013 年《食糖改革法案》）。但这一提议在参议院以 45∶54、在众议院以 206∶221 的微弱劣势被否决。

也超过175万美元。这一成本并没有将食糖高价给食品工业带来的所有就业损失囊括在内。

如果取消了食糖的配额限制，精制糖价格的降低将会带来食糖相关食品工业的大规模扩张。上文我们已经提到了那些食品相关行业生产商剩余的9.09亿美元的差价，但是这一扩张也会创造17 000～20 000个新的就业机会。事实上，这一扩张的规模如此之大，甚至可能将美国从一个含糖食品的纯进口国转变为纯出口国。比较一下食糖生产商保留的就业机会（500～2 000）与食品行业损失的就业机会（17 000～20 000），可见政策保护带来的就业影响不再是“保留”带来的消费者成本迅速攀升，而是在食糖配额情况下就业机会的丧失。

自愿出口限制

自愿出口限制（voluntary export restraint，VER）是进口配额的一种特殊形式，亦称自愿限制协议（voluntary restraint agreement，VRA）（在贸易政策的官方语言中，到处都是这三个字母的缩写词）。自愿出口限制不是由进口国对进口产品实行配额，而是出口国对出口产品实行配额，最著名的例子莫过于自1981年以来日本对向美国的汽车出口所实行的自愿限制。

自愿出口限制一般都是应进口国的要求而制定的。出口国同意这些要求以防止其他形式的贸易限制。在第10章中我们会看到，自愿出口限制的某些政治及法律优势使其近几年成为一种受欢迎的贸易政策。但从经济的角度来看，自愿出口限制的确就像把许可证颁发给外国政府的进口配额，因此对进口国而言，自愿出口限制的代价高昂。

自愿出口限制对进口国来说，其代价总是比达到同样限制进口效果的关税要高，其区别仅在于关税下的政府的收益在自愿出口限制下变成了外国获得的租金，因此自愿出口限制显然会对进口国造成损失。

在20世纪80年代，一份关于自愿出口限制对美国纺织品及服装、钢铁和汽车等三个主要行业的影响的研究发现，由这些限制所造成的消费者损失中的大约2/3转化成了外国人获取的“租金”。[①] 换句话说，很大一部分成本反映的是一种收入的转移而非效率损失。该研究还强调了一点，即从国家的角度而言，自愿出口限制比关税的损失更为惨重。鉴于这种情况，我们需要对各国政府中普遍存在的对自愿出口限制的偏好作仔细分析。

有些自愿出口限制协议涉及的还不止一个国家，其中最著名的多边协议是《多边纤维协议》（Multi-Fiber Arrangement）。2005年初，它限制了22个国家的纺织品出口。诸如此类的多边自愿出口限制协议也有一个广为人知的

---

① 参见David G. Tarr, *A General Equilibrium Analysis of the Welfare and Employment Effects of U.S. Quotas in Textiles, Autos, and Steel* (Washington, D.C.: Federal Trade Commission, 1989)。

三个字母的缩写（orderly marketing agreements，OMA），即《有序营销协议》的缩写。

∴案例分析　现实中的自愿出口限制：日本汽车出口

在20世纪60年代和70年代的大部分时间里，由于美国消费者与外国消费者对汽车种类及车型需求的不同，美国汽车工业基本不与进口汽车形成竞争。美国消费者因为生活在一个大国，且汽油税很低，因此比欧洲人和日本人更喜欢大型汽车。另外，外国公司也没有选择在大型汽车市场上与美国竞争。

但是，1979年，石油价格急剧上涨和暂时的汽油短缺使得美国市场一下子转向了小型汽车，而当时日本生产商的成本无论在哪个方面都已经低于美国的竞争者，因此它们迅速打入了美国市场并满足了美国消费者的新需求。随着日本厂商市场份额的持续扩大以及美国产量的不断下滑，美国国内的强大政治力量要求美国政府保护美国的汽车工业。为了避免单方面的行为和引发贸易战的危险，美国政府要求日本限制出口。日本因害怕若不答应美国的要求，可能招致美国的单方保护措施，也就同意限制其销售。1981年，双方达成了第一份协议，把日本每年向美国的汽车出口量限制在168万辆，1984—1985年又把总数修正到185万辆。1985年美国允许日本不再执行这一协议。

这一自愿出口限制产生的影响是复杂的，主要由于以下原因：第一，日本和美国产的汽车显然不是完全替代品；第二，作为对配额的反应，日本汽车工业也从某种程度上提高了汽车质量，转而出售具备更多功能的较大型的汽车；第三，汽车工业明显不是完全竞争的。尽管存在这些因素，其基本结果与先前对自愿出口限制的讨论还是一样的，日本汽车在美国的售价上升，日本公司获取了由此产生的“租金”。美国政府估计，美国在1984年的总损失为32亿美元，这些损失主要来自转移到了日本的“租金”而非本国的效率损失。

中国的太阳能电池板

WTO的条例规定不许限制自愿出口，但这仅限于政府协调的协议，并限于出口方。最近，欧盟与中国就中国太阳能电池板出口增加的争端事宜的解决之道便是中国“同意”限制其对欧盟国家的出口，将出口量限制为每年低于7千兆瓦的太阳能电池板，同时对这些电池板给予最低限价。欧盟的太阳能电池板市场对此表示失望，因为这一协议先发制人地规定对所有中国太阳能电池板的进口都征收47%的反倾销税（中国太阳能电池板生产商也是因此而作出让步）。但是，中国对这一反倾销税的征收也采取了报复性措施，中国官方部门已经起草了一系列欧洲产品清单，包括奢侈品和酒，对这些产品严格征收进口税。中国的生产商已同意出口限额和最低限价，是因为这样做可以在欧盟索取高价。而损失最惨重的则是欧洲的消费者，他们将会为太阳能（以及环境）支付更高的价格。

国产化程度要求

国产化程度要求（local content requirement）指的是，在最终产品中必须有一个明确规定的比例是本国生产的。在有些情况下，这一比例以物理单位来规定，如20世纪60年代美国的石油进口配额。在其他情形下，这一比例以价值标准来表述，即要求产品价格至少有某一个份额反映的是国内附加值。国产化程度法被发展中国家广泛采用，它们试图通过国产化程度要求把它们的制造业基础由组装转变为制造中间产品。1982年美国曾提出过汽车的国产化程度法案，但从未获得通过及实施。

从国内零部件生产者的角度来说，国产化程度规定为其提供的保护与进口配额相似。但对那些必须在本地采购的公司而言，其影响就不一样。国产化程度要求并不限制进口，它允许公司大量进口，只要这些公司在本国也大量采购。这就意味着这些公司在生产投入中支付的实际价格是进口投入价格与国产投入价格的平均值。

例如，在我们讨论过的汽车例子中，进口零部件的价格为6 000美元。现在假定购买同样的国产零部件需要10 000美元，但政府要求组装厂商必须使用50%的国产零部件，因此，这些厂商面临的零部件平均成本就是8 000美元（=0.5×6 000美元+0.5×10 000美元）。这8 000美元在最终的汽车售价中会体现出来。

这里重要的一点是，国产化程度要求既没有产生政府收入，也没有产生配额租金，而是将进口商品价格与国产商品价格的平均值作为最终售价，并把负担转嫁给了消费者。

国产化程度规定中一个有意思的创新是，允许公司通过出口而不是必须使用国产零部件来达到国产化程度要求。这一点改变在很多情况下已变得非常重要。例如，在墨西哥经营的美国汽车公司会选择从墨西哥出口一些零部件到美国，即使这些零部件在美国生产可能更加便宜，其原因在于这样做它们就可以在墨西哥为墨西哥市场生产汽车时少用一些墨西哥产的零部件。

专栏 缩小差距

在第8章中，我们讨论了国际商品的贸易——如最终商品的贸易如何产生综合的福利性收益（虽然收益分配极不平均）。此外，公司在扩张生产规模的同时，购买价格稍低的进口半成品可以获取一定的收益。但是美国的政府机构（包括地方政府、各州政府以及联邦政府）都被明令禁止利用这些机会，似乎有些匪夷所思。最早于1933年通过的《购买美国货法案》要求这些政府机构购买美国公司生产的许多具体的产品，除非这些产品在国外的标价比美国公司的出价低25%以上。这一规定被写进美国 2009 年《美国恢复和再投资法案》关于 8 310 亿美元的一揽子经济刺激计划中，该法案是在发生严重的经济衰退之后被即时通过的。《美国恢复和再投资法案》投资支持的任何公共项目必须使用美国生产的钢、铁和制成品（同样适用于 25％差价的规定）。

一般情况下，美国和外国公司的出价之间的比例差别远低于 25％，因此，《购买美国货法案》所带来的成本增加量亦远低于 25％的最大限额。但是，中国在生产一些专用于大型基础设施项目的高度专业化的钢铁产品时却有独一无二的能力，这主要是源于中国此前对这类项目有大量需求，因此积累了相关的经验。对于那些专业化的钢铁产品，中国生产商与少量拥有生产资质的美国公司之间的成本差价也接近了 25％的最大值。鉴于一些基础设施项目的规模庞大，这一差异数额不可小觑。

在建造连接旧金山和奥克兰的新海湾大桥时，中国和美国对一些关键钢铁部件投标的出价差额达到 23％，成本差距因此达到 4 亿美元，数额如此之大，加利福尼亚州政府不得不放弃《美国恢复和再投资法案》支持下的联邦政府资助，转而依靠未来通行费债券。这种融资渠道并不适用于其他许多基础设施项目，后者必须负担《购买美国货法案》中规定的高额成本。

那些规定不仅抬高了美国纳税人的成本，也导致一些关键项目短期交付，因为项目经理要按规定提交相关的行政文件，以证明一些主要的零部件在美国完全购买不到。国土安全部就曾发生过此类情况，直到承包商被允许从国外购买与机场的安全系统兼容的部分设施之后，国土安全部才可以运行其行李检查系统。最后，《购买美国货法案》中的规定还引发了其他外国政府对类似贸易保护主义的抗议，并将美国公司排斥在商业机遇之外。

其他贸易政策工具

政府影响贸易的工具还有其他许多种形式，我们把其中的几种简要列举如下：

（1）出口信贷补贴。除了采取给买方提供补贴贷款这一点之外，它与出口补贴相当类似。与大多数国家一样，美国也有进出口银行，作为政府的一个机构，它负责给出口商提供略带补贴的贷款以促进出口。

（2）政府采购。政府或由政府控制的公司购买的必须是国产商品，即使这些商品的价格比进口商品要高。关于政府采购的典型例子是欧洲的电信设备制造业。欧盟各成员国之间原则上采用自由贸易形式，但是，电信设备的主要买主是电话公司，而在欧洲，这些公司直到最近仍都归政府所有。即使在其他国家供应商的报价要低得多的情形下，这些政府所有的公司也仍从本国厂商那里购买设备，因此，在欧洲内部电信设备的贸易量少得可怜。

（3）烦琐的手续。有时一个政府用非正规的方法限制进口。为了给贸易设置障碍，扭曲一下正常的卫生检疫及海关手续是件轻而易举的事。典型例子就是法国 1982 年规定所有从日本进口的录像机必须经过普瓦捷（Poitiers）的一个海关，该海关只有一间很小的屋子——通过这种方法，法国将实际进口量有效地限制到了屈指可数的地步。

对贸易政策影响的总结

表 9—1 对几种主要的贸易政策工具的影响做了总结。在表中，我们具体比较了四种贸易政策工具对整个国家福利的影响。

表 9—1 显然不像是为干预性的贸易政策做广告。在表中，我们可以看出，所有的四种贸易政策都是有利于生产者而损害消费者的利益。贸易政策对社会福利的最好结果也只是“不确定的”。其中有两种政策肯定会损害整个国家的福利水平，而关税和进口配额也只能给有能力压低国际市场价格的大国带来某些潜在的利益。

既然如此，政府为何还经常使用这些政策工具来限制进口或促进出口呢？我们将在第 10 章中解答这些问题。

表 9—1　各种贸易政策的影响

	关税	出口补贴	进口配额	自愿出口限制
生产者剩余	增加	增加	增加	增加
消费者剩余	减少	减少	减少	减少
政府收益	增加	减少 （政府开支增加）	没有变化 （许可证持有者获得“租金”）	没有变化 （外国人获得“租金”）
国家综合福利水平	不确定 （小国减少）	减少	不确定 （小国减少）	减少

提要

1. 在前面的章节中，我们主要使用强调市场相互作用的一般均衡分析，但本章讨论的是贸易政策，使用局部均衡的分析方法通常就足够了。

2. 关税好比在国内价格与国外价格之间嵌入了一个楔子，它会抬高国内市场价格，但增幅又小于关税税率。但是，一个相当重要且非常特殊的情形是小国的情况。由于小国对世界价格不能产生任何重要影响，因此，小国的关税几乎全部反映到国内价格的提高上。

3. 运用消费者剩余和生产者剩余的概念，我们得以衡量关税和其他贸易政策的成本与收益。运用这些概念，我们能够说明，由于关税提高了国内市场价格，国内生产者可以从中获益，而消费者却会蒙受损失。另外，政府也可以从中得到收入。

4. 如果把关税的收益与损失进行加总，我们会发现关税对社会福利的净影响可以分成两个部分：

一部分是效率损失，来自关税造成的本国生产者与消费者激励机制的扭曲；另一部分是贸易条件改善所得，它反映出关税迫使外国出口价格下降的倾向。在小国情形中，关税不能影响外国价格，因此第二个影响的值为零，其社会福利的损失是显然的。

5. 分析关税的方法可以方便地运用于对其他贸易政策的分析中，如出口补贴、进口配额和自愿出口限制。出口补贴会导致与关税类似的效率损失；但是它还会引起贸易条件的恶化从而会使损失更加严重。进口配额与自愿出口限制在政府是否从中取得收入这一点上和关税不同：政府的关税收入在实行配额情形下会转化为进口许可证持有者获取的“租金”，而这个“租金”在实施自愿出口限制政策时则为外国人获取。

关键术语

从价关税	消费者剩余	消费扭曲损失
有效保护率	效率损失	出口限制
出口补贴	出口供给曲线	进口需求曲线
进口配额	国产化程度要求	非关税壁垒
生产者剩余	生产扭曲损失	配额租金
从量关税	贸易条件改善所得	自愿出口限制

习题

1. 本国对小麦的需求曲线为

$$D=100-20P$$

供给曲线为

$$S=20+20P$$

推导并绘出本国的进口需求曲线。在没有贸易时，小麦的价格是多少？

2. 在上题的基础上加入外国，其需求曲线为

$$D^*=80-20P$$

供给曲线为

$$S^*=40+20P$$

a. 推导并绘出外国的出口供给曲线，同时计算没有贸易时外国的小麦价格。

b. 现在允许本国和外国进行贸易，且运输成本为零。试述并绘出自由贸易时的均衡点，与之对应的世界价格是多少？贸易量又是多大？

3. 假设本国对进口小麦征收 0.5 的从量税。

a. 确定并绘出关税对以下几项的影响：（1）各国的小麦价格；（2）各国对小麦的需求量与供给量；（3）贸易总量。

b. 确定关税对以下各社会集团的福利影响：（1）与进口商品竞争的国内生产者；（2）本国消费者；（3）本国政府。

c. 画图说明并计算贸易条件改善所得、效率损失和关税对社会福利的总影响。

4. 假定外国是个大得多的国家，其国内需求与供给分别为

$$D^*=800-200P$$

$$S^*=400+200P$$

（要注意到，这意味着没有贸易时外国的小麦价格与习题 2 中的结果一样。）

重新计算自由贸易时的均衡点和本国征收 0.5 的从量税的影响，并联系正文中讨论的“小国”情形，讨论本题与正文计算结果的差异。

5. 如果中国对世界价格为 200 美元的自行车征收 50％的关税，而没有关税时一辆自行车零部件的成本是 100 美元，那么中国制造的自行车得到的有效保护率是多少？

6. 美国在限制燃料用乙醇进口的同时，在国内鼓励用乙醇作为燃料使用，这就造成乙醇作为燃料的价格提高了 15％。然而，我们对经过加工就可以变成乙醇的玉米实行自由贸易，而且玉米占整个燃料成本的约 55％，那么玉米变成乙醇的过程中得到了多少有效保护率？

7. 回到习题 2。在自由贸易的基础上，假定外国对出口商的每单位出口产品提供 0.5 的补贴，试计算其对各国小麦价格的影响以及对两国各社会集团和整个社会福利的影响。

8. 运用有关贸易政策的知识来评价下面的

命题：

a. 减少失业的最好办法是对进口商品征收关税。

b. 与小国相比，关税对大国福利有负面影响。

c. 汽车制造业的工作都转移到墨西哥，因为那里的工人工资要比美国低得多，因此，我们要对汽车征收关税，税额等于美国与墨西哥工资的差别。

9. 假定艾瑟瑞马（Acirema）是个“小国”，无法影响国际价格。该国以每袋 10 美元的价格进口花生。其国内需求曲线为

$$D=400-10P$$

供给曲线为

$$S=50+5P$$

确定自由贸易的均衡点。然后，计算并绘出把进口配额限制在 50 袋时对以下各项的影响：

a. 本国价格的增幅。

b. 配额的“租金”。

c. 消费扭曲损失。

d. 生产扭曲损失。

10. 既然关税、配额、补贴都会导致净福利损失，尤其是农业领域，为什么一些发达国家如美国、欧盟成员国之间还要频繁地使用它们？

11. 假设制造业工人的收入少于其他行业工人的收入，如果对制造业产品征收大量关税，那么在经济中会对真实收入分配产生什么样的影响？

延伸阅读

Jagdish Bhagwati. “On the Equivalence of Tariffs and Quotas,” in Robert E. Baldwin et al., eds. *Trade, Growth, and the Balance of Payments*. Chicago: Rand McNally, 1965. The classic comparison of tariffs and quotas under monopoly.

W. M. Corden. *The Theory of Protection*. Oxford: Clarendon Press, 1971. A general survey of the effects of tariffs, quotas, and other trade policies.

Robert W. Crandall. *Regulating the Automobile*. Washington, D. C.: Brookings Institution, 1986. Contains an analysis of the most famous of all voluntary export restraints.

Gary Clyde Hufbauer and Kimberly Ann Elliot. *Measuring the Costs of Protection in the United States*. Washington D. C.: Institute for International Economics, 1994. An assessment of U. S. trade policies in 21 different sectors.

Kala Krishna. “Trade Restrictions as Facilitating Practices.” *Journal of International Economics* 26 (May 1989), pp. 251 - 270. A pioneering analysis of the effects of import quotas when both foreign and domestic producers have monopoly power, showing that the usual result is an increase in the profits of both groups—at consumers' expense.

Patrick Messerlin. *Measuring the Costs of Protection in Europe: European Commercial Policy in the 2000s*. Washington, D. C.: Institute for International Economics, 2001. A survey of European trade policies and their effects, similar to Hufbauer and Elliot's work for the United States.

D. Rousslang and A. Suomela. “Calculating the Consumer and Net Welfare Costs of Import Relief.” U. S. International Trade Commission Staff Research Study 15. Washington, D. C.: International Trade Commission, 1985. An exposition of the framework used in this chapter, with a description of how the framework is applied in practice to real industries.

U. S. International Trade Commission. *The Economic Effects of Significant U. S. Import Restraints*. Washington D. C., 2007. A regularly updated economic analysis of the effects of protection on the U. S. economy.

第 9 章附录　垄断情形下的关税与进口配额

本章分析贸易政策时假定市场是完全竞争的，因此各公司接受既定的价格。但是，正如第 8 章中我们讨论过的，很多国际贸易中的商品市场不是完全竞争的，因而国际贸易政策的影响可能会受到市场竞争程度不同的影响。

当我们分析贸易政策在不完全竞争市场的影响时，必须注意新的一点：国际贸易会抑制垄断力量，而限制贸易的政策则会增强垄断力量。如果有许多相同的外国厂商并允许自由贸易，即使某个厂商是一国某种产品的唯一生产者，它对提高价格也无能为力。但是，如果存在配额限制进口，那么该厂商就不必担心进口竞争而可以放心大胆地提价了。

为了有助于我们理解贸易政策与垄断力量之间的联系，我们建立了一个模型。在这个模型中，一国的进口竞争行业完全由一家厂商控制。该国在国际市场上是个小国，所以其贸易政策无法影响进口产品的价格。运用这个模型，我们可以探讨和比较自由贸易、关税和进口配额三种情形下的不同影响。

自由贸易时的模型

如图 9A—1 所示，在自由贸易情况下，国内的垄断厂商面临来自进口产品的竞争。D 是国内的需求曲线，即国内居民对该种产品的需求。P_W是该产品的世界价格，在这一价格上，可以无限量地进口这一商品。假定国内该行业仅有一家厂商，其边际成本曲线为 MC。

如果没有贸易，该国内厂商的行为就会如普通的追求利润最大化的垄断厂商一样。对应于 D 的是边际收益曲线 MR，该厂商会选择使得利润最大化的产出水平 Q_M和价格水平 P_M。

但是，如果允许自由贸易，上述垄断行为就不再可行。若该厂商试图把价格定在 P_M或任何比 P_W高的价位上，就不会有人来购买它的产品，因为消费者可以买到更加便宜的进口商品。因此，国际贸易给垄断厂商的价格规定了一个上限 P_W。

面对这一价格限制，垄断厂商的最佳举动莫过于把产量选择在 Q_f，在这一点上，其边际成本等于世界价格。在价格 P_W，国内消费者对该产品的需求为 D_f单位，因此进口量为 D_f-Q_f。但是，这一结果与国内行业完全竞争时完全相同。所以，在自由贸易条件下，国内行业是垄断还是完全竞争，对结果没有任何影响。

说明：来自进口的竞争威胁迫使垄断厂商的行为像处于完全竞争的行业一样。

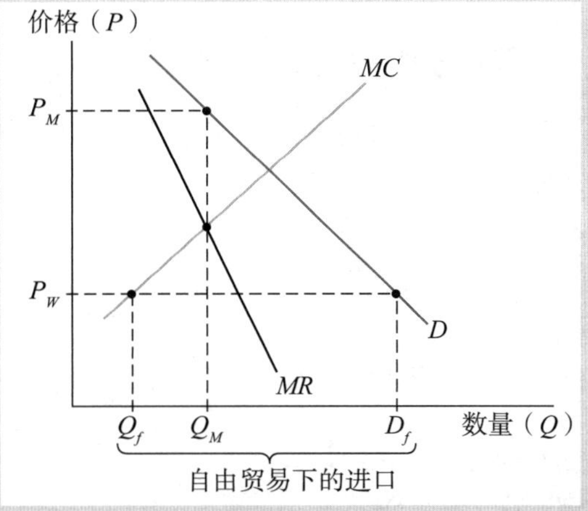

图 9A—1　自由贸易下的垄断厂商

征收关税后的模型

关税的影响是，提高了国内厂商能制定的最高价格。如果对进口商品征收的从量关税为 t，那么国内厂商就能将价格定为 P_W+t（见图 9A—2）。但是，该厂商仍然无法自由提价，因为只要它的定价超过了国际价格与关税 t 之和，消费者就会转而购买进口商品。所以，垄断厂商所能做的最佳举动就是让价格等于边际成本，产量为 Q_t。关税提高了国内行业的产出与价格，但是，由于需求会降至 D_t，进口量也因之减少。在这种情况下，国内垄断企业仍然必须像完全竞争企业一样从事生产。①

说明：征收关税使得垄断厂商得以提高其产品价格，但其定价仍受到来自进口威胁的限制。

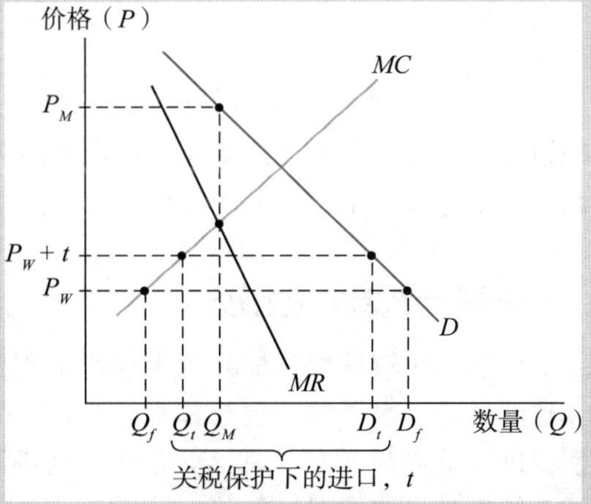

图 9A—2　关税保护下的垄断厂商

① 有一种情形下关税对垄断行业的影响与对完全竞争行业的影响不同。这种情形就是关税非常之高以至彻底杜绝了进口（禁止性关税）。对竞争行业而言，一旦进口没有了，关税的任何进一步提高就都没有意义了。但是，即使实际的进口为零，垄断厂商由于担心进口的威胁，它也不得不限制它的价格。因此，提高禁止性关税税率使得垄断厂商能够把价格提升到接近利润最大化的价格水平 P_M。

实行进口配额后的模型

假设政府对进口量实行限制，如限制在固定水平 $\overline{Q}$，那么垄断厂商知道，即使它的定价高于 P_W，它也不会失去所有的销售量；相反，它能以该价格售出本国需求减去允许的进口量之后的所有产品。因此，垄断厂商面对的需求就是国内需求减去允许的进口量之后的量。我们把实行配额后的需求曲线定义为 D_q，D_q平行于国内需求曲线 D 但向左平移了 $\overline{Q}$ 个单位（前提是配额固定，国内价格高于世界价格 P_W，见图 9A—3）。

说明：在进口配额情况下，垄断厂商能自由提价，并且知道国内进口商品的价格也会上升。

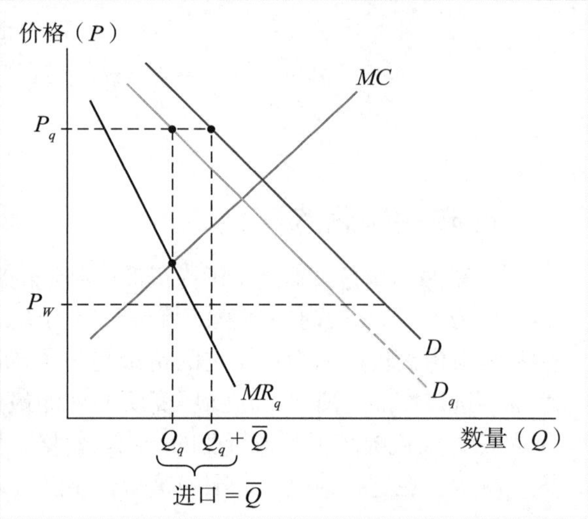

图 9A—3　进口配额保护下的垄断厂商

与 D_q对应的是一条新的边际收益曲线 MR_q。受到进口配额保护的厂商会使得边际成本等于新的边际收益，将产量定为 Q_q，价格定为 P_q，从而获取最大利润（允许进口 1 单位产品的许可证可以产生 P_q-P_W单位的“租”）。

关税与配额的比较

该怎样比较关税与配额的不同影响呢？为了做到这一点，我们比较一下会导致同样进口水平的关税与配额。在图 9A—4 中我们可以看到，关税水平 t 会使得进口量为 $\overline{Q}$ 单位。那么，如果政府不采用关税而直接把进口量限制在 $\overline{Q}$ 单位，结果又会如何呢？

从图 9A—4 可知，结果并不相同。关税会使得国内产出为 Q_t，价格为 P_W+t；配额则会使得国内产出水平 Q_q降低，而价格水平 P_q更高。当国内垄断行业受到关税保护时，它的行为只能如同完全竞争一样；但当国内垄断行业受到配额保护时，情形就完全不同了。

这一区别的原因就在于与关税相比，进口配额造成了更大的垄断。当国内垄断行业受到关税保护时，垄断企业明白，即使把价格抬高，最终仍会受到进口产品的竞争而不得不下降。但配额却能提供绝对保护：无论国内价格多高，进口量也不能超过配额水平。

说明：在同样的进口量下，与关税相比，配额会进一步降低本国产出并导致更高的价格水平。

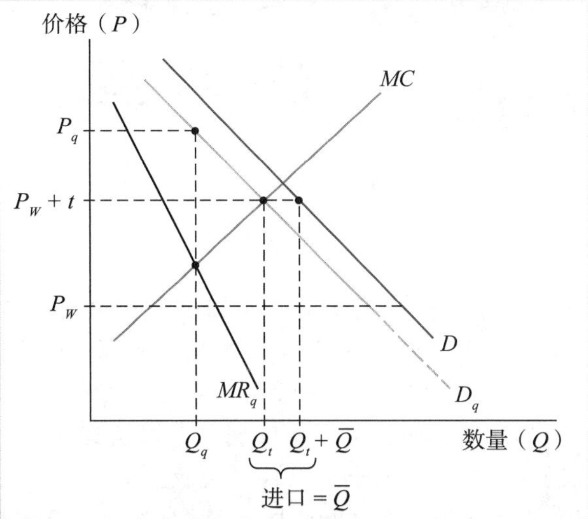

图 9A—4　关税与配额的比较

上述比较似乎说明，若政府担心国内垄断力量增强，就应该更喜欢运用关税而不是配额来作为贸易政策的工具。但事实上，保护已明显由关税向包括进口配额在内的非关税壁垒转移。要解释其中原因，我们还必须考虑政府的其他动机而不只是经济效率。

第10章 贸易政策中的政治经济学

2005年11月8日，美国政府和中国政府签署《谅解备忘录》。在美国的要求下，中国同意对出口到美国的服装和纺织品实行配额。比如，中国同意在2006年出口到美国的袜子不超过77 280万双。这项协议明显提高了袜子和其他商品在美国的价格。中国调整了对美国出口的政策，同时在美国的要求下，中国降低了制造品和农产品的关税。

根据第9章中的成本—收益分析，两国政府政策的成本显然大于收益，但它们仍这么做，充分说明政府政策中所体现的目标绝不能简单地用成本—收益尺度来衡量。

在本章中，我们将探讨政府为什么不会或者说为什么不把贸易政策建立在经济学家的成本—收益计算基础之上的几个原因。至于现实中推动贸易政策的力量，我们会在第11～12章中进行研究，其中我们还会分别讨论几个发展中国家和发达国家所面临的具有代表性的贸易政策问题。

理解现实贸易政策的第一步就是看一看政府为什么不干预贸易的几个原因。也就是说，政府为什么会支持自由贸易？只要回答了这个问题，政府干预贸易的原因就可以作为对自由贸易假设条件的挑战来研究。

学习目标

学完本章，你应该能够：

- 明晰对自由贸易的争论已经超出了传统的贸易所得。
- 评价反对自由贸易的国家福利依据。
- 叙述贸易政策的政治经济学中的理论和证据。
- 解释国际谈判和国际协议是怎样促进世界贸易的。
- 讨论由偏好贸易协议引起的特别问题。

支持自由贸易的观点

能真正做到自由贸易的经济体为数极少。中国香港可能是唯一没有关税及进口配额的现代经济地区。尽管如此，自从亚当·斯密时代以来，经济学家就一直倡导自由贸易，并把它作为贸易政策奋斗的目标。但是，倡导自由贸易的原因并不像这个思想本身一样简单。理论模型表明，自由贸易可以避免保护政策所带来的效率损失。但很多经济学家都认为，除消除生产扭曲与消费扭曲外，自由贸易还能产生额外收益。而且，即使在认为自由贸易并非绝对完美之策的经济学家之中，仍有许多人相信，在通常情况下，自由贸易政策比政府可能采取的其他任何政策都要好。

自由贸易和效率

支持自由贸易效率（efficiency case for free trade）的观点使用的也是分析关税的成本—收益方法，但方向正好相反。图 10—1 再次说明了无法影响外国出口价格的小国关税情形的基本要点：关税会给该国经济造成净损失（如图中两个三角形面积所示），损失来自关税扭曲了该国生产者与消费者行为的经济动因。但是，采用自由贸易政策就可以消除上述扭曲并增进整个社会福利。

说明：贸易限制如关税等会导致生产与消费的扭曲。

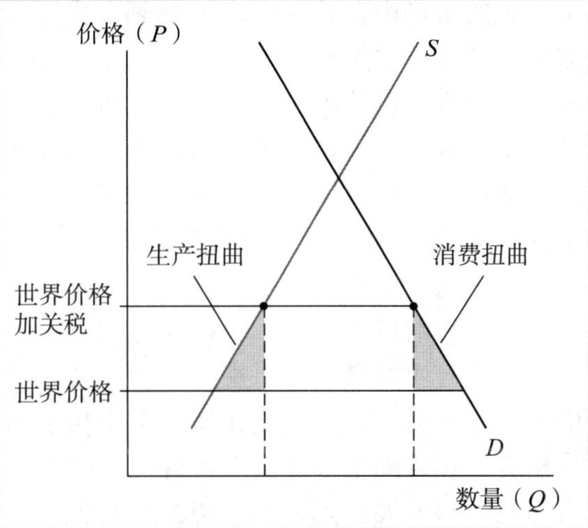

图 10—1　支持自由贸易效率

在现代世界中，关税税率一般较低，进口配额相对较少，其中的原因在本章后面会讲到。结果，有关对关税和进口配额导致的成本扭曲的估计趋向于比较适中。表 10—1 显示了对全球自由贸易所得的一个估计，用其占 GDP 的百分比来衡量。对于全世界来说，通过这些估计，保护成本占 GDP 的比例不到 1%。对于自由贸易的所得，像美国、欧洲这类发达经济体相对较少，而一些大的发展中国家的所得相对较多。

表 10—1 世界范围内自由贸易的收益（占 GDP 的百分比，%）

美国	0.57
欧盟	0.61
日本	0.85
发展中国家	1.40
世界	0.93

资料来源：William Cline，*Trade Policy and Global Poverty*（Washington，D. C.：Institute for International Economics，2004），p. 180.

自由贸易的额外收益①

经济学家普遍认为，像表 10—1 那样的估算虽然反映了一些国家从自由贸易中获得的巨额收益，但这种计算没有概括全部情况。许多经济学家认为，小国（尤其是发展中国家）从自由贸易中获得的一些重要收益在传统的成本—收益分析中没有被计算进去。

自由贸易的额外收益之一是规模经济，这是第 7 章和第 8 章中的理论。在被保护的市场中，不仅生产被分割，由于竞争的减少和利润的提高，会吸引太多的厂商进入被保护的行业。在一个狭小的国内市场中挤着众多的厂商，各厂商的生产规模自然不足。保护造成生产规模不足的一个很好的例子就是阿根廷的汽车工业。阿根廷由于限制汽车进口而导致缺乏规模效益。一个有效率的汽车组装厂一年应该生产 8 万～20 万辆汽车，但阿根廷汽车工业在 1964 年只生产了 16.6 万辆汽车，而汽车生产厂商却多达 13 家！有些经济学家认为，防止厂商过度进入，以至出现生产规模不足是实行自由贸易的理由之一，而这一点就超出了一般的成本—收益分析的范围。

支持自由贸易的另一观点认为，通过寻求新的出口途径和参与同进口产品的竞争，与管理贸易体制相比，自由贸易可以为企业家提供更多的学习和革新的机会。在管理贸易体制下，进出口模式大部分由政府支配。在第 11 章中我们会讨论一些发展中国家的经历：当它们将进口配额和关税贸易的体制转变为更加开放的贸易政策时，它们发现了许多出乎意料的出口机会。

第 8 章中讲述了一种从自由贸易中获利的形式，更有效率的企业从事出口，效率低的企业从事国内贸易。这意味着自由贸易使得资源流向更有效率的企业，从而使经济作为一个整体更有效率。

这些支持自由贸易的额外论据一般来说都是不能量化的，尽管一些经济学家在试图量化它们。一般而言，把规模经济和不完全竞争考虑在内会产生比表 10—1 中的贸易所得数据更大的数字。然而，贸易是否会产生这么大的利益并没有达成共识。如果自由贸易的额外收益果真有一些经济学家认为的那么多，

① 这里讨论的自由贸易的额外收益有时指的是“动态”收益，因为不断增加的竞争与创新显现效果比消除生产与消费扭曲可能需要花费更多的时间。

则关税、进口配额以及出口补贴等贸易政策所带来的扭曲成本也就会相应地比传统的成本—收益分析中所述的要大得多。

寻租

当进口由配额而不是关税限制时，成本有时会因为**寻租**（rent-seeking）过程而扩大。从第 9 章中我们可以看到，政府实行进口配额后就必须发放进口许可证，无论谁得到进口许可证都会增加经济的租。在某种情况下，个人和公司都要花费一些成本——事实上，这会浪费一些生产资源——去尽力得到进口许可证。

一个著名的例子就是 20 世纪 50 年代到 60 年代期间的印度。当时印度一些公司按照它们的生产能力有权购买进口许可，这样就刺激了过度投资。例如，一个钢铁厂可能会建造过多的炼铁高炉，原因很简单，它可以获得更多的进口许可证。用来建造过剩生产能力的资源表明保护成本已经超过图 10—1 所示的成本。

一个现在的、不同寻常的寻租例子就是美国罐装金枪鱼的进口。金枪鱼受到“关税税率配额”的保护：一小部分金枪鱼（占美国消费量的 4.8%）被允许以更低的关税税率 6%进口，但是任何超过这个水平的进口都要征收 12.5%的关税。由于某种原因，美国没有进口许可证，所以每年以低关税税率进口金枪鱼的权利就变成“谁先进口，谁得利”。这样就变成了一场尽快把金枪鱼运到美国的比赛。国际贸易委员会描述的寻租过程如下：

> 进口商可以在 12 月末把大量灌装金枪鱼贮藏在保税仓库，在新年开始的时候，他们把库存金枪鱼全部卖出，这样进口商就可以获得最大份额的关税税率配额。

进口商在 12 月份贮藏大量金枪鱼所花费的成本表明经济损失要大大超过正常保护的成本。

支持自由贸易的政治依据

支持自由贸易的政治依据（political argument for free trade）反映了如下事实：尽管理论上可能还有比自由贸易更好的政策，但在现实中，从政治上认可和支持自由贸易的原则也许更重要。经济学家认为，现实中的贸易政策经常会由具有特殊利益关系的集团所左右，而不考虑国家的成本与收益。虽然经济学家有时候可以从理论上证明某些选择性的关税和出口补贴政策能够增进整体社会福利，但在现实中，任何一个政府机构在试图制定一套干预贸易的详细计划时都有可能被利益集团所控制，从而成为在有政治影响的部门中进行收入再分配的工具。如果上述观点正确，那么毫无例外地倡导自由贸易无疑是最好的选择，即使从纯粹的经济角度来讲，自由贸易可能并非总是最具说服力的政策。

我们曾经论述过的三个论据可能代表了大部分国际经济学家的一般观点，至少在美国是如此。

(1) 用传统方法来衡量，限制自由贸易的代价很大。

(2) 从自由贸易中可以获得额外的收益。这些收益也应包括在保护政策的成本中。

(3) 任何实行非自由贸易政策的尝试，不管其最初动机如何，也不管政策设计得如何周全，最终都会被政治决策过程所扭曲。

然而，世界上毕竟还存在许多为非自由贸易政策辩护的论据，而且这些论据都相当值得一听。

∵案例分析　从“1992”中获得的收益

1987 年，欧共体（现为欧盟）各成员国正式批准了《单一欧洲法案》(Single European Act)。该法案的目的在于建立一个真正一体化的欧洲市场。因为该法案预计在五年内生效，所以法案中的各项措施被统称为“1992”。

“1992”的与众不同之处在于欧共体已经是一个关税同盟，在欧共体内部的贸易已没有关税和进口配额的限制。那么，还有什么有待进一步自由化呢？“1992”的倡导者认为，在欧洲内部进行的国际贸易仍需要克服大量障碍，其中一些涉及穿越边境的成本。例如，在法国和德国之间运送货物的卡车必须在两国边境停下来办理过境的法律手续，而一旦停下来就经常意味着费时又费油的长时间等待。对商务旅行者来说，也存在着类似的成本。他们可能花一个小时从伦敦飞往巴黎，然后再花一个小时办理海关及入境手续。另外，法规上的差异也限制了一体化市场的形成。例如，由于欧洲各国的食品卫生法各不相同，因此人们不能简单地将卡车塞满英国食品然后就运往法国，反过来也不行。

消除这些贸易中存在的微妙障碍将是一个艰难的政治过程。假设存在如下问题：法国打算允许来自德国的货物免检入境，但德国的工业品可能不符合法国的安全标准；食品可能不符合法国的食品卫生标准；药品也没有得到法国医生的认证。怎样才能防止法国人民受到这些不符合法国标准的商品的侵害呢？唯一能够让各国都开放边境的办法就是各国都同意采用共同的标准，从而使得符合法国标准的产品也同样满足德国的要求，反之亦然。因此，“1992”谈判的主要任务就是，在数百个领域中制定统一标准。由于各国之间存在文化差异，以致谈判进行得非常艰难激烈。

有关食品的例子最富感情色彩。所有发达国家都会制定法规，对诸如人造色素这类东西加以限制，以确保消费者不至无知地食用一些致癌物质或其他有害物质。但最初提议的有关人造色素的法规却无疑会破坏多种英国传统食品的外观：粉肠（一种早餐香肠）将变成白色的；金黄色的腌鱼将变成灰色的；豌豆泥也将成为土褐色的而不再是以前可人的绿色。欧洲大陆的消费者对此倒不大在乎。事实上，他们的确也不理解英国人为什么爱吃这些东西。但在英国，问题可没这么简单，它牵扯到担心国家特性是否会因此而丧失。所以，要求在制定法规时放松这些限制成为英国政府优先考虑的大事。英国成功地获得了一些必要的豁免。但是另一方面，德国被迫接受进口啤酒，而这些啤酒根本就不符合其长达几个世纪之久的纯度要求；意大利也不得不接受进口的意大利面条，而这些意大利面条竟用错了小麦——真可怕！

但是，为什么要参加所有这些艰难的谈判呢？"1992"到底能带来哪些潜在收益呢？对直接收益的估计结果总是显得相当有限。穿越边境的成本占被运送商品价值的百分比本来就很低，省略这些成本也最多不过会使得整个欧洲的实际收入增加不到 1%。然而，欧盟委员会（欧共体的行政机构）的经济学家们却认为实际收益要大得多。

他们的依据极大程度地依赖于这样一个观点：欧洲市场的一体化将使公司间的竞争更加激烈并形成更为有效的生产规模。这一结论大部分来自与美国的比较。美国与欧洲的购买力和人口基本相同，但美国国内没有边界，是一个完全统一的市场。欧盟委员会的经济学家指出，很多欧洲工业面对的是被分割的市场：公司不是把整个欧洲大陆视为一个大市场，而是将它分割为许多地区市场，仅仅由规模相当小的本国生产者为其提供产品和服务。他们认为，只有消除这些障碍，上述生产者才能联合起来，从而大大提高生产效率。这些推定的收益把从"1992"中获取的预期收益提高到了欧洲整体收入的百分之几。欧盟委员会的经济学家进一步认为，还存在其他间接收益，因为欧洲经济效率的提高将改善通货膨胀与失业之间的平衡。通过一系列计算，欧盟委员会最终估算出从"1992"中的获益为欧洲国民收入的 7%。①

虽然在这场讨论中没人相信 7%是个特别可信的数字，然而许多经济学家仍相信欧盟委员会的估测，认为收益会很大。但是，也有持怀疑态度的人，他们认为，市场分割的原因更多的是文化差异而非贸易政策。例如，意大利的消费者与德国的消费者对洗衣机的要求就大相径庭。原因在于意大利人喜欢买件数不多但新潮和昂贵的衣服，当然他们也就喜欢用低速柔和的洗衣机来保护他们在衣服上的投资。

"1992"已经过去许多年了，无论支持者还是怀疑者都有一定的道理。一方面，一些工业出现了令人瞩目的兼并，如胡佛（Hoover）公司关闭了其在法国的吸尘器工厂，而将所有的生产集中在一个高效率的英国工厂；一些旧的市场分割也趋于解体，有时甚至以一种令人惊讶的方式解体，如英式切片面包居然会在法国流行起来。但另一方面，一些市场没有任何合并的迹象：德国人仍然对进口啤酒没有兴趣；意大利也没人理会用低筋面粉制成的面条。

从"1992"中到底获得多少利益？欧盟委员会提出一个比"1992"之前更适度的估算，大约为国内生产总值的 1.8%。如果这个数字准确，这意味着令人失望，但并不是一个失败。

---

① 参见 Michael Emerson，Michel Aujean，Michel Catinat，Philippe Goubet，and Alexis Jacquemin，"The Economics of 1992，" *European Economy* 35（March 1988）。

反对自由贸易的社会福利依据

大部分关税、进口配额以及其他贸易政策措施的实施主要是为了保护某些特殊利益集团的收入。但是，政治家总是宣称采取这些措施是为了国家的整体利益，且有时候他们所说的也的确是事实。虽然经济学家一般都认为自由贸易会减少社会福利，但事实上一些理论依据也表明，积极的贸易政策有时也可以增进国家的整体福利。

赞成关税的贸易条件改善论

支持非自由贸易政策的论据之一就直接来自成本—收益分析：对一个能够影响出口国价格的大国而言，关税可以降低进口产品的价格从而使贸易条件得到改善。但这一收益必须抵补剔除关税带来的成本，因为它扭曲了生产与消费的动因。但是，在某些情形下，贸易条件改善的收益可能会超过其成本。这就是**赞成关税的贸易条件改善论**（terms of trade argument for a tariff）。

本章的附录将证明，在一个足够低的关税税率下，贸易条件改善的收益会超过其成本。因此，大国实行低关税税率政策的社会福利比实行自由贸易政策时要大（见图 10—2），但是，随着关税税率的上升，其成本的增长速度会比利益的增长速度更快，以至社会福利水平相对于关税税率的曲线会转头朝下。关税税率达到一定水平时（图 10—2 中的 t_p）会完全排除贸易，从而会使得社会福利恶化到不如自由贸易的水平；但关税税率在超过 t_p后的进一步提高对社会福利不会再产生什么影响，因此曲线是平直的。

说明：对大国而言，存在着一个最优关税 t_o，在这一点上，从贸易条件改善中获取的边际收益正好等于生产与消费扭曲所带来的边际效率损失。

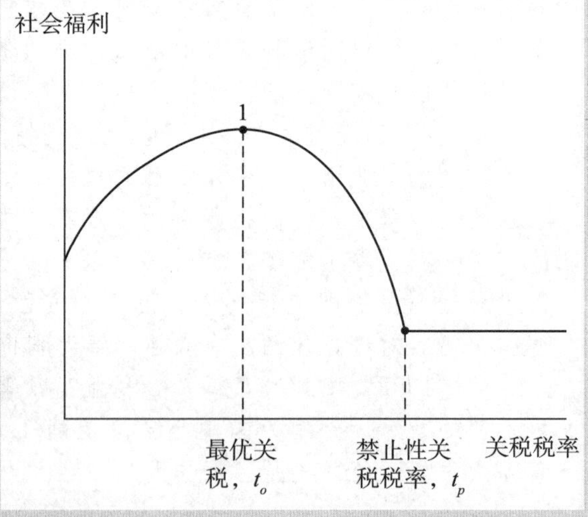

图 10—2 最优关税

如图 10—2 所示，在曲线上对应于关税税率 t_o的点 1，社会福利达到最大，这一使社会福利最大的关税税率 t_o就是最优关税税率。（根据传统意义，最优关税税率通常都是指贸易条件改善论中认为的最优关税税率，而非把所有因素都考虑在内的最优关税税率。）最优关税税率总为正值，但小于使人们不再进口的禁止性关税税率 t_p。

对出口部门应该制定什么样的政策呢？贸易条件改善论认为，由于出口补贴会使贸易条件恶化，社会福利明显减少，因此对出口部门的最优政策必然是实行负补贴，即通过对出口产品征税来提高其出口价格。与最优关税税率一样，最优出口税税率也总为正值，但小于使人们不愿再出口的禁止性出口税税率。

沙特阿拉伯和其他石油出口国历来的政策就是对其石油出口征税，从而提高石油的国际价格。虽然近年来油价有所起伏，但很难说实行自由贸易会使沙特阿拉伯的福利得到更大改善。

但是，贸易条件改善论存在重大的局限性。由于大部分小国无论是对进口还是出口产品的价格影响能力都是微小的，因此，贸易条件改善论缺乏现实意义。对像美国这样的大国来说，该理论实际上等于让美国使用国际垄断力量以牺牲别国的利益为代价而获得收益。在某种程度上，美国的确可以做到这一点，这种掠夺性政策很可能会招致其他大国的报复。循环的贸易报复必然会破坏本章稍后要讲的国际贸易政策的合作。

综上所述，反对自由贸易的贸易条件改善论在理论上虽然无懈可击，但在现实中的实用性却令人怀疑。在实践中，经济学家更强调将它作为一种理论主张——并不认为它是政府应当使用的合理的贸易政策。

反对自由贸易的国内市场失灵论

暂且不考虑贸易条件的问题，自由贸易的基本理论是建立在运用消费者剩余与生产者剩余这两个概念的成本—收益分析的基础之上的。许多经济学家提出了一个反对自由贸易的理论，该理论就建立在对上述两个概念的驳斥之上，尤其是对生产者剩余，认为它没有正确衡量成本与收益。

为什么生产者剩余可能没有正确衡量生产某种产品的收益呢？在后面两章中我们将讨论多种原因：某一部门中使用的劳动力在其他情况下可能失业或半失业；资本市场或劳动力市场存在缺陷使得资源并不能向高回报部门迅速转移；新兴的或不断革新的行业可能出现技术外溢。这些原因均可归为一类：**国内市场失灵**（domestic market failure）。也就是说，上述每一个例子都是国内市场没有发挥应有功能的缘故——劳动力市场没有出清、资本市场没有有效地分配资源，等等。

例如，假定在生产某种产品中积累的经验可以提高整个社会的技术水平，但是该部门中的厂商并不能获取这一收益，因此厂商在决定产量的时候也就不会把它考虑在内。也就是说，增加该产品的生产可能会产生**边际社会收益**（marginal social benefit），而用生产者剩余的衡量方法却不能反映这一额外收益。获取这一边际社会收益可以作为关税及其他贸易政策合理性的依据。

图 10—3 阐释了反对自由贸易的国内市场失灵论；图 10—3（a）是对小国关税情形的传统成本—收益分析（没有考虑贸易条件的效益）；图 10—3（b）显示的是不包括生产者剩余中的边际社会收益。该图表明，关税会使国内市场价格由 P_W 升至 P_W+t，产量从 S^1 上升到 S^2，并出现生产扭曲损失，我们用面积 a 表示；消费则会从 D^1 下滑至 D^2，导致相当于面积 b 的消费扭曲损失。如果只考虑生产者剩余与消费者剩余，我们会发现关税带来的成本超过了收益。但是，如图 10—3（b）所示，上述计算忽略了选择关税而非自由贸易所带来的额外收益。产量的增加会产生出一个如边际社会收益曲线下方从 S^1 至 S^2 面积大小的社会收益，我们用 c 表示该面积。事实上，通过一个与贸易条件情形相似的论证，我们可以证明，只要关税税率低到一定程度，面积 c 总会超过面积 $a+b$，而且存在一个使得社会福利最大的关税税率，它会使得社会福利总水平超过自由贸易时的水平。

说明：如果某种产品的生产能产生除生产者剩余［图（a）中的面积 b］以外的额外社会利益［图（b）中的面积 c］，那么征收关税就能使社会福利得到改善。

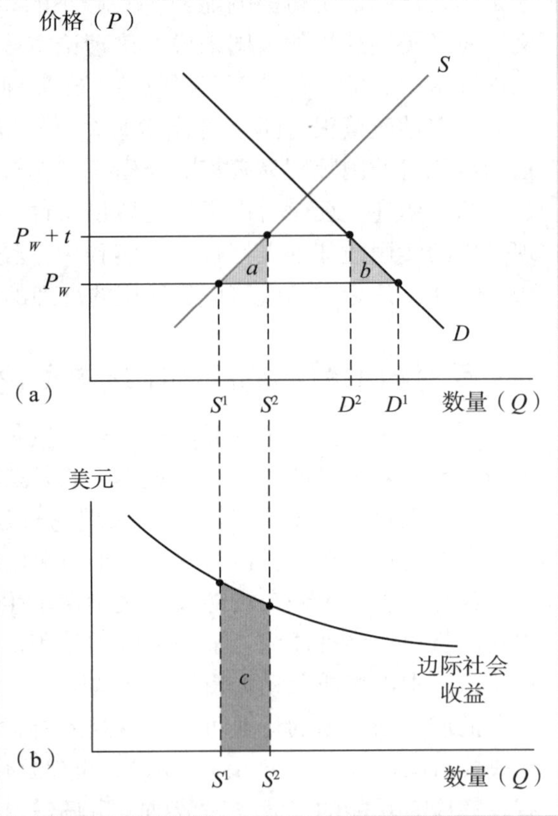

图 10—3 支持征收关税的国内市场失灵论

国内市场失灵论实质上是经济学中所说的**次优理论**（theory of the second best）的特例。该理论认为，在任何一个市场上，只有所有其他市场都能正常发挥作用时，实施自由放任才是最理想的政策；如果不是这种情况，政府干预造成的某一市场激励机制的扭曲就有可能可以通过抵消其他市场失灵的结果而增加社会福利。比如，如果劳动力市场功能失常而无法实现充分就业，那么对劳动密集型产业进行补贴的政策也许可以促进就业。这种政策在充分就业的情况下不可采纳，但在劳动力市场失灵时可能就不失为一个好主意。当然，通过诸如弹性工资等，可以更好地调节劳动力市场，但如果由于某些原因无法做到这一点，那么对其他市场进行干预可能是解决该问题的次优方法。

当经济学家把次优理论运用到贸易政策中时，他们认为，经济内部功能的不完全可能会使得干预其外部经济关系的行为趋于合理。该理论承认国际贸易不是这个问题的来源，但仍然暗示贸易政策可以部分地解决这一问题。

市场失灵论有多大说服力？

市场失灵论刚被提出时，它赞成保护的思想似乎在很大程度上削弱了自由贸易的理论基础。毕竟，有谁会认为我们生活中的现实市场经济能够避免市场失灵呢？尤其是在比较贫困的国家，市场发育不完善的情形非常之多。例如，失业和城乡工资水平的巨大差异在许多发展中国家都很普遍（见第 11 章）。在发达国家，市场机制不完善的证据虽然不那么明显，但通过理论分析说明发达经济中也存在重大的市场失灵是很容易的。例如，富有创造性的厂商无法充分收获其创新的回报。面对这些对贸易进行干预可以增进社会福利的可能性，我们该如何捍卫自由贸易呢？

有两个观点可以为自由贸易辩护：第一个观点认为，国内市场的失灵，应由直接针对问题根源的国内政策来修正；第二个观点认为，经济学家无法对市场失灵进行充分的诊断并开出对症的药方。

认为国内市场失灵需要的是国内政策的调整而非国际贸易政策的观点，可以从修正后的包括边际社会收益的成本—收益分析中推出。图 10—3 说明，尽管关税会引起生产扭曲和消费扭曲，但它仍有可能增进社会福利，因为关税导致的追加产量能产生社会收益。但是，如果同样的追加产量是通过生产补贴的手段而非通过关税取得的，那么消费者面临的价格上升及消费扭曲损失 b 均可避免。换句话说，通过把目标直接针对我们希望鼓励的行为，生产补贴就可以避免由关税带来的一些附带损失。

上述例子阐明了处理国内市场失灵过程中的一个普通原则：应尽可能直接地处理国内市场失灵，因为间接的政策无意中会导致对社会其他部分行为的扭曲。因此，使用贸易政策来处理国内市场失灵永远都不是最有效的对策，它们只是次优而非最优的。

这一观点对贸易政策制定者来说可谓意义重大：针对同样的问题，任何贸易政策都应该与具有同样调整作用的纯粹国内政策相比较。如果国内政策成本高昂或者会产生不良的副作用，那么贸易政策也就几乎毫无疑问地更加不可取——即使其成本不那么明显。

例如，在美国，对汽车进口实行配额的主张，是建立在认为它可以保护汽车工人就业机会的基础上的。主张实行进口配额的人认为，美国汽车工人的劳动力市场太缺乏灵活性，以至为了维持就业只能削减工资或到其他部门寻找机会。现在，让我们针对这一问题考虑使用一个纯粹的国内政策：对雇用汽车工人的厂商进行补贴。但这一政策必然会遭到强烈的反对。首先，不进行保护而维持同样的就业水平需要大量的补贴支出，它必然导致联邦政府的财政赤字增加或者税收的上升。其次，在所有的制造业部门中，汽车工人的工资水平属于最高一类：一般的社会公众肯定会反对对他们进行补贴，而且很难相信国会会通过给汽车工人提供就业补贴的法案。然而，进口配额政策的代价更加高昂：两者提供的就业机会一样多，但配额还会扭曲消费者的选择。二者唯一的差别在于，配额的成本表现为提高汽车价格而非政府直接支出的形式，从而不那么明显罢了。

对用国内市场失灵论为保护政策辩护持批评态度的人士认为，大部分非自由贸易政策之所以得到采纳并非因为其收益超过了成本，而是因为社会公众没有理解其真正成本。因此，把贸易政策的成本与可替代的国内政策的成本进行比较，有助于人们了解这些成本究竟有多大。

捍卫自由贸易的第二个观点认为，国内市场失灵很难精确界定，因此也很难制定出合适的相应政策。例如，假定某一发展中国家的城市存在失业，那么适宜的政策是什么呢？一种理论假设（第 11 章中将更加详尽地阐述）认为，通过关税保护城市的工业部门可以使失业工人重新走上工作岗位，因此而产生的社会收益足以补偿成本。但另一种理论假设认为，上述政策会刺激人口向城市大量流动，从而在事实上造成更多的失业。所以很难说哪一种理论假设是正确的。经济学理论对完善的市场谈得很多，但对功能不完善的市场却很少给予指导。市场无法正常发挥作用的情形很多，而次优政策的选择取决于市场失灵的具体情况。

确定合适的次优贸易政策的困难进一步强化了先前提到的支持自由贸易的政治依据。如果贸易政策专家都无法确定应该选择什么样的非自由贸易政策，那么贸易政策就太容易为一些特殊的利益集团所左右而忽视社会整体福利了。如果市场失灵还没有坏到不可收拾的地步，那么与打开各种不确定政策的“潘多拉魔盒”相比，承诺自由贸易可能最终还是更好的选择。

但是，这只是对政治的而非对经济学的判断。我们应该认识到，经济学理论并不像人们经常指责的那样在为自由贸易提供任何教条式的辩护。

收入分配与贸易政策

迄今为止，我们的讨论一直集中于支持和反对关税政策的社会福利方面，以它作为本章的开篇还是合适的，这既是因为社会福利与特殊利益集团之间的区别有助于我们理解这一问题，也是因为贸易政策的倡导者总是宣称他们的政策会使整个社会受益。但是，在分析贸易政策的现实政治意义的时候，就有必要正视这样的现实：实际上并不存在这种社会福利。在现实中，有的只是个人的利欲，且这些个人利欲或多或少地反映在政府的目标中。

那么，众多个人的偏好和意见是怎样被综合统一而形成我们所看到的贸易政策的呢？虽然并不存在一个普遍接受的答案，但一项不断发展的经济分析正在尝试着建立模型。在这些模型中，政府目标被假设为追求最大的政治成功，而非抽象衡量的社会福利。

选举竞争

长期以来，政治学家一直使用一种简单的政党间竞争模型来说明选民的偏好有可能在现实政策中得到反映。① 该模型是这样的：假定有两个相互竞争的党派，且都愿意承诺能使其在竞选中获胜的任何条件；再假定政策能用单一的变量，比如说关税税率水平加以表述；最后再假定选民的政策偏好不同。例如，假设一国出口技术密集型产品，进口劳动密集型产品，那么具有高技术水平的选民就会赞成低关税税率，而具有低技术水平的选民则希望国家实行高关税政策（原因在于第 5 章中讨论过的斯托尔帕-萨缪尔森效应）。因此，根据选民对关税税率高低的不同偏好，我们可以将所有选民排成一条直线，其中赞成最低关税税率的选民在左边，赞成最高关税税率的选民在右边。

接下来，两个党派会承诺什么样的政策呢？答案是，它们将尽力找出中间地带，尤其是两党都会把目光集中到**中点选民**（median voter）（所谓中点选民，就是恰好位于直线中间的选民）所赞成的关税税率。要想知道个中原因，不妨参见图 10—4。在图 10—4 中，选民被依照其偏好的关税税率的高低排成一条直线，且这条直线被假想为是向上倾斜的；t_M是中点选民所偏好的关税税率。现在假定某一个政党提出的关税税率为 t_A，其中 t_A远远高于中点选民所偏好的关税税率。那么另一个党派就可能提出一个稍微低一点的关税税率 t_B。很明显，它的提案将得到几乎所有希望实行较低关税税率的选民即大多数选民的支持。换言之，从政党的利益出发，各党派总是会对任何高于中点选民所偏好的关税税率进行削减。

说明：选民被依照其偏好的关税税率的高低排成一条直线。如果一个党派提出高关税税率 t_A，那么另一个党派就可能通过提出一个较低的关税税率 t_B 而赢得大部分选票。政治竞争迫使两个党派都会提出接近于 t_M的关税税率，其中 t_M是中点选民所偏好的关税。

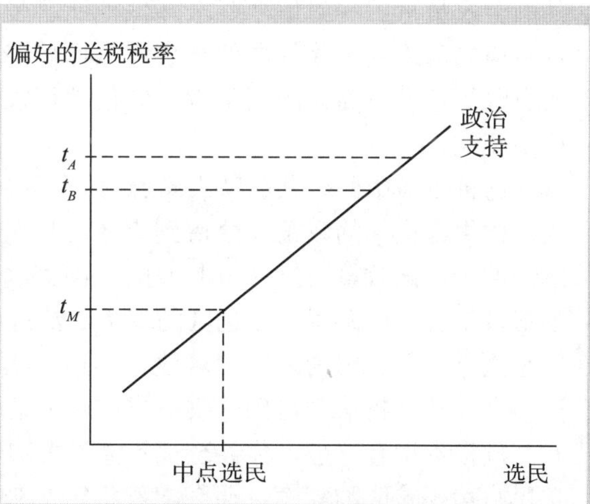

图 10—4　政治竞争

① 参见 Anthony Downs, *An Economic Theory of Democracy* (Washington, D. C.: Brookings Institution, 1957)。

类似的推理表明，如果对手提出的关税税率低于中点选民的意愿关税税率，那么自利的政治家就会提出更高的关税税率。因此，最终两党提出的关税税率都将接近于中点选民所偏好的关税税率。

政治学家曾运用多种方法对这个简单的模型进行修改。例如，有些分析家十分强调那些党内积极分子在争取选票中的作用。如该模型所示，由于这些积极分子经常是理想主义者，所以为了赢得他们的支持，政党不会过分中庸或采用毫无特色的政策。但无论如何，有关选举竞争的中点选民模型一直是研究现实生活中政治决策的有用方法。在现实生活中，政策对收入分配的影响比其对社会效率的影响重要得多。

但是，在有关贸易政策的制定中，中点选民模型似乎难以胜任。事实上，这一模型会作出几乎完全错误的预测。依据该模型，政策的选择应建立在有多少选民赞成的基础之上：一种使极少数人蒙受巨大损失而让大多数人受益的政策应该是政治上的成功；一种使多数人遭受损失而有利于少数群体的政策应该是政治上的失败。但实际上，贸易保护政策更符合后面的描述。例如美国的奶制品行业被精心制作的关税和配额系统保护而免予竞争。这些限制为每一个美国家庭带来了损失，而且，给仅为美国提供 0.1%就业的奶制品行业带来的收益也极其小。这种事情在政治上怎么可能发生呢?

集体行动

在一本名著中，经济学家曼瑟尔·奥尔森（Mancur Olson）指出，代表团体利益的政治行为是一种利众的行为，也就是说，这种行为将有利于团体中所有的成员，而不仅仅有利于实施这一行为的个人。① 假设某个消费者给所在选区的国会议员写了一封信，要求降低他所喜爱的某种进口商品的关税税率，而且这封信的确改变了该议员的初衷，从而使降低关税税率的提案得以通过。那么所有购买该进口商品的消费者，即使他们没有劳神写信，也可以从降低了的价格中获益。

这种政治中的公共品特点意味着，那些虽然在总体上损失巨大但是任何个人的损失都很小的政策不会遭到有效的反对。不妨再分析一下美国食糖进口配额的例子。该政策会给一个典型的美国家庭每年增加约 3 美元的成本，单个的消费者是否应该游说自己选区的议员取消这一配额呢? 从个人利益的角度出发，完全没有必要。因为一封信对政策的边际影响可谓是微乎其微，即使不考虑邮资，个人从这封信中得到的收益或许还不足以支付信纸的钱。(事实上，如果你对配额根本没有兴趣，你甚至都不值得去知道配额的存在。) 但如果有上百万的选民写信要求取消配额，那么配额肯定会被废止，因此给消费者带来的收益将远远超过发信的成本。用奥尔森的话说就是存在**集体行动**（collective action）的困难：当施加压力以谋求某种政策的行为有利于集团的整体利益时，那么从

---

① Mancur Olson，*The Logic of Collective Action*（Cambridge：Harvard University Press，1965）.

个人利益出发，谁都不愿去做。

集体行动难题最容易在规模较小的群体中（因而群体中的每个人都能从有利的政策中获取一份较大的收益）或在组织良好的集团中（因而组织中的成员能够被动员去维护组织的利益）解决。美国之所以能制定食糖进口配额，其原因就在于食糖的生产者形成了一个相当小但组织良好的团体，而且每个成员非常清楚可以获得的隐含补贴的大小。然而广大的食糖消费者甚至并不认为自己是一个共同的利益集团。因此，集体行动的困难解释了为什么有些政策得不偿失——而且受损害的选民也远超过受益的选民——却仍旧被采纳。

专栏　待售的政客：20 世纪 90 年代的证据

正如我们在正文中所述，如果假定政府是真心使国家利益最大化，将很难解释实际的贸易政策。另一方面，如果假定特殊利益集团能够通过金钱对政府施加影响，真实的贸易政策则能够说得通。但是，有没有直接的证据证明政客的确可以被收买呢？

20 世纪 90 年代美国国会针对一些重要的贸易问题进行了投票——这些投票情况可以帮助我们进行测试。美国竞选融资法律要求政客公开竞选资金的数量和来源——这一公开信息使得经济学家和政治学家能够找出捐资和实际投票之间的关系。

1998 年罗伯特·鲍德温和克里斯托弗·马吉[①]（Robert Baldwin and Christopher Magee）所进行的研究，主要研究了两次关键性的投票：1993 年对《北美自由贸易协定》（NAFTA）的投票；1994 年批准关贸总协定（GATT）最新协议的投票。两次投票都经历了艰难的辩论过程，辩论的双方主要是商界和工会——商界非常赞成，工会则强烈反对。在这两次投票中商界所支持的自由贸易立场都获得了胜利。在针对 NAFTA 的投票中，直到最后一分钟结果才明朗化，支持自由贸易的一方在众议院多得了 34 票——优势并不是很大。

鲍德温和马吉估计了一个国会投票的计量模型，对议员所处选区经济特征等因素进行控制，模型包括了商界和工会对国会议员的竞选资助变量。他们发现，竞选资助的确会对投票行为产生很大的影响。衡量这一影响的一个办法就是，考虑一系列“反事实”：如果没有商界的竞选资助，或者没有工会的竞选资助，或者没有任何资助，整个投票结果会有什么样的变化？

下表总结了这些结果。第一行反映了有多少位议员投票赞成每项议案；记住，要通过一项议案至少需要 214 票。第二行是按照鲍德温和马吉的方程所预测的票数，他们的模型对 NAFTA 投票的预测很正确；对 GATT 投票的预测比实际情况稍微多了几票。第三行是如果没有工会竞选资助，根据这个模型所测算的各个议案会得到的票数。第四行显示的是在没有商界竞选资助的情况下，将有多少赞成票。第五行说明的是，如果商界和工会都没有进行竞选资助，将有多少票赞成议案。

如果这些估计正确，那么竞选资助对投票总数会产生很大的影响。在 NAFTA 的案

① Robert E. Baldwin and Christopher S. Magee, “Is Trade Policy for Sale? Congressional Voting on Recent Trade Bills,” Working Paper 6376, National Bureau of Economic Research, January 1998.

例中，工会的竞选资助会导致本来会投票支持这项议案的议员中有62%的议员转向投反对票；商界资助会导致34%的议员改变立场。根据这一估计，如果没有商界竞选资助，NAFTA只能得到195票——因此将无法获得通过。

另一方面，在双方都进行竞选资助的情况下，它们的影响可能会相互抵消。鲍德温和马吉的估计表明：如果工会和商界都停止竞选资助，NAFTA和GATT也都会获得通过。如果认为关键结论是在这两个特殊案例中双方所付出的竞选资助没能改变最后的结果，则很有可能是错误的。真正重要的结论是，政客的确是可以被收买的——这也就意味着强调特殊利益集团的贸易政策理论在方向上是正确的。

	对NAFTA的投票	对GATT的投票
实际投票数	229	283
模型预测的投票数	229	290
没有工会竞选资助	291	346
没有商界竞选资助	195	257
没有任何竞选资助	256	323

政治决策过程模型

虽然经济学家一直引用集体行动的理论来解释那些不合情理的贸易政策，但是，对于有组织的利益集团究竟是用什么方式来影响政策的，他们仍旧不太清楚。越来越多的分析研究试图运用简化的政治决策过程模型来弥补这个不足。[①]

这些分析基于一个明显的出发点：虽然政治家赢得选举的部分原因是他们提出了受欢迎的政策，但是，任何成功的竞选还需要大量的资金来进行广告宣传、民意调查和其他活动。因此，如果某个给政治家提供了大量竞选经费的团体要求该政治家采取某种立场，即使该立场违背了大多数选民的利益，他也得照办。因为与提出不受欢迎的政策而失去的选票相比，用这些竞选经费所赢得的选票也许更多。

最近，一些研究贸易政策政治经济学的模型将现实假想成了一场拍卖会：利益集团会根据政府可能采取的政策来提供政治捐款"购买"政策。政治家当然不会不顾社会的整体福利，但是他们会愿意牺牲一部分选民的福利来换取大笔的竞选基金。结果是，组织良好的团体——或是能够克服集体行动困难的团体——将得到有利于它们但牺牲整个社会公众的利益的政策。

① 参见 Gene Grossman and Elhanan Helpman, "Protection for Sale," *American Economic Review* 89 (September 1994), pp. 833 - 850。

谁得到了保护?

作为一个实际的问题，我们需要了解一下，究竟哪些行业在与进口商品的竞争中得到了保护。许多发展中国家的传统做法是，运用所谓的进口替代工业化政策对本国的制造业提供广泛的保护。我们将在第 11 章中讨论这一政策以及该政策在近几年不再流行的原因。发达国家的保护范围要狭窄得多；事实上，大部分保护集中在两个部门：农业和服装业。

农业 发达国家并没有多少农业人口——在美国，在 1.3 亿劳动力中，农业工人只有 200 万。但农民通常都是一个组织良好且具有强大政治影响力的群体，他们一直能够从政府那里得到相当高的有效保护。我们曾在第 9 章中讨论过欧洲的共同农业政策；这一项目的出口补贴使得大量的欧洲农产品价格达到了世界市场的 2～3 倍。日本政府有传统的大米进口禁令，该禁令使得日本国内的大宗食品价格超过国际市场的 5 倍。由于 20 世纪 90 年代中期的歉收，日本政府才稍微放松了禁令，但到 1998 年底，尽管遭到包括美国在内的其他国家的抗议，日本还是决定对大米进口征收 1 000%的关税。

美国基本上是一个粮食出口国，因此关税或进口配额并不能抬高市场价格(食糖除外)。虽然农民一直受到联邦政府的补贴，但是由于政府不愿意直接支付现金补贴（又不能以隐含成本的方式转嫁给消费者)，因此补贴的规模一直有限。也正是由于政府不愿意直接支付补贴，所以美国的保护政策主要集中在另一个部门：服装业。

服装业 服装业由两部分组成：纺织品（纺纱和织布）和服装（把布加工成服装)。这两个行业，尤其是服装加工业，一直受到政府的关税和进口配额的有力保护。到 2005 年为止，它们仍在《多边纤维协定》（大多数国家的进出口配额都是根据该协定制定的）的管辖之下。

服装加工业具有两个显著特征。首先，它是一个劳动密集型行业：一个工人只需要很少的资本投入，有时甚至一台缝纫机就可工作，也不需要接受广博的正规教育。其次，服装加工业要求的技术非常简单：技术能轻易转移到任何贫穷的国家。因此，服装加工业在低工资国家中具有明显的比较优势，而在高工资国家中则处于明显的比较劣势。但是，在发达国家，服装加工业具有组织性强的传统：例如，很多美国服装加工业的工人就属于国际妇女时装工会（International Ladies' Garment Worker's Union)。

贸易谈判的作用在本章后半部分谈论。1994 年签署的“乌拉圭回合”贸易谈判协定中的一个重要条款规定——《多边纤维协定》要在 2004 年底废止。虽然 2005 年中国被要求重新实施进口配额，但这些配额按计划逐年废除。到 2011 年，服装贸易不再有任何限制。

表 10—2 显示了服装业在当今美国贸易保护中的重要地位。取消对服装业的限制产生了很大差别。2002 年，《多边纤维协定》仍起作用，服装业限制占到整个美国贸易保护所造成的福利损失的 80%以上。由于《多边纤维协定》把进口许可证给了出口国，美国的大部分福利成本不是来自生产扭曲和消费扭曲，

而是由配额租金由外国人所得而引起。

表 10—2 美国贸易保护的福利成本 单位：10 亿美元

	2002 年估计	2015 年计划
总体	14.1	2.6
纺织品和服装	11.8	0.5

资料来源：国际贸易委员会。

随着《多边纤维协定》的终止，服装业保护的成本和美国贸易保护的成本大幅下降。

国际谈判与贸易政策

本章关于贸易政策中政治因素的讨论或多或少会让人们感到有些失望。我们一直认为，要设计出可以增进社会福利的贸易政策是困难的，但现实中这些贸易政策又总是被利益集团的政治意图所左右。有关贸易政策产生的成本远远超过了其带来的收益的"恐怖故事"非常盛行，使得人们很容易对贸易理论的实际意义产生怀疑。

然而事实上，从 20 世纪 30 年代中期直到 80 年代，美国和其他发达国家已逐步取消了关税及其他一些贸易壁垒，并且通过这些措施大大提高了国际一体化的程度。图 10—5 显示的是 1891—2010 年间美国对进口产品征收的平均关税税率。从图中可以看到，自经历了 20 世纪 30 年代早期关税税率的急剧上升之后，税率一直在稳步下降。[①] 大部分经济学家都相信，不断取得进展的贸易自由化是很有好处的。但是，面对我们曾经讨论过的贸易政策的政治性，取消关税在政治上怎么可能呢？

对这一问题的部分答案是，通过一系列**国际谈判**（international negotiation），战后贸易自由化取得了巨大的进展。也就是说，各国政府同意共同进行关税削减。这些协议把各国减少进口竞争行业的保护与降低针对这些国家出口行业的外国进口保护联系起来了。正如我们马上要讨论的，这种联系有助于消除那些可能会阻止各国采纳自由贸易政策的政治障碍。

---

① 衡量平均保护率的尺度可能有些问题，因为进口产品的构成有所变化——部分因为关税税率自身的变化。例如，假定一国对某些进口产品征收极高的关税，以至彻底杜绝了这些产品的进口，那么实际进口产品的平均关税税率就为零！为了修正这种偏差，我们在图 10—5 中所使用的衡量尺度只显示"被征税的"进口产品的关税税率，即它排除了那些由于某种原因而免征关税的进口产品。在美国关税税率的顶峰时期，关税税率太高以至被征税的进口产品只占进口产品的 1/3；截至 1975 年，这一比例已上升到 2/3。因此，所有产品的平均关税税率比可征税产品的平均关税税率要低许多。但是，由于经过了修正，图 10—5 中列出的数字对美国实际经历的贸易自由化进程进行了相当精确的刻画。

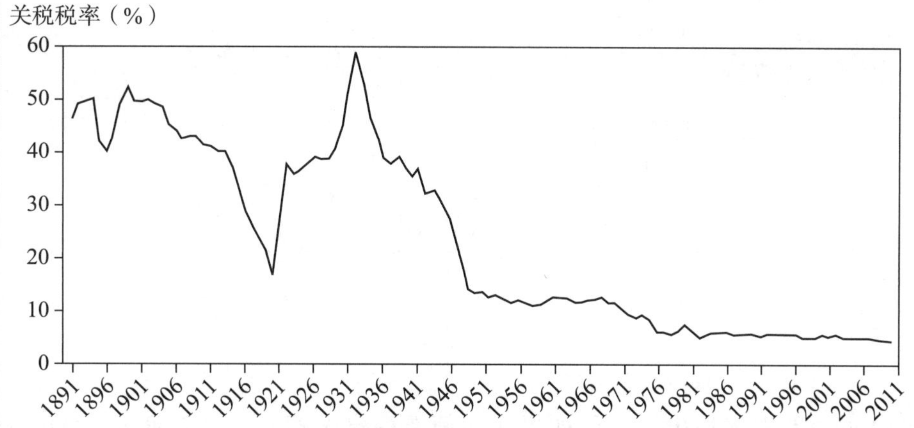

图 10—5　美国的关税税率

说明：自 20 世纪 30 年代初关税的一次急剧上升之后，美国的平均关税税率一直在稳步下降。

谈判的优点

至少有两个原因可以说明为什么降低关税作为多边协定的一部分比作为一种单边政策要容易许多：(1) 相互协定有助于调动对自由贸易的支持；(2) 经过谈判达成的贸易协定，有助于各国政府避免卷入具有强大破坏力的贸易战。

国际谈判对自由贸易的正面影响一目了然。我们已注意到，进口竞争行业的生产者比消费者更容易组织起来，而且信息更充分。国际谈判则可通过让国内出口商参与来起到平衡作用。例如，美国与日本可能会达成一项协议，其中规定美国应取消针对日本竞争者而设置的一些制造业的进口配额；作为回报，日本也要撤销针对美国农产品及高技术产品向日本出口的障碍。对于美国的消费者来说，即使承受很大损失，可能也无法从政治上有效地反对这些进口产品的配额。但是，希望打入外国市场的出口商则不然，它们会通过游说促成双方同时取消进口配额，从而间接保护消费者的利益。

国际谈判还有助于避免**贸易战**（trade war）。借助一个非常标准化的例子，我们能更好地阐明贸易战的含义。

假定世界上只有两个国家——美国和日本；而且这两国只有两种可选择的政策——自由贸易或者进行保护；还假定两国政府的头脑都异常清醒，因此可以用准确的数字价值衡量对任何措施的满意程度（见表 10—3）。

表中给出的数值包含着两个假设。第一，我们假定，如果任何一国政府把别国的政策视为既定的，它就一定会选择保护政策。也就是说，无论日本政府采取何种措施，美国政府的保护政策都会增加其收益。这一假设显然是成立的。也许有很多经济学家会认为，无论别国政府怎么做，自由贸易对本国而言都是最好的政策。但是，政府的行为不仅要顾及公众的利益，而且要考虑其自身的政治利益。由于上面所述的种种原因，各国政府经常发现，要想不保护某些行业，在政治上根本行不通。

表 10—3　　贸易的社会福利问题

日本 美国	自由贸易	贸易保护
自由贸易	10 10	20 –10
贸易保护	–10 20	–5 –5

表 10—3 中我们的第二个假定是，即使各国政府单独行动，采取保护政策也会使得损失更小，但如果两国都选择自由贸易，则会使各自的收益更大，即美国政府从一个开放的日本市场中获得的收益比它开放自己市场的损失要多；日本也一样。我们只要看看从贸易中的所得，就会认识到这一假设的合理性。

对那些学过博弈论的人而言，这种情形就是所谓的**囚徒困境**（prisoner's dilemma）。各国政府为了使得自己的决策最优都会选择保护，但这种决策会导致如表 10—3 右下格中的结果。然而，若两国政府都不选择保护，那么它们的福利都会得到改善：表 10—3 左上格所示的结果显然比右下格的大为改善。各国政府的单边行为似乎可以使其利益最大化，但这样做恰恰无法达到最好的结果。若两国都实施单方面的保护措施，那么结果只能是导致贸易战以及双方社会福利的恶化。虽然贸易战不如真刀真枪那么可怕，但避免贸易战与避免武装冲突和军备竞争的问题是相似的。

很显然，日本和美国都有必要达成一项协议（如条约）来避免保护政策。如果两国政府都对自己的自由行为有所约束，那么两国的社会福利就会大为改善。签订条约就是一个不错的约束手段。

上面是个高度简化的例子，在现实世界中不仅存在很多国家，而且在自由贸易与完全限制进口的保护之间还有许多过渡政策。但是，这个例子已足以表明，有必要通过国际协定来进行贸易政策的国际合作。而且，这些协定的确能发挥很大作用。事实上，当前的国际贸易体系就是围绕一系列国际贸易协定而展开的。

国际贸易协定的简短历史

国际合作削减关税作为一项贸易政策的历史可以追溯到 20 世纪 30 年代。1930 年，美国通过了一部特别不负责任的关税法，即《斯穆特－霍利法案》（Smoot-Hawley Act）。根据该法案，关税税率骤然上升了许多，美国的贸易额也随之一落千丈。不少经济学家认为《斯穆特－霍利法案》加剧了美国的经济大萧条。这一法案通过后没几年，美国政府就认识到需要降低关税，但这一举动可能会危及政治合作的基础——对关税的任何削减都会遭到一些国会议员的反对，因为他们的选区里有与进口产品相竞争的公司，而削减关税带来的利益则相当分散，以至国会中很少有人会被动员起来站在受益者一方。因此，要削减关税，就必须把这一政策与出口商的具体利益联系起来。对这一政治问题的最初解决办法是双边关税谈判。美国与一些大宗产品的出口国——比如说，食糖出口国——谈判并许诺：如果该国能降低某些美国出口产品的关税，那么美国就降低食糖的进口关税。这笔交易对美国出口商的吸引力有助于抵消来自食糖利益集团的政治压力。同样，在外国，此项交易对外国食糖出口商的吸引力也平衡了该国进口竞争利益集团的政治影响。正是由于上述双边贸易谈判，美国的平均关税税率从 1932 年的 59%迅速回落至第二次世界大战结束时的 25%。

但是，双边贸易谈判并没有充分利用国际合作的优势。首先，双边贸易谈判产生的利益可能会"外溢"到那些没有作出任何让步的国家。例如，如果美国作为与巴西交易的结果而削减咖啡进口关税，那么哥伦比亚就会从更高的咖啡价格中受益。其次，有些有利的交易本身需要有两个以上的国家参与：美国向欧洲大量出口，欧洲又向沙特阿拉伯大量出口，沙特阿拉伯向日本大量出口，而日本又向美国大量出口。因此，国际贸易自由化进程的下一步是，进行有许多国家参与的多边贸易谈判。

多边谈判在第二次世界大战结束后不久就开始了。最初，来自战胜国的外交官们设想，这种谈判应该在一个名为国际贸易组织（International Trade Organization，ITO）的实体主持下进行。该组织是与国际货币基金组织和世界银行并列的一个机构。1947 年，由于不愿意再继续等待 ITO 的正式运作，由 23 个国家组成的群体开始在一个临时性的准则指导下进行贸易谈判，这些准则就是人们所熟知的**《关税和贸易总协定》**（General Agreement on Tariffs and Trade，GATT）。结果是，ITO 在政治上遭到了强烈的反对，特别是在美国，所以这一机构一直就没有建立起来。结果，临时性的准则在以后的 48 年中一直指导着世界贸易。

正式说来，GATT 是一个协议，而不是一个组织——参加协议的国家被正式定义为"签约伙伴"，而不是成员。在实践中，GATT 在日内瓦保持着一个永久性的"秘书处"，人们一般把它称为"GATT"。1995 年，**世界贸易组织**（World Trade Organization，WTO）成立，50 年前人们所期望的正式的组织最终建成。但是，GATT 的规则仍然是有效力的，这一体系的基本逻辑还是保持不变。

可以用一个关于机械的比喻来描述 GATT-WTO 对贸易的作用：它像一个设计出来用于推动沉重的物体慢慢上坡的装置，而被它推动的物体就是世界经济——逐渐走向自由贸易。为了到达目的地，我们不仅需要推动物品往正确方向运动的"杠杆"，还需要防止后滑的"棘轮"。

在这个系统中最基本的"棘轮"就是**约束**（binding）。当一个关税税率是"约束性的"时，施行这一关税的国家就会同意在将来不会提高这一税率。目前，发达国家几乎所有的关税税率都是约束性的，而发展中国家 3/4 的税率也是如此。约束性关税允许有一定的浮动空间：一个国家在得到其他国家同意的条件下可以提高其关税税率，这通常意味着该国要降低其他关税作为补偿。在实践中，关税约束一直都非常有效，在过去的半个世纪中很少有关税提升的现象发生。

除了约束性关税之外，GATT-WTO 体系通常还试图防止出现非关税性贸易干预手段。出口补贴是不允许的，除了一个例外：在 GATT 最初成立之时，美国坚持对农产品的出口补贴特别对待，此后欧盟充分利用了这一例外条款。

正如我们在本章中提到的，美国保护的大部分成本来自进口配额。实际上，GATT-WTO 体系在进口补贴上有一定的传统——尽管一直有人在尽力消除这种配额或者将其转化为关税——而且取得了一定的成功。一般不允许实行新的进口配额，除非作为处理“市场破坏”的临时性手段。“市场破坏”是一个没有明确定义的词，一般理解为进口的突然快速增长会使得某个国内部门一下子面临衰败的危险。

用于推动进步的杠杆是一个有固定模式的过程——人们所熟知的**贸易回合谈判**（trade round），即许多国家聚集在一起，就一系列降低关税和其他能促使贸易自由化的措施进行磋商。自 1947 年以来已经进行了八次贸易回合谈判，最近的一次是在 1994 年结束的“乌拉圭回合”谈判——建立了 WTO。2001 年，在波斯湾的多哈市举行的会议正式开始了第九轮谈判，在本书付梓之际，显然还没达成一致协议。我们将在本章后面讲述“多哈回合”谈判失败的原因。

在 GATT 下的前五轮贸易回合采取的是“并行的”双边协商的形式，即一国同时与多个国家达成双边协议。例如，如果德国打算削减某项关税，而该项削减对法国和意大利都有好处，那么德国可能会要求法意两国都作出互惠性让步。随着战后世界范围的经济复苏以及进行大规模交易能力的提高，各国关税都得到了大幅削减。

第六个多边贸易协定，即著名的肯尼迪回合（Kennedy Round）于 1967 年签署。该协定使得主要的工业化国家除一些特殊行业的关税保持不变以外，其他所有关税一律削减了 50%。这次谈判主要集中讨论了哪些行业可以不减免关税，而不纠缠于各行业关税削减的幅度。就整体而言，肯尼迪回合把平均关税税率降低了 35%。

第七轮谈判，即东京回合（Tokyo Round，于 1979 年结束）用了一个比肯尼迪回合更复杂的公式来计算应削减的关税。另外，还建立了一些致力于控制非关税壁垒（如自愿出口限制和《有序营销协议》）扩散的新条款。第八轮谈判，即乌拉圭回合终于在 1994 年完成。经过激烈的辩论，美国国会通过了该回合谈判制定的各项条款。在下一小节我们将对该回合谈判的结果加以讨论。

乌拉圭回合谈判

历次重要的国际贸易谈判无一不是在一座风景迷人的城市举行开幕式，然后以在另一座城市举行签字仪式而告终。依据《关税和贸易总协定》，第八轮全球贸易谈判于 1986 年开幕，并在乌拉圭著名的海滨胜地埃斯特角举行了会议（这轮谈判亦因此而称为乌拉圭回合）。会后，与会者返回日内瓦，并在日内瓦进行了长达七年之久的提出意见和驳斥意见、威胁和反威胁的活动。数以万小时计的会议枯燥透顶，以至最有经验的外交家都无法一直保持清醒。该回合谈判原计划于 1990 年结束，但由于面临严重的政治问题，直到 1993 年底才产生一份基本文件。该文件由 400 页的协议所构成，再加上详尽记载成员国对一些特殊市场和产品的承诺的补充材料，竟然厚达 22 000 页。协定于 1994 年 4 月在摩洛哥的马拉喀什签署，并在年底获得了各主要国家的批准——在有些国家，包括美国，都经历了激烈的政治争论。

从文件的总长度我们就能知道，乌拉圭回合谈判的结果是难以简单概括的。但是，其最重要的结果可以概括为两点：贸易自由化和行政改革。

贸易自由化

与历次的《关税和贸易总协定》谈判一样，乌拉圭回合致力于世界范围的关税减让。从数字上看，成果相当惊人：本轮谈判努力的结果是，发达国家的平均关税税率将削减 40%。但是，由于关税税率已经相当低，因此平均关税税率事实上不过从 6.3%下降到 3.9%，对世界贸易只能产生少许促进作用。

比上述整体关税减让更为重要的是：在农业和服装这两个重要部门，贸易自由化推进了一大步。

世界的农产品贸易一直被严重扭曲——日本因采取进口限制措施造成国内大米、牛肉以及其他食品的价格高出国际市场价格好几倍而声名狼藉。欧洲的共同农业政策为欧洲的农产品提供了巨额出口补贴。乌拉圭回合谈判伊始，美国就有一个宏伟目标：到 2000 年实现农产品的自由贸易。尽管目标没有完全实现，但取得的成果依然辉煌。协定要求农产品出口国在 6 年内削减补贴总额的 36%和补贴出口总量的 21%；像日本这样使用进口配额保护农业的国家则被要求用关税取代配额，而且关税在将来不可上升。

世界上的纺织品和服装贸易也由于《多边纤维协定》而受到严重扭曲。通过在 10 年内取消对纺织品和服装贸易的所有数量限制（但是有些高关税仍将保留），乌拉圭回合将逐步淡化《多边纤维协定》的作用。这可谓是向自由化迈进了一大步——大部分估测都认为，与任何其他保护性措施相比，对服装业的保护加在美国消费者身上的成本最高。但是我们也应注意到，逐步取消《多边纤维协定》的进程是“前松后紧”的：很多推进自由化的措施要一直推迟到过渡时期末，即 2003 年或 2004 年前后才实施。到 2005 年 1 月 1 日为止，配额都要取消。不少国际贸易专家很担心这种长期承诺的可信性，也许有更强的政治压力会对服装出口重新进行限制。

事实上，《多边纤维协定》终止却造成中国服装出口巨幅增长。比如，2005 年 1 月，从中国运往美国的裤子达到 2 700 万条，而一年前这个数字只有 190 万条。这造成美国和欧洲服装生产者强烈的政治反应。尽管对中国服装出口有新的限制，这些限制随着时间的推移在逐步淡化；事实上，世界服装贸易已经逐步走向自由化。乌拉圭回合谈判取得的最后一项自由贸易成果是，制定了一套新的政府采购规则。政府采购不是消费者或私人公司的购买行为，而是政府机构的购买行为。在过去，政府采购一直为各种各样的商品——从建筑设备到运输车辆——提供保护性市场。乌拉圭回合谈判制定了新的规则以期为进口商品提供更加广泛的政府采购合同。

从 GATT 到 WTO

许多对乌拉圭回合的关注，以及从此以后围绕世界贸易体系的争论，都集中在这个回合所创立的一个新机构——世界贸易组织。1995 年，这个组织取代了先前管理 GATT 的秘书处。正如我们将在第 12 章中论述的那样，WTO 已经变成了全球化反对者的众矢之的。它同时被左派和右派攻击，谴责它在某种程度上行使了世界政府的职能，损害了国家主权。

WTO 和 GATT 有什么区别呢？从法律的角度来看，GATT 是一个临时性协议；而 WTO 是一个完全成熟的国际组织——但是，它真正的官方机构还是很小（500 个工作人员）。对 GATT 最初条款的更新版已经加入到 WTO 的规则中。GATT 只适用于货物贸易，服务业的世界贸易——例如保险、咨询，以及银行业等没有实体的物品——并不受到任何成文规则的约束，以至许多国家的法规公开地或者在实际上歧视外国供应者。GATT 对服务贸易的忽视逐渐变成了一个日益明显的缺陷，因为现代经济日益集中在服务产品而不是实物产品的生产上。所以 WTO 的规则中包括了对服务贸易的规则，即《服务业贸易总协定》(General Agreement on Trade in Services，GATS)。在实践中，这些规则对服务业贸易的影响还不大，它们主要的作用是作为未来贸易回合谈判的基础。

除了从生产物品到提供服务这一主要的转变之外，发达国家还经历了一个从依靠实物资本向依靠“知识产权”转变的过程，后者用专利和版权加以保护。[30 年前通用汽车（General Motors）是现代公司中的精英，现在则是微软。]所以，界定对国际知识产权的国际运用已经成了当务之急。WTO 试图通过它的《与贸易有关的知识产权协定》(Agreement on Trade-Related Aspects of Intellectual Property，TRIPS）来解决这个问题。TRIPS 在制药产业的运用是一个颇有争议的话题。

不过，人们通常认为 WTO 最重要的新贡献是它的“争端处理”机制。当一个国家指责另外一个国家违反了贸易体系规则的时候，比如，假设加拿大指责美国非法限制木材的进口，而美国否认了这一指责，那么接着会发生什么呢？

在 WTO 成立之前，加拿大可以通过国际法庭处理这种争端，但是，这样的处理过程可能会持续好几年，甚至几十年。而且，即使形成了一个裁决，也没有办法来执行它。但这并不意味着 GATT 的规则没有效力，无论是美国还是其他国家都不想背上一个违反法规者的名声，所以它们也做了很大的努力以使自己的行为“符合 GATT 的规定”。但是，处于灰色地带的案例还是很有可能解决不了。

WTO 拥有一个更加正式、更加有效的处理程序。它挑选专家小组听证案例，通常在不到一年内就可以得出最后结论。即使有上诉，整个程序一般也不会超过 15 个月。

假设 WTO 裁定一个国家的确违反了规则，而这个国家仍然拒绝改变它的政策，那么该怎么办呢？WTO 本身并没有强制执行的能力。它所能做的只是给予诉讼国对违反规定的国家进行报复的权利。比如在我们假设的加拿大—美国木材争端中，WTO 可能会批准加拿大政府对美国出口施加限制，而加拿大政府的这一行为并不会被视为违反 WTO 规则。在本章后面的专栏“贸易偏好会引起讼诉吗?”所描述的香蕉争端中，WTO 裁决欧盟违反了规则；在欧盟仍然坚持不改的情况下，美国就对欧盟的诸如高档手提包等物品施加了临时性关税。

人们的希望和预期是，不会有太多的争端发展到这一步。在许多情况下，威胁将一个争端提交到 WTO 就应该能解决问题；在大部分情况下，相关国家会接受 WTO 的仲裁并改变它们的政策。

本章专栏“解决一个争端——引发另外一个争端”用美国—委内瑞拉在汽油进口问题上的争端描述了 WTO 的争端处理机制是如何运行的。正如这一专栏所阐述的，这一案例成为那些指责 WTO 损害了国家主权的人们的一个主要例证。

专栏　解决一个争端——引发另外一个争端

WTO 新的争端处理机制的第一次运用颇具争议性。对 WTO 的支持者来说，它表明了新体系的有效性；对反对者来说，它说明这个机制妨碍了诸如环境保护等重要社会目标的实现。

这个案例源于美国新的空气污染标准——该标准限定了在美国售出的汽油的化学成分。一个统一的标准在 WTO 规则看来显然是合法的。但这个新标准存在一些漏洞：那些在美国的精炼厂，或者那些将它们产出的 75%以上销往美国市场的精炼厂，分别被设定了以它们 1990 年的污染物水平为基础的“底线”标准。与给进口汽油设定的标准相比，该条款所设定的标准相对没有那么严格，所以，实际上给予了美国精炼厂出产的汽油特别的优惠。

委内瑞拉向美国出口巨大数量的汽油，它早在 1995 年就提出了针对新污染标准的诉讼。委内瑞拉论证说这个规则违反了“国民待遇”原则——这一原则规定进口物品应该享受与本国产品同等的待遇（以保证各项法规不会被用作间接的保护主义手段）。一年以后，WTO 指定的仲裁小组裁决支持委内瑞拉。美国提出上诉，但被驳回。此后，美国和委内瑞拉商定了一系列修订的规则。

从一个方面来看，这个结果表明 WTO 的确在履行它的使命——美国实行了一个明显违反了其贸易协定规则的措施；当一个影响力相对较弱的小国家对这些措施提出诉讼时，得到了非常及时的解决。

而在另外一方面，环境保护主义者却非常失望：WTO 的裁决实际上阻碍了一个本来可以使空气变得更为清洁的措施的实行。进一步来说，毫无疑问这个清洁空气法规的初衷是良好的——它真正的本意是减少空气污染，而不是排斥出口。

WTO 的捍卫者指出，很明显美国本可以制定一个不歧视进口的规则。它没有这么做的原因是在政治上对精炼工业的妥协，而精炼工业的确在实践上形成了某种形式的保护主义。所以最多只能说WTO规则使得美国的环保主义者更难与精炼工业达成政治交易。

在第12章所讨论的反对全球化运动的神话中，WTO干涉清洁空气标准已经被赋予了标志性的意义：这个案例已经被视为WTO剥夺国家主权、影响国家履行社会和环境义务的主要论据。但是，这个案例的性质绝不是一刀切的：如果美国施行了一个“纯洁的”没有歧视性的清洁空气规则，WTO也就不会接到其他国家的诉讼。

成本与收益

对乌拉圭回合的经济影响进行估计是非常困难的。不说其他的，单是准备工作就已不堪重负：为了进行估测，首先必须将大量的文件从令人费解的一种行话（法律术语）翻译成另一种行话（经济学术语），还要整理归类各种各样的数据，然后把所有的资料输入分析世界经济的计算机模型。如上所述，大部分重要的行动都被“有意搁置”了，使得我们在协议签署了近十年之后，才真正看到这个回合的一些重要条款的付诸实施，因而估测其影响的难度也就更大了。

这些估计中被最广泛引用的是《关税和贸易总协定》以及经济合作与发展组织（OECD）发表的两份报告。经济合作与发展组织是由发达国家组成的、总部设在巴黎的一个国际组织。这两份估测都认为，一旦协定完全生效，世界经济整体每年的收益将超过2 000亿美元，即世界实际收入会增加1%。与往常一样，当然也存在与此意见相左的估测。有些经济学家认为，2 000亿美元的预计收益过分夸张，部分原因在于上述估测的世界进出口对新的贸易自由化运动作出的反应可能过于乐观。更多的评论者则认为，鉴于本章早些时候讨论过的“动态”因素，2 000亿美元的预计收益未免太低。

无论是何种情形，贸易自由化产生的逻辑结果是一样的：一些相对集中的组织良好的利益团体将承担乌拉圭回合谈判的代价，然而广大分散的人口将享有乌拉圭回合带来的巨大收益。农业部门的自由化进程将直接伤害欧洲、日本，以及其他农产品价格远远高于世界市场价格的国家中为数不多但颇具影响力的农业人口。虽然这些国家的消费者和纳税人所获得的收益足以抵消农民的损失，但是，由于这种收益非常分散因此难以引人注目。同样，虽然纺织品和服装的自由化进程会给这一行业的工人造成相对集中的损失，但是，数量大得多的消费者所得完全能够弥补这种损失，只不过每个消费者的所得不太明显罢了。

尽管乌拉圭回合对各国各部门的收入分配会产生如此强烈的影响，但出人意料的是，各方竟然达成了协议。事实上，当乌拉圭回合未能于1990年在预定的期限内达成任何协议时，很多评论家曾宣称整个贸易谈判的进程将就此终结。虽然乌拉圭回合谈判没有完全实现预期目标，但最终能达成协议，也许应该归功于一系列连锁的政治考虑。在美国，农产品出口商的收益加上服务业出口商在《服务业贸易总协定》下开辟出来的自由贸易的巨大市场后的期望收益，有效地抵消了来自服装业的不满。许多发展中国家之所以支持乌拉圭回合谈判，是因为它们能够为其本国的纺织品和服装出口创造新的机遇。另外，某些所谓谈判中的“妥协”，不过是政府借以修改政策的借口，其实这些政策的修改已势在必行。例如，欧洲共同农业计划是项纯粹的开支，长期的预算赤字使其无论如何也该废止了。

但是，促成乌拉圭回合谈判最终成功的一个重要因素却是对谈判破裂的恐惧。到 1993 年，保护主义在美国及其他地区已日趋盛行。在一些具有浓厚农业传统的国家，如法国、日本和韩国，实力强大的农民愤怒地反对农产品贸易的自由化。这些国家的谈判代表原先可能不愿意在协议上签字，但也害怕谈判破裂可能会带来更大危害。也就是说，他们担心这一轮谈判的失败不仅意味着谈判没有取得进展，还有可能导致前 40 年的自由贸易进程出现可怕的倒退。

❖案例分析　考验 WTO 的勇气

在 2002 年 3 月份，美国政府对所有进口的钢铁产品征收 30%关税，这次行动的主要理由是美国钢铁业面临进口激增，需要时间进行重建，但是大家都明白真正的原因与政治有关。就西弗吉尼亚州、俄亥俄州和宾夕法尼亚州等钢铁业聚集的州而言，它们将成为 2004 年美国总统大选中关键的“摇摆州”。

欧洲、日本、中国和韩国向 WTO 提起诉讼反对美国征税，它们声明美国的行为是违反规则的。在 2003 年 7 月，一个 WTO 专门小组裁决美国的行为是不当的。许多观察家认为美国对这次裁决的反应将考验 WTO 的可信度：世界上最有权力的政府会服从一个国际组织的要求去取消一个在政治上重要的关税吗？甚至有可能会出现贸易战。

事实上，美国服从了裁决，于 2003 年 12 月取消了钢铁关税，政府解释说关税已经达到了目的。但是许多观察家认为关键的动机来自欧盟的威胁，因为 WTO 的决议允许欧盟采取报复措施，这样欧盟就可以对来自美国 20 亿美元的产品征收报复性关税（和我们一样懂得政治，欧盟也把关税定在——你可以猜到——政治摇摆州生产的产品上）。

因此，WTO 通过了一次重大考验。美国服从欧盟的控诉是因为它们在经济规模上都是相差无几的超级巨人。另一个问题是当 WTO 规则支持小经济体反对像美国或欧盟这样的经济巨人时会产生什么样的结果。

在 2005 年 5 月，WTO 作出了一个重要的决定，支持巴西控告美国对棉农的补贴是违反规则的。美国已经声明将服从裁决，废除补贴，但是直到 2009 年，对棉农的补贴仍然没有全部被废除；那时，WTO 授权巴西对美国的出口进行制裁。在 2010 年，美国与巴西达成协议，作出让步，缓和了冲突。然而，自 2013 年起，巴西对处理结果并不满意，仍然蓄意采取制裁措施。

令人失望的“多哈回合”

有点儿虚套的国际贸易谈判第九回合于2001年在波斯湾城市多哈召开。和前几个回合一样，这个回合也充满着艰辛的谈判。到2007年为止，这个回合谈判出现了新情况：自从GATT创建以来，这个回合贸易谈判第一次以没有签订任何协定而宣告失败。

多哈回合的失败并没有破坏以前贸易谈判所取得的进步，理解这一点非常重要。请记住世界贸易体系使各种“杠杆”有机结合——国家贸易谈判推动贸易自由化前进——“棘轮”主要起到约束关税的作用，它阻止国际贸易倒退。“杠杆”在最近的一个回合已经失败了，但是仍然存在：前八个回合谈判削减的关税税率依然起作用。因此，现在的世界贸易比历史上任何时期都要自由。

实际上，多哈回合明显的失败主要原因在于前几个回合贸易谈判的成功，因为前几个回合在降低贸易壁垒上非常成功，剩下的贸易壁垒已经相当低了，所以进一步贸易自由化的潜在收益就很少了。除了服装和纺织品，制造品的贸易壁垒的确很低了。进一步自由贸易的大部分潜在收益可能来自降低农产品关税和出口补贴——农产品是最后一个需要自由化的部门，因为它在政治上是最敏感的部门。

表10—4说明了这一点。世界银行估计了“完全自由化”的福利收益——也就是废除所有贸易壁垒和出口补贴——的来源和它如何在各国进行分配。在当今世界上，农产品贸易额不到整个世界贸易额的10%，但是根据世界银行的估计，农产品自由贸易可以为世界带来63%的自由贸易收益。然而，这些收益很难获得。正如前面所描述的一样，富裕国家的农民较容易获得政治上的支持。

表10—4　自由贸易潜在收益分配的百分比（%）

	完全自由化			
经济体	农产品和食品	纺织品和服装	其他商品	所有商品
发达国家	46	6	3	55
发展中国家	17	8	20	45
所有国家	63	14	23	100

资料来源：Kym Anderson and Will Martin，“Agricultural Trade Reform and the Doha Agenda，” *The World Economy* 28（September 2005），pp. 1301 - 1327.

在多哈回合中，有可能被接受的提议事实上缺乏完全自由化的空间，因为这次回合中的可能收益已经相当少了。表10—5显示了世界银行估计的在多哈回合两种方案的情况下福利收益占收入的百分比。一种“激进”的方案很难通过，而另一种“一般”方案中不包括敏感部门的自由化。即使在“激进”的方案中，整个世界的收益也许只有 GDP 的 0.18%；在一种更可行的方案中，收益也会少于 0.3%。这些收益对于中等收入国家和低收入国家就更少了。（为什么中国是负收益呢？正如下面的专栏中所说明的，因为中国最终将为进口的农产品支付更高的价格。）

表 10—5　多哈回合方案中福利收益占收入的百分比（%）

	激进	一般
高收入国家	0.20	0.05
中等收入国家	0.10	0.00
中国	−0.02	−0.05
低收入国家	0.05	0.01
世界	0.18	0.04

资料来源：参阅表 10—4。

表 10—5 中的数字揭示了“多哈回合”失败的原因。贫穷国家看到提议中它们的利益太少，所以它们要求富国作出更多让步，富国政府反而也拒绝作出政治冒险去触犯一些有权威的利益团体，特别是农民。由于没有得到相应的回报，穷国也不愿意大幅度削减剩余的较高关税。

由于美国政治日程表的原因，在 2007 年 6 月人们曾尝试恢复“多哈回合”谈判。在正常情况下，议会给予美国总统“贸易促进权”这种特权，也就是众所周知的“快车道”。当贸易促进权起作用的时候，总统可以给议会一份贸易协定并要求自上而下地投票——议会不能再对此协议进行修改，也就是给予国内的工业以特殊的保护。没有这个贸易促进权，贸易协议将得不到认可。

但是，布什总统的贸易促进权按照计划将在 2007 年 7 月终止，而民主党控制的议会将不会给一个即将届满卸任的总统新的权力。所以大家都认为，在下一届总统就职前，不可能在 2007 年夏季达成新的协议。因此，参加德国波茨坦会议的有四个主要成员：美国、欧盟、巴西和印度（中国坐在旁观席上）。会议的结果是一场僵局。美国和欧盟谴责巴西和印度不愿对制造品开放市场，而巴西和印度指责美国和欧盟在农业开放上做得太少。

2008 年 7 月有过一次对多哈回合扭转的尝试。但是谈判只进行了八天就结束了，美国、印度和中国的农产品贸易不能达成协议。截至本书写作时，整个回合似乎处于停滞状态，没人承认它失败，但是也毫无进展。

专栏☞　农业补贴会伤害到第三世界吗？

在“多哈回合”谈判中，发展中国家的一个主要指责是富裕国家存在大量农产品出口补贴和生产补贴。美国棉花补贴降低了世界棉花的价格，伤害了非洲棉农的利益，这是一个被经常引用的例子。

但是我们在第 9 章了解到出口补贴通常会增加进口国福利，因为进口国可以买到更便宜的商品。因此，富国的出口补贴是不是真正地帮助了穷国呢？

在很多情况下，答案是肯定的。表 10—5 的估计表明成功的“多哈回合”实际上会伤害中国人的利益。为什么呢？出口制造品和进口食品及其他农产品的中国会因为取消农业补贴而受到伤害。

实际上，并不只有中国从富国出口补贴上获益。由于来自欧盟和美国的补贴而造成价格下降，第三世界国家的农民因此而受损，但是第三世界国家的城市居民却因此受益，而且第三世界国家农民生产咖啡等产品，这些农产品并不同得到补贴的农产品相竞争。

最近一篇论文估计了“多哈回合”对低收入的非洲国家可能产生的影响。论文发现，在大多数情况下非洲国家的实际情况更糟，因为较高的食品价格将会抵消棉花等农作物高价所带来的收益。

特惠贸易协定

我们提及的所有国际贸易协定在关税减让上都包括了“非歧视”原则。例如，如果美国同意降低从德国进口机器的关税，那么，这一新的关税税率就不仅对德国，而且对从任何国家进口的机器都适用。这种非歧视原则在大部分关税中都适用。事实上，美国给予很多国家“最惠国待遇”（most favored nation，MFN），保证这些国家的出口商所缴纳的关税不高于缴纳最低关税国家的出口商。所有给予最惠国待遇的国家都缴纳同样的关税。《关税和贸易总协定》体系下的关税减让总是以最惠国待遇为基础。

但是，在某些情形下，一些国家之间也签订**特惠贸易协定**（preferential trading agreements）。依据这些协定，签约国相互之间的关税低于从非签约国进口同样商品的关税。虽然一般来说，《关税和贸易总协定》禁止这类协定，但仍旧规定了一个相当特殊的例外情形：《关税和贸易总协定》反对 A 国对从 B 国和从 C 国进口同样的商品但征收不同的关税，但是如果 B 国和 C 国之间互免关税，A 国的上述行为就是准许的。也就是说，《关税和贸易总协定》一般都禁止特惠贸易协定，因为它违背了最惠国待遇原则，但如果特惠贸易协定能促成签约国之间的自由贸易，那么《关税和贸易总协定》就允许它的存在。[①]

一般来说，两个或两个以上的国家可以通过两种方式来建立彼此之间的自由贸易：（1）建立**自由贸易区**（free trade area），即各签约国之间互免关税，但各国独立地制定对其他非签约国的关税；（2）成立**关税同盟**（custom union），即各国必须统一对外关税税率。例如，《北美自由贸易协定》将加拿

① 这里运用的是法律上的逻辑而非经济上的。国家在其边境内可以实行自由贸易：没有人会坚持要求加利福尼亚州产的葡萄酒和法国产的葡萄酒在运往纽约时应支付同样的关税。也就是说，最惠国待遇原则在政治实体内部并不适用。但什么是政治实体呢？《关税和贸易总协定》通过允许任何一些经济组成的组织像一个国家那样行事并在特定的边界内实行自由贸易，从而回避了这一潜在的有争议的问题。

大、美国、墨西哥变成了一片自由贸易区，但该协定并不要求各国制定统一的对外关税税率，例如不要求加拿大和墨西哥对从中国进口的纺织品征收同样的关税。另一方面，欧盟则是一个完全的关税同盟，它要求所有成员国必须对进口商品制定统一的关税税率。这两种方式可谓各有利弊，本章专栏“自由贸易区与关税同盟”讨论的就是这个问题。

专栏 自由贸易区与关税同盟

简单地说，自由贸易区与关税同盟的区别在于：前者在政治上简单易行，但在执行上令人头痛；而后者则刚好相反。

首先考虑关税同盟的情形。关税同盟一旦建立，关税的征收与管理就相当容易：当货物通过同盟区的边界时，就要缴纳关税，之后货物就可以在同盟区内的各国之间自由运输。例如，当货物在马赛或鹿特丹卸载时必须缴纳关税，运往慕尼黑则不再缴纳任何附加关税。但是，为了使得这个简易的系统能正常运转，各国还需要制定统一的关税税率：无论货物是在马赛、鹿特丹还是在汉堡卸载，关税税率必须一致，因为如果不一致，进口商就会选择海关以使费用最低。因此，关税同盟要求德国、法国、荷兰以及所有其他成员国必须制定一致的关税税率。但这一点并不容易做到，这意味着各国实际上要将一部分主权交给一个超国家的实体——欧盟。

要在欧洲实现这一点是有可能的。原因有很多，其中之一就是，欧洲人相信经济统一有助于强化欧洲各国战后的政治同盟关系。（欧盟的一位创始人曾开玩笑说，应该给斯大林建一座雕塑，因为如果不是斯大林的威胁，可能就没有欧盟了。）但是在世界其他地方就缺乏足够的条件。例如，北美自由贸易区的三个国家就难以把自己对关税的控制权拱手让给任何超国家的实体。如果没有其他特殊情况，很难想出一种办法既能充分考虑美国的利益，又不会使美国有效控制加拿大和墨西哥的贸易政策。因此，尽管允许墨西哥与美国的商品互相免税进入对方国家，但《北美自由贸易协定》并不要求墨西哥和美国在从其他国家进口商品时采取统一的对外关税。

但这又引发了另外一个问题。依照《北美自由贸易协定》，一件墨西哥工人制作的衬衣能够自由进入美国市场。但如果美国想对从其他国家进口的衬衣保持高关税，而墨西哥却没有采用相似的税率，那么怎样才能防止从孟加拉国运到墨西哥的衬衣不被装上开往芝加哥的卡车呢？

答案是，虽然美国和墨西哥之间实行自由贸易，但是从墨西哥运往美国的商品仍旧必须经过海关检查。只有当有充分的文件证明这些商品是地道的墨西哥产品而非由第三国转运过来的时，才能免关税进入美国。

但怎样才算是一件地道的墨西哥衬衣呢？如果衬衣来自孟加拉国，但是由墨西哥人钉上扣子，这样的衬衣算不算是墨西哥产的呢？恐怕不算。但如果除了扣子之外，整件衬衣都是在墨西哥缝制的，那么这件衬衣应算作是墨西哥产的。因此，管理一个非关税同盟的自由贸易区，不仅要求各国继续在边境检查进口货物，而且需要制定一套详尽完备的“原产地规定”以确定某种商品是否符合免税进口的条件。

因此，尽管原则上是自由贸易，但像北美自由贸易区这样的自由贸易协定所造成的沉重的日常文书工作负担有可能成为贸易的重大障碍。

专栏 贸易偏好会引起诉讼吗?

在过去几年里，欧盟一直被香蕉贸易偏好不同引发的矛盾冲突所困扰。

世界上的大部分出口香蕉来自几个中美洲小国，即原来的“香蕉共和国”。但是一些欧盟国家却有从它们过去的或现在的加勒比海西印度群岛殖民地购买香蕉的传统，尽管中美洲的香蕉比西印度群岛的便宜约40%。为了保护西印度群岛上的生产者，法国和英国对从中美洲进口的“美元香蕉”(dollar bananas) 实施进口配额制度。但是，德国却从未有过西印度群岛的殖民地，因此它允许自由进口“美元香蕉”。

1992年后，随着欧洲市场一体化的发展，原有的香蕉进口体制变得无法继续维持，因为人们很容易先通过德国进口便宜香蕉然后再运往欧洲各地。因此，欧盟委员会1993年宣布对“美元香蕉”实施新的统一欧洲进口配额的计划。德国愤怒地反对这一措施，并否认其合法性：德国人指出，构建欧共体基础的《罗马条约》(Treaty of Rome) 包含一项明确的保证，即“香蕉议定书”(banana protocol)，允许德国自由进口香蕉。

德国人何以如此看重香蕉呢？原来在民主德国，香蕉是一种奢侈品。柏林墙倒塌之后，突然能够买到便宜的香蕉已成为自由的一个象征。因此，德国政府极不愿意采用一项会急剧提高香蕉价格的政策。

最后，德国非常勉强地同意了这一新的统一的欧盟香蕉贸易体制。但争论并没有结束：1995年美国也卷入了这一冲突，宣称欧盟的香蕉贸易体制不仅损害了中美洲国家的利益，也伤害了美国很有实力的奇奎塔香蕉公司 (Chiquita Banana Company) 的利益。这家公司的首席执行官对民主党、共和党都曾慷慨解囊。

1997年世界贸易组织裁定，欧洲的香蕉进口体制违反了国际贸易规则。然后，欧洲实行了一个略有改变的体制；但是这一并不太有诚意的解决方案最后证明没有成效。欧洲和美国的矛盾进一步升级，最终，美国决定对一系列欧洲产品施加报复性关税，其中包括名牌手提包和羊乳干酪。

2001年，欧洲和美国就在一段时期内逐步取消香蕉进口配额达成一致。此举在加勒比国家引发了许多担心和警惕——这些国家害怕欧洲市场特权的丧失会给它们带来严重的后果。但事实证明事情并没有结束。在2005年1月，欧盟宣布将取消对香蕉的进口配额，但这将会引发非来自所谓ACP国家（非洲—加勒比和太平洋地区——主要是原先的欧洲殖民地）的三倍的香蕉关税。拉美国家立刻对新关税发起挑战，在2007年12月，WTO裁决欧盟最新的香蕉进口政策是违反规定的。（奇奎塔公司股票在该消息发布后急升。）香蕉的故事还在继续。

最终，在2009年12月，欧盟委员会和拉丁美洲的橡胶生产商达成协议。它不会完全消除贸易偏好，但是在7年里，对香蕉的关税削减了三分之一。

根据本章早些时候提出的几个条件，关税削减是件能够提高经济效率的好事。由此似乎可以推知，特惠协议中的关税削减虽然不及全面降低关税，但也应是一件不错的事情。毕竟有半条面包总比没有好！

令人惊讶的是，上述结论可能过于乐观了——一国加入关税同盟可能会使其境况恶化。我们可以用一个假想的例子说明其中的原因。我们假设有英国、法国和美国三个国家。其中美国是小麦的低成本生产国（每蒲式耳 4 美元），法国是中成本生产国（每蒲式耳 6 美元），而英国是高成本生产国（每蒲式耳 8 美元）。英国和法国都对小麦进口征收关税。如果英国和法国形成关税同盟，那么英国对法国小麦的进口关税就被取消了，但对从美国进口的小麦依旧征税。这对英国来说是好还是不好呢？要回答这一问题需要考虑两种情形。

第一，假定英国最初的关税高得足以排除来自美国和法国的小麦，例如对每蒲式耳小麦征收 5 美元的关税。那么，从美国进口小麦的成本变为 9 美元，从法国进口的成本变为 11 美元。这样，英国消费者会购买 8 美元的英国小麦。当法国小麦的进口关税被取消后，从法国进口的小麦就会取代英国国内的小麦生产。从英国的角度来看，这是一大收益。因为英国国内生产一蒲式耳小麦的成本为 8 美元，而现在英国只需要生产出价值 6 美元的出口产品就可购买一蒲式耳法国小麦了。

第二，假定英国的关税没有那么高，比如说只有每蒲式耳 3 美元。那么，在没有加入关税同盟之前，英国会从美国进口小麦（每蒲式耳小麦对消费者的成本为 7 美元）而不会自己生产小麦。当与法国组成关税同盟之后，消费者自然会购买 6 美元的法国小麦而不是 7 美元的美国小麦。所以，从美国的小麦进口就会中止。但是，美国小麦的确比法国小麦便宜。英国消费者支付的 3 美元关税以政府收入的形式返还给了社会，因此这一点对英国社会来说并非净损失。但是，为了从法国进口小麦，英国将不得不投入更多资源来生产出口产品，社会福利会因此恶化而非改善。

加入关税同盟有可能蒙受损失是次优理论的又一例证。想想英国起初有两个扭曲行为机制的贸易政策：对美国小麦的关税和对法国小麦的关税。虽然对法国小麦的关税看上去扭曲了激励机制，但这一关税客观上起到了鼓励消费更便宜的美国小麦的作用。因此，对法国小麦的关税就可能有助于抵消对美国小麦的关税所导致的激励机制的扭曲。取消对法国小麦的关税有可能在实际上减少社会福利。

因此，我们不难发现，如果组成的关税同盟能够导致新的贸易——从法国进口的小麦取代了英国国内的小麦生产——那么英国将从中受益；但是，如果关税同盟内的贸易只是取代了原先与同盟外国家的贸易，英国将蒙受损失。在对特惠贸易协定的分析中，前一种情形被称为**贸易创造**（trade creation），后一种被称为**贸易转移**（trade diversion）。关税同盟是否值得建立，取决于它是导致贸易创造，还是造成贸易转移。

∴案例分析 南美洲的贸易转移

1991 年，阿根廷、巴西、巴拉圭和乌拉圭四个南美国家组成了一个叫做南方共同市场（Mercosur）的自由贸易区。这个协定对贸易产生了立竿见影的巨大影响：四年之内，成员国之间的贸易量增加了 2 倍。该地区的领导人为南方共同市场取得的成绩骄傲不已，将其称为本国成效卓著的全面经济改革的组成部分。

尽管南方共同市场在增加地区内贸易方面取得了显著的成绩，但是特惠贸易区理论告诉我们，这不一定是件好事。如果新贸易是在损害了与世界其他国家贸易的条件下发生的——或者说，这一协定并未创造出新的贸易而只是使原有贸易发生了转移——那么，它实际上可能会降低福利。果然不出所料，1996 年由世界银行首席贸易经济学家设计的一项研究显示，虽然南方共同市场显著地促进了区域性贸易，但是由于这一成功牺牲了与其他国家的贸易，它对该地区经济的净影响很可能是负的。

该报告认为，南方共同市场的一个实质性影响是：成员国的消费者更倾向于购买邻国生产的成本昂贵的制造品，而非来自其他国家的那些原本价格低廉却被课以重税的制造品。特别值得一提的是，由于南方共同市场的存在，巴西高保护、低效益的汽车工业实际上取代了来自其他地区的进口而独霸阿根廷市场，就像上面例子中假设的法国小麦在英国市场上取代美国小麦一样。报告的初稿作出了这样的结论："这些研究结果似乎为区域性贸易组织潜在的负面影响提供了证据。迄今为止，这些证据是最具说服力的，但同时也是最令人忧虑不安的。"

然而，在正式出版的报告中却找不到上面的一席话了。原来，初稿泄露给了新闻界，继而招致了南方共同市场成员国政府（特别是巴西政府）的强烈抗议。迫于压力，世界银行先是迟迟不发表报告，在最终发表的版本中也加入了许多限制性说明。不过，即使是在公开发表的版本中，该报告还是通过确凿的证据表明：虽然不能说南方共同市场完全无益于社会生产率的提高，但它造成的数量可观的贸易转移这一事实应该是不容置疑的。

提要

1. 虽然在现实中极少的国家实行自由贸易，但大部分经济学家仍坚持认为自由贸易是最优的政策。倡导自由贸易有三个论据：(1) 从贸易政策的成本—收益方面考虑，人们发现自由贸易可以提高效率；(2) 很多经济学家相信，自由贸易所带来的额外收益会远远超过一般成本—收益分析中的所得；(3) 由于把复杂的经济分析转变为现实贸易政策的困难，即使对那些并不认为自由贸易是最优政策的人而言，自由贸易也不失为一种有效的经验选择。

2. 支持非自由贸易政策的某些理论也很有道理。其中之一认为，通过最优关税和出口税收可以改善一国的贸易条件，这种观点在理论上非常有力，但是在实践中却并不重要。小国不可能对其进口产品和出口产品的价格施加多大影响，因此它们也不能通过使用关税或其他贸易政策来改变贸易条件。另一方面，大国的确能够影响其贸易条件，但征收关税会使它们不得不承担违背国际贸易协定并招致报复的风险。

3. 支持实行非自由贸易政策的另一论点以国内市场失灵作为依据。如果某些国内市场，比如说劳动力市场无法发挥正常作用，那么实行非自由贸易政策有时能够减少该市场失灵所带来的不良影响。次优理论认为，如果某一市场不能正常运作，那么政府对其他市场的不干预政策将不再是最优选择。如果生产某种产品可以带来生产者剩余之外的边际社会收益，那么对该种产品的进口征收关税就可以增进社会福利。

4. 虽然市场失灵可能普遍存在，但国内市场失灵论不能滥用。首先，国内市场失灵论是一种支持采用国内政策而非贸易政策的论点；用关税来抵消国内市场的失灵总是一种稍差的、“次优”的方式，对付国内市场失灵的最好办法是针对失灵原因制定国内政策。其次，市场失灵难以明确分析，因而也无法找出适合的政策。

5. 对收入分配的考虑往往会左右现实中的贸易政策。虽然还没有一个方法能将贸易政策中存在的政治因素模型化，但一些分析国际贸易中政治行为的理论相当有用。政治学家们经常争辩说，政策的制定取决于各政党之间为争取更多选民进行的竞争。在简单的例子中，这种竞争会导致政府采纳代表中点选民利益的政策。尽管这一理论有助于我们考虑许多问题，但在预测贸易政策时却并不符合实际。贸易政策常常偏向于较小的比较集中的利益集团而不是广大公众。经济学家与政治学家一般认为，出现这一现象的原因是集体行动的困难。由于个人很少有动力代表自己所在的集团去采取政治行动，因此，只有组织比较严密的团体才常常有可能获得有利于自己而牺牲大多数人利益的政策。这些集团一般为人数不多但利益很大的小团体。

6. 如果贸易政策的制定仅以国内情况为依据，那么迈向自由贸易的进程就很难有所成就。事实上，通过一系列国际贸易谈判，发达的工业化国家在关税削减上已经取得了长足的进步。国际贸易谈判对关税削减的促进作用表现在两个方面：（1）通过给予出口商直接的好处，有助于拓宽支持自由贸易的社会力量；（2）有助于各国政府避免由于国际不合作政策可能引发的对双方都不利的贸易战。

7. 虽然在 20 世纪 30 年代通过双边协定，贸易自由化进程取得了一定的成果，但第二次世界大战后国际贸易合作却主要是通过《关税和贸易总协定》主持下的一系列多边贸易协定进行的。《关税和贸易总协定》包括办事机构及一系列指导原则，是国际贸易体系的核心机构。该协定通过了一个世界范围的协议，即成立一个新的组织——世界贸易组织（WTO），来监控和督促协定的执行。

8. 除了通过多边贸易协定取得全球性关税削减之外，一些国家集团也通过谈判签订了一些特惠贸易协定。依据这些协定，各签约国相互减让关税，但不对非签约国减让。《关税和贸易总协定》允许两种方式的特惠贸易协定：（1）关税同盟，所有成员国制定统一的对外关税税率；（2）自由贸易区、签约国之间互免关税，但各国独立设定对外关税税率。任何一种特惠贸易协定对社会福利的影响都是不确定的：一方面，如果加入协定导致国内的高成本产品生产被其他成员国的进口产品所取代——贸易创造情形——则该国从中受益；另一方面，如果加入协定导致原来从非成员国进口的便宜产品被其他成员国的高成本产品所取代——贸易转移情形——则该国从中受损。

关键术语

约束
集体行动
关税同盟
国内市场失灵
支持自由贸易效率
自由贸易区
《关税和贸易总协定》
国际谈判
边际社会收益
中点选民
最优关税
支持自由贸易的政治依据
特惠贸易协定
囚徒困境
寻租
赞成关税的贸易条件改善论
次优理论
贸易创造
贸易转移
贸易回合谈判
贸易战
世界贸易组织

习题

1. “对一个像菲律宾这样的小国而言，实行自由贸易可以带来许多好处。实行自由贸易可以使得消费者和生产者能够以产品的实际成本而非政府决定的价格作为决策的基础；可以使生产者和消费者得以从狭窄的国内市场的束缚中解脱出来；可以为企业家开辟一块全新的天地；最重要的是，有助于净化国内政坛。”请分别讨论以上陈述中赞成自由贸易的每一个论据。

2. 下列各项中哪些有可能是支持关税或出口补贴的有效论据，哪些不是（解释原因）？

a. “美国的石油进口量越大，在下一次世界性石油短缺中石油价格就越高。”

b. “美国非时令水果如冬葡萄等供应的 80% 都来自智利。随着智利非时令水果出口量的不断增加，这些昔日的奢侈品的价格已大幅下降。”

c. “美国农产品出口不仅对农民意味着更高的收入，而且对任何一个把产品及服务出售给美国农业部门的人来说都意味着更高的收入。”

d. “半导体就好比是技术的‘原油’；如果我们自己不生产芯片，那么对每一个使用微电子技术的产业来说，关键的信息流动就会被破坏。”

e. “木材的实际价格下降了 40%，以致成千上万的木材工人被迫去寻找其他工作。”

3. 某小国能够以每单位 10 的国际价格进口某种产品。这种产品在该国国内的供给曲线为

$$S=20+10P$$

需求曲线为

$$D=400-5P$$

另外，每一单位产品能够产生价值为 10 的边际社会收益。

a. 试计算对每单位进口产品征收 5 单位关税给社会福利造成的全部影响。

b. 计算 5 单位生产补贴给社会福利造成的全部影响。

c. 为什么生产补贴产生的社会福利所得比关税多？

d. 最优生产补贴是多少？

4. 假定供给与需求状况与习题 3 中描述的一样，但生产不能带来边际社会收益。然而，由于某些政治原因，该国政府认为价值 1 美元的生产者所得相当于 2 美元的消费者所得或政府收益。试计算对每单位进口产品征收 5 单位关税给政府目标带来的影响。

5. 假设进入欧盟市场之前，人们发现波兰的汽车生产成本为 20 000 欧元，而德国是 3 000 欧元。假设欧盟是关税同盟区，对汽车征收 $X\%$ 的关税，并假设日本的汽车生产成本为 Y（欧元）。在下面的条件下，欧盟增加从波兰进口的汽车会导致贸易创造还是贸易转移？

a. $X=50\%$，$Y=18\ 000$ 欧元。

b. $X=100\%$，$Y=18\ 000$ 欧元。

c. $X=100\%$，$Y=12000$ 欧元。

6. “美国抱怨日本和欧洲的政策是毫无意义的。每个国家都有权为了维护自己的最大利益而制定任何政策。因此，美国不应该抱怨别国的贸易政策；相反，美国应该让各国走自己的路，并且放弃它自己的自由贸易计划而随波逐流。”请讨论上述观点的经济学及政治经济学意义。

7. 给出最优关税依据的直观说明。

8. 如果政府是基于国民经济福利来制定贸易政策，那么贸易福利的问题是否可以用图 10—3 中的囚徒困境来表示？如果政府以这种方式来制定政策，那么什么是囚徒困境的均衡解？如果政府需要选择贸易保护策略呢？

9. 最近，为了保护美国消费者利益，美国采取行动禁止进口某些中国产品，比如含铅的玩具和不符合标准的海产品。某些人说这是双重标准。如果我们以这些原因限制某些产品进口，我们为什么不限制由工资待遇极低的工人生产的产品呢？这个依据是正确的还是不正确的？为什么？

延伸阅读

W. Max Corden. *Trade Policy and Economic Welfare*. Oxford：Clarendon Press，1974. The classic survey of economic arguments for and against protection.

I. M. Destler. *American Trade Politics*，4th edition. Washington，D.C.：Peterson Institute for International Economics，2005. A comprehensive portrait of the real-world process of trade policy making，and its evolution over time.

Gene M. Grossman and Elhanan Helpman，*Interest Groups and Trade Policy*. Princeton：Princeton University Press，2002. A collection of papers and case studies on modern political economy models of trade policy.

Jeffrey Schott. *The Uruguay Round：An Assessment*. Washington，D. C.：Institute for International Economics，1994. A mercifully brief and readable survey of the issues and accomplishments of the most recent GATT round，together with a survey of much of the relevant research.

Peter Van den Bossche. *The Law and Policy of the World Trade Organization*. Cambridge：Cambridge University Press，2008. A comprehensive survey，with texts and other materials，of the legal framework of international trade.

World Trade Organization，*Understanding the WTO*. Geneva：World Trade Organization，2007. A useful self-survey of the institution's role and history.

第 10 章附录　最优关税为正值的证明

关税总能改善一个大国的贸易条件，但同时也扭曲了生产和消费行为。本附录将证明，在一个足够小的关税下，贸易条件改善的所得总会比扭曲的损失要大，因此，总是存在一个大于零的最优关税。

为了证明这一点，我们重点讨论需求曲线及供给曲线均为线性（都是直线）的情形。

需求和供给

我们假定本国为进口国，其需求曲线函数为

$$D=a-b\tilde{P} \qquad (10A—1)$$

式中，$\tilde{P}$为该产品的国内价格。本国的供给曲线函数为

$$Q=e+f\tilde{P} \qquad (10A—2)$$

本国的进口需求正好等于国内的需求与供给之间的缺口：

$$D-Q=(a-e)-(b+f)\tilde{P} \qquad (10A—3)$$

外国的出口供给曲线也是一条直线，即

$$(Q^*-D^*)=g+hP_W \qquad (10A—4)$$

式中，P_W为国际价格。本国的国内价格比国际价格高出关税 t，即

$$\tilde{P}=P_W+t \qquad (10A—5)$$

关税与价格

关税就好比在国内价格与国际价格之间嵌入了一个楔子，它会使国内价格上升的同时压低国际价格（见图 10A—1）。

当国际市场处于均衡时，国内进口需求与外国出口供给正好相等，即

$$(a-e)-(b+f)\times(P_W+t)=g+hP_W \tag{10A—6}$$

设 P_F 为没有关税时的国际价格，那么关税 t 就会把国内价格提高到：

$$\widetilde{P}=P_F+th/(b+f+h) \tag{10A—7}$$

而国际价格则降至

$$P_W=P_F-t(b+f)/(b+f+h) \tag{10A—8}$$

（对一个小国而言，外国的供给具有高度的弹性。也就是说，h 的值非常大。因此，对一个小国来说，关税对国际价格的影响微乎其微，而提高国内价格的幅度则几乎是 1∶1。）

说明：在一个线性模型中，我们能计算出关税对价格的确切影响。

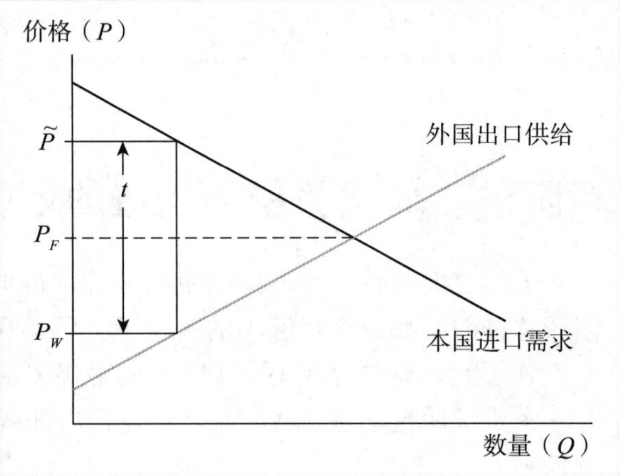

图 10A—1　关税对价格的影响

关税和国内社会福利

我们现在运用所学的知识推导关税对本国社会福利的影响（见图 10A—2）。Q^1 和 D^1 分别代表自由贸易时的产量和消费量；由于征收关税，国内价格会上升，Q 也随之上升为 Q^2，D 则下降至 D^2。其中：

$$Q^2=Q^1+tfh/(b+f+h) \tag{10A—9}$$

$$D^2=D^1-tbh/(b+f+h) \tag{10A—10}$$

从国际价格下降中获得的收益等于图 10A—2 中的矩形面积，其价值为价格的下降值与征收关税后的进口量的乘积，即

$$\begin{aligned}\text{收益}&=(D^2-Q^2)\times t(b+f)/(b+f+h)\\&=t\times(D^1-Q^1)\times(b+f)/(b+f+h)-t^2\\&\quad\times h(b+f)^2/(b+f+h)^2\end{aligned} \tag{10A—11}$$

生产扭曲损失和消费扭曲损失为图 10A—2 中两个三角形面积之和：

$$\begin{aligned}\text{损失}&=(1/2)\times(Q^2-Q^1)\times(\widetilde{P}-P_F)\\&\quad+(1/2)\times(D^1-D^2)\times(\widetilde{P}-P_F)\end{aligned}$$

$$=t^2\times(b+f)\times h^2/2(b+f+h)^2 \qquad (10A—12)$$

因此，关税对社会福利的净影响为

$$收益-损失=t\times U-t^2\times V \qquad (10A—13)$$

式中，U 和 V 为等式内独立于关税水平之外的其他内容的复合表达式，即净影响值是一个正数乘以关税税率和一个负数乘以关税税率的平方之和。

说明：关税的净收益等于阴影的长方形面积减去两个阴影三角形的面积。

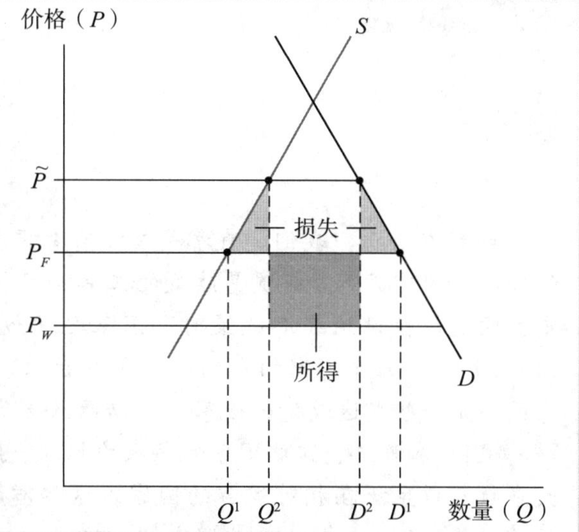

图 10A—2　关税对社会福利的影响

现在，我们不难发现，当关税足够小时，净影响必然为正值。其原因就在于，当我们减小一个小于 1 的正数时，其平方值向零收敛的速度要比该数本身快得多。假定关税税率为 20%时为净损失，那么再试试 10%；10%的关税税率对福利的正面影响为 20%的关税税率的一半，但是其负面影响却只有 20%时的 1/4；如果 10%时仍为净损失，不妨再试试 5%，同样，负面影响的减少速度为正面影响减少速度的 2 倍。如此下去，最终在一个足够小的关税水平上，负面影响会被正面影响所超越，社会福利的净影响会变为正值。

第11章 发展中国家的贸易政策

到现在为止，我们一直都是在没有考虑具体环境（即采取这些政策的国家的情况）的前提下分析贸易政策的工具和目标的。每个国家都有自己独特的历史和问题，在讨论经济政策时，国家之间最明显的差别在于收入水平。如表11—1所示，每个国家的人均收入差异巨大。把所有国家按收入排列起来，最上面的是一些发达或先进国家，包括西欧国家、大部分居民为欧洲移民的国家（如美国）和日本。这些国家的年人均收入一般超过4万美元。但是，世界上的大多数人口生活在相对贫穷的国家。这些**发展中国家**（developing countries）[①]的收入跨度很大。其中一些国家，如韩国——不论是从官方统计数字，还是从它们对自己的看法——事实上已经开始步入发达国家的行列。其他一些国家，如孟加拉国仍然处于极度贫困的状况。尽管如此，试图缩短与发达国家的收入差距已经成为几乎所有发展中国家经济政策的中心议题。

为什么各国之间会有如此大的贫富差距？为什么一些国家在上一代还很贫穷的情况下出现了惊人的改观，而另一些国家却没有任何变化？这是一些分歧很大的问题，如要回答——即便是描述一下经济学家多年来的研究成果——这一本书恐怕也难以全面叙述。但是，我们可以说，答案是，经济发展的观念变化在贸易政策的决定中发挥了重要作用。

表11—1 2009年人均国内生产总值（美元，因价格水平不同而浮动）

美国	49 428
德国	40 511
日本	37 449
韩国	32 954
墨西哥	14 943
中国	10 371
孟加拉国	1 929

资料来源：世界大企业联合会经济总量数据库。

① 发展中国家是国际组织所用的术语，且已成为标准用语——尽管一些“发展中”国家的生活水平已下降了10年或10年以上。“欠发达国家”（less-developed countries，LDCs）则是一个描述性更强但较不礼貌的术语。

第二次世界大战后的大约 30 年中，许多发展中国家深受一种观念的影响，即经济发展的关键在于拥有强大的制造业，而产生这一强大制造业的最佳途径是保护国内厂商不受国际竞争的冲击。本章第一节将阐述进口替代工业化战略的基本原理，讨论 1970 年以后日益普遍的对这一战略的批评，以及 20 世纪 80 年代后期出现的强调自由贸易优越性的新传统观念。本章第二节将阐述 20 世纪 80 年代以来发展中国家的贸易政策所发生的显著变化。

最后，当经济学家们还在争论国与国之间巨大收入差异持久存在的原因时，一大批东亚国家——自 20 世纪 60 年代中期以来——却以惊人的经济增长速度震惊了世界。本章第三节将解释这一“东亚奇迹”及其对国际贸易政策的含义（虽然存在许多争议）。

学习目标

学完本章，你应该能够：

- 概括曾被发展中国家实行过的贸易保护案例的重点，讨论进口替代导致的工业化和幼稚工业论。
- 总结经济二元论的基本思想及其与国际贸易的联系。
- 讨论亚洲国家最近的经济史，比如中国和印度，详述它们快速的经济增长与参与国际贸易的关系。

进口替代的工业化

从第二次世界大战结束到 20 世纪 70 年代，许多发展中国家试图通过限制工业品进口、促进本国制造业生产的方式来加速其发展。这种战略的盛行有一系列原因，其中经济理论对进口替代的支持起了重要作用。这些理论中最重要的也许是我们在第 7 章中提到过的“幼稚工业论”。

幼稚工业论

根据幼稚工业论，发展中国家具有制造业的潜在的比较优势，但发展中国家新建的制造工业，最初却不能与发达国家已经成熟完善的制造业竞争。为了使新成长的制造业获得立足之地，政府应该暂时地给予支持，直到它们足够强大，能够参与国际竞争为止。根据这一理论，用关税或进口配额作为支持工业化起步的暂时措施是有现实意义的。历史上，世界三个最大的市场经济国家都是在贸易壁垒的保护下开始它们的工业化进程的：美国在 19 世纪对制造业产品征收高额关税，而日本直到 20 世纪 70 年代仍保持很大范围的进口控制。

幼稚工业论的问题 幼稚工业论似乎是很令人信服的，事实上也说服了许多国家的政府。但是，经济学家指出了该理论的许多误区，建议应慎重使用这一理论。

首先，现在就试图进入未来才会具有比较优势的产业，并不总是件好事。假设一国目前正处于资本积累的过程中，劳动力充裕，当该国积累了足够的资本时，它将在资本密集型产业方面具有比较优势。但这并不意味着目前该国应立即努力发展这些产业。例如，韩国 20 世纪 80 年代成为汽车的出口国；但如果韩国 20 世纪 60 年代努力发展汽车工业，可能就不太明智，因为当时韩国的资本和熟练劳动都非常缺乏。

其次，保护制造业并没有什么好处，除非保护本身有助于使制造业具有竞争力。巴基斯坦和印度对其制造业部门保护了数十年，最近开始出口相当数量的制造品。但是，它们所出口的制造品是轻工业产品，例如纺织产品，并不是它们所保护的重工业产品。事实上，即便它们从来没有保护过制造业，也同样会发展工业品的出口。一些经济学家警告过“假幼稚工业”的情况，即工业最初受到保护，然而却由于与保护无关的原因变得具有竞争力。这时的保护幼稚工业表面上获得了成功，实际上却是社会无端为此付出了经济上的净成本。

更一般地说，除非存在某种国内市场失灵，否则这种为建立一种产业而耗财费时的行为，并不能成为政府干预的有效论据。如果一个产业因被期望能够获得足够高的资本、劳动和其他生产要素的回报率而值得发展，那么为何不让私人部门的投资者在没有政府介入的情况下去发展这一产业呢？常常有人认为，私人投资者只会考虑一个产业的当前收益，而不能考虑其长远的发展。但是，这一观点并不符合市场行为。至少在发达国家，投资者经常支持一些收益并不确定、在未来可能失败的项目。（以美国的生物技术工业为例，远在进行商业性销售之前，这一产业就已经吸引了数以亿计的资本投入。）

市场失灵作为保护幼稚工业的依据　以一个新产业在开始成长时总是需要保护的观点作为保护幼稚工业的依据，看起来似乎可信，但却存在许多问题。为了证明幼稚工业论的合理性，我们必须从其他方面找依据。幼稚工业是否需要保护取决于是否存在我们在第 10 章中分析的问题，即幼稚工业的保护必须与一种具体的市场失灵相联系，这种市场失灵会使得私有市场不能以应有的速度发展这一产业。幼稚工业论的支持者认为，有两种类型的市场失灵可以作为保护幼稚工业的依据：**不完全资本市场**（imperfect capital markets）和**无偿占用**（appropriability）问题。

不完全资本市场作为保护幼稚工业的依据认为：如果一个发展中国家没有一整套金融机构（例如有效率的股票市场和银行）可以使得传统部门（例如农业）的储蓄用于新成长部门（例如制造业）的投资，那么新工业部门的增长将会受这些工业当前盈利能力的限制。因此，即使这些工业的长期收益较高，最初较低的利润也将会成为投资的障碍。最优政策当然是建立更完善的资本市场，但是，由于对这些幼稚工业的保护可以提高利润，从而使其更快成长，所以保护幼稚工业可以作为次优的政策选择。

无偿占用问题作为保护幼稚工业的依据可以用多种方法来说明，但其中共同的思想是，新产业产生的社会福利没有得到补偿。例如，首先进入新兴产业的公司，必须承担为适应具体环境而进行的技术改造或开辟新市场的起步成本；

其他公司可以跟随先驱者而不必承担起步成本；先驱者不能从自己的成本中获得任何收益。而且，先驱公司可能除了生产有形产品之外，还可以创造出不能获得产权的无形利益（例如，知识或新市场）。在一些情形下，开创一个新工业的社会收益虽然会大于其成本，但是由于存在无偿占用的问题，没有私人企业愿意首先进入。最优的政策是给先驱公司的无形贡献予以补偿。然而，如果当最优政策无法办到时，用关税或其他贸易政策来鼓励进入新产业的做法也不失为次优的选择。

不完全资本市场和无偿占用作为保护幼稚工业的依据，显然是干预自由贸易理论中的市场失灵观点的特例。不同之处在于，这里所说的市场失灵只适用于新产业而不是任何产业。然而，市场失灵方法的一般问题在这里也同样存在，即在实际操作中很难判定何种工业确实需要特殊照顾——原本希望促进新产业发展的政策最后往往会以变成保护某些特殊集团的利益而告终。这种危险是存在的。现实中就有很多这样的例子，许多幼稚工业就一直没有成长起来，依然依赖于保护。

通过保护发展制造业

虽然幼稚工业论存在不少问题，但是许多发展中国家仍然把这一理论视为对制造业进行特殊扶持的有力依据。理论上，扶持可以有多种形式。例如，政府可以对制造业企业提供生产补贴；可以集中对一些确信为可以获得比较优势的出口工业品进行补贴。然而，在大多数发展中国家中，工业化的基本战略一直是发展面向国内市场的工业，用关税和限额等贸易限制鼓励用国内工业品代替进口。通过限制工业品的进口而对国内工业进行鼓励的战略称为**进口替代工业化**（import-substituting industrialization）战略。

有人可能会问，为什么需要选择？为什么不既鼓励进口替代，又鼓励出口呢？答案可以从第 6 章的一般均衡分析中找到：关税会减少进口，同时也必然使得出口减少。通过保护进口替代工业，政府可以把资源从现有或潜在的出口部门转移出来。于是，一国作出的进口替代选择同时也阻碍了出口的增长。

通常选择进口替代而不是出口增长作为工业化战略是政治和经济因素综合作用的结果。首先，截至 20 世纪 70 年代，许多发展中国家一直怀疑自己出口工业品的可能性（虽然这一怀疑同时也意味着要对保护制造业的幼稚工业论提出质疑）。这些国家认为，工业化必然是基于本国工业代替进口，而不是基于工业品出口的增长。其次，在许多情况下，进口替代工业化政策恰好迎合了存在的政治偏见。我们已经注意到了拉丁美洲的例子：拉美国家在 20 世纪 30 年代由于大萧条的影响，以及在 40 年代上半期因为战时贸易的中断，都强制实施了进口替代政策（见第 10 章）。在这些国家，进口替代可以使得有实力的、早已形成的利益集团获益，但促进出口则没有利益相关的自然支持者。

还值得指出的是，一些拥护进口替代政策的人认为，世界经济被工业化国家控制，不利于新参与者；发达的工业国家所拥有的优势实在太大以至新工业化经济无法与之较量。这种理论的极端观点甚至主张发展中国家采取与发达国家在经济上脱钩的政策。直到 20 世纪 80 年代，即使那些支持保护主义发展战略的温和派也仍然认为，国际经济体系在体制上有损发展中国家的利益。

20 世纪五六十年代出现了进口替代工业化的高潮。发展中国家普遍从保护工业生产的最后阶段（例如，食品加工和汽车装配）开始。在较大的发展中国家中，国内产品几乎完全替代了进口消费品（虽然通常是由外国的跨国公司制造的）。一旦不可能再进一步替代进口消费品，这些国家便开始保护中间产品，例如汽车车体、钢铁和石油化工产品。

在大多数发展中国家，进口替代并没有被推到极端：计算机、精密机床等尖端工业产品仍然需要进口。但是，较大的发展中国家的进口替代使得进口水平显著地降低了。印度是个极端的例子。20 世纪 70 年代早期，包括石油在内的进口额只占印度国内生产总值的 3%。

作为一种鼓励制造业增长的战略，进口替代工业化的确起到了显著的作用。在拉丁美洲经济中，制造品占总产出的比例目前几乎与发达国家相同。（印度的比例低一些，但这只是由于该国较贫穷的居民继续在食品上花费较高比例的收入的缘故。）但是，对于这些国家而言，鼓励制造业发展本身并不是目的，而只是实现最终经济发展目标的手段。那么进口替代工业化是否促进了经济发展？这个问题值得怀疑。虽然许多经济学家在 20 世纪 50 年代和 60 年代初期赞成进口替代措施，但是自从 60 年代开始，进口替代工业化战略就受到日益严厉的批评。实际上，许多经济分析家和政策制定者的着眼点已经从试图鼓励进口替代转向了努力纠正进口替代政策所造成的损失。

∴案例分析　墨西哥放弃了进口替代工业化

在 1994 年，墨西哥与加拿大、美国签署了《北美自由贸易协定》（NAFTA），正如我们在第 12 章解释的那样，这个协定变得很有争议，但是墨西哥从进口替代工业化变为自由贸易实际上比它加入 NAFTA 早十年。

墨西哥转向自由贸易要回到半个世纪前。像许多其他发展中国家一样，墨西哥在 20 世纪 30 年代的大萧条时期也实行贸易保护主义。整个 20 世纪 50 年代和 60 年代，墨西哥的保护壁垒越来越高，直到自己完全自力更生。到了 20 世纪 70 年代，墨西哥差不多限制所有制造品的进口，包括那些以极其昂贵的成本在国内才能生产的精密仪器等。

墨西哥制造的产品几乎没有出口，国家的外汇收入主要来源于石油和旅游业。唯一重要的制造品出口来自自由贸易区，这里的工厂都靠近美国边界，它们也不受贸易限制的约束。

但是到了 20 世纪 70 年代后期，墨西哥遇到了通货膨胀和外债持续增加的经济困境。1982 年，墨西哥不能偿还它的外债，所有的问题就爆发了。这样就导致了一个较长时间的经济危机——政策的急剧变化。

1985—1988 年，墨西哥大幅削减关税并废除了大多数配额。新政策的目标就是使墨西哥成为制造品的一个主要出口国，并且使墨西哥经济和美国经济融为一体。20 世纪 90 年代，墨西哥加入 NAFTA 并没有减少多少贸易壁垒，因为 20 世纪 80 年代已经实行贸易自由化。但是，墨西哥加入 NAFTA 确保投资者相信它的政策不再有转变。

那么政策变化起了怎样的作用？出口的确出现了繁荣。在 1980 年，墨西哥出口只占 GDP 的 10.7%——大部分为石油。到了 2012 年，出口占到 GDP 的 34%，主要是制造品。今天，墨西哥制造业不仅服务于国内市场，更是整个北美制造业体系的一个组成部分。

但是，墨西哥经济整体开放的结果却令人有点儿失望。人均收入虽然在过去 25 年里增长了，但实际上增长率比自己实行进口替代工业化时期的还要低。

这是否意味着实行贸易自由化是一个错误呢？不一定。大多数（不是所有）经济学家考察了墨西哥经济表现后认为，教育等因素增长缓慢是主要原因。虽然墨西哥放弃了进口替代战略，并非常成功地变成了一个出口国家，但实际上它的生产水平并没有取得一个比较自由的经济发展体所应该达到的水平。

偏爱制造业的后果：进口替代工业化的问题

许多一直致力于进口替代工业化的国家，并没有显示出赶上发达国家的任何迹象，这一事实使得人们开始对进口替代工业化失去了偏爱。实际上，某些国家发展了国内制造业，但是它们仍然远远落后于发达国家。相对于美国的富裕程度，印度在 1950 年独立时要比 1980 年富裕。

为什么进口替代工业化没有以预期的方式发挥作用呢？最重要的原因可能是，幼稚工业论并不像人们假定的那样具有普遍有效性。如果存在使制造业缺乏比较优势的某种基本的原因，一段时期的保护并不能为制造部门创造出竞争力。经验显示，制造业不能够发展的原因，通常不仅仅是缺乏经验。发展中国家不仅缺乏熟练劳动力、企业家和管理才能，而且存在社会组织方面的问题，如难以保障从备用件到电力等所有工业所需的可靠供给。这些问题经济政策可能并不是不能解决，但却不能用贸易政策来解决：进口配额可以使低效率的制造部门生存下去，但却不能直接使这一部门更具效率。幼稚工业论假定，在给定的短暂的关税和配额的保护下，发展中国家的制造业会变得很有效率。实际上，这种假定并不总是成立的，甚至一般是不成立的。

由于进口替代没能产生预期的收益，人们开始关注这一用以促进工业的政策成本。对于这一问题，越来越多的证据表明，许多发展中国家的保护主义政策严重地扭曲了激励机制。一部分问题来自这些国家使用过于复杂的方法来促进幼稚工业。这些国家不仅使用关税，而且使用复杂且经常相互重叠的进口配额、外汇控制和国产化规定等措施。因此，通常很难判定一项行政规定实际上提供了多少保护。研究显示，保护程度通常比政府设想的要高，而且对不同工业的变动也很大。如表11—2所示，一些拉丁美洲和南亚国家的工业受到的行政规定保护，相当于200%或更高税率的关税。这些高比率的有效保护，使得这些工业即使在生产成本三倍或四倍于所替代的进口产品的价格时，仍能生存下来。即使最拥护市场失灵理论的人也会发现，如此高比率的有效保护是难以接受的。

表11—2 一些发展中国家对制造业的有效保护（%）

墨西哥（1960年）	26
菲律宾（1965年）	61
巴西（1966年）	113
智利（1961年）	182
巴基斯坦（1963年）	271

资料来源：Bela Balassa，*The Structure of Protection in Developing Countries*（Baltimore：Johns Hopkins Press，1971），p. 82.

引起人们关注的另一项成本来自进口限制所造成的无效率和小规模的生产趋势。即使是最大的发展中国家，其国内市场也只相当于美国或欧盟市场的一小部分。通常，这些国家的整个国内市场都不能大到能够有效率地进行规模生产的程度。但是，当这个小市场被保护起来，例如用进口配额，如果只有一家企业进入该市场，这家企业总能获得垄断利润。垄断利润的竞争通常会使得几家企业进入这一甚至连一家企业都容纳不下的小市场，生产只能在非常低效率的规模上进行。正如我们在第8章中所讨论的，小国解决规模经济问题的方法在于专业化生产，并且出口一定种类的商品，进口其他商品。进口替代工业化则摒弃了这一选择，把精力集中到面向国内市场的工业生产。

进口替代工业化的批评家还认为，这一战略会使其他问题，例如收入不均和失业问题变得更加严重。

到20世纪80年代后期，对进口替代工业化的批评已被广泛接受。不仅经济学家如此，世界银行等国际组织，甚至发展中国家自己的政策制定者也都赞同这些批评。统计资料表明，实施相对自由的贸易政策的发展中国家，平均发展速度要高于实行保护主义政策的国家（虽然一些经济学家对该统计资料提出异议）。[①] 理论界的这一变化导致了许多实际政策的变化——许多发展中国家取消了进口配额并降低了关税。

---

① 参见 Francisco Rodriguez and Dani Rodrik，"Trade Policy and Economic Growth：A Skeptic's Guide to the Cross-National Evidence，" in Ben Bernanke and Kenneth S. Rogoff，eds.，*NBER Macroeconomics Annual 2000*. Cambridge，MA：MIT Press for NBER，2001。

1985 年以来的贸易自由化

从 20 世纪 80 年代中期开始，许多发展中国家开始实行低关税税率，取消进口配额和其他贸易限制，发展中国家转向自由贸易有可能是过去 25 年大的贸易政策中的主角。

1985 年以后，许多发展中国家降低了关税，取消了进口配额，开放经济以允许进口竞争。图 11—1 显示了所有发展中国家和两个非常重要的发展中国家——印度和巴西——平均关税税率的变化趋势，这两个国家过去严重依赖作为发展战略的进口替代。我们可以看到，这两国的关税税率有着急剧的下降。类似的情况也发生在其他发展中国家，即使其贸易政策没有发生如此巨大的变化。

说明：发展中国家关税税率的急剧下降可以用来衡量这种进口替代工业化向贸易自由化的转变，平均关税税率从 20 世纪 80 年代早期的 30%多下降至现在的大约只有 10%。那些曾经实行强有力的进口替代政策的国家，如印度和巴西，其关税税率呈现出最为陡峭的跌势。

资料来源：世界银行。

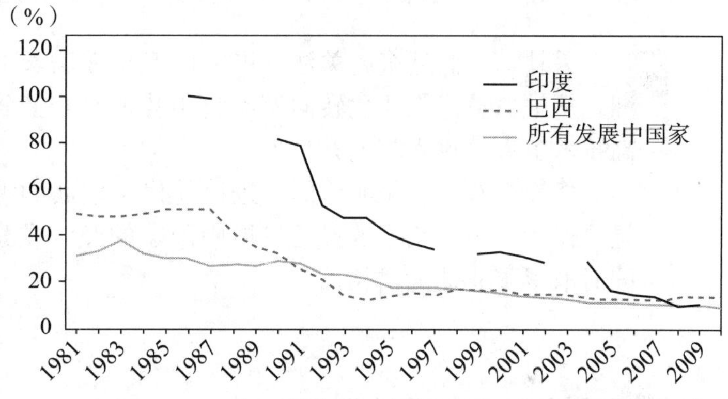

图 11—1　发展中国家的关税税率

发展中国家的贸易自由化有两个明显的影响。一是贸易量急剧增加。图 11—2 绘制了自 1970 年以来用进出口占 GDP 百分比来衡量的发展中国家的贸易。我们可以看到，贸易在 GDP 中的份额在此期间增长了两倍，而且大多数增长发生在 1985 年之后。

第二个影响是贸易本质的改变。在贸易政策改变之前，发展中国家主要出口农产品和矿产品。但是，正如我们在图 2—6 看到的发生在 1980 年以后的变化：发展中国家制造品在出口中的份额激增，在最大发展中经济体的出口中占有主导地位。

像进口替代一样，贸易自由化是达到一定结果的手段，而它本身不是一种目标。正如我们所看到的，进口替代得不到支持是因为它不能满足经济快速发展的要求。转向开放贸易就能产生更好的结果吗？

拉丁美洲国家的增长率要慢于它们实行进口替代工业化时期。另一方面，印度经历了一个令人难忘的加速发展过程，然而，正如我们在本章下一节将看到的，这种加速发展在多大程度上应归功于贸易自由化却极具争议。

说明：从20世纪80年代开始，许多发展中国家从进口替代工业化向贸易自由化转变，从而带来出口与进口GDP占比的大幅增长。

资料来源：http：//data.worldbank.org/indicator/NE.EXP.GNFS.ZS，http：//data.worldbank.org/indicator/NE.IMP.GNFS.ZS.

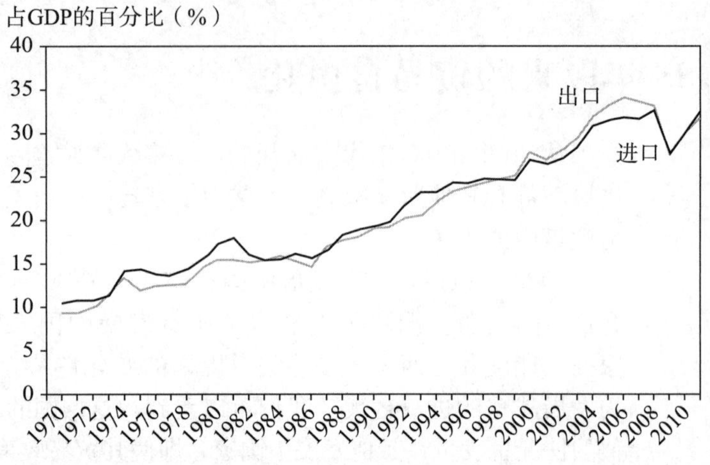

图11—2　发展中国家贸易的增长

另外，人们越来越关注发展中国家正在增长的不平等现象。至少在拉丁美洲，从进口替代工业化转向贸易自由化似乎与蓝领工人工资下降有关，而同时高技术工人的收入却上升。

然而，有一点是明确的：进口替代是发展的唯一路径这种旧观点已被证明是错误的，因为相当数量的发展中国家的经济在其加大而非缩小贸易开放度的同时取得了非凡的增长。

贸易与增长：亚洲的腾飞

正如我们所看到的，到20世纪70年代人们普遍醒悟到不能把进口替代工业化作为发展战略。那么什么又可以取代它呢？

随着经济学家和政策制定者注意到发生在发展中世界的一些惊人的成功故事——它们经历了戏剧性的加速增长并且收入开始向发达国家靠拢——可能的答案开始出现。这些成功的故事最初涉及一些相对较小的东亚经济体：韩国、中国台湾、中国香港和新加坡。然而随着时间的推移，这种成功开始蔓延。今天，那份经历了令人吃惊的经济腾飞的国家清单中包括了世界两大人口大国——中国和印度。

图11—3通过呈现三个国家的经历阐述了亚洲的腾飞：韩国，最初的亚洲老虎中最大的一只；中国；印度。对于每一个国家，我们都描述其人均GDP占美国水平的百分比，这可以更好地凸显这些国家经济的追赶程度。正如我们所看到的，韩国经济在20世纪60年代开始上升，中国在20世纪70年代末，而印度大约在1990年。

说明：从 20 世纪 60 年代开始，一些经济体的收入就呈现出向发达国家靠拢的趋势。这里我们通过人均 GDP 占美国水平的百分比这一比例尺来凸显这种变化。韩国在 20 世纪 60 年代开始上升，中国在 20 世纪 70 年代末，而印度大约再晚十年。

资料来源：经济总量数据库。

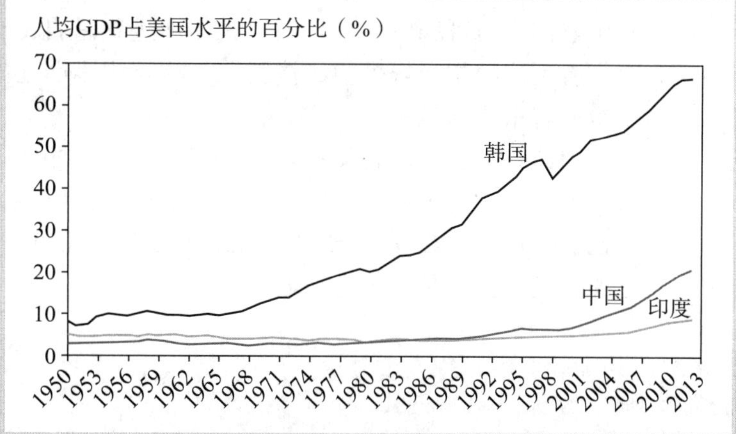

图 11—3　亚洲的腾飞

是什么引起了这样的经济腾飞？图 11—3 所描述的每个国家在其腾飞时期都经历了经济政策的重大变化。新的政策涉及在多个领域减少政府管制，包括向自由贸易的推进。最为惊人的变化发生在中国，1978 年邓小平把中央集权经济转变为利润驱动的相对自由的市场经济。同时正如下文的专栏中所阐述的那样，印度的政策变化也是引人注目的。

每种情况都表明，这些政策变革都会伴随着以出口占 GDP 的份额（见图 11—4）来衡量的经济开放度的大幅提升。那么可以公平地说，这些亚洲的成功故事表明进口替代工业化的支持者是错误的：通过出口导向型增长来获得发展也是可能的。

然而贸易自由化在多大程度上能够解释这些成功的故事还不十分明确。正如我们刚刚指出的，关税的削减以及其他进口限制的消除仅仅是这些国家实行

资料来源：世界银行。

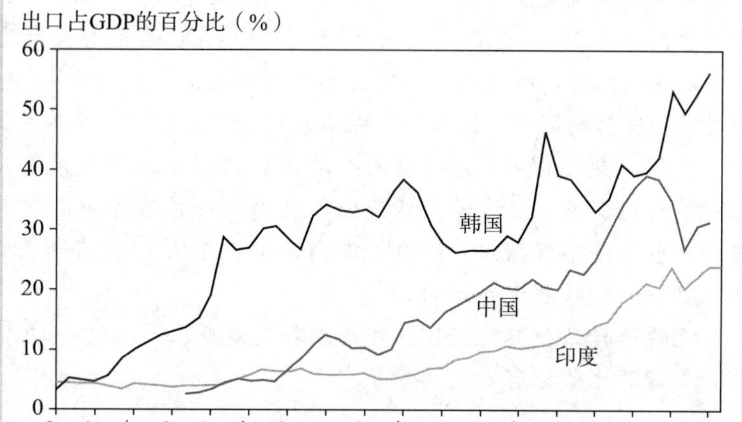

图 11—4　亚洲飙升的贸易

的经济改革的一部分，这就难以评价贸易自由化本身的重要性。此外，拉丁美洲国家如墨西哥和巴西，它们也大幅增进贸易自由化并适时转向出口，但是却没有看到这种相当规模的经济腾飞，这至少表明还有一些其他因素在亚洲奇迹中扮演着重要角色。

因此，亚洲经济腾飞的真正含义还存在着争议。然而有一点是明确的：被操纵的世界经济不利于新进入者以及穷国不能够变富这些一度被广泛认可的观点已经被证明显然是错误的。如此多的人们经历了生活水平如此快速的增长，这在人类历史上是从未有过的。

专栏 印度的繁荣

印度是世界第二大人口大国，拥有 11 亿人口。它也是世界贸易中的一个新生力量——特别是它以新的信息贸易形式取代旧的有形商品贸易形式。印度城市班加罗尔因在信息技术产业中的显著地位而闻名全球。

可是在一代人以前，印度在国际贸易中还是一个小角色，部分原因是这个国家的经济发展缓慢。直到 1980 年，印度的经济增长率——有时笑称为“印度教增长率”——只比人口增长快一个百分点。

这种缓慢增长在很大程度上归因于其因官僚管制而产生的窒息性影响。观察者们提及“许可证为王”现象：事实上几乎任何一项新业务的发起都需要得到难以获得的政府许可，这对投资与创新造成了阻碍。印度的落后经济很少参与世界贸易。印度在 1948 年取得独立后，它的领导人采取了非常极端的进口替代工业化形式作为发展战略。即使国内生产的产品同进口的产品相比价格高昂、质量极差，也一度几乎不进口产品，完全由自己生产。这样，国内的高成本又损害了出口，所以印度是一个“封闭”的经济体。在 20 世纪 70 年代，印度的进出口额约占到 GDP 的 5%，这在一些较大的国家中几乎是最低的。

然而一切都发生了变化，印度经济开始快速增长。1960—1980 年，印度人均 GDP 的年增长率只有 1.3%，而从 1980 年开始，人均 GDP 的年增长率约为 4%。随着关税大幅度下降与配额的取消，印度的世界贸易参与度激增。总而言之，印度经济高速发展了。虽然它仍然是个贫穷的国家，但是它变得越来越富裕，已经同世界关注的焦点——中国竞争了。

当然，最大的问题是印度的经济为什么突然加速发展？这个问题引起了经济学家们激烈的讨论。有些经济学家认为使印度加入世界经济中的贸易自由化是最关键的因素。[①] 另外一些经济学家指出，印度经济高速增长是从 1980 年开始的，而贸易政策的巨大变化是从 20 世纪 90 年代开始的。[②]

无论是什么引起的变化，印度的转变是令人鼓舞的一件事情，毕竟有 10 亿多人口对将来美好的生活抱有更大的希望。

---

① 参见 Arvind Panagariya，“The Triumph of India's Market Reforms：The Record of the 1980s and 1990s.” Policy Analysis 554，Cato Institute，November 2005。

② 参见 Dani Rodrik and Arvind Subramanian，“From Hindu Growth to Productivity Surge：The Mystery of the Indian Growth Transition，” *IMF Staff Papers* 55（2，2005），pp，193－228。

提要

1. 对发展中国家贸易政策的分析，可以使用与发达国家相同的分析工具。然而，相对于发达国家而言，发展中国家的问题自有其独特之处，特别是，发展中国家的贸易政策涉及两个方面的目标：促进工业化和对付国内经济发展不平衡的问题。

2. 促进工业化的政府政策通常是从幼稚工业论那里得到依据的。幼稚工业论认为，新生产业需要暂时的保护，以免受到外国已成熟的竞争者的竞争。然而，幼稚工业论只有在作为一种需要干预的市场失灵理论时才是成立的。通常的两个依据是，不完全资本市场的存在与先驱企业产生的知识被无偿占用的问题。

3. 以幼稚工业论为依据，许多发展中国家一直致力于进口替代工业化的政策。在这种政策下，国内工业能够在关税或进口配额的保护下创建起来。虽然这种政策在促进制造业发展方面获得了成功，但是总体而言，却没有在经济增长和生活水平提高方面产生预期的效果。目前，许多经济学家都在严厉批评进口替代所产生的后果，认为这种政策促进了高成本低效率的生产。

4. 大约从 1985 年开始，许多发展中国家对进口替代政策的结果感到失望，它们大幅减少对制造业的保护。结果是这些发展中国家的对外贸易迅速增长，制造品在出口中的份额增加。然而，就经济发展来看，政策变化的结果仍然不十分明朗。

5. 那种经济发展只能通过进口替代来实现的观点，以及因为进口替代的失败而蔓延开来的对于经济发展的悲观态度，已经受到一些亚洲国家经济迅速增长事实的挑战，这些亚洲国家的经济增长是通过出口而非进口替代来实现的。它们兼具两个特点：贸易在国民收入中占有相当高的比率与极高的经济增长率。这些国家成功的原因一直处于激烈争论之中，特别是贸易自由化在其中发挥的作用这一点上。

关键术语

无偿占用　　发展中国家　　不完全资本市场　　进口替代工业化

习题

1. 在过去的几十年中，哪些国家更多地受惠于国际贸易？这些国家的政策有什么相同之处？它们的经验对保护幼稚工业论是支持还是反对？

2. “日本的经验表明，保护幼稚工业论比其他理论更正确。20 世纪 50 年代初期，日本是一个靠出口纺织品和玩具生存的穷国。日本政府对钢铁工业和汽车工业进行了保护。开始时，这些工业生产没有效率，成本也很高，但后来却逐渐占领了世界市场。”试对上述观点进行评论。

3. 一国目前以每辆 8 000 美元的价格进口汽车。该国政府认为，经过一段时间后，国内生产者能够以 6 000 美元的成本生产汽车。但是，在国内生产的初始尝试阶段，每辆汽车的生产成本达到 10 000 美元。

a. 假设每个试图生产汽车的企业都必须经过高成本的尝试生产阶段。在什么情形下，较高的起步成本能够证明保护幼稚工业是合理的？

b. 现在假设情形相反，一旦某个企业承担了学习成本，学会了如何以 6 000 美元的成本生产汽车，那么其他企业就能够模仿并达到同样的水平。试解释上述情形是怎样阻碍国内工业发展的。对幼稚工业进行保护有助于避免这种情形吗？

4. 印度和墨西哥在第二次世界大战后都实行了进口替代政策，但是印度更进一步，几乎所有的东西都由自己生产，而墨西哥却继续依赖资本品的进口。为什么会出现这种不同的状况？

5. 减少进口替代工业化策略的使用，从而支持对外贸易开放政策的原因是什么？

延伸阅读

W. Arthur Lewis, *The Theory of Economic Development*. Homewood, IL: Irwin, 1955. A good example of the upbeat view taken of trade policies for economic development during the import-substitution high tide of the 1950s and 1960s.

I. M. D. Little, Tibor Scitovsky, and Maurice Scott. *Industry and Trade in Some Developing Countries*. New York: Oxford University Press, 1970. A key work in the emergence of a more downbeat view of import substitution in the 1970s and 1980s.

Barry Naughton. *The Chinese Economy: Transitions and Growth*. Cambridge: MIT Press, 2007. A good overview of the radical changes in Chinese policy over time.

Dani Rodrik. *One Economics, Many Recipes*. Princeton: Princeton University Press, 2007. Views on trade and development from a leading skeptic of prevailing orthodoxies.

T. N. Srinivasan and Suresh D. Tendulkar. *Reintegrating India with the World Economy*. Washington: Institute for International Economics, 2003. How India shifted away from import substitution and what happened as a result.

第12章 贸易政策中的争议

正如我们所阐述的，国际贸易政策理论与国际贸易理论一样，都经过了长期的积累。有经验的国际经济学家倾向于对那些认为自己发现了贸易中“新”问题的人们持一种嘲笑的态度——他们通常认为，大部分所谓的新问题实际上仅仅是新瓶装旧酒。

但是，每隔一段时间，的确会出现真正的新问题。本章叙述了近25年以来关于国际贸易的三次争论，每一次争论都提出了国际经济学家先前没有严肃分析过的问题。

首先，20世纪80年代，发达国家出现了一系列关于政府对贸易进行干预的复杂论证。这些论证主要集中在高技术产业上，这些产业随着芯片的出现而引起了人们的关注。虽然这些论点中有一部分和第10章中谈到的市场失灵有密切的关系，但是这一**战略性贸易政策**（strategic trade policy）新理论是基于不同的思想基础，且在经济学界产生了相当大的轰动。关于高技术产业和贸易的争议在20世纪90年代平息了一段时间，然而近期随着对美国创新的关注而有所回升。

第二次争论发生在20世纪90年代，争论的焦点是增长的国际贸易对发展中国家工人的影响，以及贸易协定是否应该包括工资率和劳工生产条件标准。这些争论通常会扩展到更广阔的范围，即全球化的影响；争论不仅仅在学术期刊上进行，有时还出现在大街小巷。

最近，对于日益超越国家边界的环境问题与贸易政策的交叉部分的关注不断增加，像“碳关税”这样的政策合适与否，仍然存在着严肃的经济与法律上的争论。

学习目标

学完本章，你应该能够：

- 总结贸易干预政策的复杂观点，尤其是同外部性和规模经济有关的论点。
- 反全球化运动涉及贸易对工人、劳工标准和环境的影响，请评价它的观点。
- 讨论WTO作为解决贸易争端论坛的作用以及WTO规则和国家利益之间的紧张关系。
- 讨论贸易政策与环境争论中的主要问题。

战略性贸易政策的复杂观点

在第 9 章和第 10 章的分析框架中，我们并未排除政府干预贸易的必要性。这一分析框架实际上揭示出，积极的政府政策需要一种特殊的依据，即它必须能够抵消某种事先已经存在的国内市场失灵。战略性贸易政策的许多观点存在的问题恰恰是没有把政府干预与自由放任政策的某些假定会出现偏差联系起来。

由于市场失灵而需要干预的问题是：如何才能知道你所观察的市场存在某种失灵？研究工业国家的经济学家已经可以识别两种与发达国家的贸易政策相关的市场失灵。其中一种是，高技术产业中的企业不能获得外溢到其他企业的知识所带来的收益；另一种是，在高度集中的寡头垄断行业里，存在垄断利润。

技术和外部性

我们在第 11 章对幼稚工业论的讨论中指出，存在由知识的无偿占有问题而导致的潜在市场失灵。如果某一产业的企业所生产的知识能够被其他企业无偿占用，这一产业实际上也在进行某种额外产品的生产——知识的边际社会收益——但这种收益却不能形成对企业的激励。只要此类**外部性**（externalities）（为企业外部各方所获得的收益）显得比较重要，补贴该产业就显得比较理所当然。

抽象地看，这种观点无论对发展中国家的幼稚工业，还是对发达国家已经成熟的产业，都同样适用。然而，对于发达国家而言，这种观点有特殊的适用性，因为发达国家存在一些产业，从各种角度来看，生产知识是这些产业活动的核心内容。在高技术产业中，企业会投入大量资源用以改进技术。它们通过在研发活动上直接投入资金或愿意承担开发新产品或新流程的损失来获得经验。因为上述活动几乎在所有产业都会发生，所以高技术产业和经济中的其他部门之间并没有明显的界线。然而，两者却存在程度上的明显差别——高技术部门是以对知识的投资为核心的产业。这样来讨论高技术产业是有意义的。

战略性贸易政策的关键在于，虽然企业可以获得自己对知识投资的某些收益（否则，它们将不会投资），但是，企业往往不能获得全部收益。其他企业可以通过模仿先驱者的思想或技术而部分地获得这些收益。例如，在电子工业，企业常常“反向利用”竞争者的设计，把产品拆开，以弄清其中的运行和制造原理。因为专利法对创新者提供的保护非常微弱，所以有理由假定，在自由放任政策下，高技术企业未获得应有的创新激励。

政府支持高技术产业的情况　美国政府应该补贴高技术产业吗？虽然存在着进行此类补贴的合适理由，我们仍然需要慎重采用这一政策。具体来说，有两个问题：第一，政府能否定位正确的产业或行为；第二，从数量上看，源于这种定位的获益又有多大的重要性。

虽然高技术产业能够创造新的知识从而可能产生额外的社会收益，但是，在那些产业中，大多数生产活动与创造知识并没有关系。政府没有理由对高技术产业使用的资本或非技术工人进行补贴。另一方面，在某种程度上，创新和技术外溢甚至有可能发生在根本不属于高技术的产业中。一个基本原则是，贸易和产业政策应该针对发生市场失灵的特定活动。因此，补贴政策应该努力针对那些企业无法占有的知识创新活动。然而问题是，识别这种知识创新活动并不总是那么容易。我们很快就会看到，产业从业者们通常认为，只专注于被贴了"研究"标签的特定活动实在是太狭隘了。

上升、下降、上升的高科技忧虑　关于美国尤其应该实行专门的促进高技术产业的政策以便对抗外来竞争的观点有一段奇怪的历史。在 20 世纪 80 年代和 90 年代初期，这种观点赢得了广泛的关注和认可，继而失宠，直到最近几年才又强劲复苏。

20 世纪 80 年代和 90 年代初期高技术的讨论在很大程度上源于在一些重要高技术部门日本企业的兴起，而这些部门以前被美国厂商所主导。尤为显著的是，美国在动态随机存储器芯片——许多电子设备的关键零部件——世界产量中的份额从大约 70％跌至 20％，而与此同时日本所占份额却从不足 30％升至 75％。其他高技术产品或许也将遭此不幸已成为普遍担忧。然而正如下文专栏中所描述的，日本对半导体存储器市场的主导将转变为更广范围的对计算机及其相关技术的主导这样的担心并未出现。而且，日本总体经济的增长在 20 世纪 90 年代变得不那么顺畅。而与此同时，美国进入了一个科技主导的崭新时期，引领着互联网应用与其他信息产业。

然而近期，对于美国高技术产业地位的担忧又再度出现。美国所谓的先进技术产品就业的下降成为这种担忧中最重要的因素。如图 12—1 所示，美国信息与通信技术产品的贸易变为大额逆差，与此同时，图 12—2 表明，美国计算机及其相关产品生产的就业自 2000 年下跌，而且实质上比综合制造业的就业下跌得更快。

说明：2000 年以来，美国在被普遍认为是创新尖端的先进技术产品上呈现出巨额贸易逆差。

资料来源：National Science Foundation，*Science and Engineering Indicators 2012*.

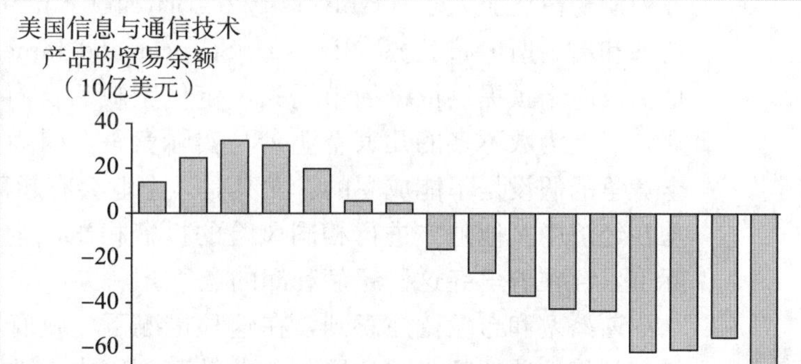

图 12—1　美国信息产品的贸易余额

说明：自 2000 年以来，美国生产计算机及其相关产品的工人数量急剧下降，超过了制造业就业的普遍下降水平。

资料来源：劳工统计局。

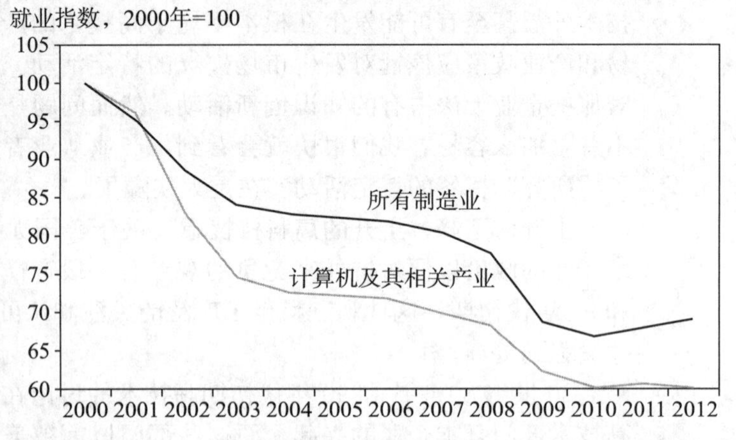

图 12—2　美国制造业就业

这有关系吗？我们可以说，把高技术产品绝大部分的实际生产外包给海外工厂，美国能够继续处在信息技术创新的尖端。然而，如同下文专栏中所阐述的，一些有影响力的声音提出了警示：创新不可能繁荣，除非创新者与把这些创新转化为实体商品的人们保持近距离，无论是身体上还是业务上。

这是一个难以解决的争论，主要是因为根本就不清楚如何给这些问题赋予数字。然而，关于高技术产业是否需要被特别关注的争论在接下来的几年里会日益激烈。

不完全竞争和战略性贸易政策

20 世纪 80 年代，一种产业定位的新观点在理论界很受重视。这一观点由不列颠哥伦比亚大学（University of British Columbia）的经济学家巴巴拉·斯潘塞和詹姆斯·布兰德（Barbara Spencer and James Brander）首先提出，他们把为政府干预提供依据的市场失灵定位于缺乏自由竞争。他们指出，在一些产业，仅有为数不多的几家企业参与实际竞争。因为参与的企业数目少，所以完全竞争的假设是不能成立的。尤其是，企业会有**超额收益**（excess returns），即与在经济中其他地方进行相同风险的投资相比，企业将获得更高的收益。在国际上，存在着争夺这些超额利润的竞争。

斯潘塞和布兰德注意到，在这种情况下，政府原则上可能会通过变更博弈的规则将这些超额收益从国外企业转移到国内企业。最简单的情形是，对国内企业进行补贴，可以阻止国外竞争对手的投资和生产，而由此增加的国内企业利润会超过补贴的数额。如果不考虑对消费者的影响（例如，当企业仅在国外市场销售时），那么，从国外竞争对手那里夺得了利润，就意味着补贴增加了国民收入。不过，国民收入的这一增加是建立在其他国家的损失之上的。

布兰德-斯潘塞分析：一个例证　可以用一个简单的例子来说明**布兰德-斯潘塞分析**（Brander-Spencer analysis）。假设只有位于不同国家和地区的两家企业参与竞争。我们把这两家企业称为波音公司和空中客车公司；国家和地区分别为美国和欧洲。不过请记住，如果本例与现实情况有任何相似之处，可能仅仅是巧合。假定两家企业都能生产一种新产品，即一种超巨型飞机。为了简化起见，假定两家企业只能作出是或否的决策：生产或不生产这种飞机。

表 12—1 表明了两家企业的利润是如何取决于它们的决策的（该表的形式类似于我们在第 10 章研究不同国家贸易政策的相互影响时采取的形式）。每一行对应波音公司的某种决策，每一列对应空中客车公司的某种决策。每一个方框里有两个数字，左下方的数字代表波音公司的利润，右上方的数字代表空中客车公司的利润。

如表所示，该表反映了下列假设：无论哪一家企业单独生产这种飞机，都可盈利。但是，如果两家企业都打算生产这种飞机，那么两家企业都会受到损失。哪一家企业能够得到利润？这取决于谁先占领这一市场。假设波音公司能够在空中客车公司进入市场以前，稍微领先一步，承诺生产这种飞机，则空中客车公司就没有了进入市场的激励。结局就会是表右上方框中的情形，波音公司将获得利润。

表 12—1　两家企业竞争

波音公司 \ 空中客车公司	生产	不生产
生产	–5 –5	0 100
不生产	100 0	0 0

布兰德-斯潘塞的观点是：欧洲政府能够改变这种状况。假设欧洲政府承诺，如果空中客车公司进入市场，欧洲政府将给予 25 单位补贴。这样一来，结局就会变为如表 12—2 所示的情形。这时，无论波音公司作何决策，空中客车公司都可以从这种飞机的生产中获利。

表 12—2　补贴对空中客车公司的影响

波音公司 \ 空中客车公司	生产	不生产
生产	20 –5	0 100
不生产	125 0	0 0

让我们研究一下上述转变的意义。波音公司目前知道，无论自己作何决策，它都将不得不与空中客车公司竞争。如果它选择生产，它将不可避免地蒙受损失。因此，现在成了波音公司被排除在市场之外。事实上，政府补贴会使得我

们假设的波音公司先行动可能获得的优势不复存在。相反，空中客车公司因此会获得进入市场的优势。

最后的结局是，均衡会从表12—1的右上方框，转变为表12—2的左下方框。由于政府的25单位补贴，空中客车公司会从原来的零利润变成125单位利润。也就是说，补贴可以使得利润的增加比补贴本身更多，因为补贴具有阻止国外竞争的作用。如果是空中客车公司（而不是波音公司）率先进入，那么空中客车公司会拥有战略优势。而补贴为空中客车公司创造了一种类似的优势，从而产生了上述结果。

布兰德-斯潘塞分析存在的问题　上述假设的例子似乎说明，战略性贸易政策理论能够为政府的积极干预提供有力的佐证。通过牺牲外国竞争者的利益，欧洲政府的补贴大大地提高了欧洲企业的利润。如果不考虑消费者的利益，这似乎可以提高欧洲的福利水平（同时减少美国的福利水平）。美国政府是否也应该把这种理论付诸实践呢？

事实上，战略性贸易政策理论虽然引起了人们很大的兴趣，但同时也受到了许多批评。批评者认为，这种理论在实际运用中所需要的信息比能够得到的信息更多。这种政策可能存在被外国报复的危险。而且，影响贸易政策和产业政策的国内政治因素会使得这种敏感的分析工具无法在实际中运用。

信息不充分的问题，可以从两方面来看。一方面，即使单独研究某一产业，我们也很难信心十足地填写如表12—1之类表格的所有项目。如果政府在这方面出了什么差错，那么补贴政策可能最终会被证明是一种代价高昂的错误决定。假设波音公司具有某种潜在的优势（也许是技术上更高一筹），这时，即使空中客车公司进入市场，波音公司的生产仍然是有利可图的。如果波音公司继续生产，空中客车公司则不能获利。

在没有补贴的情况下，结局将会是波音公司生产而空中客车公司不生产。现在假设，与前面的情形一样，欧洲政府提供的补贴足以使得空中客车进行生产。在这种情况下，波音公司潜在优势的存在使得欧洲政府的补贴并不能将其排除在市场之外，而且空中客车公司的利润也无法达到其补贴的价值。也就是说，这种政策变成了一个成本高昂的错误。

问题在于虽然这两种情况看起来非常相似，然而，在一种情形下，补贴似乎是一个好政策；而在另一种情形下，补贴似乎是一个糟糕的政策。看来，战略性贸易政策的可行性似乎取决于能否准确地分析具体情况。这不得不使一些经济学家提出疑问：我们是否能够获得足够的信息来有效地使用这一理论？

由于我们不能把产业单独隔离起来进行考察，信息问题因此会变得更为复杂。如果一个产业得到补贴，这一产业将从其他产业吸收资源，而使得其他产业的成本上升。因此，虽然政府政策可以使得美国企业成功地在某一产业获得战略优势，但也会使得其他产业处于战略劣势。为了了解政策是否合理，美国政府需要权衡这两种相互抵消的影响。即使政府对某一产业有准确的了解，这也是不够的；政府还需要同样准确地了解与这一产业争夺资源的其他产业的情况。

如果战略性贸易政策可以解决上述问题，它仍将面临外国报复的问题。本质上，这一问题与使用关税来改善贸易条件面临的问题相同（见第 10 章）。战略性贸易政策是一种**以邻为壑的政策**（beggar-thy-neighbor policies），即以牺牲别国的利益来提高本国福利的政策。这种政策将面临发生贸易战从而使得各方均受损害的风险。几乎没有经济学家会支持美国成为此类政策的发起者。相反，多数经济学家认为，当外国政府积极使用战略性政策时，美国自己应该做好报复的准备。

最后，这种理论可以在政治背景下运用吗？我们在第 10 章中讨论过这一问题——对此类政策持怀疑态度的理由，是以政治上对自由贸易的不确信为基础的。

专栏 英特尔公司创始人的警告

当安迪·格鲁夫谈到技术时，人们莫不洗耳恭听。1968 年，他与他人合创了英特尔公司，发明了微处理器（驱动计算机的芯片），几十年以来主导着半导体行业。

许多人注意到了 2010 年格鲁夫发表的关于美国高技术命运的严重警告：他指出，制造业就业对技术产业的侵蚀破坏了未来创新的条件。[①] 格鲁夫写道：

> 创办新公司的确是件好事，但是它们自身不会提升技术就业。同样重要的是，车间里神奇的创造时刻过后会发生什么，因为技术已成为适合大规模生产的标准化技术。这是公司扩大规模的阶段。他们制定出设计细节，弄清楚如何可以更实惠，建工厂，并且雇用数以千计的工人。扩大规模虽然不易，但是对创新而言十分必要。

扩大规模的过程在美国已经很少发生。那么只要是这样，向在其他地方创建工厂的新公司投入资本就会使美国的就业变得更糟糕。

实际上，格鲁夫认为技术外溢不仅仅需要研究人员，同样也需要大量在工作中有新想法的工人的参与。如果他是对的，他的主张便构成了产业定位的有力论据。

案例分析 当芯片兴起时

当关于战略性贸易政策影响的讨论达到顶峰时，美国倡导干预主义贸易政策的人们经常宣称，日本通过有计划地发展其核心产业而促进了繁荣。截至 20 世纪 90 年代初期，半导体芯片的例子成为证明促进核心产业的确能够起作用的经典例子。确实，当詹姆斯·法洛斯（James Fallows）1994 年发表一系列文章攻击自由贸易、倡导日本式的干预主义时，他第一篇文章的题目就是《芯片的寓言》(The Parable of the Chips)。但是到了 90 年代后期，半导体的例子已经被视为战略性贸易政策存在缺陷的例证了。

---

① Andy Grove, "How to Make an American Job Before It's too Late," Bloomberg. com, July 1, 2010.

半导体芯片是一小块刻有复杂电路的硅。正如我们在前面的专栏中所看到的，这一产业始于美国，当时英特尔公司生产了第一个微处理器——电脑的“大脑”。从那以后，这个产业经历了迅速的技术变革，而且技术变革的过程非常有规律：大约每隔 18 个月，在芯片上可刻的电路数量就会增加 1 倍，这就是有名的摩尔定律（Moore's Law）。这一规律在很大程度上描述了过去 30 年中的信息技术革命。

日本在 20 世纪 70 年代后期进入半导体市场。这个产业毫无疑问被日本政府视为扶持目标，政府积极支持能建立本国技术能力的研究工作。但是，政府在这方面的补助数额并不大。据美国评论界评价，日本战略性贸易政策的主体是暗中的保护主义。尽管日本几乎没有什么正式的关税或其他进口壁垒，美国公司却发现，一旦日本能够生产某种类型的半导体芯片，美国的同类产品在日本就几乎卖不出去。评论家宣称，在诸如家用电器等行业中（日本在该行业已经处于领先地位），日本企业已经暗中达成共识：应该购买本国的半导体，即使相对于美国产品来说日本产品的价格要更高或者质量更低。这种说法是真的吗？直到今天人们还在争论——真实情况到底是什么。

观察家也宣称，受到保护的日本市场——如果这是实际情况——间接地促进了日本出口半导体的能力。他们是这样论证这一观点的：半导体产品的特征是一条陡峭的学习曲线（回忆一下我们在第 7 章中讨论过的动态规模经济），因为有足够大的国内市场作为担保，日本的半导体生产厂商确信它们能够沿着向下的学习曲线进行生产。这就意味着它们愿意投资建新厂，这些厂也能够生产出口产品。

至于这些政策在何种程度上帮助日本成功地夺取了一大部分半导体市场，我们还不清楚。日本工业体系的一些特点可能会使其在半导体生产方面具有一种“天然”的比较优势，因为在这个产业，质量控制是一个关键问题。20 世纪 70—80 年代日本公司发展了一种新的制造业模式，其中一个重要基础就是制定与美国标准相比更低的次品率。

80 年代中期，日本在其中一种类型的半导体方面的生产规模已经超过了美国，该半导体即随机存取存储器（random access memories，RAMs），人们普遍认为这是日本在该产业取得成功的关键。RAM 的生产之所以能够在整个半导体产业中占据主导地位而起到关键作用，是因为它能带来巨大的技术外部性和超额收益。RAM 当时是半导体中数量最多的一种，产业专家声称 RAM 生产技术对于一个国家能否在诸如微处理器等其他半导体的生产领域保持先进水平至关重要。所以，人们普遍预测日本在 RAM 方面的主导地位将迅速转化为其在整个半导体行业的主导优势——而这一优势又会使得日本在其他许多使用半导体的产品生产上具备一定的优势。

人们普遍相信：尽管在 1990 年之前 RAM 生产并不是一个利润非常高的行业，但它最终会成为一个有超额收益的行业。原因是，生产 RAM 的公司数量在逐渐减少：每一代芯片出现时，都有生产者退出这个部门，但是没有新的进入者。许多观察家认为，最终只会有两三个盈利非常高的 RAM 生产者生存下来。

但是到了 20 世纪 90 年代，RAM 生产的两个理由——技术外部性和超额收益——都没有实现。一方面，日本在 RAM 生产上的领先地位并没有最终转化为在其他半导体生产上的优势，例如，美国公司在微处理器方面仍然保持着其领先地位；另一方面，RAM 生产者不仅没有继续减少，反而重新开始增加，主要的新进入者是韩国和其他新兴工业化国家。到了 90 年代后期，RAM 生产已经被认为是“日用品”生产：许多公司都能够生产 RAM，这个部门也没有什么特别的战略性可言。

从这个案例中我们可以看到，正确选择需要重点扶持的部门有多难。半导体产业从表面上看来具有适合采取战略性贸易政策的所有行业特征，但是到最后，它既没有带来明显的外部性，也没有带来超额收益。

全球化和低工资的劳动力

我敢打赌，你读这本书时身上穿的大部分衣服来自比美国要穷得多的国家。发展中国家制成品出口的增加已经成为过去 10 年中世界经济的主要变化之一；甚至像孟加拉国这样一个人均 GDP 不超过美国 5%的贫穷国家现在也更多地依赖于制成品的出口，而不是像以往那样依靠传统的农业或矿产品出口。（一位发展中国家的政府官员曾经对作者之一说过：“我们不是一个生产香蕉的共和国——我们是生产睡衣的共和国。”）

毫不奇怪的是，按照发达国家的标准来看，发展中国家制造业工人的工资非常低——通常低于 1 美元/小时，有时候甚至低于 50 美分。毕竟，这些整体上非常贫穷的国家，工人并没有多少更好的选择。就像上面的案例分析所讲述的，他们的工作条件在很多情况下也很差，有时甚至是致命性的，这一点也不足为奇。

低工资和恶劣的工作条件应当引起人们的关注吗？许多人认为，答案是肯定的。20 世纪 90 年代，反全球化运动在发达国家有很多支持者，特别是在大学校园里。发展中国家出口行业中的低工资和工作环境恶劣是这项运动主要抨击的问题，尽管他们也关注一些其他问题（在下一小节中有所讨论）。

大部分经济学家都认为，反全球化运动被误导了。比较优势的标准分析指出，贸易对参加的双方都是有利可图的；当劳动力丰富的国家出口诸如服装等劳动密集型产品时，不仅它的国民收入会增加，收入的分配也将朝着有利于劳动力的方向发展。然而，是否反全球化运动完全错了呢？

反全球化运动

1995年之前，发达国家公民对国际贸易的抱怨主要集中在它对其他发达国家公民的影响上。在美国，20世纪80年代对自由贸易的批评主要集中在日本给美国带来的所谓的竞争压力上；到了90年代早期，美国和欧洲都很关注从低工资国家的进口对本国非熟练工人的影响。

但是，到了90年代后半期，一场迅速扩大的运动开始强调国际贸易对发展中国家的工人可能造成的损害，这场运动从大学学生那里得到了相当大的支持。激进分子把目标指向了为西方国家市场进行生产的第三世界国家工厂的低工资和工作条件。一个具有代表性的例子是，1996年有人发现，在沃尔玛销售且被电视名人凯瑟琳·李·吉福德（Kathie Lee Gifford）称赞过的衣服是在洪都拉斯由低工资工人生产的。

反全球化运动1999年11月成为世界性新闻，当时，世贸组织的一次重要会议正在西雅图召开。这次会议的目的是继第10章所讲到的乌拉圭回合后开始的新一轮贸易回合谈判。成千上万的激进分子在西雅图聚集，他们认为WTO践踏了国家的独立，强行施加了有损劳工利益的自由贸易思想。尽管参会者事先得到很多警告，但警力准备得还是不够充分，结果游行对会议造成了很大的影响。无论以什么尺度来衡量，谈判进展得都不顺利：各国没有在事先达成一个议程安排，而且很快人们就意识到：对于新一轮贸易谈判的方向，各国也没有达成基本的共识。

最后，这次会议以失败告终。大多数贸易政策专家都认为，即使没有这些游行，这次会议也很有可能失败。但是，反全球化运动至少在表面上看起来破坏了一次重要的国际会议。在后来的两年中，大型游行还影响了国际货币基金组织和世界银行在华盛顿的会议，以及在热那亚举行的主要经济体峰会；后来又发生了意大利警察杀死一个激进分子的事件。

换言之，在相对很短的一段时间里，反全球化运动变得越来越引人注目了。但是，这一运动的目标是什么呢？它的目标正确吗？

重探贸易和工资

从第3章中的分析来看，反对全球化的一部分观点我们是很熟悉的。激进分子指出，发展中国家出口行业的许多工人工资非常低。这些批评人士认为，低工资（还有相应恶劣的劳动条件）表明，与自由贸易倡导者所宣称的相反，全球化并没有帮助发展中国家的工人。

例如，有些激进分子就指出墨西哥加工出口区的例子，这些邻近美国边界的工厂在《北美自由贸易协定》签订后的五年里迅速扩张，雇员数量几乎翻了一番。这些工厂的工资有时甚至低于5美元/天，而且他们的工作条件以美国标准来看也是非常可怕的。《北美自由贸易协定》的反对者说，这一协定使得雇主能够轻松地以低工资的墨西哥工人来代替高工资的美国工人，使得两国的劳动力都受到了侵害。

驳斥这一观点的标准经济学解释需要我们回忆一下第 3 章中所分析的对比较优势的错误理解。有人认为，如果一国工人的工资明显低于其贸易伙伴国工人的工资，则贸易就必然会带来对工人的剥削，这是一个普遍存在的错误观点。

表 12—3 简要重复了这一分析。在这里我们假设有两个国家——美国和墨西哥；两个行业——高技术和低技术的。我们还假设劳动力是唯一生产要素，并且在两个行业中美国劳动力的生产率都高于墨西哥劳动力的生产率。特别地，美国劳动力只需要 1 个小时就能在任一个行业生产出 1 单位产品；而墨西哥的劳动力生产 1 单位低技术产品需要 2 个小时，生产 1 单位高技术产品需要 8 个小时。表的上半部分反映了在没有贸易的情况下以每种产品衡量的各国工人的真实工资：真实工资就是一个工人在单位时间里所能生产出来的产品数量。

表 12—3 真实工资

	高技术产品/小时	低技术产品/小时
(A) 贸易之前		
美国	1	1
墨西哥	1/8	1/2
(B) 贸易之后		
美国	1	2
墨西哥	1/4	1/2

现在假设贸易开放了。在贸易后的均衡中，美国工人和墨西哥工人的相对工资率会处于两个行业中工人的相对生产率之间——例如，美国的工资可能是墨西哥工资的 4 倍。这样，在墨西哥生产低技术产品、在美国生产高技术产品就要便宜得多。

全球化的批评者可能会这样看待这一均衡以论证贸易损害了工人的利益。首先，在低技术产业，美国报酬比较高的工作岗位会被墨西哥工资比较低的工作岗位所取代。其次，墨西哥工人的报酬还有可能会低于他们应得的报酬：尽管在低技术部门他们的生产率是美国工人的一半，但他们的工资仅仅是美国工人的 1/4（不是 1/2）。

但是，正如表 12—3 的下半部分所示，在这个例子中两个国家工资的实际购买力确实都增加了。美国工人都受雇于高技术部门，与以前相比，他们能够购买更多的低技术产品：每小时报酬能购买 2 单位低技术产品而不是以前的 1 单位产品。墨西哥工人现在都受雇于低技术部门，他们工作 1 小时的报酬也能够买到更多的高技术产品（1/4 而不是 1/8）。因为贸易，每个国家以工资率表示的进口货物的价格都下降了。

这个例子的目的并不是精确地复制真实情况，它只是为了说明：这一用来论证全球化损害了发展中国家工人的证据恰恰是在贸易给发达国家和发展中国家的工人都带来好处的模型中将出现的情况。

有人可能会说这个模型具有误导性，因为它假设劳动力是唯一的生产要素。如果我们从采用李嘉图模型变成采用第 5 章所讨论的要素比例模型，则贸易有可能损害到劳动力短缺的高工资国家，即在本例中的美国。但这并无助于解释为什么贸易会伤害到发展中国家的工人。相反，这将更有助于证明，贸易事实上有利于低工资国家的工人：标准的经济学分析认为，当像美国这样的资本密集型国家同墨西哥这样的劳动密集型国家进行贸易时，尽管资本密集型国家的工人有可能因为贸易而受损，但劳动密集型国家的工人则会因为收入分配的变化而受益。

针对"加工出口区"的例子，经济学家认为，尽管加工出口区的工资与美国的工资相比确实很低，但这也是必然的。因为墨西哥的整体生产率很低，工人缺乏其他就业机会。另外，尽管加工出口区的工资低廉、工作条件恶劣，但是，与这些工人在墨西哥可以获得的其他工作机会相比还是有所改进。确实，这些工厂雇员数的迅速增加说明，与其他可以获得的工作机会相比，他们更喜欢在这里工作。（出口加工区里的许多新工人实际上是从墨西哥遥远且贫穷的边远地区过来的农民。所以，可以说，他们是从不为人知的极度贫困转变为不那么严重但随时能见到的贫困，他们的生活有了改善，但同时却给那些对他们先前的悲惨状况一无所知的美国居民带来了罪恶感。）

换言之，经济学家的标准观点是，尽管发展中国家工人的工资很低，但是与没有发生全球化相比，他们的状况已经好转了很多。一些激进分子并不接受这个论点——他们坚持认为，贸易的增长使得发达国家和发展中国家工人的状况都恶化了。但是，他们很难清晰地阐述贸易使工人状况恶化的渠道。最盛行的观点可能是——资本是全球流动的，而劳动力则不是；资本的流动性使得资本家拥有了议价优势。但是，正如我们在第 4 章中所论述的，国际要素流动和国际贸易也有类似的效果。

劳工标准和贸易协议

自由贸易的提倡者和反对全球化的激进分子可能会讨论诸如全球化对工人有利还是不利这样的大问题。但是，真正危险的是相对狭隘的实际政策问题：国际贸易协定是否应该，以及在何种程度上应该包括旨在提高穷国工资水平和工作条件的条款。

经济学家最保守的建议是认为，应该建立一个监测工资和工作条件的系统，并让消费者能够看到监测的结果。他们的论证类似于我们在第 10 章中对市场失灵的分析。他们说，假设发达国家的人们更愿意购买由工资比较合理的工人所生产出来的产品，那么这个不需要花大力气进行信息收集的系统就能带来互利的结果，因为它能让消费者得知这些工人的工资是否合理。[本章的延伸阅读中收录了金伯利·安·埃利奥特（Kimberly Ann Elliott）的一篇文章，在该文中他引用了一个孩子的话说："你看，并不是每次我去商场时都有时间像政治激进分子一样进行调查。简单地告诉我哪种鞋子可以买，行吗?”] 因为消费者能够选择只购买“有保证的”产品，所以他们的福利水平就会因为他们对购买的产品感觉更好而得到提高。同时，生产这些产品的工人的生活水平也会有所提高。

提倡建立这样一个系统的人们承认，这对发展中国家的生活水平不会有太大的影响。主要的原因是，它只会影响出口行业工人的工资，而即使是在高度出口导向型的国家里，出口行业的工人也只占劳动力的一小部分。但是，提倡者补充说，这多少会带来一些好处，同时几乎没有什么坏处。

一个更为激进的想法是，在贸易协定中加入正式的劳工标准，即出口行业必须遵守的标准。这样的标准在发达国家得到了很多人的支持。实际上，在灾难性的西雅图会议上，比尔·克林顿总统所发表的演讲就赞同引入这种标准。

支持在贸易协议中加入劳工标准的经济学解释与赞成引入本国工人最低工资的经济学解释类似：尽管经济学理论认为最低工资政策减少了低技术行业的岗位数量，但是一些（尽管绝不是全部）经济学家认为这一影响很小，其作用也会因为最低工资制度提高了在岗工人的收入而被抵消。

但是，大多数发展中国家强烈反对贸易中的劳工标准，它们相信这些标准最终会被用作保护主义工具：发达国家的政客会制定发展中国家无法达到的标准，最终迫使它们的产品被挤出世界市场。其中引起人们特别担忧的就是劳工标准将被用作私人指控外国公司的基础，就像反倾销法案被私人公司用来牵绊国外竞争者一样——实际上这是导致西雅图会议以失败告终的主要担心之一。

环境和文化问题

对全球化的抱怨并不仅限于劳动力问题。许多批评家认为，全球化对环境不利。发展中国家出口行业的环境标准的确比发达国家低得多。在一些情形下，为了给发达国家市场提供产品，也的确存在很严重的环境破坏问题。一个著名的例子就是东南亚为了向日本和西方国家出口木材产品而大面积砍伐森林。

但另一方面，在那些坚持内向型政策而不愿意与全球经济接轨的国家中，环境破坏的例子也屡见不鲜。一个著名的例子就是巴西热带雨林的大面积破坏——部分原因是由补贴内陆发展的国内政策所造成的。这一政策与出口丝毫没有关系，事实上，环境破坏恰恰是在巴西开始实行内向型发展战略的那几年开始的。

与劳工标准一样，也有人讨论是否应该在贸易协议中加入环保标准。一方面，支持者说这样的协议至少能够在环境方面带来些许的改进，给相关的人带来好处。另一方面，反对者则认为将环保标准加到贸易协议中实际上会减少穷国的潜在出口量，因为它们支付不起达到西方的标准所需的费用。

一个更难处理的问题是全球化对地区和民族文化的影响。市场的逐渐融合的确导致了世界各地文化的趋同。世界各地的人们越来越倾向于穿同样的衣服，吃同样的食物，听同样的歌，看同样的电影和电视剧。

尽管很多文化趋同等价于美国化，但并不是所有文化都是这样。例如，尽管现在麦当劳到处都是，但日本寿司也到处都有。尽管好莱坞的动作电影主导了全球票房，但是诸如《黑客帝国》（*The Matrix*）等好莱坞大片中典型的打斗场景则是学自中国香港的功夫片。

难以否认的是，文化趋同的确会造成一些文化的丧失。因此，的确可以以市场失灵为由来支持试图保持民族文化差异性的政策，例如限制电影院可以上映的美国电影数量，限制外国电视节目占总播出时间的比例。

但是，一旦有人提出这一观点，很显然这还涉及另外一个原则：自由社会的个人有权以自己喜欢的方式进行休闲。如果有人以捍卫美国文化的独立性为名不让你听滚石乐队的歌或看成龙的电影，你会有什么感觉呢？

WTO 和国家独立性

反全球化运动中反复出现的一个主题是，认为追求自由贸易与资本自由流动会损害国家主权。这类抱怨最极端的观点是，把 WTO 视为一种超越国家的力量，能够阻止国家实行符合自己利益的政策。这个观点中有多少真实的成分呢？

简单的答案是，WTO 一点也不像是世界政府，它的权力基本上只局限于要求各国遵守它们所签订的国际贸易协议。但是，认为 WTO 是一个超国家的权威机构也不是完全没有道理，因为它的权力使得它不仅能够监督传统的贸易政策工具——关税、出口补贴和数量限制，还能够监督那些实际上是贸易政策的国内政策。而且，因为合法的国内政策与实质上的保护主义之间的界限并不是很清晰，所以在一些情况下，就某些观察家而言，WTO 似乎是在干涉国内政策。

我们在前文描述了一个非常有名的例子，它说明了这个问题的模棱两可性。正如我们所论述的，美国修订了《清洁空气法》，要求进口汽油的污染水平不得超过本地精炼厂出产汽油的平均污染水平。WTO 裁决这个要求违反了现行贸易协议。对于 WTO 的批评者来说，这个裁决正是 WTO 阻止一个民主国家政府对环境进行改善的例子。

但是，正如 WTO 的捍卫者所指出的，这一裁决是基于美国对进口产品和本国产品实行区别待遇这一事实。毕竟，一些美国精炼厂生产的是高于平均污染程度的汽油，但是政府仍然允许其营业。所以这个规定实际上只是阻碍了委内瑞拉向美国市场销售污染性汽油，但是允许国内的精炼厂出售具有同样污染性的汽油。如果这一规定对本地汽油和外国汽油施行同样的标准，那么就会被 WTO 所接受。

∵案例分析　孟加拉国悲剧

孟加拉国是一个十分贫穷的国家。据世界银行估计，2010 年大约 77%的孟加拉国人生活在每天 2 美元的水平上，而 43%的人口还不足 1.25 美元。然而，令人难以置信的是，这相对于并不遥远的过去已经有了很大的改善：1992 年，以现在的美元来衡量，93%的人口每天生活在不足 2 美元的水平上，而 67%的人口还不足 1.25 美元。

令人难忘的 20 年的经济增长使其人均 GDP 翻了一番，同时也带来了贫困人口的减少。孟加拉国的增长主要依赖其出口的增长，特别是服装的出口。正如我们在第 11 章所注意到的，孟加拉国的服装产业是其古典比较优势产业：与其他发展中国家相比较，该产业的相对生产率虽然较低，但是孟加拉国在其他产业的相对生产率更低，所以就成为了服装出口大国。

然而，孟加拉国服装业的竞争力依赖于其低工资和恶劣的工作环境。有多恶劣？2013 年 4 月 24 日，孟加拉国一座拥有多家服装厂的 8 层大楼倒塌的新闻震惊了世界，该事件造成 1 200 多人丧命。调查显示，此前大楼已出现裂缝，但是服装工人被命令无论如何也要返回工作。调查还显示，从结构上来说，这座大楼并不适合制造作业，并且在没有被许可的情况下加盖了楼层。

是谁在购买这些在如此不安全的环境下生产的服装呢？大楼中的工厂为多家流行的西方服装品牌供货。

显然，孟加拉国需要采取措施保护其工人，可从加固其建筑楼房与工人安全法案着手。但是富国的消费者——也就是说，人群中的你——会作何反应呢？

最为直接的本能反应是拒绝购买如此糟糕地对待工人的国家生产的产品。然而就如同我们所看到的，孟加拉国极度需要一直不断地出口服装，即使相对于西方的标准工人获得极低的工资水平，它也只能这样做。的确，孟加拉国的工资甚至比在服装产业拥有较高生产率的中国还要低。无论我们是否喜欢，低工资与恶劣的工作环境往往并行。

这是否意味着我们已无能为力，没有办法帮助孟加拉国工人使其免受伤害？不是这样的。我们可以设想，通过法令或者仅仅是消费者的压力，同时对孟加拉国及其竞争对手试着设置一些基本的工作环境标准。只要他们不是太过于有雄心壮志，这样的标准可以改善孟加拉国工人的生活，也不至于损害该国所依赖的出口。

但是这并非易事，我们不能对此抱有太大的期望。在可预见的未来，在与贫穷国家进行贸易时，仍存在这样两个令人不安的事实：这些国家的工人将要遭受比西方人想象的还要糟糕的工资和工作环境；然而拒绝购买这些工人生产的产品将会使他们的状况更加恶化。

全球化与环境

人类对环境的影响逐渐成为世界的关注，相应地，这些关注在国内政治中的作用也越来越重要。比如，2007 年 11 月，澳大利亚总理约翰·霍华德选举失败。许多政治分析家认为，由于澳大利亚执政党——自由党（实际上是保守派，而工党是左派）不愿对环境威胁采取有效措施而导致公众不满，这才使执政党选举大败。

环境问题不可避免地在国际贸易争端中起着越来越重要的作用。一些反全球化的激进分子声称逐渐增长的国际贸易损害了环境，而另一些激进分子声称国际贸易协议——特别是 WTO 的作用——起到了阻碍环境保护行动的作用。大多数国际经济学家认为第一种观点过于简单化了，他们也不同意第二种观点。那就是，他们否认全球化和环境破坏之间存在简单的关系，他们也不相信贸易协定阻碍了一些国家实行开明的环境政策。但是，贸易与环境交织在一起也引起了一些重要的问题。

全球化、增长与污染

生产和消费的副产品经常导致环境破坏。工厂往空气中排放废气，有时把大量污水排入河流。农民使用化肥和杀虫剂最终会污染水源。消费者开油耗高的汽车，结果和其他事情一样——增加生产和消费的经济增长导致更大的环境破坏。

但是有些事情是不同的，这就是，当一些国家变得更加富裕时，它们会改变自己生产和消费的比例，在某种程度上它们更倾向于降低对环境的影响。例如，当美国的经济越来越注重服务而不是产品的生产时，它每单位的 GDP 会使用更少的能源和更少的原材料。

此外，财富增长也会提高对环境质量的政治要求。这样，富国都实行比穷国更加严格的规定来确保清洁的空气和干净的水——对于任何一个来往于美国或欧洲的一个大城市和发展中国家的一个大城市的人来说，当他在每个城市深吸一口气时，这种差别就明显了。

20 世纪 90 年代早期，普林斯顿大学经济学家吉恩·格罗斯曼和艾伦·克鲁格（Gene Grossman and Alan Krueger）在研究国民收入水平和污染物比如二氧化硫之间的关系时发现，这些抵消经济增长作用的因素会在人均收入和环境破坏之间产生倒 U 形关系，即众所周知的**库兹涅茨环境曲线**（environmental Kuznets curve）①。这种关系已经被大量研究证明。这一概念在图 12—3 中用曲线进行说明。

---

① Gene Grossman and Alan Krueger, "Environmental Effects of a North American Free Trade Agreement," in Peter Garber, ed., *The U. S. Mexico Free Trade Agreement*. MIT Press, 1994.

说明：经济数据表明，当国家经济增长时，它们的初始增长会增加对环境的破坏，但是当这些经济体变得足够富裕时，它们的经济增长对环境有利。中国的经济正在增长，但对环境是有害的。实际上中国正从点 A 移到点 B，一些富裕国家正从点 C 移到点 D，用增长的收益来改善环境。

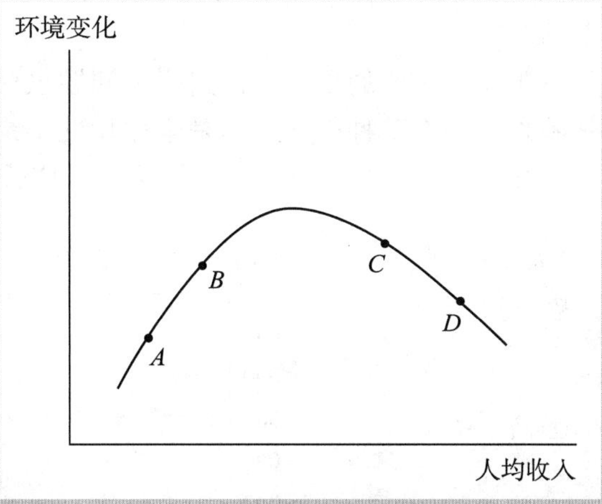

图 12—3　库兹涅茨环境曲线

这种观点认为，随着一国经济的增长，人均收入也会增加，但是初始时的增长对环境具有破坏作用。因此，虽然中国经济近几十年有了巨大的发展，但实际上只是从点 A 移到点 B。当这个国家在电厂烧煤、在工厂里制造更多产品时，它往空气中排入了更多的二氧化硫，往江河中排入了更多的废水。

当一个国家达到一定的富裕程度时，它就有足够的财力来保护环境。由于美国近几十年已经变得非常富有，它已经开始限制污染。例如，要求给汽车安装催化式排气净化器来减少烟雾排放。政府通过许可证制度来限制电厂的二氧化硫排放量。根据图 12—3，美国大约已经从点 C 移到点 D，美国变得越富有，对环境的破坏就越少。

国际贸易和环境有什么关系呢？贸易自由化将会促进经济增长就是它得到支持的原因。在某种程度上，贸易自由化促进了经济增长，而且增加了人均收入。那么它是提高还是损害了环境质量呢？这要看一个经济体是在库兹涅茨环境曲线的哪一边。为了回应《北美自由贸易协定》有害于环境的论证，格罗斯曼和克鲁格在他们早期的文章中表明，墨西哥大约位于曲线的右边，也就是说，在一定程度上《北美自由贸易协定》增加了墨西哥的收入，墨西哥实际上对环境的破坏在减少。

然而，库兹涅茨环境曲线并不一定意味着全球化有益于环境。事实上，从世界范围来看，很容易拿出证据证明全球化的确损害了环境——至少目前是这样的。

症结如下：全球化最大的受益者大概就是中国了，自从 20 世纪 80 年代以来，它的出口导向型经济经历了飞速发展。同时，最大的环境问题毫无疑问就是气候变迁。科学上一致认为，二氧化硫和其他温室气体的大量排放造成了全球平均气温的升高。

中国的繁荣和二氧化碳排放量剧增有一定的联系。图 12—4 显示了美国、欧洲和中国 1980—2011 年间二氧化碳的排放量。在 1980 年，中国还是全球变暖的一个小因素，到 2008 年，大幅增长使得中国已为世界上温室气体的主要排放源。

但是，重要的是要认识到这个问题虽然并不是全球化——中国的成功本身固有的，但在某种程度上却是全球化的结果。尽管有环境问题，但也很难因此认为中国经济增长是件坏事，因为经济增长使十几亿人口脱离了贫困。

说明：中国经济的快速增长使它由一个气候变迁的小因素成为世界最大的二氧化碳排放者。

资料来源：能源信息局。

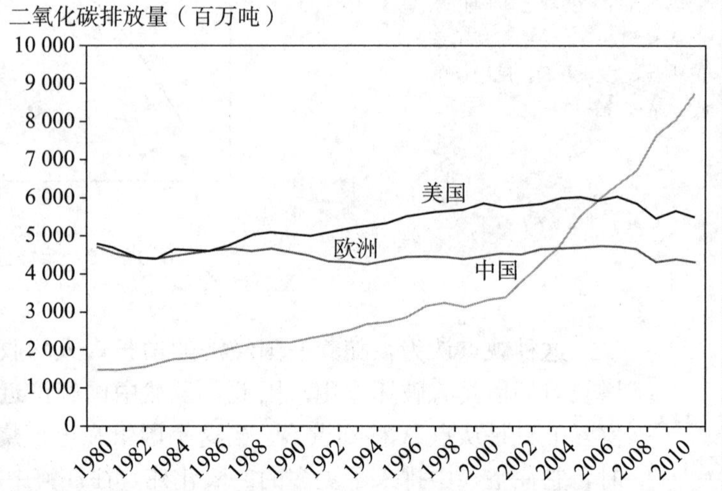

图 12—4　二氧化碳排放量

“污染避难地”的问题

当船破旧得不能继续使用时，船将被拆解，金属和其他部件将回收。看待拆船业的一种观点认为，它是一种回收形式。拆船业公司寻找并且重新利用废船的部件，而不是让它在那里生锈，这种回收使得我们可以减少铁矿石、石油等的开采量。所以有人认为拆船业对于环境有利。但是，这项工作本身可能会给环境造成很大的危害：船槽里的废油、船内椅子和内部装饰中的塑料，这一切如果处理不当，可能给当地环境带来严重破坏。

因此，拆船业在发达国家受到严格的环境管制。当废船被运到巴尔的摩或鹿特丹后，工人们小心作业，以避免环境污染。但是发达国家现在几乎没有拆船业，这些工作由印度的拆船中心——阿兰地区这样的地方来完成。旧船被拖到海滩上，由带有吹灯的工人把船拆解，但他们身后却留下了大量污染。

实际上阿兰地区已经成为**污染避难地**（pollution haven）。由于国际贸易的原因，贸易活动本应在环境控制较严格的国家进行，但是贸易却转到了环境控制较松的国家进行。污染避难地成为世界各地激进分子关注的目标，环境保护组织——绿色和平组织是这次抗议中的领袖，他们要求对这一地区实行较高的环境标准。污染避难地涉及两个问题：第一，污染避难地是否为一个重要的因素？第二，污染避难地是否可以作为国际谈判的一个主题？

关于第一个问题，大部分研究认为污染避难地对国际贸易的影响很小，没有大量证据表明“污染”工业转移到一些国家是因为这些国家有宽松的环境法令。① 以拆船业为例，印度的低工资似乎要比它的宽松环境管制更有吸引力。

关于第二个问题，一些国家对另外一些国家的环境政策真正感兴趣吗？这要看环境问题的本质是什么。

污染是一个具有负外部性的典型例子——某些人给别人带来了成本损失却不愿为之付出。这就是为什么政府对污染进行干预是有正当理由的。但是，不同形式的污染有不同的地理范围——只有超越国界的污染才会明显引起国际关注。

因此，印度拆船业在某种程度上污染了阿兰地区的环境，这是印度自己的问题，而这对其他国家的影响还不清楚。同样，墨西哥的空气污染是墨西哥的问题，不清楚为什么涉及美国利益。另一方面，二氧化碳排放影响将来的气候就涉及所有的国家——这具有国际外部性，值得作为国际谈判的主题。

因此，我们很难拿出一些工业案例来说明，污染避难地现象的出现在一定程度上导致了负的国际外部性。然而，如果有一些（并不要求全部）主要国家采取强有力的政策来限制气候变迁，这种情形或许会发生戏剧性的变化。

碳关税争端

2009 年，美国众议院通过了一项规定碳排放交易制度的法案——签发了数量有限的排放许可证，并且企业被要求购买足够的许可以覆盖其真实的排放量，实际上也就是给二氧化碳和其他气体定价。参议院未能通过任何此类的法案，所以气候变迁立法搁浅至今。然而，众议院法案中一项重要的贸易条款或许能够代表事态的发展：对源于没有颁布类似政策的国家的进口品征收**碳关税**（carbon tariffs）。

那会怎样？气候变迁立法涉及的一个问题是，如果一些国家采取行动是否会有效。美国只占世界温室气体排放的一部分，实际上，正如在图 12—4 中所看到的，它甚至不是最大的排放国。所以，美国单方面削减排放对全球排放量的影响非常有限，对未来的气候变迁也是如此。此外，给碳定价的政策或许会使得污染避难地效应比目前更大。随着排放密集型产业重新到没有强有力气候变迁政策的国家选址，必然会导致“碳泄漏”。

这些问题最明显的解决办法是全球倡议，经济大国采取相似政策。但是，无法保证这样的协定即将来临，特别是当像中国这样的一些国家觉得，相对于已经达到较高生活水平的富裕国家，它们有权利实行更加宽松的环境政策时。

那么该怎么办？碳关税意在对从没有气候变迁政策的国家进口的进口商征收与这些商品生产中所排放的二氧化碳量比例相当的费用。每吨排放的费用应该等于国内市场二氧化碳排放许可证的价格。这样可以激励国外厂商限制其二氧化碳排放量，并且打消其把生产转移至管制宽松的国家的动机。此外，或许

① 例如，参见 Josh Ederington，Arik Levinson，and Jenny Minier，“Trade Liberalization and Pollution Havens，” Working Paper 10585，National Bureau of Economic Research，June 2004。

还会激励那些管制宽松的国家采取自己的气候变迁政策。

碳关税的批评者认为，这是一种贸易保护，而且有悖于禁止歧视性对待国内与国外产品的国际贸易规则。支持者则认为，这仅仅是把进口品生产商与国内生产商置于平等地位，即当向国内消费者销售时，都要为它们的温室气体排放作出支付。并且支持者认为，因为碳关税提供了平等的平台，关税——只要小心运用——在现行贸易规则下也是合法的。

此时此刻，碳关税问题还是一种假设，因为没有一个经济大国已经对其温室气体排放制定了实质性价格。相应地，WTO也还没有对这种关税的合法性作出任何裁定，或许要等到至少出现一个真实的案例。如果气候变迁立法东山再起（其实是迟早的事），很显然它会带来一些重要的新的贸易政策问题。

提要

1. 过去25年来，出现了要求政府干预贸易的新论点：战略性贸易政策理论论证了为什么一国可以通过促进一些特定产业的发展而获益。20世纪90年代则出现了对全球化的新批评，主要集中在全球化对发展中国家工人的影响上。影响气候变迁的活动已经引发了一些重要的贸易问题，包括碳关税的愿望与合法性。

2. 激进主义贸易政策理论主要有以下两个观点。一个观点认为，政府应该促进那些具有技术外部性的产业的发展；另外一个观点与标准的市场失灵理论相去更远，即布兰德-斯潘塞分析，该观点认为，战略性干预可以使国家得到超额收益。这些观点在理论上具有说服力，但是许多经济学家认为，这些分析太精细，需要太多的信息，所以在实践中没有太大用处。

3. 随着发展中国家制成品出口越来越多，一场反对全球化的新运动开始了。尽管这场运动有多个主题，但它关注的重点是出口行业工人的低工资。大多数经济学家的反应是——以西方的标准来看——发展中国家工人的工资可能很低，但是贸易会使得他们能够赚到比没有贸易时更多的收入。

4. 对一些案例的分析显示出对全球化的讨论是多么困难，特别是当你试图把它定位为一个道德问题时；当人们试图做好事的时候，他们极有可能是在做一件坏事。激进分子最钟爱的诸如劳工标准这样的目标实际上却被发展中国家所惧怕，因为它们认为这有可能被用作保护主义工具。

5. 全球化在某种程度上促进了经济增长，但是它对环境的影响却是模棱两可的。库兹涅茨环境曲线表明，当一个国家开始变得富裕时，经济增长初期会破坏环境，但是当国家富裕到一定程度后，经济增长就会有利于环境。遗憾的是，世界上经济增长最快的一些国家仍然比较贫困，它们依然处于曲线不利的一边。

6. 人们越来越担忧全球化使得高污染工业都转移到监管较松的污染避难地。然而，几乎没有证据表明这是当地作出决定的一个主要因素，至少目前没有。但是如果实行严格的气候变迁政策，那或许会有所变化。对于碳关税既有有力的支持，又不乏质疑声。

关键术语

以邻为壑的政策	布兰德-斯潘塞分析	碳关税
库兹涅茨环境曲线	超额收益	外部性
污染避难地	战略性贸易政策	

习题

1. 即使实行战略性贸易政策能够增加国家福利，这种政策的不利后果是什么？

2. 假设美国政府能够确知在以后 20 年中哪些产业的增长最为迅速，为什么这并不一定意味着美国应该采取政策支持这些产业的增长？

3. 如果美国能够办到，它将会要求日本在基础科学研究上多花些钱，在产业应用研究上少花些钱。从无偿占用的角度分析上面的原因。

4. 在布兰德-斯潘塞空中客车与波音的案例中，能够使战略性贸易政策发挥作用的关键假设是什么？

5. 假设欧盟委员会要求你给出一份支持对欧洲智能手机软件进行补贴的简报——记住现在主导这一产业的是美国，特别是苹果公司和谷歌公司（其安卓系统被应用于许多手机和平板电脑）。你将采用什么论据？这些论据存在什么不足之处？

6. WTO 有关环境保护问题受到的主要批评是什么？在有关环境问题的贸易争端中，WTO 是怎样证明自己的观点的？

7. 除了不时地进行战略性贸易政策的尝试之外，法国还致力于推行一种积极的民族主义的文化政策，以促进法兰西艺术、音乐、服饰、烹饪等的发展。这项政策是在日益单一化的世界中保持民族特征的一种努力。但是，一些法国官员还从经济的角度来支持这项政策。从何种意义上讲，这项政策的某些方面具有战略性贸易政策的特点？

8. 限制环境改变的基本问题在于一些国家的经济增长给植物带来了最大威胁，但是这些国家又几乎付不起环境激进主义的要价。请用库兹涅茨环境曲线来解释这个问题。

9. 多数国家都有增值税——生产者支付但最终转嫁给消费者的税收（实际上是间接征收销售税）。这样的增值税通常与等额进口税相伴。因为像增值税这样的进口税被认为是合法的，它们实际上是以相同的税率对消费者的购买间接征税。对比这种情况与有关碳关税的争论，拥护者为什么主张这种关税是合法的？你能想到哪些反对的理由？

延伸阅读

James A. Brander and Barbara J. Spencer. "Export Subsidies and International Market Share Rivalry." *Journal of International Economics* 16 (1985), pp. 83 - 100. A basic reference on the potential role of subsidies as a tool of strategic trade policy.

Kimberly Ann Elliott. *Can Labor Standards Improve Under Globalization*? Washington, D. C.: Institute for International Economics, 2001. A survey of the issues by an economist sympathetic to the cause of the activists.

Edward M. Graham. *Fighting the Wrong Enemy: Antiglobalization Activists and Multinational Corporations*. Washington, D. C.: Institute for International Economics, 2001. A survey of the issues by an economist less sympathetic to the activists.

Elhanan Helpman and Paul Krugman. *Trade Policy and Market Structure*. Cambridge: MIT Press, 1989. A survey and synthesis of the literature on strategic trade policy and related topics.

William Langewiesche. "The Shipbreakers." *The Atlantic Monthly* (August 2000). A fascinating description of the shipbreaking industry of Alang and the dispute it has generated.

Hearing on Trade Aspects of Climate Change Legislation, Before the Subcommittee on Trade, 112th Cong. (March 24, 2009) (statement of Joost Pauwelyn). A clear, concise discussion by a trade lawyer of the issues surrounding carbon tariffs, in which he argues that if done carefully, they would be legal under existing agreements.

译后记

一本出色的教科书可以影响一代学生学术思想和政策思维的形成。如果这样的教科书具有很强的理论性和应用色彩，其影响力则不仅仅局限于高等教育和学术界。美国克鲁格曼等人所著的《国际贸易》就属于这样的著作。自本书第一版问世至今，它的影响遍及全球，被译为多国文字，不仅在高等学府、研究机构非常普及，而且在许多国家的经济决策层亦常常作为案头备查、参考的文献之一。

尽管经过较长时间的翻译和整理，在中国人民大学出版社的大力推动与支持下，我们终于把克鲁格曼等人所著的《国际贸易》（第十版）呈现在读者面前。2011 年，我曾担纲翻译该书的第八版。尽管前几版的翻译和校对基础对今日的工作做了很好的铺垫，但是第十版的翻译工作也并不轻松。新版中许多章节增加了新内容，部分章节有较大幅度的改动。与前几版相比，第十版反映了当前国际经济学领域中理论与实践上的一些重要进展，尤其详细地讨论了中国、印度等新兴经济体的一些经济发展状况，这是该书受到欢迎的重要原因之一。运用克鲁格曼提供的分析框架，探讨美国“量化宽松”的货币政策是解释国际贸易和国际金融融合关系的最好案例：美国为了摆脱危机的困扰，利用美元国际中心货币的优势，实行“量化宽松”的货币政策，把通货膨胀输送到世界各地，导致世界大宗商品黄金价格暴涨，给世界上其他国家的经济形成压力，触发了国际贸易的保护主义的泛起。

需要特别指出的是，笔者 20 世纪 90 年代初在美国斯坦福大学经济系做研究时，克鲁格曼教授当时在该校商学院任教，其时笔者就不赞同他关于东亚经济起飞仅仅是由于要素堆砌的结论。在阅读这本教科书的时候，笔者对于作者对于不完全竞争条件下的国际贸易理论、经济地理理论的贡献非常赞赏，但掩卷沉思也产生了这样一个疑问：克鲁格曼在本书中的经济思想主轴是支持贸易自由化，但在现实中他却不仅仅是支持，甚至是鼓吹美国政府实行贸易保护政策的，而他对于中国经济的片面批评和对“东亚模式”的不以为然，这些都体现了他理论与实践矛盾的一面。

笔者和中国人民大学的同事以及博士生组成了本书的翻译团队，他们的姓名及所承担的任务分别是：丁凯、吕媛媛（前言、第 1 章、第 2 章和第 9 章），刘一姣（第 3 章、第 4 章和第 5 章），黄剑（第 6 章、第 7 章和第 8 章），汤学敏（第 10 章），刘琛君（第 11 章和第 12 章）。他们为本书的翻译倾注了大量心血，在完成各自翻译的章节之后，对全书译稿进行了大量的校译工作，对有些新术语往往斟酌再三。对这样一本读者非常关注的经济学著作，我们尽最大可能保证翻译的质量，为中国的读者提供一个尽可能完美的译本。

在此，要感谢中国人民大学出版社对此书翻译和出版的热情关怀与关注，他们为本书的翻译工作创造了良好的氛围。当然，由于学力有限，译本一定还存在一些纰漏之处。对于本书中所涉及的专业知识，如有翻译不当之处，欢迎广大读者批评指正，共同提高。

黄卫平

经济科学译丛						
序号	书名	作者	Author	单价	出版年份	ISBN
1	经济学中的数学	卡尔·P. 西蒙等	Carl P. Simon	118.00	2018	978-7-300-26292-5
2	劳动经济学(第七版)	乔治·J. 鲍哈斯	George J. Borjas	75.00	2018	978-7-300-25226-1
3	组织经济学:经济学分析方法在组织管理上的应用(第五版)	塞特斯·杜玛等	Sytse Douma	62.00	2018	978-7-300-25545-3
4	经济理论的回顾(第五版)	马克·布劳格	Mark Blaug	88.00	2018	978-7-300-26252-9
5	实地实验:设计、分析与解释	艾伦·伯格等	Alan S. Gerber	69.80	2018	978-7-300-26319-9
6	金融学(第二版)	兹维·博迪等	Zvi Bodie	75.00	2018	978-7-300-26134-8
7	空间数据分析:模型、方法与技术	曼弗雷德·M. 费希尔等	Manfred M. Fischer	36.00	2018	978-7-300-25304-6
8	《宏观经济学》(第十二版)学习指导书	鲁迪格·多恩布什等	Rudiger Dornbusch	38.00	2018	978-7-300-26063-1
9	宏观经济学(第四版)	保罗·克鲁格曼等	Paul Krugman	68.00	2018	978-7-300-26068-6
10	计量经济学导论:现代观点(第六版)	杰弗里·M. 伍德里奇	Jeffrey M. Wooldridge	109.00	2018	978-7-300-25914-7
11	经济思想史:伦敦经济学院讲演录	莱昂内尔·罗宾斯	Lionel Robbins	59.80	2018	978-7-300-25258-2
12	空间计量经济学入门——在R中的应用	朱塞佩·阿尔比亚	Giuseppe Arbia	45.00	2018	978-7-300-25458-6
13	克鲁格曼经济学原理(第四版)	保罗·克鲁格曼等	Paul Krugman	88.00	2018	978-7-300-25639-9
14	发展经济学(第七版)	德怀特·H.波金斯等	Dwight H. Perkins	98.00	2018	978-7-300-25506-4
15	线性与非线性规划(第四版)	戴维·G.卢恩伯格等	David G. Luenberger	79.80	2018	978-7-300-25391-6
16	产业组织理论	让·梯若尔	Jean Tirole	110.00	2018	978-7-300-25170-7
17	经济学精要(第六版)	巴德,帕金	Bade,Parkin	89.00	2018	978-7-300-24749-6
18	空间计量经济学——空间数据的分位数回归	丹尼尔·P. 麦克米伦	Daniel P. McMillen	30.00	2018	978-7-300-23949-1
19	高级宏观经济学基础(第二版)	本·J. 海德拉	Ben J. Heijdra	88.00	2018	978-7-300-25147-9
20	税收经济学(第二版)	伯纳德·萨拉尼耶	Bernard Salanié	42.00	2018	978-7-300-23866-1
21	国际宏观经济学(第三版)	罗伯特·C. 芬斯特拉	Robert C. Feenstra	79.00	2017	978-7-300-25326-8
22	公司治理(第五版)	罗伯特·A.G. 蒙克斯	Robert A. G. Monks	69.80	2017	978-7-300-24972-8
23	国际经济学(第15版)	罗伯特·J. 凯伯	Robert J. Carbaugh	78.00	2017	978-7-300-24844-8
24	经济理论和方法史(第五版)	小罗伯特·B. 埃克伦德等	Robert B. Ekelund. Jr.	88.00	2017	978-7-300-22497-8
25	经济地理学	威廉·P. 安德森	William P. Anderson	59.80	2017	978-7-300-24544-7
26	博弈与信息:博弈论概论(第四版)	艾里克·拉斯穆森	Eric Rasmusen	79.80	2017	978-7-300-24546-1
27	MBA宏观经济学	莫里斯·A. 戴维斯	Morris A. Davis	38.00	2017	978-7-300-24268-2
28	经济学基础(第十六版)	弗兰克·V. 马斯切纳	Frank V. Mastrianna	42.00	2017	978-7-300-22607-1
29	高级微观经济学:选择与竞争性市场	戴维·M. 克雷普斯	David M. Kreps	79.80	2017	978-7-300-23674-2
30	博弈论与机制设计	Y. 内拉哈里	Y. Narahari	69.80	2017	978-7-300-24209-5
31	宏观经济学精要:理解新闻中的经济学(第三版)	彼得·肯尼迪	Peter Kennedy	45.00	2017	978-7-300-21617-1
32	宏观经济学(第十二版)	鲁迪格·多恩布什等	Rudiger Dornbusch	69.00	2017	978-7-300-23772-5
33	国际金融与开放宏观经济学:理论、历史与政策	亨德里克·范登伯格	Hendrik Van den Berg	68.00	2016	978-7-300-23380-2
34	经济学(微观部分)	达龙·阿西莫格鲁等	Daron Acemoglu	59.00	2016	978-7-300-21786-4
35	经济学(宏观部分)	达龙·阿西莫格鲁等	Daron Acemoglu	45.00	2016	978-7-300-21886-1
36	发展经济学	热若尔·罗兰	Gérard Roland	79.00	2016	978-7-300-23379-6
37	中级微观经济学——直觉思维与数理方法(上下册)	托马斯·J·内契巴	Thomas J. Nechyba	128.00	2016	978-7-300-22363-6
38	环境与自然资源经济学(第十版)	汤姆·蒂坦伯格等	Tom Tietenberg	72.00	2016	978-7-300-22900-3
39	劳动经济学基础(第二版)	托马斯·海克拉克等	Thomas Hyclak	65.00	2016	978-7-300-23146-4
40	货币金融学(第十一版)	弗雷德里克·S·米什金	Frederic S. Mishkin	85.00	2016	978-7-300-23001-6
41	动态优化——经济学和管理学中的变分法和最优控制(第二版)	莫顿·I·凯曼等	Morton I. Kamien	48.00	2016	978-7-300-23167-9
42	用Excel学习中级微观经济学	温贝托·巴雷托	Humberto Barreto	65.00	2016	978-7-300-21628-7
43	宏观经济学(第九版)	N·格里高利·曼昆	N. Gregory Mankiw	79.00	2016	978-7-300-23038-2
44	国际经济学:理论与政策(第十版)	保罗·R·克鲁格曼等	Paul R. Krugman	89.00	2016	978-7-300-22710-8
45	国际金融(第十版)	保罗·R·克鲁格曼等	Paul R. Krugman	55.00	2016	978-7-300-22089-5
46	国际贸易(第十版)	保罗·R·克鲁格曼等	Paul R. Krugman	49.00	2016	978-7-300-22088-8
47	经济学精要(第3版)	斯坦利·L·布鲁伊等	Stanley L. Brue	58.00	2016	978-7-300-22301-8
48	经济分析史(第七版)	英格里德·H·里马	Ingrid H. Rima	72.00	2016	978-7-300-22294-3
49	投资学精要(第九版)	兹维·博迪等	Zvi Bodie	108.00	2016	978-7-300-22236-3
50	环境经济学(第二版)	查尔斯·D·科尔斯塔德	Charles D. Kolstad	68.00	2016	978-7-300-22255-4
51	MWG《微观经济理论》习题解答	原千晶等	Chiaki Hara	75.00	2016	978-7-300-22306-3
52	现代战略分析(第七版)	罗伯特·M·格兰特	Robert M. Grant	68.00	2016	978-7-300-17123-4
53	横截面与面板数据的计量经济分析(第二版)	杰弗里·M·伍德里奇	Jeffrey M. Wooldridge	128.00	2016	978-7-300-21938-7
54	宏观经济学(第十二版)	罗伯特·J·戈登	Robert J. Gordon	75.00	2016	978-7-300-21978-3

经济科学译丛

序号	书名	作者	Author	单价	出版年份	ISBN
55	动态最优化基础	蒋中一	Alpha C. Chiang	42.00	2015	978-7-300-22068-0
56	城市经济学	布伦丹·奥弗莱厄蒂	Brendan O'Flaherty	69.80	2015	978-7-300-22067-3
57	管理经济学:理论、应用与案例(第八版)	布鲁斯·艾伦等	Bruce Allen	79.80	2015	978-7-300-21991-2
58	经济政策:理论与实践	阿格尼丝·贝纳西-奎里等	Agnès Bénassy-Quéré	79.80	2015	978-7-300-21921-9
59	微观经济分析(第三版)	哈尔·R·范里安	Hal R. Varian	68.00	2015	978-7-300-21536-5
60	财政学(第十版)	哈维·S·罗森等	Harvey S. Rosen	68.00	2015	978-7-300-21754-3
61	经济数学(第三版)	迈克尔·霍伊等	Michael Hoy	108.00	2015	978-7-300-21674-4
62	发展经济学(第九版)	A.P.瑟尔沃	A. P. Thirlwall	69.80	2015	978-7-300-21193-0
63	宏观经济学(第五版)	斯蒂芬·D·威廉森	Stephen D. Williamson	69.00	2015	978-7-300-21169-5
64	资源经济学(第三版)	约翰·C·伯格斯特罗姆等	John C. Bergstrom	58.00	2015	978-7-300-20742-1
65	应用中级宏观经济学	凯文·D·胡佛	Kevin D. Hoover	78.00	2015	978-7-300-21000-1
66	计量经济学导论:现代观点(第五版)	杰弗里·M·伍德里奇	Jeffrey M. Wooldridge	99.00	2015	978-7-300-20815-2
67	现代时间序列分析导论(第二版)	约根·沃特斯等	Jürgen Wolters	39.80	2015	978-7-300-20625-7
68	空间计量经济学——从横截面数据到空间面板	J·保罗·埃尔霍斯特	J. Paul Elhorst	32.00	2015	978-7-300-21024-7
69	国际经济学原理	肯尼思·A·赖纳特	Kenneth A. Reinert	58.00	2015	978-7-300-20830-5
70	经济写作(第二版)	迪尔德丽·N·麦克洛斯基	Deirdre N. McCloskey	39.80	2015	978-7-300-20914-2
71	计量经济学方法与应用(第五版)	巴蒂·H·巴尔塔基	Badi H. Baltagi	58.00	2015	978-7-300-20584-7
72	战略经济学(第五版)	戴维·贝赞可等	David Besanko	78.00	2015	978-7-300-20679-0
73	博弈论导论	史蒂文·泰迪里斯	Steven Tadelis	58.00	2015	978-7-300-19993-1
74	社会问题经济学(第二十版)	安塞尔·M·夏普等	Ansel M.Sharp	49.00	2015	978-7-300-20279-2
75	博弈论:矛盾冲突分析	罗杰·B·迈尔森	Roger B. Myerson	58.00	2015	978-7-300-20212-9
76	时间序列分析	詹姆斯·D·汉密尔顿	James D. Hamilton	118.00	2015	978-7-300-20213-6
77	经济问题与政策(第五版)	杰奎琳·默里·布鲁克斯	Jacqueline Murray Brux	58.00	2014	978-7-300-17799-1
78	微观经济理论	安德鲁·马斯-克莱尔等	Andreu Mas-Collel	148.00	2014	978-7-300-19986-3
79	产业组织:理论与实践(第四版)	唐·E·瓦尔德曼等	Don E. Waldman	75.00	2014	978-7-300-19722-7
80	公司金融理论	让·梯若尔	Jean Tirole	128.00	2014	978-7-300-20178-8
81	经济学精要(第三版)	R·格伦·哈伯德等	R. Glenn Hubbard	85.00	2014	978-7-300-19362-5
82	公共部门经济学	理查德·W·特里西	Richard W. Tresch	49.00	2014	978-7-300-18442-5
83	计量经济学原理(第六版)	彼得·肯尼迪	Peter Kennedy	69.80	2014	978-7-300-19342-7
84	统计学:在经济中的应用	玛格丽特·刘易斯	Margaret Lewis	45.00	2014	978-7-300-19082-2
85	产业组织:现代理论与实践(第四版)	林恩·佩波尔等	Lynne Pepall	88.00	2014	978-7-300-19166-9
86	计量经济学导论(第三版)	詹姆斯·H·斯托克等	James H. Stock	69.00	2014	978-7-300-18467-8
87	发展经济学导论(第四版)	秋山裕	秋山裕	39.80	2014	978-7-300-19127-0
88	中级微观经济学(第六版)	杰弗里·M·佩罗夫	Jeffrey M. Perloff	89.00	2014	978-7-300-18441-8
89	平狄克《微观经济学》(第八版)学习指导	乔纳森·汉密尔顿等	Jonathan Hamilton	32.00	2014	978-7-300-18970-3
90	微观经济学(第八版)	罗伯特·S·平狄克等	Robert S.Pindyck	79.00	2013	978-7-300-17133-3
91	微观银行经济学(第二版)	哈维尔·弗雷克斯等	Xavier Freixas	48.00	2014	978-7-300-18940-6
92	施米托夫论出口贸易——国际贸易法律与实务(第11版)	克利夫·M·施米托夫等	Clive M. Schmitthoff	168.00	2014	978-7-300-18425-8
93	微观经济学思维	玛莎·L·奥尔尼	Martha L. Olney	29.80	2013	978-7-300-17280-4
94	宏观经济学思维	玛莎·L·奥尔尼	Martha L. Olney	39.80	2013	978-7-300-17279-8
95	计量经济学原理与实践	达摩达尔·N·古扎拉蒂	Damodar N.Gujarati	49.80	2013	978-7-300-18169-1
96	现代战略分析案例集	罗伯特·M·格兰特	Robert M. Grant	48.00	2013	978-7-300-16038-2
97	高级国际贸易:理论与实证	罗伯特·C·芬斯特拉	Robert C. Feenstra	59.00	2013	978-7-300-17157-9
98	经济学简史——处理沉闷科学的巧妙方法(第二版)	E·雷·坎特伯里	E. Ray Canterbery	58.00	2013	978-7-300-17571-3
99	管理经济学(第四版)	方博亮等	Ivan Png	80.00	2013	978-7-300-17000-8
100	微观经济学原理(第五版)	巴德、帕金	Bade,Parkin	65.00	2013	978-7-300-16930-9
101	宏观经济学原理(第五版)	巴德、帕金	Bade,Parkin	63.00	2013	978-7-300-16929-3
102	环境经济学	彼得·伯克等	Peter Berck	55.00	2013	978-7-300-16538-7
103	高级微观经济理论	杰弗里·杰里	Geoffrey A. Jehle	69.00	2012	978-7-300-16613-1
104	高级宏观经济学导论:增长与经济周期(第二版)	彼得·伯奇·索伦森等	Peter Birch Sørensen	95.00	2012	978-7-300-15871-6
105	宏观经济学:政策与实践	弗雷德里克·S·米什金	Frederic S. Mishkin	69.00	2012	978-7-300-16443-4
106	宏观经济学(第二版)	保罗·克鲁格曼	Paul Krugman	45.00	2012	978-7-300-15029-1
107	微观经济学(第二版)	保罗·克鲁格曼	Paul Krugman	69.80	2012	978-7-300-14835-9

经济科学译丛						
序号	书名	作者	Author	单价	出版年份	ISBN
108	克鲁格曼《微观经济学(第二版)》学习手册	伊丽莎白·索耶·凯利	Elizabeth Sawyer Kelly	58.00	2013	978-7-300-17002-2
109	克鲁格曼《宏观经济学(第二版)》学习手册	伊丽莎白·索耶·凯利	Elizabeth Sawyer Kelly	36.00	2013	978-7-300-17024-4
110	微观经济学(第十一版)	埃德温·曼斯费尔德	Edwin Mansfield	88.00	2012	978-7-300-15050-5
111	卫生经济学(第六版)	舍曼·富兰德等	Sherman Folland	79.00	2011	978-7-300-14645-4
112	宏观经济学(第七版)	安德鲁·B·亚伯等	Andrew B. Abel	78.00	2011	978-7-300-14223-4
113	现代劳动经济学:理论与公共政策(第十版)	罗纳德·G·伊兰伯格等	Ronald G. Ehrenberg	69.00	2011	978-7-300-14482-5
114	宏观经济学:理论与政策(第九版)	理查德·T·弗罗恩	Richard T. Froyen	55.00	2011	978-7-300-14108-4
115	经济学原理(第四版)	威廉·博伊斯等	William Boyes	59.00	2011	978-7-300-13518-2
116	计量经济学基础(第五版)(上下册)	达摩达尔·N·古扎拉蒂	Damodar N.Gujarati	99.00	2011	978-7-300-13693-6
117	《计量经济学基础》(第五版)学生习题解答手册	达摩达尔·N·古扎拉蒂等	Damodar N. Gujarati	23.00	2012	978-7-300-15080-8
118	计量经济分析(第六版)(上下册)	威廉·H·格林	William H.Greene	128.00	2011	978-7-300-12779-8
119	国际贸易	罗伯特·C· 芬斯特拉等	Robert C.Feenstra	49.00	2011	978-7-300-13704-9
120	经济增长(第二版)	戴维·N·韦尔	David N.Weil	63.00	2011	978-7-300-12778-1
121	投资科学	戴维·G·卢恩伯格	David G. Luenberger	58.00	2011	978-7-300-14747-5
122	博弈论	朱·弗登博格等	Drew Fudenberg	68.00	2010	978-7-300-11785-0

金融学译丛						
序号	书名	作者	Author	单价	出版年份	ISBN
1	金融学原理(第八版)	阿瑟·J. 基翁等	Arthur J. Keown	79.00	2018	978-7-300-25638-2
2	财务管理基础(第七版)	劳伦斯·J. 吉特曼等	Lawrence J. Gitman	89.00	2018	978-7-300-25339-8
3	利率互换及其他衍生品	霍华德·科伯	Howard Corb	69.00	2018	978-7-300-25294-0
4	固定收益证券手册(第八版)	弗兰克·J. 法博齐	Frank J. Fabozzi	228.00	2017	978-7-300-24227-9
5	金融市场与金融机构(第8版)	弗雷德里克·S. 米什金等	Frederic S. Mishkin	86.00	2017	978-7-300-24731-1
6	兼并、收购和公司重组(第六版)	帕特里克·A. 高根	Patrick A. Gaughan	89.00	2017	978-7-300-24231-6
7	债券市场:分析与策略(第九版)	弗兰克·J·法博齐	Frank J. Fabozzi	98.00	2016	978-7-300-23495-3
8	财务报表分析(第四版)	马丁·弗里德森	Martin Fridson	46.00	2016	978-7-300-23037-5
9	国际金融学	约瑟夫·P·丹尼尔斯等	Joseph P. Daniels	65.00	2016	978-7-300-23037-1
10	国际金融	阿德里安·巴克利	Adrian Buckley	88.00	2016	978-7-300-22668-2
11	个人理财(第六版)	阿瑟·J·基翁	Arthur J. Keown	85.00	2016	978-7-300-22711-5
12	投资学基础(第三版)	戈登·J·亚历山大等	Gordon J. Alexander	79.00	2015	978-7-300-20274-7
13	金融风险管理(第二版)	彼德·F·克里斯托弗森	Peter F. Christoffersen	46.00	2015	978-7-300-21210-4
14	风险管理与保险管理(第十二版)	乔治·E·瑞达等	George E. Rejda	95.00	2015	978-7-300-21486-3
15	个人理财(第五版)	杰夫·马杜拉	Jeff Madura	69.00	2015	978-7-300-20583-0
16	企业价值评估	罗伯特·A·G·蒙克斯等	Robert A. G. Monks	58.00	2015	978-7-300-20582-3
17	基于Excel的金融学原理(第二版)	西蒙·本尼卡	Simon Benninga	79.00	2014	978-7-300-18899-7
18	金融工程学原理(第二版)	萨利赫·N·内夫特奇	Salih N. Neftci	88.00	2014	978-7-300-19348-9
19	投资学导论(第十版)	赫伯特·B·梅奥	Herbert B. Mayo	69.00	2014	978-7-300-18971-0
20	国际金融市场导论(第六版)	斯蒂芬·瓦尔德斯等	Stephen Valdez	59.80	2014	978-7-300-18896-6
21	金融数学:金融工程引论(第二版)	马雷克·凯宾斯基等	Marek Capinski	42.00	2014	978-7-300-17650-5
22	财务管理(第二版)	雷蒙德·布鲁克斯	Raymond Brooks	69.00	2014	978-7-300-19085-3
23	期货与期权市场导论(第七版)	约翰·C·赫尔	John C. Hull	69.00	2014	978-7-300-18994-2
24	国际金融:理论与实务	皮特·塞尔居	Piet Sercu	88.00	2014	978-7-300-18413-5
25	货币、银行和金融体系	R·格伦·哈伯德等	R.Glenn Hubbard	75.00	2013	978-7-300-17856-1
26	并购创造价值(第二版)	萨德·苏达斯纳	Sudi Sudarsanam	89.00	2013	978-7-300-17473-0
27	个人理财——理财技能培养方法(第三版)	杰克·R·卡普尔等	Jack R. Kapoor	66.00	2013	978-7-300-16687-2
28	国际财务管理	吉尔特·贝克特	Geert Bekaert	95.00	2012	978-7-300-16031-3
29	应用公司财务(第三版)	阿斯沃思·达摩达兰	Aswath Damodaran	88.00	2012	978-7-300-16034-4
30	资本市场:机构与工具(第四版)	弗兰克·J·法博齐	Frank J.Fabozzi	85.00	2011	978-7-300-13828-2
31	衍生品市场(第二版)	罗伯特·L·麦克唐纳	Robert L. McDonald	98.00	2011	978-7-300-13130-6
32	跨国金融原理(第三版)	迈克尔·H·莫菲特等	Michael H. Moffett	78.00	2011	978-7-300-12781-1
33	统计与金融	戴维·鲁珀特	David Ruppert	48.00	2010	978-7-300-11547-4
34	国际投资(第六版)	布鲁诺·索尔尼克等	Bruno Solnik	62.00	2010	978-7-300-11289-3

图书在版编目（CIP）数据

国际贸易：第10版/（美）克鲁格曼（Krugman，P. R.），（美）奥伯斯法尔德（Obstfeld，M.），（美）梅里兹（Melitz，M. J.）著；丁凯等译. —北京：中国人民大学出版社，2016.3
（经济科学译丛）
ISBN 978-7-300-22088-8

Ⅰ. ①国… Ⅱ. ①克… ②奥… ③梅…④丁… Ⅲ. ①国际贸易 Ⅳ. ①F74

中国版本图书馆 CIP 数据核字（2015）第 254504 号

“十三五”国家重点出版物出版规划项目
经济科学译丛
国际贸易（第十版）
保罗·R·克鲁格曼
茅瑞斯·奥伯斯法尔德 著
马克·J·梅里兹
丁 凯 黄 剑 汤学敏 等译
黄卫平 校
Guoji Maoyi

出版发行	中国人民大学出版社		
社 址	北京中关村大街 31 号	**邮政编码**	100080
电 话	010－62511242（总编室）		010－62511770（质管部）
	010－82501766（邮购部）		010－62514148（门市部）
	010－62515195（发行公司）		010－62515275（盗版举报）
网 址	http://www.crup.com.cn		
经 销	新华书店		
印 刷	涿州市星河印刷有限公司		
规 格	185mm×260mm 16 开本	**版 次**	2016 年 3 月第 1 版
印 张	20.25 插页 2	**印 次**	2020 年 8 月第 6 次印刷
字 数	416 000	**定 价**	49.00 元

Pearson

尊敬的老师：

您好！

为了确保您及时有效地申请培生整体教学资源，请您务必完整填写如下表格，加盖学院的公章后传真给我们，我们将会在2-3个工作日内为您处理。

请填写所需教辅的开课信息：

采用教材			□中文版 □英文版 □双语版
作　者		出版社	
版　次		ISBN	
课程时间	始于　年　月　日	学生人数	
	止于　年　月　日	学生年级	□专 科　□本科 1/2 年级 □研究生　□本科 3/4 年级

请填写您的个人信息：

学　校			
院系/专业			
姓　名		职　称	□助教 □讲师 □副教授 □教授
通信地址/邮编			
手　机		电　话	
传　真			
official email(必填) (eg:XXX@ruc.edu.cn)		email (eg:XXX@163.com)	
是否愿意接受我们定期的新书讯息通知：　□是　□否			

系 / 院主任：_____________（签字）

（系 / 院办公室章）

____年____月____日

资源介绍：

—— 教材、常规教辅（PPT、教师手册、题库等）资源：请访问 www.pearsonhighered.com/educator；（免费）

—— MyLabs/Mastering 系列在线平台：适合老师和学生共同使用；访问需要 Access Code；（付费）

100013　北京市东城区北三环东路 36 号环球贸易中心 D 座 1208 室
电话：（8610）57355003　传真：（8610）58257961

Please send this form to: